"NADIE FUE"

Crónica, documentos y testimonios
de los últimos meses, días y horas
de Isabel Perón en el poder

JUAN B. YOFRE

"NADIE FUE"

Crónica, documentos y testimonios
de los últimos meses, días y horas
de Isabel Perón en el poder

EDITORIAL SUDAMERICANA
BUENOS AIRES

Yofre, Juan Bautista
    Nadie fue - 2ª ed. - Buenos Aires : Sudamericana, 2008.
    464 p. ; 23x16 cm. (Investigación periodística)

    ISBN 978-950-07-2930-7

    1. Investigación Periodística I. Título
    CDD 070.44.

Primera edición: mayo de 2008
Segunda edición: mayo de 2008

IMPRESO EN LA ARGENTINA

*Queda hecho el depósito
que previene la ley 11.723.*
© 2008, Editorial Sudamericana S.A.®
Humberto I 531, Buenos Aires.

www.sudamericanalibros.com.ar

ISBN: 978-950-07-2930-7

"Nadie fue", LA HISTORIA

◆

En enero de 2006 le propuse a Roberto García, director del matutino *Ámbito Financiero*, realizar unos suplementos con motivo de cumplirse los 30 años del golpe militar del 24 de marzo de 1976. La idea central era que no se podía tratar solamente el golpe de Estado contra la presidenta María Estela Martínez Cartas de Perón (más conocida como "Isabelita") sin recordar los años previos que dieron origen a una nueva interrupción del orden constitucional en la Argentina, porque no era ni correcto ni justo.

Durante cerca de cuarenta días me sumergí en mis archivos de la época y tuve acceso a otros documentos privados. Privilegié varios testimonios personales de ciudadanos que estuvieron en el lugar de los hechos y que, de una manera u otra, fueron parte del 24 de marzo. No me limité a un solo sector. Conversé con militares retirados, dirigentes políticos, sindicales, periodistas y ex miembros de las organizaciones terroristas. Todos, de una manera u otra, con sus aportes, fueron armando un enorme rompecabezas que llevó, desde mi manera de pensar, a integrar una historia lo más completa posible. Sin olvidos.

Los suplementos se publicaron en *Ámbito Financiero* entre el lunes 20 de marzo y el viernes 24 de marzo de 2006 y ayudaron a agotar las ediciones, como hacía mucho tiempo no ocurría. No sería sincero si no dijera que fue un éxito de García, porque el recordado Julio A. Ramos, inicialmente, expresó reparos: no les tenía mucha fe.

Vista la repercusión de los suplementos comencé a imaginar un libro. Para eso recorrí algunas editoriales sin obtener respuestas definitivas. Hasta que un día mi amigo Marcelo Bragagnolo juntó en sus oficinas a un reducido grupo de sus amigos: ahí nació el "Consejo de los Sabios", para llamarlos de alguna manera, que decidió financiar el libro, casi de una manera testimonial. Lo que se denomina una "edición del autor".

Otro día, en abril de 2006, en una confitería de la Avenida de Mayo, mi amigo Jorge Giacobbe escuchaba atentamente cómo le relataba el desarrollo del libro.[1] Todavía no tenía título. "Jorge —le dije—, casi todos pedían el golpe y como fracasó, porque el Proceso militar fue un gran fracaso, nadie se hace cargo." Su respuesta fue: "Nadie fue". ¡Ya tenía el título! Un verdadero acierto que no me atribuyo.

El libro, desde su acto de lanzamiento hasta su venta, fue un best-seller. Y tras ese antecedente llegó la Editorial Sudamericana con un viejo conocido, Pablo Avelluto. El mismo que aconsejó a la editorial, en Chile, que se publicara *Misión argentina en Chile (1970-1973)*, que trataba el golpe militar que derrocó a Salvador María Allende Gossens. Así nació la continuación de *Nadie Fue* con *Fuimos Todos* en 2007, otro best-seller, también con otra parte de mis archivos y numerosos aportes y confidencias.

Luego, bajo la atenta mirada de Diego Mileo y de Avelluto, la editorial imaginó lanzar *Nadie Fue* como edición de bolsillo. Pero me comprometí a publicar nuevos documentos inéditos si se hacía una publicación más calificada. Y así nació esta nueva versión de *Nadie Fue*, definitiva y completa.

Para eso volví a sumergirme en papeles viejos, amarillentos; documentos que me aportaron, con olor a humedad, recuerdos no borrados de la memoria, casi colectiva, y otras fotos que muestran personajes con miradas graves como Cámpora, extasiadas como Raúl Lastiri, y despreocupadas tal como se muestra "Isabelita" en Panamá, en el año que conoció a Perón.

Esta nueva versión es más polémica. Van a aparecer nuevos documentos sobre la brutal guerra de Inteligencia que libraban los aparatos de las organizaciones terroristas con el Ejército Argentino, siempre con un único destino: que los lectores sepan y no olviden lo que ocurrió en la Argentina de aquellos años. También, que recuerden que hubo una dirigencia política que se preocupó más por sus propios asuntos que por el bienestar general. Al no encontrar soluciones nos llevaron a una situación "sin salida" y de allí al abismo.

Salen a la luz informes de la Secretaría de Inteligencia del Estado (SIDE) que leyeron los presidentes Alejandro Agustín Lanusse, Héctor Cámpora, Raúl Lastiri y Juan Domingo Perón. Tratan sobre el terrorismo. Con ello quiero significar que todos los mandatarios sabían de qué se trataba cuando se hablaba de las organizaciones armadas. De dónde venían, quiénes las atizaban y qué se proponían. Estuvieron esperando treinta años para darse a conocer.

Por último sugerí un Anexo no menos controversial: es un informe sobre la gestación de la organización Montoneros que se escribió dentro de la Escuela de Mecánica de la Armada. El trabajo tiene una fecha, 21 de diciembre de 1976, y por ciertas intimidades se supone que pudo haber colaborado en su redacción Esther Norma Arrostito, presa en esos momentos en ese centro clandestino de detención. Mi agradecimiento y reconocimiento a ese argentino que me lo dio, sabiendo que lo podía publicar, que trabaja en el área de los derechos humanos... que deben ser de todos.

Dos agradecimientos particulares. Uno a Carolina, mi mujer, por las limitaciones de tantas horas de encierro. Y a Bernardo Neustadt, un innovador del "tiempo" periodístico, por haber escrito el primer prólogo de *Nadie Fue*.

Juan Bautista Yofre
20 de diciembre de 2007

NOTAS

[1] Jorge Giacobbe en los 70 estaba al lado de Oscar Alende.

1. La Argentina y el mundo hace treinta años. La violencia terrorista. Algo de lo que pocos hablan: la injerencia castrista en la Argentina. Los años de la langosta: la antesala de 1975

◆

Hace treintitrés años, la Argentina estaba rodeada por países cuyos gobiernos eran de facto. En Chile, el general Augusto Pinochet Ugarte llevaba sus primeros dieciséis meses de gobierno, luego de haber derrocado al socialista Salvador Allende Gossens, el martes 11 de septiembre de 1973.[1] En Paraguay, el general Alfredo Stroessner Matiauda gobernaba con puño de hierro desde octubre de 1954.[2] Brasil era gobernado por el general Ernesto Geisel[3] desde 1974. Juan María Bordaberry era el presidente del Uruguay. Había asumido a través de mecanismos constitucionales el 1° de marzo de 1972, pero el 27 de junio de 1973 disolvió el Parlamento con el respaldo de los militares. Así nació en el diccionario político el término "bordaberrización". Bolivia estaba gobernada por el general Hugo Banzer Suárez, quien había encabezado el golpe número 187 tras 146 años de vida independiente de la Corona española.

Hace treinta y dos años, personajes como Mao Zedong en China; Francisco Franco Bahamonde en España; Valéry Giscard d'Estaing en Francia; Leónidas Brezhnev en la Unión Soviética y Amin Dadda en Uganda aún tenían plena vigencia. En los Estados Unidos de América gobernaba Gerald Ford, luego de la renuncia de Richard Nixon, tras el escándalo de Watergate y transitaba sus últimos meses de gestión, ya que en noviembre de 1975 se realizaron las elecciones presidenciales.[4] El cardenal italiano Giovanni Battista Montini gobernaba en la Santa Sede con el nombre de Paulo VI. También en 1975 se celebró por primera vez "El Año Internacional de la Mujer"; Margaret Thatcher era elegida presidenta del Partido Conservador británico y Bill Gates y Paul Allen fundan la empresa de software Microsoft (4 de abril).

El planeta se hallaba bajo la presión de la Guerra Fría, nacida en 1945 tras el fin de la Segunda Guerra Mundial que causó cincuenta millones de muertos. Simplificando, de un lado de la Cortina de Hierro estaba el Oeste con Washington como capital principal, del otro Moscú como referente del Este comunista. El mundo se había partido en dos y bajo el amparo del Tratado de Yalta[5] nacieron las "zonas de influencia".

Desde antes de 1975 —para ser más precisos desde 1959— el comandante Fidel Castro exportaba la revolución socialista a todo el continente, convirtiendo a Cuba en un campo de adiestramiento de la guerrilla latinoamericana. Aunque todos lo presumían o sabían, Castro no lo reconocía. Debieron pasar varias décadas para escuchar de sus propios labios la terrible confesión. El 4 de julio de 1998 Fidel Castro aceptó oficialmente su papel de promotor de la subversión en América Latina durante las décadas del 60 y del 70, cuando Cuba intentó crear "un Vietnam gigante" a lo largo de toda la región. Lo dijo frente a unos cuatrocientos economistas reunidos en La Habana, en ocasión del foro organizado por la Asociación de Economistas de América Latina y el Caribe. El mandatario cubano reivindicó esas acciones de su gobierno en toda Latinoamérica, menos en México, y culpó a la ex Unión Soviética por la falta de éxito. "El Che (Ernesto Guevara de la Serna) llamó al mundo para crear uno, dos, muchos Vietnam. En América Latina existían las condiciones objetivas, en ocasiones mucho mejores que las cubanas, para hacer una revolución como en Cuba. Un gran Vietnam", dijo. Y aseguró: "En el único lugar donde no intentamos promover la revolución fue en México.[6] En el resto, sin excepción, lo intentamos". "Realmente era lo que teníamos que hacer como revolucionarios. Tratamos de respaldar y desarrollar movimientos revolucionarios armados en contra de las oligarquías y los Estados Unidos. El 'Che' no soñaba. Era posible en Venezuela, Chile, Colombia, Brasil...". Luego agregó que "los Estados Unidos decían que los soviéticos eran los que promovían la revolución, cuando en realidad se opusieron en todo lo que queríamos hacer". "No tengo absolutamente ninguna duda de que una revolución en este hemisferio era posible", insistió y continuó: "Las condiciones objetivas existían, pero las condiciones subjetivas fallaron". "Pero hicimos un esfuerzo", sentenció el presidente cubano. Y añadió: "Habríamos cambiado la historia. Habría sido distinto".[7] Verdad, verdad a medias porque la Unión Soviética también tuvo que ver con el clima de violencia que se expandió por el continente latinoamericano.[8] Por si América Latina no le alcanzaba, en 1975 las Fuerzas Armadas Revolucionarias de Cuba intervinieron en Angola para apoyar al líder marxista Agostino Neto.

La Argentina como campo de batalla. Para el Che Guevara era el objetivo principal. La "Operación Penélope"

En 1963, según relató su hijo Jorge,[9] el argentino Jorge Ricardo Masetti[10] fue enviado por el gobierno castrista a la Argentina al frente de una columna guerrillera. "Fue el primer proyecto guerrillero en el que el Che (Guevara) se involucraba en persona, pues tenía planeado tomar la dirección de la columna, una vez superada la fase de asentamiento." Tanta importancia le otorgó Guevara que destinó al jefe de su custodia, Horacio Peña Torre, "capitán Hermes", como subalterno de Masetti. También participaron otros oficiales cubanos, no menos importantes: "Furry" Abelardo Colomé Ibarra;[11] el capitán de Seguridad del Estado "Papi" José María Martínez Tamayo, hombre de confianza de Raúl Castro, y el teniente Alberto Castellanos. El argentino y sus seguidores integraron el "Ejército Guerrillero del Pueblo".

Masetti se hizo llamar "comandante Segundo", porque el Primero sería el Che (otros dirán que tomó el nombre de Don Segundo Sombra, el personaje del novelista Ricardo Güiraldes, porque su operación debía acompañar a la del Che en Bolivia como su sombra). Entraron a la Argentina por el norte, en la denominada "Operación Penélope",[12] en junio de 1963, y la experiencia terminó en abril de 1964 luego de un enfrentamiento con la Gendarmería en la zona de Orán, Salta. Intentaron abrir un foco guerrillero durante los mandatos constitucionales de José María Guido y Arturo Umberto Illia.[13]

Durante las maniobras de asentamiento Masetti ordenó fusilar a dos guerrilleros. A Adolfo Rotblat, "Pupi", por "mandarse la parte" (sic) el 5 de noviembre de 1963, y a César Bernardo Groswald, alias "Nardo", el 19 de febrero de 1964, por causas similares al anterior agravadas por un intento de deserción. La Gendarmería tuvo el primer muerto por la subversión, el cabo Adolfo Juan Romero. El director de la Gendarmería, general Julio Alsogaray, dijo: "Éste es el primer paso de la guerra revolucionaria. No es un hecho aislado". Masetti desapareció, nunca se encontraron sus restos. El cubano Horacio Peña Torre murió en el combate de Río Piedras el 18 de abril de 1964. Sus restos fueron identificados cuarenta años más tarde en el cementerio de San Ramón de la Nueva Orán a través de estudios de ADN.[14]

La intentona de Masetti sirvió para insuflar nuevos ánimos a los partidarios de la lucha armada. Muchos venían de las filas del Partido Comunista, otros de organizaciones relacionadas con el peronismo. En Buenos Aires, según el periodista cubano José Bodes, se reunían en la casa de "Goyo" Gregorio Levenson,[15] antiguos militantes comunistas "entristas en el peronismo". Entre otros Roberto Quieto, Emilio Jáuregui, Marcos Osatinsky y Carlos Olmedo. "Una cantera de seguidores del Che —revela Bodes— fue Acción Revolucionaria Peronista, la organización creada por (John William) Cooke junto a su compañera Alicia Eguren. Entre sus militantes figuraron Norma Arrostito y Fernando Abal Medina, fundador del Comando Camilo Torres. Ambos viajaron a La Habana siguiendo la ruta Madrid-Zürich-Praga [...] y junto con otros compatriotas suyos recibieron la preparación militar necesaria que les permitiría más tarde cumplir con las tareas de la clandestinidad y la guerrilla." Sus vidas cambiarían allí pues Norma viajó con su marido Bernardo Roitvan y volvió en pareja con Fernando Abal, diez años menor que ella; hasta la caída de éste la apodaban "Irma" o "Gaby" y, después, "La Viuda" (del primer jefe de los Camilos y los Montoneros).

A pesar del fracaso de la "Operación Penélope" en Salta, las autoridades cubanas continuaron alimentando el proyecto de conquistar el Cono Sur. El 3 de noviembre de 1966, "Ramón" Ernesto Guevara de la Serna, luego de otra experiencia fracasada en el Congo, llegó a La Paz para comandar una columna guerrillera en suelo boliviano. El primer paso era Bolivia, pero "el verdadero objetivo era la Argentina".[16] Para ser más claro: "Objetivo estratégico, toma del poder político en la Argentina... quiero entrar al país por la zona donde ustedes andaban (Salta), con dos columnas de unos cien hombres, argentinos, en el plazo no mayor de dos años", le dijo Guevara a Ciro Bustos en su primer encuentro cerca de la Casa de Calamina en la selva boliviana.

Antes de viajar a Bolivia, el Che y sus seguidores se entrenaron en la cordillera de los Órganos, bajo la atenta mirada de las autoridades cubanas más importantes: Fidel Castro y su hermano Raúl; el ministro del Interior Ramiro Valdés; Osvaldo Dorticós, presidente de Cuba; Osmani Cienfuegos, presidente de la OSPAÁAL (Organización de Solidaridad con los Pueblos de Asia, África y América Latina); "Barbarroja" Manuel Piñeiro, jefe del Departamento América del PCC, y Celia Sánchez, la mujer más importante de la "nomenklatura" cubana, encargada del avituallamiento de la tropa. El intento fue otro fracaso: el Partido Comunista boliviano, con su presidente Mario Monje a la cabeza, lo abandonó y los campesinos a quienes arengó no le creyeron y lo delataron. El 8 de octubre cae prisionero en la Quebrada del Yuro y a las pocas horas es fusilado en La Higuera. Con poco menos de un centenar de efectivos, la fuerza guerrillera comprendía diecisiete cubanos veteranos de la Sierra Maestra, integrantes de las Fuerzas Especiales, de inteligencia, e importantes miembros del Partido Comunista Cubano (tal los casos de "Joaquín", comandante Juan Vitalio Acuña, que era miembro del Comité Central; "Alejandro", comandante Gustavo Machín Hoed de Beche, ex viceministro de Hacienda; "Rubio", capitán Jesús Suárez Gayol, ex viceministro de Industria Azucarera, o "Rolando", capitán Eliseo Reyes Rodríguez, ex jefe de batallón en la fortaleza La Cabaña).

Lo que sabía del terrorismo la Inteligencia Militar argentina.
La revelación del chileno Max Marambio: argentinos
"católicos y un cura" en un campo de entrenamiento en Cuba

Muchos argentinos recibieron instrucción militar en los campos de entrenamiento guerrillero de Cuba. A principios de 1967, mientras el Che estaba en Bolivia, treinta argentinos tuvieron la primera "experiencia militar en Cuba" según un organigrama del Servicio de Inteligencia del Ejército.[17] Entre otros: Emilio Mariano Jáuregui y su esposa Ana María Nicomedi, Diana Ercilla Alac, Samuel Leonardo y Mónica Slutzky, Juan Claudio Guevara,

Ramón Torres Molina ("Javier"), Marcelo Aburnio Verd ("Armando") y su esposa Sara Eugenia Palacio, Manuel Negrín (*Mamei*), Francisco Canello y su esposa María Elena Sanmartino, Daniel Alcoba y su esposa Sara Longhi, Eduardo Miguel Streger y Carlos Vega.

La segunda experiencia militar para los argentinos se desarrolló mientras se realizaban las reuniones que conformaron la Organización Latinoamericana de Solidaridad (OLAS),[18] desde el 31 de julio hasta el 10 de agosto de 1967. En una de sus Resoluciones se acordó proclamar "la estrategia común revolucionaria y la solidaridad militante de todos nuestros pueblos en la lucha común por derrocar la dominación imperialista... por todas estas razones, los pueblos de nuestra América se disponen a desarrollar, impulsar y llevar hasta su término victorioso la guerra revolucionaria por la segunda independencia".[19] Durante los debates también se formularon resoluciones con directivas para los diferentes campos de batalla, desde el económico al cultural, bajo la consigna "el deber de todo revolucionario es hacer la Revolución". La presidencia de la OLAS fue ocupada por el senador socialista Salvador Allende Gossens, tres años más tarde Presidente de Chile.

De esta segunda experiencia participaron ciento ochenta miembros, en cuatro "grupos heterogéneos", a saber:

• Grupo Cristianismo y Revolución: Juan García Elorrio, Emilio Maza, Fernando Luis Abal Medina, "Gallego" Suárez, Norma Esther Arrostito y Héctor Díaz.
• Grupo Baluarte: Juan José Dragoevich.
• Grupo Píriz: Omar Lewinger, Eva Gruszka, Arturo Lewinger, Humberto Óscar D'Ippolito y Salverio del Valle.
• Grupo Jozami: Carlos Olmedo,[20] Óscar Terán, Roberto Jorge Quieto y Alfredo Jacobo Helman.

Luego de la capacitación militar y actividad terrorista, antes de retornar a la Argentina, se conforman tres sectores que habrán de integrar el Ejército de Liberación Nacional, que comandaba Guevara, con los objetivos de incorporarse a la guerrilla boliviana en 1969 y organizar un frente guerrillero rural en el norte argentino "para operar simultáneamente con el de Bolivia". De acuerdo con la información que poseía el Ejército Argentino:

• El Sector[21] 1 lo integraban: Juan Dragoevich ("Tito"[22]), Rubén Cerdat, Juan Claudio Guevara, "El Petizo" Floreal Canalis, "Rogelio" Alberto Julián Pera, "El Flaco" Eduardo Miguel Streger, "Antonio" Ricardo Rodrigo, Jorge Rubén Morelli, Alicia Faerman de Dragoevich, Ricardo Óscar Puente, "Ricardo" Emilio Mariano Jáuregui y su esposa Ana María Nicomedi y el matrimonio Verd.

• El Sector 2 lo formaban: Eduardo Horacio Yazbeck Jozami, Oscar Terán, Antonio Caparrós y su mujer Marta Rosenberg, Alfredo Jacobo Herman, quienes luego son desplazados por Miguel Alberto Camps, Marcos Osatinsky, Sara Solarz de Osatinsky, Carlos Eduardo Olmedo y Roberto Jorge Quieto. El organigrama señala que todos éstos (menos el matrimonio Verd de las FAL) conformarán en agosto de 1969 las Fuerzas Armadas Revolucionarias (FAR).

• El Sector 8 estuvo formado por: Humberto Oscar D'Ippolito, Omar Lewinger, Arturo Lewinger, Eva Gruszka de Lewinger y Pedro Schimpfle, quienes a partir de agosto de 1969 se incorporan a las FAP (Fuerzas Armadas Peronistas) y a Montoneros ("en formación").

El organigrama ubica independientemente de estos grupos al aún trotzkista PRT (Partido Revolucionario de los Trabajadores) y a las maoístas FAL (Fuerzas Argentinas de Liberación (FAL), dependientes del "aparato militar" del Partido Comunista Revolucionario. Al poco tiempo se redefinieron —simplificando la clasificación por orígenes ideológicos pero dando por descontada su obediencia castrista (es decir soviética)— con el Sector 1 formado por el PRT aún trotzkista nominalmente pero ya con foquismo guevarista; el Sector 2 con ex maoístas —tanto de las no entristas FAL, como de las FAR entristas y el Sector 8 que agrupaba entrismos con mayor apariencia peronista—.

Salvo algún que otro relato aislado, ningún argentino ha escrito nada de su experiencia e instrucción militar en Cuba. Contrariamente, el chileno Max Marambio relata en sus memorias su paso por Cuba (1966-1968), su retorno a Chile, su vinculación al Movimiento de Izquierda Revolucionaria y su vida en la clandestinidad, de la que emerge en 1970 para convertirse en el jefe de la custodia del presidente Salvador Allende, conocida como GAP (Grupo de Amigos Personales).

Marambio, conocido como "Aurelio Roca" o "Ariel", relató cómo conoció en La Habana a dirigentes guerrilleros de todo el continente: "Era fascinante vincularse con aquel universo de revolucionarios latinoamericanos, donde se mezclaban probados combatientes, intelectuales de izquierda, diletantes circunstanciales y aprendices de revolucionarios". Primero tuvo un entrenamiento básico en una finca en las afueras de La Habana que se denominaba R-2. Luego fue trasladado a las montañas de Pinar del Río, al campo que llamaban "El Pety" (PETI-1) y que "Benigno" Dariel Alarcón Ramírez, uno de los instructores a su vuelta de Bolivia, denominara el PETI 1.[23]

En el centro de instrucción guerrillero había entre treinta y cuarenta combatientes de diferentes nacionalidades... y sobre todo argentinos de diversos grupos políticos. "Con los argentinos no me llevaba muy bien —escribió Marambio—, debido al nacionalismo de sus posiciones políticas. Provenían del peronismo y su formación era distinta a la mía, su catolicismo chocaba con mi ateísmo, entonces tan intolerante como la devoción de ellos por los santos. A uno lo reconocí años después en una foto donde la prensa daba cuenta de su muerte en una emboscada en Buenos Aires. Se trataba de Fernando Abal Medina, fundador y dirigente de los Montoneros." En el campamento "recibíamos clases de tiro, explosivos, artillería artesanal, lucha urbana, topografía y otras artes de la guerra irregular"; luego relató que con el paso de los días muchos defeccionaron. No así los argentinos "de diversas tendencias cuyo contingente mayor lo formaba un grupo de católicos dirigidos por un cura".

Los '70. El entrismo, una forma de contrabando ideológico.
El disfraz de peronista

Fidel Castro no mintió cuando habló de "exportar la revolución" comunista a América Latina. Siguiendo los trazos marcados por V.I. Lenin cuando decía que "es absolutamente necesario que todo partido comunista combine en forma sistemática el trabajo legal con el ilegal",[24] logró infiltrar al justicialismo mediante lo que se llamó el "entrismo".

—¿Cómo fue tu apreciación sobre Perón en distintas etapas de tu vida: cuando militabas políticamente y cuando comenzaste a observar la política argentina con la visión que da la distancia?[25]

—Mi militancia en los últimos años 60 y primeros 70 fue en la izquierda, primero en el Partido Comunista y después en el trotskismo. En ambas zonas de pensamiento había mucha gente convencida de que había que estar donde están las masas, que, como decía Brecht, era mejor equivocarse con el pueblo que equivocarse solo o en minoría. Y, como el pueblo era mayoritariamente peronista, había que estar con el peronismo, hacer entrismo, disfrazarse. Por otro lado, los comunistas hablaban de un "giro a la izquierda" del peronismo. Un maestro, Raúl Sciarretta, con quien yo había estudiado Hegel, me dijo un día, cerrando ese círculo: "Perón, a pesar de él, es peronista". No me convencieron. Perón era un militar argentino, formal y católico, un hombre de orden, que poco o nada tenía que ver con la izquierda. Tampoco eran izquierda los sectores "revolucionarios" del peronismo. Los montoneros venían no sólo de la derecha, sino de la derecha extrema y muchos de ellos estaban ligados a los servicios de Inteligencia. En 1974, un gran amigo, hijo de un militar de alta graduación, me citó en un café y me dijo que tenía que irme inmediatamente del país. Le hice caso y una semana después de haber salido de la Argentina, un grupo con identificación institucional que actuaba como parte de la Triple A fue a buscarme a un domicilio que no era el mío desde hacía mucho tiempo. Si hubiera creído realmente en mi militancia, hubiese desatendido la indicación y me hubiese quedado. Pero yo ya no creía. No creía que la izquierda real existiese. Estaba convencido de que todo lo que pudiera hacer lo haría cumpliendo designios de origen espurio. La distancia no hizo más que darme la razón en todo eso. Están vivos todos los que organizaron la operación "retorno", una operación de pesca de arrastre de militantes que aún creían. Perón ya estaba muerto, ya había echado a los imberbes de la Plaza, ya había pedido que se tomaran los datos de esa chica, periodista de *El Mundo*, diario del ERP, en el que yo había trabajado un tiempo. Con el tiempo, más que con la distancia, empecé a comprender algunas de las motivaciones de Perón. Él era un hombre de Estado. Se equivocó al confiar la preservación del Estado a grupos paraestatales que lo desbordaron, entre otras cosas, porque ya no tenía el poder que había tenido, ni la fuerza que había tenido, ni las lealtades que había concitado en otra época y que había malversado. Pero era un hombre de Estado y tenía un proyecto nacional, discutible, pero un proyecto, lo que nadie después de él tuvo. ──────────────────

El entrismo fue una de las maniobras más exitosas que la izquierda llevó a cabo para insertarse, descomponer y controlar al peronismo. Lo que no tuvieron en cuenta es que Perón no iba a aceptar esta forma de contrabando ideológico. Esto se observó con gran nitidez el 29 de mayo de 1970, día en que fue secuestrado el ex presidente Pedro Eugenio Aramburu por un comando de ocho jóvenes montoneros en lo que se denominó "Operativo Pindapoy". Luego de conducido a la chacra "La Celma", en Timote, provincia de Buenos Aires, es "juzgado" y asesinado.[26] El secuestro de Aramburu, la toma de la localidad cordobesa de La Calera (el 1° de julio de 1970) y la ocupación de la localidad bonaerense de Garín por las FAR (30 de julio de 1970), marcaron el fin del anonimato y el salto a la superficie.[27] Así por lo menos lo consideraron las fuentes militares. En esos días, un oficial naval en actividad se atrevió a llamar la atención sobre lo que había salido a la luz. El 27 de agosto de 1970, en *La Nación*, el entonces capitán de fragata Luis Segade[28] escribió un largo artículo bajo el título "Hannibal ad portas" en el que intentó reparar la frágil de memoria de los argentinos sobre hechos mayores que se dieron, primero, en América Latina y finalmente en la Argentina: "La crisis de memoria que nos hace olvidar que hace diez años el extremismo se halla en nuestro continente. La crisis de memoria que nos lleva a olvidar que la geografía de la violencia americana es nuestra geografía... cual en un proceso de gestación humana, una horrible criatura ha realizado su descenso prenatal desde el Caribe hasta el Río de la Plata".

"'Hannibal ad portas', la prevención que los romanos legaron a la humanidad, luego de la batalla de Cannas, como alerta de una acechanza o peligro cercano. La prevención que creemos necesaria sea hecha propia por cada argentino: 'La subversión a nuestras puertas... ¡Aníbal en nuestras puertas!"

En 1970, mientras en Montoneros caían miembros de su estructura porteña y cordobesa —incluyendo a su jefe Fernando Luis Abal Medina (sucedido por José Sabino Navarro) y a Carlos Gustavo Ramus[29] (7 de septiembre de 1970)—, Mario Eduardo Firmenich (quien luego sería el tercero y último jefe máximo) viajó a Cuba donde fue recibido como un "Héroe del Marxismo-Leninismo" (20 de agosto de 1970). Fernando Abal Medina, como relató Max Marambio, ya había estado en Cuba "en los preparativos de la creación de la organización Montoneros".[30]

En 1972, las Fuerzas Armadas Revolucionarias (que absorbieron en sus columnas, el 12 de octubre de 1973, a los remanentes de Montoneros y de otras organizaciones armadas "entristas") en su Boletín N° 4 analizaron los "acuerdos y diferencias" entre FAR y Montoneros. Explicaron que "nuestro objetivo final es la toma del poder para la construcción del socialismo, sistema social en el que la propiedad de los medios de producción está en manos de los que producen, la tierra en manos de quien la trabaja...".[31] Al mismo tiempo que proclamaban "la guerra revolucionaria" o "la guerra popular prolongada" reclamaron para sí la adhesión de "la clase obrera peronista". También en esto seguían a Lenin cuando dijo: "La política seria comienza allí, donde están los millones de personas". En la publicación trataron de "burgueses a los que debemos incluir" a los dirigentes históricos del peronismo: (Alfredo) Gómez Morales, (Antonio) Cafiero, (Jorge Daniel) Paladino, (Roberto) Ares, (Eloy Próspero) Camus y (Raúl) Matera.[32] Pese a esta intención aviesa, se inclinaban por "el hombre nuevo, fin último de toda revolución socialista. Porque como decía el Che (Guevara), 'el socialismo sin moral revolucionaria no es más que un método eficaz del reparto'."

"Los años de la langosta." La historia de la Triple A

En sus memorias de la Segunda Guerra Mundial, Sir Winston Churchill denominó "los años de la langosta" (1931-1935) a la etapa en la que mientras Alemania se rearmaba, al margen del "diktat" de Versalles, las potencias occidentales miraban para otro lado distraídas en menesteres de otro tipo. "Los años que la langosta ha comido" explica la frase bíblica de la que el estadista británico tomó la cita (Joel, capítulo II, versículo 25).

Aplicando un punto de vista similar al de Churchill, "los años de la langosta" en la Argentina se extendieron entre 1970 y 1975 y se proyectaron más allá de ese tiempo con todo tipo de personajes y secuelas de sangre y dolor. Con escenarios y resultados de la peor especie.

El año 1970 es el del secuestro y asesinato del ex presidente Pedro Eugenio Aramburu que conmueve a la sociedad entera y produce la caída del gobierno del teniente general Juan Carlos Onganía, quien es reemplazado por el general Roberto Marcelo Levingston. Es también el año de la aparición de Montoneros y del V Congreso del Partido Revolucionario de los Trabajadores que determina la formación de su brazo armado, el Ejército Revolucionario del Pueblo. Es el tiempo de las desapariciones de Alejandro Baldú (FAL)[33] y del abogado de presos políticos Néstor Martins y su cliente Nildo Centeno.

A partir de ese año, como una película pasada a alta velocidad, los hechos de violencia política se suceden y agravan uno tras otro. Todos esos años tienen nombres y apellidos, entre otros: Mario César Azúa (oficial asesinado cuando transportaba armamento —que le fue robado— a Campo de Mayo); el teniente coronel Julio San Martino (asesinado en Córdoba); el matrimonio Verd (FAL, entrenados en Cuba); Juan Pablo Maestre (FAR) y Mirta Misetich (el mayor Bernardo Alberte, un delegado de Perón, reconoció que Maestre había "intervenido en las acciones de copamiento de Garín, en Pilar y otros hechos").[34]

En 1971 se produjo el "Viborazo" en Córdoba (como en el "Cordobazo" de 1969, la ciudad fue rescatada por el Ejército ante los graves enfrentamientos callejeros). Frente a la imposibilidad de frenar el clima de violencia y la falta de consenso dentro del Ejército, Levingston es reemplazado por el teniente general Alejandro Agustín Lanusse y comienza la apertura política. Es el fin de la "Revolución Argentina", anunciada con gran pompa en 1966.

El 28 de mayo de 1971, frente a la creciente ola de violencia terrorista, el gobierno de Lanusse creó por Ley 19.053 la Cámara Federal en lo Penal, propuesta por su ministro de Justicia, Jaime Perriaux. La misma tenía como fin atender los casos subversivos en todo el país con procedimientos expeditivos que garantizaban la defensa en juicio. Fue la oportunidad para terminar con el flagelo con la ley en la mano. Sin embargo, desde todos los ángulos de la dirigencia política se la criticó duramente. Se la llamó "camarón" y elemento de la "legislación represiva". La Cámara comenzó a funcionar en junio y hasta su final en 1973 llegó a procesar a más de dos mil terroristas y condenar a más de seiscientos acusados. Para muchos fue una legislación precursora para atender el fenómeno subversivo dentro de los cánones de la legalidad.

Sin embargo, los representantes del pueblo no lo entendieron así: en la primera sesión del Congreso el 25 de mayo de 1973 derogaron toda la legislación y la Cámara dejó de existir. En esas horas todos los condenados —y los que esperaban una sentencia— salieron de las cárceles para volver a la clandestinidad de sus organizaciones. Casi un año más tarde, el 28 de abril de 1974, un comando del ERP-22 asesinó por la espalda al doctor Jorge Vicente Quiroga y dos integrantes más también fueron atacados, y varios de los ex integrantes de la Cámara optaron por el exilio. También fue atacada con explosivos la vivienda del ex ministro Jacques Perriaux. Cuando el gobierno de María Estela Martínez de Perón intentó reeditarla, ningún funcionario judicial se mostró partícipe de integrarla. Así se perdió una oportunidad de utilizar la ley y ganó terreno la violencia fuera de los cánones legales. Era la hora de la justicia por mano propia porque no había Justicia.

Durante 1972, en un mismo día de abril, son asesinados el general Juan Carlos Sánchez,[35] comandante del Cuerpo II, y Oberdan Sallustro, presidente de la FIAT (hecho en el que también actuaron terroristas extranjeros). Meses más tarde varios jefes guerrilleros logran escapar del penal de Rawson, secuestrar un avión y huir al Chile de Salvador Allende Gossens (entre otros Mario Roberto Santucho, Roberto Quieto, Marcos Osatinsky y Fernando Vaca Narvaja). Días más tarde, otros guerrilleros que no consiguieron escapar a Chile caen muertos dentro de una prisión en una base aeronaval del sur (Base Almirante Zar). Pero, por sobre todos los acontecimientos, 1972 es el año del retorno temporario del ex presidente Juan Domingo Perón luego de diecisiete años de exilio (17 de noviembre).

Para los que vivieron con intensidad esos años de "la langosta", 1973 fue el año de los cuatro presidentes (Lanusse,

Integrantes de la Compañía de Monte Ramón Rosa Jiménez del PRT-ERP durante un acto en la selva tucumana.

Compañia Ramón Rosa Jiménez. Provincia de Tucumán.

Cámpora, Lastiri y Perón) y las elecciones presidenciales. El 11 de marzo triunfó la fórmula integrada por Héctor J. Cámpora y Vicente Solano Lima del Frente Justicialista de Liberación Nacional. El 25 de mayo, Alejandro Lanusse entregó la banda presidencial en la Casa Rosada. Afuera, en la Plaza de Mayo, la guerrilla sedicentemente "peronista" organizó todo tipo de desmanes. Menos de un mes más tarde, el 20 de junio, en ocasión del retorno definitivo de Perón a la Argentina, se producen los gravísimos hechos de Ezeiza.

Tras cuarentinueve días de desgobierno y caos (según la "ortodoxia" peronista), Cámpora es obligado a renunciar el 13 de julio de 1973,[36] cediendo el poder al diputado nacional Raúl Lastiri (yerno de José López Rega), quien convocó a elecciones nacionales para el 23 de septiembre. Finalmente, llegó por tercera vez a la Presidencia de la Nación el teniente general Juan Domingo Perón, secundado por María Estela Martínez Cartas de Perón, más conocida por su nombre artístico, "Isabel". "Los años de la langosta" iban a dar a conocer términos como "patota", "somatén", "ortodoxia-socialismo nacional", "anticuerpos", "entrismo", "contrabando ideológico", "organizaciones de autodefensa", "Triple A" (Alianza Antiimperialista Argentina o Alianza Anticomunista Argentina) y "Comando Libertadores de América".

Fueron los tiempos en los que Mario Eduardo Firmenich, líder de la "juventud maravillosa" o de una de las "formaciones especiales" (Montoneros), declaró sin sonrojarse: "Antes de su retorno habíamos hecho nuestro propio Perón, más allá de lo que es realmente. Hoy que está aquí, Perón es Perón y no lo que nosotros queremos".[37]

La violencia se desboca. Las carpetas azules
que entregó Lanusse al presidente electo Héctor J. Cámpora.
La asunción de Héctor Cámpora. Perón toma distancia,
mientras el PRT-ERP no da tregua al Ejército.
La vuelta de Perón. La matanza de Ezeiza.
Cámpora se derrumba

El 30 de abril de 1973, faltando veinticinco días para la asunción de las autoridades electas, fue asesinado en Junín y Cangallo, pleno centro de Buenos Aires, el almirante Hermes

Quijada.[38] Apenas unas horas más tarde, el ERP-22 de Agosto (una fracción del ERP que se había acercado al peronismo) emitió dos comunicados: en uno se adjudicó el hecho; en otro dio a conocer que el "Gallego" Víctor José Fernández Palmeiro, uno de los integrantes del comando, había muerto como consecuencia de un tiro recibido del custodio del alto jefe naval. A las pocas horas, la Junta Militar le envió al presidente electo un télex solicitándole una entrevista. Cámpora en esas horas se encontraba en una reunión cumbre en Madrid con Juan Domingo Perón, en la que se analizaron junto a otros dirigentes del movimiento (Jorge Osinde, Norma Kennedy y el gremialista Alberto Campos) las graves declaraciones de Rodolfo Galimberti, representante de la juventud en el Consejo Superior del peronismo, en las que instaba a formar "milicias populares".

Previamente, Galimberti había dicho, preguntado sobre si las milicias debían ser armadas: "Sólo puedo responder que no sabemos cuáles van a ser las características del proceso. La mayor o menor violencia que opongan el régimen y la oligarquía a las medidas revolucionarias que va a proponer el gobierno justicialista determinarán la mayor o menor violencia con que se verá precisado a responder el pueblo para continuar avanzando en el proceso revolucionario".[39] De la reunión trascendió que Perón había afirmado que las declaraciones de Galimberti constituían un "disparate" y que había dicho que "el futuro era de la juventud... pero no el presente". También se conversó sobre "el terrorismo, la unidad del movimiento justicialista, un alto a la infiltración izquierdista... y el control de los extremismos".[40]

Luego de algunos arreglos, el 3 de mayo, la Junta Militar visitó el domicilio particular de Héctor Cámpora. El presidente electo, con Vicente Solano Lima, Mario Cámpora y Esteban Righi, recibió a Alejandro Lanusse y al brigadier Rey. La reunión fue considerada "positiva" y estuvo destinada a tratar los aspectos relacionados con la cercana asunción de las autoridades constitucionales.

Sin embargo —quizá lo más importante— el comunicado no relató que, antes de retirarse, el comandante en jefe del Ejército le entregó a Cámpora dos carpetas azules con detalles de la "subversión" realizadas por la Comunidad de Inteligencia. De nada sirvieron los llamados de atención del ámbito militar. Los nombres de sus integrantes que contenían esas carpetas fueron sacados por la fuerza el 25 de mayo de las cárceles y, sobre el *fait accompli*, amnistiados por el Congreso, además de indultados por Cámpora. Una vez en la calle, todos volvieron a sus "organizaciones armadas".

• La Plaza del 25

El 25 de mayo de 1973, mi padre, el entonces general de brigada Carlos Suárez Mason, fue designado por el presidente saliente, teniente general Alejandro Lanusse, para izar el pabellón nacional en Plaza de Mayo. En la mañana temprano, antes de las ocho. En esa época vivíamos en la esquina de la avenida Belgrano y la calle Tacuarí. El Falcon color gris nos recogió en la puerta, y partimos hacia la Plaza. Mi padre con su uniforme de gala en el asiento trasero y adelante, el chofer y yo. Nunca pensé que sería testigo de semejante acontecimiento, lamentable para nuestra historia. El trayecto fue corto pues por Diagonal Sur se llega muy rápido. Al encarar la Plaza el auto sólo desarrolló entre 15 y 20 km/h. Recuerdo hasta hoy las banderas montoneras, del ERP, FAR y FAP. Debía esperarnos en la Plaza una sección del Comando en Jefe para izar la bandera. No había nadie esperándonos. Gente colgada del mástil central y trepada a la pirámide. La bandera del ERP reinaba en la Plaza izada en el mástil central. Atravesamos la Plaza en medio de insultos y patadas y trompadas arrojadas a la carrocería del automóvil, con todos los insultos y amenazas del caso, pero pudimos arribar a la puerta lateral de la Casa Rosada. Mi padre bajó del automóvil y se dirigió hacia la entrada donde el centinela de guardia temblaba como una hoja en un temporal de viento, pues se encontraba solo ante la turba. Mi padre le ordenó dirigirse hacia el edificio del Comando en Jefe de la calle Azopardo, cosa que el soldado cumplió corriendo, creo, estableciendo récord olímpico en velocidad.

Nos dirigimos entonces hacia la calle Azopardo y paramos en la escalinata de la entrada donde justamente llegaba al edificio el entonces Jefe de Operaciones y mi padre le ordenó: "Comunique al general Lanusse que no voy a izar el pabellón nacional en la Plaza, tomada por el terrorismo y cuyo mástil esta ocupado por la bandera del ERP. Por cualquier cosa estaré en mi Comando...", el comando era Remonta y Veterinaria. Hacia allí nos dirigimos para la cere-

Mediodía del 25 de mayo de 1973.
La Guardia de Infantería de la Policía Federal apostada en un costado
de la Casa Rosada para salvaguardar a las autoridades nacionales
y extranjeras de los incidentes que se producían en Plaza de Mayo.
(Foto de Marcelo Robirosa)

Un grupo de militantes da vuelta un auto estacionado sobre la avenida Paseo Colón, detrás de la Casa Rosada. (Foto de Marcelo Robirosa)

Manifestantes apedrean a efectivos de la Armada en las cercanías de la Casa de Gobierno. Estos y muchos otros incidentes impidieron el desfile militar en homenaje a las nuevas autoridades. (Foto de Marcelo Robirosa)

monia militar de la mañana y el tradicional chocolate luego de la misma.

Una vez terminada la ceremonia volvimos a nuestra casa de Belgrano y Tacuarí y mi padre nos dijo a mi hermano mayor y a mí "vístanse con jeans y zapatillas y vamos a caminar. Estas cosas en esta vida las tienen que ver por sí solos, con sus propios ojos y no se las tienen que contar los viejos". Yo era estudiante de Arquitectura, de lo que se llamaba la Facultad del Pueblo, Facultad Combativa. Funcionaba en el subsuelo la imprenta del ERP y se entregaban a diario los panfletos de Montoneros a todos a quienes allí intentábamos estudiar. Una vez cambiados de acuerdo a las instrucciones salimos caminando por Tacuarí hacia Avenida de Mayo y al llegar a Hipólito Yrigoyen, media cuadra antes de Avenida de Mayo, pude ver cómo los activistas de nuestra Facultad, todos juntos en esa esquina, escupían y tiraban piedras al paso de una sección de cadetes de la Escuela Naval que venían formados en fila india por Tacuarí. Los marinos se formaron en grupo y pusieron armas al hombro y la turba retrocedió con la misma velocidad del centinela de la Casa Rosada. Luego de esta dantesca escena los marinos pudieron tomar su posición en la avenida. Allí pudimos apreciar el principio de lo que vendría. Seguimos por Avenida de Mayo hacia el Congreso, trayecto en el que apreciamos destrucción por doquier, y por sobre todas las cosas intentos de agresión a todo aquel que portaba uniforme, sea policía o integrante de las FF.AA. Volvimos por Avenida de Mayo caminando nuevamente hacia la Plaza para apreciar nuevamente similar espectáculo pero con diferentes agregados. El Cabildo era choricería popular, la Plaza invadida por personas armadas con palos, algunos con las caras tapadas. Pudimos ver en directo el incendio de automóviles y de un colectivo sin que la autoridad policial intente esbozo de respuesta, pues estaba totalmente superada.[41]

Para el entonces teniente Jorge Echezarreta, oficial del "Escuadrón Junín" del Regimiento de Granaderos a Caballo, el 25 fue un día inolvidable por lo traumático. "Me mandaron a la Catedral con mis soldados para atender el Tedéum que se iba a realizar ese día, al que iba a asistir el presidente Cámpora y las delegaciones extranjeras. Desde las primeras horas de la mañana mucha gente pretendió invadirla. Tuvimos que cerrar las puertas y poner pedazos de mármol y escombros de una obra vecina como barricada y contener a

33

la gente. No teníamos el armamento reglamentario, sólo los sables. Nos quedamos ahí hasta pasadas las 20 horas en que me fue a rescatar el capitán Julio César Veronelli, a pesar de encontrarse con hepatitis. Adentro de la Catedral estábamos a oscuras, porque nos habían cortado el agua y la luz. Uno de los que pasó por esa situación fue Benito Llambí que estaba a cargo del protocolo del Tedéum. Afuera escuchábamos los cánticos "a la Casa de Gobierno la cuidan los granaderos, y después del 25 la cuidan los montoneros, eha, eha".[42] El Tedéum se realizó el día siguiente y me tocó estar entre el presidente Cámpora y Vicente Solano Lima.

"El 25 de Mayo de 1973 debí rendir 'honores' a las nuevas autoridades 'libremente elegidas'. Tuve que retirar a mis soldados de las calles para evitar que una multitud inconsciente e irresponsable, pero enardecida, pusiera sus manos sobre los hombres de mi Ejército, vestidos con uniformes de la patria, formados bajo la sombra augusta de nuestra Bandera. ¡Cuánta vergüenza! ¡Cuánta indignación! No podíamos ni debíamos usar las armas contra esa pobre gente tan engañada como nosotros. Nuestros verdaderos enemigos estaban fuera de alcance: eran los que habían manejado los hilos hasta llevarnos a esa situación. Nos dijeron que tuviéramos fe, confianza, paciencia." (Bajo la firma de "Teniente", la "Carta abierta a su general", el panfleto trajinó por la mayoría de las unidades del Ejército. Manifestaba la opinión de la oficialidad más joven).[43]

Perón, desde lejos, comenzó a emitir señales de reproche. Desde el 25 de Mayo al 20 de junio la Argentina vivió una "primavera", según algunos, pero para la mayoría del Movimiento fueron días de desorden, caos y libertinaje. A pesar de que regían los poderes constitucionales, los jefes del PRT-ERP que salieron de las prisiones y retornaron a sus organizaciones clandestinas declararon que "...nuestra organización seguirá combatiendo militarmente a las empresas y a las fuerzas armadas contrarrevolucionarias. Pero no dirigirá sus ataques contra las instituciones gubernamentales ni contra ningún miembro del gobierno del Dr. Cámpora [...] en estas circunstancias llamar a una tregua a las fuerzas revolucionarias, es, por lo menos, un gran error".

El martes 5 de junio, la embajada estadounidense envió un informe a Washington relatando los pormenores de un congreso sindical que se realizó tres días antes en el Centro de Recreación de SMATA, al que asistieron representantes extranjeros. El informe "confidencial" 3968 expresa el repudio generalizado que mereció el delegado cubano, Agapito Figueroa, cuando al comenzar su discurso expresó su satisfacción "por estar en la tierra del Che Guevara" y propuso un brindis, lo que hizo que la concurrencia se pusiera de pie en una espontánea y hostil reacción al grito de "Perón sí, Guevara no" y "Peronismo no marxismo". A pesar de que José Ignacio Rucci intentó poner orden, las delegaciones de Cuba y Chile se retiraron. En su punto 5° el funcionario norteamericano sostiene que "los movimientos antimarxistas se siguen realizando, y es una cuestión de importancia hasta qué punto el aparato parapolicial antimarxista de los peronistas llegará, y hasta qué punto podría ser utilizado más tarde para infringir las libertades individuales".

Faltando una semana para el retorno definitivo de Juan Domingo Perón, y en pleno mandato presidencial de Héctor Cámpora, Mario Eduardo Firmenich (Montoneros) y Roberto Quieto (FAR) dieron una conferencia de prensa conjunta y clandestina.[44] Hablaron en general para la población y en particular para Perón: "Nuestra estrategia sigue siendo la guerra integral, es decir la que se hace en todas partes, en todos los momentos y por todos los medios... desde la resistencia civil pasando por las movilizaciones, hasta el uso de las armas".

El temporal de Ezeiza. De lo que se hablaba en voz baja: el plan "Cinco Continentes"

En los días previos a los enfrentamientos de Ezeiza, los servicios de informaciones y algunos voceros de la derecha dejaron trascender que la izquierda tenía en preparación el plan "Cinco Continentes". A grandes rasgos, el plan consistía en el asesinato de Juan Domingo Perón, su esposa, el presidente Cámpora, su vice Lima y todos cuantos ocuparan el palco central sobre el Puente 12. Luego, frente a la completa acefalía (del Estado y del Movimiento), se organizaría una pueblada sobre la ciudad de Buenos Aires (el porteñazo), seguida de un asesinato masivo de la dirigencia política, empresarial y sindical (que se extendería a las provincias como "Argentinazo"), para culminar con la toma del poder y la constitución de un gobierno de claro signo castrista. Parecía un disparate... pero de eso se hablaba para calentar el ambiente y se intentó conseguirlo.

La llegada definitiva de Perón a la Argentina estuvo manchada de sangre por doquier. Decenas de muertos fueron los que quedaron tendidos en los bosques y jardines de Ezeiza aquel 20 de junio de 1973. A grandes rasgos, dos grupos fueron los que se enfrentaron. Por un lado, activistas sindicales que respondían a la conducción de José Ignacio Rucci y su secretario Ramón Martínez, a los que se sumaron miembros de las agrupaciones "ortodoxas" JS (Juventud Sindical), CdeO (Comando de Organización), CNU (Concentración Nacionalista Universitaria), remanentes de la vieja ALN (Alianza Libertadora Nacionalista), del MNT (Movimiento Nacionalista Tacuara), del MNS (Movimiento Nacional-Sindicalista), además de retirados de Ejército y de Gendarmería, aportados y apostados por el coronel (RE) Jorge Manuel Osinde, que se dedicaron a custodiar el palco desde donde hablaría Juan Domingo Perón. Por el otro, las fuerzas de las "organizaciones especiales" que pugnaron por acercarse al lugar y fueron recibidas por una lluvia de proyectiles de todo calibre.[45] La derecha proclamó su triunfo y en la intimidad "a Osinde y Rucci los llamábamos autores de la Tercera Fundación de Buenos Aires."[46]

Ante los incidentes de todo tipo (hasta linchamientos, castraciones y ahorcamientos en los árboles), el avión que traía a Perón descendió en la Base de Morón.[47] La primera reacción del viejo líder fue amenazar con un "yo me vuelvo a Madrid".[48]

Vicente Solano Lima (Presidente de la Nación interino) habla desde Ezeiza al avión presidencial que trae a Cámpora y Perón desde España: "Mire doctor, aquí la situación es grave. Ya hay ocho muertos sin contar los heridos de bala de distinta gravedad. Ésa es la información que me llegó poco después del mediodía. Ya pasaron dos horas desde entonces y probablemente los enfrentamientos recrudezcan. Además, la zona de mayor gravedad es, justamente, la del palco en donde va a hablar Perón".

Héctor J. Cámpora (desde la cabina del avión presidencial): "¿Pero doctor, cómo la gente se va a quedar sin ver al general?".

Lima: "Entiéndame, si bajan aquí, los van a recibir a balazos. Es imposible controlar nada. No hay nadie que pueda hacerlo".

Según Lima, ya en Morón, Perón insistió en sobrevolar la zona para, por lo menos, hablarle a la gente con los altoparlantes de los helicópteros. "Pero le expliqué que también era imposible: en la copa de los árboles del bosque había gente con armas largas, esperando para actuar. Gente muy bien equipada, con miras telescópicas y grupos armados que rodeaban la zona para protegerlos. No se los pudo identificar, pero yo tenía la información de que eran mercenarios argelinos, especialmente contratados por grupos subversivos para matar a Perón."[49]

Desde Ezeiza en adelante ya nada sería igual. Perón no fue asesinado, pero el desorden parecía incontrolable y la gente miraba más hacia la casa de la calle Gaspar Campos, donde vivía Perón con Isabel y López Rega, que hacia donde trabajaba el Presidente de la Nación.

"La residencia presidencial de Olivos (RPO en las comunicaciones radiales entre las fuerzas de seguridad) no estaba preparada para recibir a Perón", recordó el teniente de Caballería Jorge Echezarreta muchos años más tarde. "Cámpora no la usó y sólo fue unas veces con su guardia personal... que parecía poco profesional. En horas de la tarde recibí un llamado de la Casa de Gobierno donde me informaban: 'El general Perón se dirige a Olivos'. Fue una tranquilidad recibir de un comando superior la expresión 'general Perón' porque hasta ese momento no se lo podía mencionar por el grado militar. Le informé de la novedad al jefe del escuadrón, capitán Grazzini, y nos pusimos a reforzar la guardia. Desplegamos todos los elementos de seguridad. No se sabía muy bien, en ese momento, lo que estaba sucediendo en Ezeiza. El coronel Vicente Damasco, el jefe del regimiento, fue para estar presente en el foco del problema, porque ya se estaba pasando por las radios que Perón iba a la residencia de Olivos y la gente comenzó a rodearla. Yo estaba en la puerta de entrada con los soldados del regimiento y cuando llegó Perón nos ayudó su guardia personal, con Juan Esquer a la cabeza, compuesta mayormente por suboficiales retirados. Era todo un gran desorden porque era difícil compatibilizar el protocolo con la seguridad. Todos querían entrar con cualquier tipo de credenciales.

"A Perón se lo vio cansado y preocupado. No quería ver a nadie... ésa fue la orden. Esa tarde vino el general (RE) Iñíguez y lo hice entrar a la sala de periodistas antes de anunciarlo. Después me comuniqué con el chalet presidencial y, desde allí, me respondieron que Perón no lo iba a recibir. También, recuerdo, pasó lo mismo con Igounet y (David) Stivel(berg). Al caer la tarde, por gestiones de la gente de Esquer, pude tomar contacto con los jefes de la Juventud Sindical a quienes les pedí acallar los bombos y los gritos porque el general tenía que descansar.

"Al día siguiente, por la mañana, acompañé al general Perón a caminar por los jardines de la residencia. Cuando me presenté formalmente, escuchó mi apellido y me dijo: 'lindo apellido vasco', y seguidamente me contó un chiste de vascos:

"—Oye Manuel, te invito a salir mañana.

"—No puedo.

"—¿Por qué?

"—Porque estoy con gonorrea.

"—Buena familia ésa.

"Luego recordó a mi padre —también militar— y me comentó que tenía problemas con su garganta pero que Isabel le preparaba unos brebajes con cebolla que lo calmaban. La foto con Raúl Lastiri, su esposa Norma y una amiga de ésta fue sacada en Olivos la noche que asumió la Presidencia de la Nación y fui invitado al chalet presidencial. Durante su corto mandato volvieron los miembros de la brigada de seguridad de la Policía Federal que habían sido removidos por Cámpora."

Al día siguiente de la masacre, Perón habló por televisión, flanqueado por el presidente Cámpora y el vice Vicente Solano Lima. En la ocasión, envió un claro mensaje a todas las "organizaciones armadas", en especial a Montoneros: "Todos tenemos el deber ineludible de enfrentar activamente a esos enemigos si no queremos perecer... Nosotros somos justicialistas, no hay rótulos que califiquen a nuestra doctrina y a nuestra ideología. Los que pretextan lo inconfesable, aunque lo cubran con gritos engañosos o se empeñen en peleas descabelladas, no pueden engañar a nadie. Los que ingenuamente piensen que así pueden copar nuestro Movimiento o tomar el Poder que el pueblo ha conquistado se equivocan. Ninguna simulación o encubrimiento por ingeniosos que sean podrán engañar. Por eso deseo advertir a los que tratan de infiltrarse que, por ese camino, van mal... a los enemigos embozados, encubiertos o disimulados les aconsejo que cesen en sus intentos, porque cuando los pueblos agotan su paciencia suelen hacer tronar el escarmiento".

Perón le adelanta al Ejército que va a ser Presidente de la Nación

En un testimonio sobre la época se relata que "en uno de esos días de junio, durante una visita médica periódica que le realizaba mi padre y estando yo presente, Perón manifestó textualmente que no estaba satisfecho con el presidente Cámpora por haberse rodeado de gente que no era de su agrado, y mencionó concretamente al ministro del Interior de entonces, el doctor Esteban J. Righi (tres décadas después —figurando aún como "desaparecido"— Procurador General de la Nación). Tampoco lo estaba "del modo en que se había llevado a cabo la amnistía del 25 de mayo". Seguidamente se agregó: "Una tarde vi junto con el general Perón el noticiero que anunciaba la visita del presidente Cámpora a Gaspar Campos, y su posterior llegada y entrada. Al rato salió y anunció a los medios que había estado con el general... ¡Pero al cuarto del primer piso donde estábamos no había entrado nunca! Había tenido que esperar en planta baja. Perón no lo había mandado a llamar aunque sabía que estaba en la casa. Allí intuí que Cámpora dejaría pronto su investidura".[50]

Cámpora intentó ejercer el imperio de la ley pero parecía tarde. En esos días, en una nueva muestra de ceguera política, "Robi" Santucho, el jefe del PRT-ERP, declaró a la prensa durante una conferencia clandestina: "El gobierno del doctor Cámpora se coloca cada vez más claramente al lado de los explotadores y de los opresores, junto a los enemigos del pueblo y de la Nación Argentina y se apresta a reprimir [...] Si se atreve a pasar a la represión popular, cediendo a las presiones reaccionarias, se colocará sin duda en completa ilegalidad, constituyendo esa medida un verdadero golpe de Estado contra la voluntad popular". "Esto no es una declaración de guerra sino una advertencia", dijo uno de los jefes terroristas al periodismo en el momento de entregar la declaración.[51]

Mientras tanto el arco político de la centroderecha se mantenía en silencio. "Yo me tengo que quedar callado ahora. No quiero obstruir, y además soy noticia hasta cuando como ahora, desde el silencio, me convierto en un interrogante", declaró el ex candidato presidencial de la Alianza Popular Federalista (AFP), Francisco "Paco" Manrique.[52]

El martes 10 de julio, en la casona de Gaspar Campos, Perón se encontró a solas con el comandante en jefe del Ejército. Durante el diálogo, el general Raúl Carcagno recibió una primicia de parte del dueño de casa: "Voy a hacerme cargo del gobierno y quiero que el Ejército lo sepa antes que nadie". Era toda una señal. Tres días más tarde Cámpora estaba fuera de la Casa Rosada y asumía Raúl Lastiri.

Al presidente de la Cámara de Diputados, Raúl Lastiri, le tocó presidir la Argentina hasta el 12 de octubre de 1973, día en que volvió a la Casa Rosada por tercera vez Juan Domingo Perón.

Durante ese lapso, en Chile, el martes 11 de septiembre, fue derrocado el gobierno socialista que encabezaba Salvador Allende y asumió una junta militar que encabezó el general Augusto Pinochet. La primera misión que envió al exterior el nuevo mandatario trasandino fue a la Argentina. Se cerraron los pasos fronterizos y se realizó un severo control sobre los exiliados. En la Argentina, durante esos noventa días de Lastiri, el nivel de violencia se profundizó. Hasta fue asaltada una unidad militar (el Comando de Sanidad) por el PRT-ERP con la finalidad de robar las armas y medicamentos de sus depósitos.

A pesar de la violencia cotidiana, algunos reductos culturales siguieron funcionando. A quince días de las elecciones que entronizarían a Juan Domingo Perón en la Casa Rosada, el fotógrafo argentino Antonio Legarreta realizó una exposición de sus mejores obras en el cine Ópera y el griego Mikis Theodorakis con la cantante María Farantouri volvían a presentarse en el Metro de la calle Cerrito.

Juan Domingo Perón declara la guerra a la subversión.
El "Somatén".[53] "Documento Reservado" con consignas
para todo el Movimiento, destinadas a depurar al peronismo.
El acta fundacional de las Tres A

Bajo la consigna del dirigente montonero Dardo Cabo de
"que cada acción militar sirva para acumular poder... para la
construcción del ejército revolucionario", la organización
Montoneros realizó dos días después de las elecciones que llevaron al triunfo a Juan Domingo Perón un hecho conmo-
cionante. El 25 de septiembre asesinaron a José Ignacio Rucci,
secretario general de la Confederación General del Trabajo, uno
de los puntales del líder justicialista. La repulsa no se hizo esperar. Llegó el "Somatén".

Justamente, ese mismo día, *Il Giornale D'Italia*, con la firma de Luigi Romersa, había publicado unas amenazantes
declaraciones del presidente electo: "O los guerrilleros dejan
de perturbar la vida del país o los obligaremos a hacerlo con
los medios de que disponemos, los cuales, créame, no son
pocos".

La respuesta la dio la AAA (Alianza Anticomunista Argentina), una organización de derecha amparada por José
López Rega e integrada por efectivos ligados al sindicalismo, la
ultraderecha peronista y elementos retirados del Ejército y las
Fuerzas de Seguridad. No está claro cómo se generó, aunque
muchos señalan como autor intelectual de la Triple A al propio
Juan Domingo Perón.

"En una de esas tertulias, en las que había algunos extra-
ños que Gloria (la hija de Óscar Bidegain) no conocía, Perón se
volvió hacia don Óscar (Bidegain) y dijo algo extraño, que la
jovencita tardaría años en descifrar.

"—Lo que hace falta es un 'Somatén.

La sombra de aquella charla se extendería sobre los cadáveres que la Alianza Anticomunista Argentina sembraría en
los bosques de Ezeiza... la idea de la Triple A no había nacido
en la cabeza de López Rega, sino en la del propio Perón".[54]

La idea de formar "escuadrones de la muerte" para liquidar a la subversión de ultraizquierda no era nueva, ni original.
Un par de años antes, durante una conversación sin mayor
profundidad, el teniente general Alejandro Agustín Lanusse la

lanzó en presencia del general Alberto Samuel Cáceres, jefe de la Policía Federal. El diálogo fue presenciado por tres testigos:

"Lanusse: ¿No habrá llegado el momento de formar grupos reducidos para la lucha clandestina al terrorismo? Ir al terreno que ellos (los terroristas) nos plantean.

"—Mi general, si eso se hace, al día siguiente no controlo a esa gente. No lo aconsejo.

"Lanusse dejó pasar unos segundos y finalmente aceptó el consejo: 'Haga de cuenta que no dije nada. Délo por olvidado'."[55]

El periodista Marcelo Larraquy en su biografía sobre López Rega relató que la obsesión de Perón era liquidar al Ejército Revolucionario del Pueblo, y que "en diciembre de 1973 le había propuesto a (Rodolfo) Galimberti conducir un grupo de represión ilegal contra la guerrilla marxista". Parece confuso el dato ya que para ese diciembre estaban vigentes las directivas del "Documento Reservado" que dieron oxígeno a la formación de la Triple A. Además, en ese entonces, Galimberti estaba replegado sobre las entrañas de la "orga" Montoneros (Columna Norte), como consecuencia de su traspié al anunciar la formación de "milicias populares" en abril de ese año, provocando la furia del propio Perón. De todas maneras, hay que tener en cuenta que Larraquy escribió una extensa biografía de Galimberti y de allí que haya podido escuchar una confidencia del propio dirigente montonero.

Muchos años más tarde, Julio Santucho, hermano del fundador del PRT-ERP y miembro del Comité Político de la organización terrorista, afirmó que "el último año de su vida, más que gobernar, Perón lo dedicó a combatir a la izquierda. Para ello desplegó una estrategia basada en la utilización combinada de métodos legales e ilegales". Y con notable frescura —y mala fe— opinó que "Perón nunca logró movilizar al pueblo contra la guerrilla. Las veces que lo intentó como, por ejemplo, en ocasión del copamiento del regimiento de Azul, las demostraciones resultaron un fiasco".[56]

Nace la Triple A. El "Documento Reservado" (que se hizo público)

Para muchos el acta fundacional de la Alianza Anti-comunista Argentina (AAA) fue el 1° de octubre de 1973, seis días más tarde del asesinato de José Ignacio Rucci, secretario general de la CGT, durante una reunión que presidió el propio Juan Domingo Perón como presidente electo de la Nación. Estuvieron presentes Raúl Lastiri (en ese momento presidente interino de la Nación); los ministros del Interior, Benito Llambí, y de Bienestar Social, José López Rega; el senador nacional y secretario general del PJ, José Humberto Martiarena, fue el que leyó el trabajo, y los gobernadores y vicegobernadores que, por las dudas, llegaron con los textos de sus renuncias en los bolsillos y respiraron con alivio cuando observaron que la cumbre no era contra ellos. Su concurrencia —sin excluir a los cinco que estaban enrolados en la "tendencia revolucionaria"— obedecía a la obligación que adquirirían para implementar en todo el territorio nacional el funcionamiento de una estructura especial, encargada de defender al gobierno y al Movimiento e impedir por la fuerza cualquier acción en su contra.[57]

En la ocasión, Perón reiteró a los presentes que "tendrán la más amplia libertad de elección de sus colaboradores... y que la aptitud es la primera condición para justificar un nombramiento en áreas de responsabilidad técnica e, incluso, política", pero una sola excepción debe tenerse en cuenta: "la de los militantes de la ultraizquierda que llegan al peronismo en función del copamiento". Tras la cumbre, cada uno de los presentes se llevó una copia de un "Documento Reservado" que fijaba directivas para terminar con el "entrismo" de la izquierda. En otras palabras, se creó a la vista de toda la sociedad un Estado al margen de la ley dentro del propio Estado de derecho.

En el primer punto se definía al enemigo: "El asesinato de nuestro compañero José Ignacio Rucci y la forma alevosa de su realización marca el punto más alto de una escalada de agresiones al Movimiento Nacional Peronista, que han venido cumpliendo los grupos marxistas terroristas y subversivos en forma sistemática y que importa una verdadera guerra desencadenada contra nuestra organización y contra nuestros dirigentes. Esta guerra se ha manifestado de diversas maneras".

A renglón seguido se observaba: "Ese estado de guerra que se nos impone no puede ser eludido, y nos obliga, no solamente a asumir nuestra defensa, sino también a atacar al enemigo en todos los frentes y con la mayor decisión. En ello va la vida del Movimiento y sus posibilidades de futuro, además de que en ello va la vida de los dirigentes".

Otra de las directivas establecía: "Se utilizarán todos los medios que se consideren eficientes, en cada lugar y oportunidad. La necesidad de los medios que se propongan será apreciada por los dirigentes de cada distrito".

Para aquellos miembros que no obedecieran las directivas se contemplaban sanciones: "La defección de esta lucha, la falta de colaboración para la misma, la participación de cualquier clase en actos favorables al enemigo y aun la tolerancia con ellos, así como la falta de ejecución de estas directivas, se considerará falta gravísima, que dará lugar a la expulsión del Movimiento, con todas sus consecuencias".

El documento fue publicado en *La Opinión* del 2 de octubre de 1973 bajo el título "Drásticas instrucciones a los dirigentes del Movimiento para que excluyan todo atisbo de heterodoxia marxista". Nadie desde el poder lo desmintió, ni lo negó. El 13 de octubre de 1974, renunció el ministro de Educación, Jorge Taiana, y Rodolfo Puiggrós, rector de la UNPBA (antes y después UBA), fue reemplazado por el conservador Vicente Solano Lima. La respuesta de Montoneros llegó once días después: se fusionó con las Fuerzas Armadas Revolucionarias (FAR), una organización guerrillera con marcada orientación marxista.[58]

Visión militar sobre directivas reservadas para terminar con el entrismo en el PJ[59]

En el punto I. Situación, se sostiene: "...el punto más alto de una escalada de agresiones al MNP que han venido cumpliendo los grupos marxistas terroristas y subversivos en forma sistemática y que importa una verdadera guerra desencadenada contra nuestra organización y dirigentes..."

Conclusión parcial: el documento caracteriza fuerzas en presencia y actores en conflicto y define esta situación como "guerra".

En el apartado b) se menciona la palabra "enemigos", término éste que ni los militares utilizaron (usaban "oponentes").

En el punto 3° se define la línea general de acción: "Ese estado de guerra que se nos impone no puede ser eludido, y nos obliga no solamente a asumir nuestra defensa sino también a atacar al enemigo en todos sus frentes y con la mayor decisión..."

Conclusión parcial: se vuelve a emplear el término "guerra" y se resuelve combatir "en todos los frentes". Estos frentes eran los propios de las organizaciones terroristas (culturales, sociales, políticos, gremiales, educativos, rurales, etc.).

En el punto 2°, "Directivas", inciso 1, se insiste con la palabra "guerra".

En el apartado 3°, "Información": se establece "...la necesidad de participar en forma activa en la lucha contra nuestros enemigos". En el punto siguiente se insiste en este aspecto resaltando el "acatar estas directivas".

En el punto 5° "Inteligencia": "En todos los distritos se organizará un sistema de Inteligencia, al servicio de esta lucha, el que estará vinculado con el organismo central que se creará".

Conclusión parcial: se crean estructuras de Inteligencia paralelas a las institucionales.

En el punto 8° "Medios de lucha": "Se utilizarán todos los que se consideren eficientes, en cada lugar y oportunidad".

Conclusión parcial: se establecen conducciones y ejecuciones descentralizadas, con gran libertad de acción.

En el punto 9°, apartado c) "Acción de Gobierno", se establece, refiriéndose a "los compañeros peronistas en los gobiernos nacional o provinciales y municipales": "Deberán participar en la lucha iniciada, haciendo actuar todos los elementos de que dispone el Estado para impedir los planes del enemigo y para reprimirlo con todo rigor".

Conclusión parcial: Éste puede ser considerado como un antecedente documental de los decretos que dos años más tarde involucraron a las FF.AA. en la lucha contra el terrorismo.

Conclusión general: los grupos parainstitucionales armados existieron en otros momentos de la vida política del país (Mazorca, Liga Patriótica, "Klan" radical, Legión Cívica, Alianza Libertadora Nacionalista, Comandos Civiles, etc.). El contexto a partir de los años 60 y 70 (Guerra Fría) se caracterizó por la agresión externa terrorista revolucionaria. El "entrismo" y la penetración ideológica en los principales partidos nacionales crearon fuertes divisiones internas enmarcadas en la utilización sistemática de la violencia (lucha armada). En este marco, la Triple A constituyó el instrumento paralelo del gobierno peronista que se resistió a ser trasvasado ideológicamente y a ceder el espacio de poder disputado y ganado en las urnas. Constituyó una respuesta oficial, apreciada como necesaria (aun en la forma), a los grupos terroristas que enfrentaban al gobierno y la sociedad.

Si bien estos grupos (la AAA) comenzaron a operar antes de su aparición pública a partir del primer comunicado, este documento analizado podría ser definido como la "partida de nacimiento" de este grupo, oficializado directamente por el general Perón y por la aprobación de los máximos dirigentes del Movimiento.

Tras el crimen de José Ignacio Rucci, el jefe del peronismo convocó a hombres que se habían replegado después de los hechos de Ezeiza —Jorge Osinde, entre otros— y les encargó nuevamente la tarea de contener la marea. Casi al mismo tiempo ordenó reponer en sus puestos a los profesionales que integraban el cuerpo de protección del Presidente (habían sido licenciados por Cámpora) y reforzó los mecanismos de seguridad en torno de su residencia en Gaspar Campos. Por último, Perón, descerrajó la depuración. Así lo relató el semanario *Primera Plana*: "El viernes 28 de septiembre, en Olivos, habló con la claridad que caracterizaba a todas sus últimas intervenciones. Según ha trascendido, ante los miembros del Consejo Superior del justicialismo sostuvo que el Movimiento era objeto de una 'agresión externa'. No hizo ninguna alusión a la CIA u otros organismos del 'imperialismo yanqui': arremetió sin más ni más contra el marxismo... y declaró la guerra a los 'simuladores', de quienes afirmó que les iba a 'arrancar la camiseta peronista' para que no quedaran dudas 'del juego en el que estaban empeñados... frente a un gobierno popular –señaló— no les queda otro camino que la infiltración. 'En adelante seremos todos combatientes'", manifestó Perón. Y culminó uno de sus párrafos con: "Yo soy peronista, por tanto, no soy marxista".

Desde la otra vereda, la respuesta de Montoneros llegó a través de la revista *El Descamisado*: "Si todos los peronistas no tenemos derecho a elegir quiénes nos representen debajo de Perón, en el Movimiento Peronista, así no camina la cosa. Se va a seguir muriendo gente".

• Los mensajes de Perón a los "infiltrados"[60]
Libros prohibidos

Antes y después del 12 de octubre de 1973, Juan Domingo Perón formuló una serie de advertencias públicas y privadas a la Tendencia Revolucionaria y la organización Montoneros. También a otros sectores de la ultraizquierda armada. Los mensajes no fueron atendidos y más bien fueron rechazados a través de declaraciones y actos terroristas, generando una cadena de violencia difícil de parar.

El 10 de octubre de 1973, dos días antes de asumir Juan Domingo Perón por tercera vez la Presidencia de la Nación, el semanario *Primera Plana* (Año XI, N° 333) delineó "la agenda de Perón". Para el semanario, la relación con los gobernadores, el gabinete nacional, las Fuerzas Armadas, la CGT y la universidad eran cuestiones a las que el nuevo mandatario debía prestar especial atención, informó la nota de tapa que llevaba la firma de Ricardo Cámara, secretario de redacción. El texto hace mención al proceso de "depuración" que se inició en el justicialismo, dando fin al "pendulismo" de Perón. "En otras palabras, el viejo líder giró a la derecha, considerando 'a la izquierda como el enemigo número uno' y dispuesto a dar la 'batalla principal en su propio Movimiento', entendiéndose a Montoneros, no sólo a las organizaciones de ultraizquierda como el ERP. Sin subterfugios, unos días antes de la muerte de José Ignacio Rucci, Perón dijo: 'A Cuba le advierto que no haga el juego que hiciera en Chile, porque en la Argentina podría desencadenarse una acción bastante violenta'."

Ese mismo 10 de octubre, el presidente interino Raúl Lastiri dictó el decreto 1774/73 por el que se prohibían cerca de quinientos títulos literarios considerados subversivos. Está claro que Perón estaba al tanto de la medida. "500 libros prohibidos" tituló en su tapa el diario *El Mundo*, refundado por el PRT-ERP. Entre otros autores censurados se hallaban Mao Tse Tung, Lenin, Trotzky y Rosa Luxemburgo. También cayeron Eduardo (Hughes) Galeano (*Las venas abiertas de América Latina*), Jorge Amado y el Che Guevara.

Ya con Perón en el gobierno, el 4 de enero de 1974, la Policía Federal allanó las librerías Atlántida, Rivero, Santa Fe y Fausto deteniendo empleados, prontuariándolos, por vender obras de Manuel Puig, Marcelo Pichon-Rivière y Enrique Medina. Y el 29 de enero, tras el ataque del PRT-ERP al cuartel de Azul, Perón designó al comisario Alberto Villar jefe de la Policía Federal y a Luis Margaride al frente de la Superintendencia de Seguridad Federal (antes Coordinación), dos especialistas en "contrainsurgencia".

El 11 de octubre, un día antes de asumir Perón, Lastiri firmó el decreto 1.858 reincorporando al servicio activo al comisario Juan Ramón Morales y al subinspector Rodolfo Eduardo Almirón, actualmente presos.

El 8 de noviembre el presidente Perón habló ante la dirigencia sindical en el Salón Felipe Vallese de la CGT y, frente a los peligros que acechaban al Movimiento, preguntó en voz alta: "¿Cómo se intenta hoy conseguir lo que no consiguieron durante veinte años de lucha? Hay un nuevo procedimiento: el de la infiltración. Esto ha calado en algunos sectores, pero no en las organizaciones obreras". En la misma ocasión habló de la doctrina y la defensa del Movimiento: el cambio de la doctrina "será por la decisión del conjunto, jamás por la influencia de cuatro o cinco trasnochados que quieren imponer sus propias orientaciones a una organización que ya tiene la suya"; en cuanto al cuidado del Movimiento habló del "germen patológico que invade el organismo fisiológico, genera sus propios anticuerpos, y esos anticuerpos son los que actúan en autodefensa".

Con el paso de los días sus advertencias fueron más claras: "¿Qué hacen en el justicialismo? Porque si yo fuera comunista, me voy al Partido Comunista y no me quedo ni en el Partido ni en el Movimiento Justicialista". "Todos los que hablan de la tendencia revolucionaria ¿qué es lo que quieren hacer con la tendencia revolucionaria?"

El 20 de diciembre de 1973, en un diálogo con los periodistas acreditados en la Casa de Gobierno, dijo que "la guerrilla no puede combatirse ni es conveniente combatirla con la guerrilla. Andaríamos matando gente por la calle, que no tiene que morir".

"Hay otros que quieren copar el gobierno para establecer sistemas más drásticos, más duros. Ellos compran armas, creen que pueden hacer algo. Yo lo dudo, pero ellos están convencidos. En esto hay sectores de ultraizquierda y ultraderecha. [...] En cuanto a los muchachos apurados, siempre los hubo. Por eso, 'no hay que dar por el pito más de lo que el pito vale'. Soy un león herbívoro, no me da por pelear."

También, dos días antes de la asunción de Perón, el Ejército tomó decisiones extremas en materia de seguridad. Con la firma del general Luis Alberto Betti, jefe del Estado Mayor General del Ejército, a las 18 horas del 10 de octubre de 1973, se extendió "la Orden especial del JEMGE N° 457/73", "Secreta", para la seguridad del jefe del Ejército, teniente general Raúl Carcagno. En cuatro carillas, de las que sólo tomaron conocimiento doce altos jefes militares, se observa que "las organizaciones paramilitares terroristas, especialmente las de tendencia trotzkista[61] como el autotitulado 'ERP', han reiterado sus amenazas de continuar la lucha armada contra el Ejército. Por lo expresado, continuarán los atentados contra miembros de la institución, fundamentalmente sobre las más altas jerarquías". A partir de estos dos conceptos se tendió un anillo protector alrededor de Carcagno y su familia, con medidas que contemplaban desde sus "desplazamientos terrestres" hasta los "aéreos". Teniendo en cuenta el inusitado clima de violencia que crecía en pleno período constitucional, las medidas de protección al Comandante General del Ejército resultaron más consistentes de las que ya estaban en vigencia para el cuidado del "personal superior en situación de retiro y familiares". Estas medidas, calificadas de "Secreto" militar, firmadas a las 10 de la mañana del 24 de julio de 1973 por el general Alberto Numa Laplane, a cargo del Estado Mayor, tendían "a disuadir e impedir atentados terroristas contra: teniente general (RE) Alejandro Agustín Lanusse; general de división (RE) Alcides López Aufranc y (la) señora esposa del extinto teniente general Pedro Eugenio Aramburu".

Las "patotas" de las Tres A

Como traslucen las directivas del "Documento Reservado" que se dieron a conocer en *La Opinión*, a partir de ese momento los "espontáneos" que operaban en nombre de la "ortodoxia" contaron con un marco de referencia y "legalidad" otorgado desde el nivel más alto del aparato del Estado. Era coincidente con lo expuesto en varias oportunidades por el jefe del Movimiento: el cuerpo humano en muchas ocasiones es atacado por virus, "gérmenes patógenos", que generan a su vez "anticuerpos" que los combaten y eliminan. Las Tres A fueron los "anticuerpos". En otras palabras, "ellos hicieron lo que nadie estaba dispuesto a hacer".[62]

Cdo. general A A A

Parte de guerra Nro. 1

Al Pueblo Argentino:

El 29 de diciembre de 1975, en Córdoba las Organizaciones Argentinas que ha continuación se detallan, en Asamblea General de sus Comandos, acordaron y resolvieron actuar en forma conjunta y con objetivos comunes, para aniquilar aquellos individuos, cualquiera sea su nacionalidad, raza, credo o investidura, que respondan a intereses apátridas, marxistas, masónicos, anticristianos o del judaismo internacional sinárquico:

A A A (Alianza Anticomunista argentina)

> Comando Viola
> Comando Villar
> Comando Juan Manuel de Rosas

A A A (Alianza Anticomunista argentina)

> Comando Regional Córdoba
> Comando Regional Buenos Aires
> Comando Regional Tucumán
> Comando Regional Rosario

C L A (Comando Libertadores de América

> Comando Capital Federal
> Comando Cáceres Monié

C F C (Comando Fuerzas Conjuntas)

El Comando General de las Organizaciones arriba mencionadas resolvió:

Ejecutar, previo juicio sumarísimo y en el lugar que se los hallare, por el bien de nuestra Patria y para que la muerte de nuestros Camarados na haya sido en vano, a todo aquel que realice actividades reñidas a nuestros más caros principios, atente contra la salud moral, física, económica y religiosa de nuestro país, en particular a los integrantes de los:

a. **PC:** Partido Comunista - **OM:** Organización Montoneros - **PA:** Partido Auténtico - **ERP:** Ejército Revolucionario del Pueblo - **PRT:** Partido Revolucionario de los Trabajadores - **PST:** Partido Socialista de los Trabajadores - **JRR:** Juventud Radical Revolucionaria - **PCR:** Partido Comunista Revolucionario.

b. Delincuentes económicos, funcionarios, especialmente ministros, jueces, senadores, diputados, intendentes y concejales venales y/o corruptos, cúpulas gremiales corruptos, sacerdotes tercermundistas, personeros de la sinarquia, infiltrados en nuestra Iglesia Católica.;

Comando General **A A A**

Copia del "Parte de guerra N° 1" de la Alianza Anticomunista Argentina en el que se informa que han sido condenados a muerte los miembros de distintas organizaciones de izquierda, como así también los que respondan "a intereses apátridas, marxistas, masónicos", etc.

En un comienzo se la denominó Alianza Antiimperialista Argentina, pero luego se impuso el nombre de Alianza Anticomunista Argentina. Para algunos, esos términos nacieron como lo contrario a la Tricontinental, de clara inspiración castrista. Todos los historiadores señalaron al ministro José López Rega como el motor para la formación de la organización clandestina de extrema derecha. Sin embargo, está claro que el proyecto se concretó con el conocimiento de Juan Domingo Perón y su esposa "Isabelita".

Hablando sobre López Rega, el médico Pedro Ramón Cossio anotó: "Tuve la impresión de que él (Perón) hacía lo que quería, que a José López Rega le tenía una gran confianza, y escuchaba sus sugerencias, pero él mismo finalmente decidía. También advertí que el general Perón era un hombre de orden. [....] Perón era el que tomaba las decisiones, y a López Rega le dejaba el rol de ejecutor. Lo que pudieron haber hecho (Isabel y López Rega) luego del 1° de julio es una historia diferente, pero hasta esa fecha fue así".[63]

En general, todos coinciden en señalar a los miembros de la custodia del influyente ministro como el núcleo principal de las Tres A. Entre sus jefes más destacados, todos integrantes o ex integrantes de la Policía Federal, se encontraban: subcomisario Rodolfo Eduardo Almirón; suboficial mayor Miguel Ángel Rovira, comisario mayor Juan Ramón Morales (coordinador con la Policía y jefe de Seguridad del Ministerio de Bienestar Social), "El Inglés" Edwin Duncan Farquharson, Daniel Jorge Ortiz, Héctor Montes, José Labia y Óscar Aguirre. Éstos a su vez coordinaban las tareas de las custodias de Bienestar Social y la Presidencia de la Nación. En total sumaban alrededor de un centenar de miembros y contaban con una comisión de "enlace", "grupos operativos", "médico", de "acción psicológica", un departamento de "finanzas" y otro de "automotores". En el vértice de la estructura figuraba José López Rega. Además también militaban en la Triple A otros funcionarios del Ministerio de Bienestar Social, tales como Rodolfo Roballos y Jorge Conti. La organización contó con "delegaciones" en el interior, siendo la más importante la cordobesa "Comando Libertadores de América" que abarcaba todas las provincias del III Cuerpo de Ejército.

Al mismo tiempo, las Tres A convivían con otros grupos con los que tenían enlaces permanentes, con los que llegaron a operar en conjunto. Tenían un mismo "enemigo". El grupo más destacado fue el de "Los Centuriones", comandado por el comisario Alberto Villar, alias "Tubo" o "Tubito" (que será nombrado por Peró, jefe de la Policía Federal en mayo de 1974, luego de expulsar al general Iñíguez); en su SSF (Superintendencia de Seguridad Federal, la ex Coordinación) operaban "Los Halcones". Otros respondían a Lorenzo Miguel, máximo dirigente de la Unión Obrera Metalúrgica, al que se integraron miembros de JS (Juventud Sindical) y de otras "patotas". No faltaron los civiles de la CNU (Concentración Nacionalista Universitaria) y del CdeO (Comando de Organización).

La responsabilidad principal de la Policía Federal en la lucha clandestina era coherente con una afirmación de Perón sobre que a la guerrilla "la corro con la Policía" o la calificación de "delincuentes" a los miembros de las organizaciones guerrilleras: "la delincuencia juvenil que ha florecido".[64] También fue coincidente con el pensamiento generalizado de la dirigencia peronista, si se tiene en cuenta que los policías fueron los primeros en ir a combatir a la Compañía de Monte "Ramón Rosa Jiménez" del PRT-ERP. Tanto unos como otros fracasaron. Para esa época, las organizaciones armadas tenían ya un alto grado de preparación militar y sus integrantes sumaban varios miles de combatientes.

Sobre los miembros que integraron la Triple A, un observador dirá, unos años más tarde, "si bien su ideología es de extrema derecha, sus componentes son reclutados bajo una atracción más convincente para ellos que el imperativo ideológico: cada asesinato o atentado era suculentamente pagado con fondos reservados del Estado. Este terror blanco, pese a su clara dependencia estatal, posee como característica diferenciadora de la etapa posterior la circunstancia de que no hay una participación global activa en él de los aparatos represivos del Estado en forma institucional. A partir de fines de 1973 hasta el día anterior al golpe de Estado de marzo de 1976, el terror paraestatal, bajo las siglas AAA, Comando Libertadores de América y otros nombres circunstanciales o en forma innominada, realizó en todo el país mas de trescientos asesinatos[65] y secuestros de personalidades políticas, culturales, abogados de presos políticos, periodistas, dirigentes juveniles, gremialistas combativos y activistas obreros y militantes de organizaciones populares".[66]

Esta mirada merece ser tomada con pinzas y tener en cuenta el contexto de la época. Como en toda organización humana, hubo de todo en las Tres A. Desde simples malhechores, miembros exonerados de las fuerzas de seguridad y otros que buscaron un rédito económico. Pero, observando el clima de crispación de esos años, y sin que ello merezca exculpar sus actos aberrantes, dentro de las Tres A hubo mucha gente que no se sumergió en la clandestinidad ya que estaba convencida de estar librando una guerra contra fuerzas oscuras que intentaban desnaturalizar a la Patria, empezando por terminar política y físicamente con Juan Domingo Perón. Basta recorrer los documentos y publicaciones de la época para entender el clima de guerra que se vivía en la Argentina. Los que se enfrentaron al margen de la ley sabían lo que hacían y también conocían cuáles podían ser sus consecuencias. Lo dramático fue que todo esto se llevó a cabo al margen de la ley, mientras los órganos del Estado miraban para otro lado y gran parte de la sociedad se sumergió en el silencio, marchando casi alegremente al abismo. La clase dirigente, además de sus discursos y solicitadas, nada hizo (o podía hacer) para terminar con la matanza de todos los lados. El peronismo se bañó, pero mojó a todo el país. Un ejemplo: en noviembre de 1973 Horacio "Hernán" Mendizábal[67] presidió una reunión de toda "la militancia de superficie" de La Plata y sus alrededores, en el anfiteatro de la Facultad de Veterinaria de la UNLP, donde planteó el "teatro de guerra" que se vivía. Tenía autoridad para hacerlo, en ese tiempo era el jefe de la Columna Sur de Montoneros. En un momento, los asistentes se quedaron sin respiración. Fue cuando planteó que, de acuerdo con las estimaciones de la "conducción", la organización podía llegar a perder más del 80 por ciento de sus cuadros durante "la guerra". Luego de exponer esto, bramó: "Compañeros, el que se quiera quedar se queda, y el que no que se vaya. Aquí estamos para pelear". Por lo menos en ese momento, nadie se levantó ni se fue.[68] Está claro, entonces, que los miembros de las organizaciones terroristas que continuaron en la lucha no lo hicieron por dinero. Estaban tan convencidos de lo que hacían como los "otros" que estaban del lado opuesto.

*Formación en el monte tucumano, en 1975. Hugo Irurzun
habla frente a los integrantes (en 1980 asesinó
al ex Presidente Somoza en Asunción, Paraguay).*

Olivos 1973: ¿Cómo vivía el presidente?

En su libro testimonial, el médico Pedro Ramón Cossio, miembro del selecto equipo que atendía a Perón, relata que "fui mudo testigo de un hecho que me impactó fuertemente. Durante este episodio de su enfermedad, el general Perón tenía en su mesa de luz, a la izquierda de su amplia cama, una pistola, y en el rincón del mismo lado del cuarto, cerca de su cabecera, un arma larga, para defenderse en caso de necesidad extrema. 'Por las dudas', me dijo Perón. Él tenía gran confianza en el jefe de su custodia, el señor Juan Esquer, a quien apreciaba mucho, pero de todas maneras, por sentirse inseguro de lo que podía ocurrir, había tomado esa precaución".

Otra vez, el médico observó durante un viaje que uno de los custodios del ministro López Rega llevaba una Biblia en la mano: "'¿Pero qué hace con ese libro? No me diga que lee la Biblia'. Me mira, se ríe y abre el libro: 'Doctor, esto no es una Biblia'... adentro había un revolver Magnum."

José López Rega era un maniático de la seguridad. Su custodia personal la manejaban Almirón y Rovira. El subcomisario Rodolfo Eduardo Almirón era un tipo mas bien alto, que vestía con trajes a medida de tela inglesa, por lo general claros. Le gustaban los zapatos blancos, las camisas rosas y su corbata verde de terciopelo. Se distinguía por su traba, con una insignia del partido nazi. El suboficial mayor Miguel Ángel Rovira era un grandote —más parco— que usaba una cadena de oro para prender su llavero, que le llegaba hasta la rodilla.

"El suboficial mayor Rovira se hacía llamar 'mayor' y recuerdo su larga cadena con llavero que le llegaba hasta la rodilla. Muchas veces lo escuchaba entonar graciosamente 'la vida es una milonga que hay que saberla bailar'. Los jefes de la custodia de López Rega eran unos atorrantes, petulantes y soberbios. Aparecían con el ministro y lo dejaban dentro de Olivos donde mandábamos nosotros los Granaderos. Adentro de la residencia presidencial había efectivos de distintas fuerzas. Parecía una base militar. Allí convivía el Escuadrón de Granaderos (cerca de cien efectivos) con una sección de la Guardia de Infantería de la Policía Federal para custodiar el mausoleo de Evita; dos pilotos de helicópteros de la Fuerza Aérea y un representante de la Prefectura. Todos los días, cerca de las

17, se hacía una reunión para analizar cuestiones de seguridad, organizábamos ejercicios de ataque e impartíamos el 'santo y seña' del día. Fue en época de Perón que se levantó el muro perimetral de Olivos. Fue porque un día llegó una foto de Perón saliendo de la capilla con una mira telescópica. Había una sensación de descontrol en el país, cada uno hacía lo que le daba la gana. A pesar de que asumió en medio de un conflicto armado, en la época de Perón el Ejército no operó. Más tarde se hizo en forma orgánica, con órdenes precisas, al principio en Tucumán y más tarde en todo el país. En Tucumán se comenzó a 'operar por izquierda', la oficialidad quería salir a la calle y se salió cuando se dio la orden. Por ejemplo: para ir a buscar a los asesinos del capitán Viola y su hijita. Merece recordarse que, como dijo el general Adel Vilas, 'en Tucumán se ganó por el impulso de los tenientes'."[69]

Las carpetas de Perón[70]

Juan Domingo Perón siempre le dio una gran importancia a la información que le brindaba la Secretaría de Inteligencia del Estado (SIDE) o de toda la "comunidad de inteligencia". Él leía minuciosamente los informes, no era de aquellos mandatarios a quienes había que relatarle los entresijos de los acontecimientos, los detalles, de lo que se consideraba importante. Para Perón la "cuestión subversiva" era un tema delicado que merecía su atención desde antes de asumir la Presidencia de la Nación. El contexto internacional así se lo indicaba, además la "cuestión" la había seguido de cerca en su obligada y prolongada estancia europea. Como jefe de la SIDE nombró al general de división (RE) Alberto José Epifanio Morello,[71] nacido en Córdoba el 6 de enero de 1906, egresado del Colegio Militar de la Nación con la orden de mérito 12 (sobre 80) de la promoción 50. Era, además, el suegro del coronel Juan Carlos Corral, su Jefe de la Casa Militar. En el corto período que Perón desempeñó su tercer mandato presidencial puede decirse que Morello no formó parte de su núcleo íntimo, lo que no quiere decir que no mantuviera una cotidianidad o leyera sus informes. Los "casos" que se trabajaban durante su gestión en el organismo de 25 Mayo 11 eran, por lo menos, los temas que se hablaban alrededor de Perón. O los trataban los oficiales del Ejército destinados en su cercanía o los conversaba con el coronel (RE) Jorge Osinde, con quien tenía una gran confianza. En la mayor parte de sus jornadas, Perón se hallaba frecuentemente acompañado por militares: los coroneles Jorge Sosa Molina, Juan Carlos Corral, Vicente Damasco, el teniente coronel (de Inteligencia) Ramírez y su edecán teniente coronel Alfredo Díaz.

Algunos de los documentos rescatados de la SIDE de esa época informaban sobre la crisis dentro del PRT-ERP y sus escisiones ERP-22 ("entrista") y ERP-FR (Fracción Roja, luego Liga Comunista Revolucionaria trotzkista). Así el informe especial N° 05/73, con fecha 25 de abril de 1973, dice que "el 27 mar 73, en correspondencia dirigida a A. Markoff (17 Rue des Marguets – París 12 – Francia), un remitente desconocido envía un documento titulado 'Programa mínimo de coincidencias de la fracción (22 de Agosto)'. El documento en cuestión, cuyo análisis se efectúa más adelante, constituye la evidencia de la existencia de una fracción (ya adelantada en informes anteriores de esta SIDE) que con el título '22 de Agosto' se ha escindido del autodenominado 'Ejercito Revolucionario del Pueblo' adoptando el nombre 'ERP-22'. Cabe agregar que el documento remitido a París ha sido enviado al elemento que esta SIDE identificara oportunamente como Sandor, líder de la Liga Comunista Francesa (en la IV Internacional trotzkista) y responsable del intento fraccional en el seno del ERP que motivara un extenso informe del Buró Político del PRT (ver Informe Especial SIDE N° 317)."El texto continúa con un largo informe sobre el accionar político del ERP-22 y "su crítica a la actual conducción del ERP". Y pone el acento en su punto 1° donde "se aboga por la estructuración de alianzas regionales con el MLN-T (Tupamaros) de Uruguay y el Movimiento de Izquierda Revolucionaria (MIR) de Chile, que permita la formación de un Secretariado Regional apoyado por Cuba. Cabe agregar que esta aspiración internacionalista es también apoyada por el MLN-T conforme a información remitida por las Fuerzas Conjuntas de la República Oriental del Uruguay. La posición sustentada en este sentido responde a la concepción teórica de creación de focos revolucionarios conforme al criterio de Ernesto 'Che' Guevara de 'crear dos, tres, muchos Vietnam'." Seguidamente propician "la formación de un Estado Mayor Conjunto con las demás fuerzas guerrilleras po-

María Estela Martínez de Perón, en octubre de 1956, en Panamá.
(Archivo del autor)

Juan Domingo Perón en Panamá (1956).
(Foto de la Presidencia de la República de Panamá, archivo del autor).

Ernesto Che Guevara con Eduardo Mondlane, fundador del FRELIMO (Frente de Liberación de Mozambique), en Dar es Salaam, Tanzania, el 14 de febrero de 1965. Al año siguiente intentaría tomar el poder en Bolivia y luego pasar a la Argentina.

La afamada modelo Verushka visitó Buenos Aires en 1969. De los tres días que estuvo, todas las noches se la vio en Mau-Mau, con su amigo y manager Franco Rubartelli. (Foto en Mau-Mau, archivo de la Editorial Atlántida)

pulares marxistas y peronistas para coordinar el accionar frente a los enemigos comunes previendo el desarrollo independiente de cada guerrilla en la propaganda armada sobre el frente de masas. Ahondando en el concepto de colaboración y acción conjunta se propone en el punto 7° la planificación por el Estado Mayor Conjunto de las diversas etapas de la guerra (guerrilla rural, ejército regular urbano, etc.).

El Parte de Inteligencia N° 02/73 del mes de mayo informa sobre las actividades de otra fracción que representa "una nueva escisión en el seno de la organización clandestina Ejército Revolucionario del Pueblo (ERP)". "Este nuevo fraccionamiento se ha producido en enero 73 en el seno del Comité Militar de la Regional Sur y se identifica como 'ERP-Fracción Roja', con jurisdicción en la provincia de Buenos Aires [...] Con fecha 09 abril 73, el nuevo agrupamiento armado ha rendido un informe al Secretariado de la IV Internacional en París", detallando cronológicamente sus acciones "operacionales", seis robos de armas a la policía provincial y los asesinatos de los agentes Mariano Marchione (en ocasión de custodiar un camión de cigarrillos de la empresa Panebianco, el 2 abril) y Primo Dorrego (cuando custodiaba la entrada de la fábrica FATE, el 18 de abril).[72]

A continuación "se aprecia que el nuevo agrupamiento armado (ERP-Fracción Roja) se halla constituido sobre la base de los 10 elementos que fueron expulsados en enero 73 del Comité Militar de la Regional Sur del ERP por su definida vinculación con la Liga Comunista Francesa (de la IV Internacional trotzkista) y el Partido Obrero Comunista de París, sectores éstos cuestionados por el Buró Político del PRT [...] Se estima que entre estos 10 elementos, los cuales responden a los seudónimos de Rolando, Pancho, Coco, Pelado, Beto, Sergio, Luis, Ana, Hugo y Pedro, se encontrarían los 8 elementos de nacionalidad brasileña que hace aproximadamente un año se incorporaron al Comité Militar de la regional Sur del ERP, avalados por la Liga Comunista Francesa (sector disidente del Secretariado Unificado de la IV Internacional). [...] el número de militantes escindidos podría oscilar entre 20 y 50 [...] Se aprecia que ambas escisiones ('22 de Agosto' y 'Fracción Roja'), que responden más que nada a razones de orden táctico, no afectan la estructura orgánica del PRT-ERP".

El Informe 317 de fecha 6 de febrero de 1973 analiza un "Informe del Buró Político del PRT al Secretariado Internacional de la IV Internacional con sede en París" de diecisiete páginas en el que se ponen de manifiesto las diferencias dentro de la organización presidida por Mario Roberto Santucho. Hace referencia al V Congreso del Buró Político del PRT realizado en la isla Magnasco, una de las Lechiguanas (julio 1970) en la que se manifiestan algunas diferencias con "los sectores europeos", ya que "el Partido Revolucionario de los Trabajadores" (PRT) se considera marxista-leninista. En cambio los demás partidos de la Internacional se definen como trotzkistas que son lo mismo pero más puros e internacionalistas. Relata las visitas a la Argentina de Livio Maitan y "Sandor" (Markoff) con las coincidencias alcanzadas. Trata la injerencia de la Liga Comunista Francesa dentro del PRT que derivó en la expulsión deshonrosa de José Baxter Denaro (a) "Rafael". En el largo y pesado relato el trabajo señala que los "modelos" del Partido Revolucionario en el cual se debe inspirar el PRT son el Partido Bolchevique Ruso (hasta la muerte de Lenin) y el Partido Vietnamita de los Trabajadores, señalando también como buenos ejemplos al Partido Comunista Chino (hasta la toma del poder) y el Partido Comunista Cubano en los últimos años. Sin decirlo expresamente, el PRT-ERP se pasaba de la IV Internacional a la ex III o Komintern soviética.

Sutilezas al margen, sobresalen las siguientes conclusiones: "la estrecha relación existente entre el PRT y su brazo armado, el ERP, con el Secretariado Internacional de la IV Internacional; ha existido un grave intento divisionista en el seno del PRT que aún no ha sido totalmente superado; resulta comprobada la cooperación internacional entre las organizaciones subversivas incluso a nivel de dirigentes, así como instrucción; el Comité Central del PRT ha decidido realizar intensa actividad militar a través del ERP en los meses venideros".

El informe siguiente expresa "el curso de acción inmediato del ERP" y relata que entre el 22 y el 26 de abril de 1973 (es decir luego de las elecciones donde triunfó la fórmula Cámpora-Lima) se realizó una reunión conjunta entre el PRT , MIR (Chile) y Tupamaros (Uruguay) para coordinar acciones comunes: "Se ha concretado un primer paso hacia la continentalización de la lucha armada mediante apoyo mutuo, el intercambio y la creación de un comité conjunto permanente" entre las tres organizaciones armadas (luego cuatro con el PRTB-ELN boliviano). Será conocida como la Junta Coordinadora Revolucionaria. Para la dirección del PRT-ERP "la situación económica no tiene soluciones a corto ni mediano plazo siendo del caso destacar que los fundamentos aducidos para negar cualquier posibilidad de radicación de capitales extranjeros a largo plazo se centran en la inestabilidad político-social del país y en la perspectiva de que los ejecutivos de las empresas 'vayan a parar a una cárcel del pueblo'".

Con fecha 31 de mayo de 1973 se puede leer un informe de ocho páginas de "DAN" y "Olga" luego de participar en París, Francia, de una cumbre de la IV Internacional, en la que estuvieron presentes, entre otros líderes de la organización, Gérard Vergeat, Pierre Broué, Livio Maitan (jefe de la sección italiana de la Internacional), A.M. Markoff (a) "Sandor" (dirigente del secretariado internacional), Riel, donde se discutieron las diferencias dentro del PRT-ERP y la metodología a usar en el futuro. También se trataron las situaciones en otros países de América Latina, el "Movimiento de Liberación de la Mujer" y la "Liberación Gay".

Informes como éstos se producían todas las semanas. Trataban sobre todas las organizaciones armadas. Y Perón los conoció. Horas más tarde del asalto del PRT-ERP a los cuarteles (de caballería y artillería blindadas) de Azul (19 de enero de 1974), el Poder Ejecutivo mandó al Congreso un proyecto en el que introducía reformas en la legislación penal endureciendo las penas, tipificando los delitos. El bloque de la Juventud Peronista, ligado a Montoneros, se negaba a aprobarlo, y solicitó una entrevista con el presidente. En la ocasión, Perón los recibió y los maltrató ante las cámaras de televisión. Detrás de las cámaras estuvieron los oficiales del Ejército que lo informaban diariamente. Fue en esa oportunidad cuando dijo refiriéndose a la IV Internacional:

—Yo a eso lo he conocido "naranjo", cuando se gestó ese movimiento, que no es argentino. Ese movimiento se dirige desde Francia, precisamente desde París, y la persona que lo gobierna se llama Posadas, de pseudónimo. El nombre verdadero es italiano. Los he conocido "naranjo", como dice el cuento del cura. Sé qué persiguen y lo que buscan. De manera que en ese sentido a mí no me van a engañar, porque, como les digo, los conozco profundamente. He hablado con muchísimos de ellos en la época en que nosotros también estábamos en la delincuencia, diremos así. Pero jamás he pensado que esa gente podría estar aliada con nosotros, por los fines que persigue. Ustedes ven que lo que se produce aquí, se produce en todas partes. Está en Alemania, en Francia. En este momento, Francia tiene un problema gravísimo de ese orden. Y ellos lo dejaron funcionar allí; no tuvieron la represión suficiente. En estos momentos, el gobierno francés está por tomar medidas drásticas y violentas para reprimir eso que ellos mismos dejaron funcionar. Ya lo he dicho más de veinte veces, que la cabeza de este movimiento está en París. Eso ustedes no lo van a parar de ninguna manera, porque es un movimiento organizado en todo el mundo. Está en todas partes: en Uruguay, en Bolivia, en Chile, con distintos nombres. Y ellos son los culpables de lo que le ha pasado a Allende. Son ellos y están aquí en la República Argentina, también. Están en Francia, en España, en una palabra, están en todos los países. Porque ésta es una Cuarta Internacional, que se fundó con una finalidad totalmente diferente a la Tercera Internacional, que fue comunista, pero comunista ortodoxa. Aquí no hay nada de comunismo; es un movimiento marxista deformado, que pretende imponerse en todas partes por la lucha. A la lucha —y yo soy técnico en eso— no hay nada que hacerle, más que imponerse y enfrentarla con la lucha. Y atarse las manos, frente a esa fuerza; atarse las manos y especialmente atarse las manos suprimiendo la ley que lo puede sancionar. Porque nosotros, desgraciadamente, tenemos que actuar dentro de la ley, porque si en este momento no tuviéramos que actuar dentro de la ley ya lo habríamos terminado en una semana. Fuera de la ley, la ventaja que ellos tienen es, precisamente, ésa: los que tienen que someterse a la ley y ellos que buscan los vericuetos para actuar fuera de la ley. Con todas las implicancias del cuerpo de la ley, nosotros estamos con las manos atadas dentro de la ley. ¿Y nos vamos a dejar matar? Lo mataron al secretario general de la Confederación General del Trabajo, están asesinando alevosamente y nosotros con los brazos cruzados, porque no tenemos ley para reprimirlos. ¿No ven que eso es angelical?

"Ahora bien; si nosotros no tenemos en cuenta la ley, en una semana se termina todo esto, porque formo una fuerza suficiente, lo voy a buscar a usted y lo mato, que es lo que hacen ellos. No actúan dentro de la ley. ¿Y todavía nosotros vamos a pensar si sancionamos o no la ley? ¡Vamos! Necesitamos esa ley porque la república está indefensa frente a ellos. Ése es para nosotros el fundamento de todo eso. Con toda claridad afirmo que no queremos la violencia."

Junio de 1974. Los problemas de Chile y el delirio de Fidel Castro. El Ejército Argentino tomó nota del fracaso de la Policía Federal en Tucumán

Si en la Argentina ocurrían situaciones graves, en Chile —país con el que la Argentina tiene una frontera de 5.000 kilómetros— no le iban a la zaga. En junio de 1974, un mes antes de la muerte de Perón, llegó a La Habana el máximo jefe del comunismo chileno, Volodia Teitelboim. Acompañado por su camarada chileno Rodrigo Rojas, su principal actividad fue mantener una reunión en el Palacio de la Revolución con Fidel Castro, su hermano Raúl (segundo hombre de la "nomenklatura" cubana), Manuel Piñeiro ("Barbarroja", jefe de la Inteligencia castrista y contacto con todos los grupos terroristas de Latinoamérica) y el viceprimer ministro Carlos Rafael Rodríguez, un dirigente histórico del comunismo cubano. En la ocasión se acordó que comunistas chilenos (y algunos socialistas) tomarían cursos de oficiales de las Fuerzas Armadas en las escuelas profesionales Camilo Cienfuegos, Antonio Maceo, Instituto Técnico Militar, la Escuela Naval "Granma" y La Cabaña. Era el gran cambio. "Este acuerdo lo voy a guardar yo en mi caja fuerte, porque es el acta de nacimiento de un nuevo ejército democrático para Chile", dijo Fidel Castro. Y mirando fijamente a Teitelboim expresó: "Serán militantes suyos, pero yo seré el dueño de darles la formación militar que estime conveniente".[73] Hasta ese momento los guerrilleros chilenos —y el resto de los latinoamericanos— habían sido instruidos en los centros de formación de Punto Cero,[74] Cordillera de los Órganos y Pinar del Río. Los resultados de ese acuerdo se extenderán, dramáticamente, hasta entrada la década de los 80 en Chile y los 90 en América Latina.[75]

La mayoría de los militantes socialistas chilenos no pasaron por Cuba. Fueron destinados a Kleinmachnow, un pequeño pueblo entre Potsdam y Berlín, Alemania Oriental. Detrás de los bosques de Seeberg hay seis edificios construidos en 1937 por Albert Speer, el arquitecto favorito de Adolfo Hitler, para servir de institutos de investigación tecnológica nazi. Tras la derrota alemana en 1945 se convirtieron, en 1947, en unidades para la formación de cuadros del partido socialista unificado de la RDA. Al menos doscientos cincuenta exiliados chilenos pasaron entre 1974 y 1980 por el Colegio Especial "Karl Liebknecht", que dependía directamente del Comité Central del partido de Erich Honecker.[76] Entre otros estuvieron la primera pareja de Michelle Bachelet,[77] Jorge Dávalos; el ex ministro Osvaldo Puccio; el ex titular de Justicia de Salvador Allende, Sergio Insulza; el actor Aníbal Reyna y la ex senadora socialista María Elena Carrera. A diferencia de lo que había sucedido en el Chile de Allende, en sus universidades, fábricas y lugares de trabajo, los alemanes impusieron disciplina, mucha disciplina, mientras enseñaban marxismo-leninismo basado en la obra de Stalin. "Era un marxismo acomodado según los intereses del partido", recordó Aníbal Reyna que por esos años militaba en el socialismo. Como él, los chilenos que lograron entrar al instituto fueron celosamente seleccionados por el Partido Comunista, el Socialista y el MIR. Aprendieron teoría y de vez en cuando tiro al blanco. Hacia 1981 la mayoría de los chilenos había emigrado de la RDA hacia Suecia y otras naciones. En febrero de 1979, Michelle Bachelet abandonó el lugar. Tras la caída del Muro de Berlín, los viejos edificios fueron destinados para hoteles, discotecas o algunos quedaron simplemente abandonados. Ni siquiera está el busto de Karl Liebknecht que recibía a los estudiantes, ni su frase: "Las masas de trabajadores son los ejecutantes de la revolución. Clara conciencia de clase, claros conocimientos de su tarea histórica, claro deseo de realización".[78]

También, en junio de 1974, en la Argentina, durante el mandato de Juan Domingo Perón, el Ejército tomó nota del fracaso de usar a la policía para combatir al terrorismo en operaciones de combate regular.[79] El 8 de junio de 1974 el general de brigada Luciano Benjamín Menéndez, comandante de la V Brigada de Infantería, en Tucumán, elevó el memo "secreto" N° 51 40173/1 al comandante del Cuerpo III, general Enrique Salgado, en el que expresa que "la Policía Federal no está instruida, ni entrenada, ni equipada, ni armada para efectuar operaciones sostenidas con efectivos de magnitud, pues su misión es combatir la delincuencia y obtener información y explotarla, basando su eficacia en la lucha singular de sus hombres aislados y no en la capacidad táctica de sus cuadros". En el trabajo, de tres carillas, Menéndez expresó que "la Policía Federal no cuenta con cuadros capaces de planear, conducir y ejecutar operaciones de combate" y que "a raíz de esto los efectivos policiales no penetraron en el monte, ni lo batieron, limitándose a permanecer en proximidades de los caminos, adonde eran llevados todas las mañanas y traídos todas las noches por columnas de transporte del Ejército (salvo ochenta hombres que hicieron un vivac durante dos días)". Pone de manifiesto que la Inteligencia, el transporte y el abastecimiento fueron realizados por el Ejército, y que "la operación debió y pudo haber sido realizada por el Ejército, con los efectivos de la Guarnición Tucumán, explotando las informaciones existentes en la Comunidad Informativa local y utilizando la Policía Federal para los interrogatorios de prisioneros y explotación de la información obtenida y cuando ésta lo imponga, para realizar acciones en otros lugares de la Provincia o del País, como ser allanamientos, detenciones, etc." Menéndez consideró "conveniente puntualizar una vez más el hecho de que la lucha contra la guerrilla tiene un ciclo de tres partes: 1) Información para saber dónde están los guerrilleros; 2) Acción para detenerlos y 3) Sanción para evitar nuevas actuaciones". En la página 3, el comandante de la Brigada V aconsejó que el Ejército se hiciera cargo de las operaciones y que se delimitara una Zona de Emergencia "limitada al departamento o departamentos en donde se operará contra dichas fuerzas irregulares". Para eso, observó, "el Ejército debe disponer de la conducción de los tres capítulos del ciclo de la lucha contra la guerrilla", para "someter a la justicia militar a los guerrilleros para una represión rápida y efectiva de los delitos cometidos". Además, Menéndez estimó que debe existir "en el gobierno nacional la total disposición de encontrar a la guerrilla... y de aniquilarla donde se la encuentre (para lo cual debe haber un respaldo total y definitivo a las sanciones que imponga)".

El Memo, con el correr de las semanas, formó parte de un expediente de más de cincuenta páginas: el N° U2 40298/8 "Secreto", con fecha 17 de junio de 1974, que el general Carlos Dalla Tea, Jefe II Inteligencia del Estado Mayor, envió al jefe de Operaciones del EMGE, general Alberto Laplane. En el anexo 1, punto 2, Menéndez informó que en los procedimientos realizados por las policías Federal y Provincial se detuvieron a treintisiete personas y que "la mayoría de los detenidos fueron dejados en libertad por el juez federal de Tucumán, doctor Jesús Santos, el 29 de mayo de 1974... 37 personas, entre las cuales 15 individuos con antecedentes de pertenecer al ERP (Expediente 5I40701/1 del 14 Feb 74)". El hecho de que el juez haya "decretado la libertad de 23 de ellos (12 con antecedentes del ERP)... produjo un efecto psicológico desfavorable".

• Información, secreto y sorpresa

Juan Domingo Perón, más que nadie, tenía muy presentes aquellas reglas básicas que un conductor debe manejar: información, secreto y sorpresa. En este sentido, mantenía relaciones "radiales". Uno no sabía completamente qué pensaba. Un ejemplo: por indicación de Perón el coronel (R) Santiago Menéndez comenzó a hacer la "inteligencia" del ERP. Con ese motivo, entre 1973 y 1974 inició viajes semanales a Tucumán como "gerente de relaciones industriales" del CONASA. "Visitaba" los ingenios. En esos años, Menéndez fue un adelantado a la "Operación Independencia", aunque gustaba de pasar inadvertido, ya que era un "veterano". Con el grado de mayor había sido el número uno en la Escuela de Guerra, por eso lo destinó Perón a mantener fluidos contactos con la inteligencia alemana nazi. También había sido miembro del GOU y compañero de los generales Fatigatti, Iñíguez y Embrioni. Cuando Perón se vio obligado a virar y a alejarse del Eje Roma-Berlín, Menéndez fue destinado como agregado militar en Cuba, con concurrencia en Santo Domingo. En Cuba tuvo varios "hallazgos": conoció y fichó a Fidel Castro, al cual ubicó como bailarín de dudosa moralidad. El último cargo de Menéndez, antes de 1955, fue la jefatura del Regimiento de Infantería 1. En 1954 pasó a retiro y el diferendo con la Iglesia lo distanció de Perón. De todas maneras, nunca se alejó del todo: en Venezuela le administró un haras a Jorge Antonio, con quien siempre mantuvo una íntima amistad. Después del 73, José López Rega le ofreció el ascenso a general y lo rechazó. Murió hace casi una década. Su actividad en Tucumán fue uno de los secretos que mejor guardaba.[80]

Tedéum del 26 de mayo de 1973. El presidente Héctor Cámpora y Vicente Solano Lima. En el medio el teniente de Granaderos, Jorge Echezarreta. Atrás los presidentes Juan María Bordaberry y Salvador Allende. (Foto del archivo del coronel [RE] Echezarreta)

*13 de julio de 1973. Raúl Lastiri y su señora Norma López Rega la noche
de su asunción presidencial. Los acompañan una amiga
de la señora de Lastiri y el oficial de guardia de la residencia de Olivos.
(Foto del archivo del coronel [RE] Jorge Echezarreta)*

Después de la muerte de Juan Domingo Perón.
Mario Eduardo Firmenich viaja a Moscú
y se declara marxista-leninista

Tras la muerte de Juan Domingo Perón, el 1º de julio de 1974, dentro del peronismo comenzó a gestarse una alianza entre sectores afines al ministro de Bienestar Social, José López Rega, y del sindicalismo "ortodoxo", liderado por Lorenzo Miguel, destinada a poner fin a la gestión del ministro José Ber Gelbard. Sin el "líder natural" la conjunción de fuerzas que anidaban dentro del partido del gobierno perdió el fiel de la balanza, el árbitro que bendecía *urbi et orbi*. Primero desaparecieron los gobernadores afines a la Tendencia Revolucionaria. El 13 octubre de 1974, los ministros Benito Llambí (Interior), Jorge Taiana (Educación) y Ángel Federico Robledo (Defensa) corrieron igual suerte. Fueron reemplazados por Alberto Rocamora, Óscar Ivanissevich y Adolfo Savino. Una semana más tarde, 20 de agosto, el semanario montonero *La Causa Peronista* se preguntaba en una nota de tapa: "¿Llegó la hora de la guerrilla?". La respuesta la dio la misma organización terrorista.

El sábado 6 de septiembre Montoneros anunció su pase a la clandestinidad. Durante una conferencia de prensa, Mario Eduardo Firmenich legitimó la decisión de la organización armada diciendo que lo hacía para encabezar la resistencia popular, desarrollando una "guerra integral". En realidad, la decisión estaba contemplada en el plan de acción cuatrimestral que se había trazado a comienzos del año anterior, en vida de Perón. El plan recién se conoció cuando cayó en manos de los servicios de inteligencia un año más tarde. La medida del 6 de septiembre no contempló qué hacer con sus organizaciones de superficie: Juventud Peronista, Juventud Trabajadora Peronista, Agrupación Evita, Movimiento Villero Peronista, Juventud Universitaria Peronista y Unión de Estudiantes Secundarios cuyos dirigentes y militantes fueron condenados al desamparo. "Los cuadros con mayor experiencia militar eran, tal vez, quienes tenían más claro que ir a un enfrentamiento armado sin el amparo masivo del pueblo, sin su activo protagonismo político, constituía un suicidio", observó años más tarde José Amorín.[81]

También en septiembre, el jefe montonero Mario Eduardo Firmenich llegó a Moscú,[82] llevado de la mano por la Inteligencia cubana que lo salvó en Praga de caer detenido por portar un pasaporte falso.[83] Con la autoridad que le da el haber sido durante veintinueve años el corresponsal de la Agencia TASS en la Argentina, Isidoro Gilbert observó que "los milicianos urbanos no tenían simpatías por los soviéticos, pero en su esquema insurreccional preveían escenarios de confrontación con las Fuerzas Armadas que deberían, según su lógica interna, derivar en una intervención directa o indirecta de los EE.UU. En esa situación que imaginaban con una patética sobrevaloración de sus propias posibilidades, los soviéticos se involucrarían en la Argentina, como lo demostraba la evolución de la Guerra Fría y las posiciones de la URSS a favor de los movimientos de liberación nacional. En este último escenario, los Montoneros se veían a sí mismos como una fuerza marxista-leninista..." Al mes siguiente de su estadía en la Unión Soviética, en una casa abandonada del barrio porteño de Belgrano, Firmenich realizó una conferencia de prensa para las agencias TASS, Prensa Latina, EFE y el diario *Le Monde*, en la que se proclamó "marxista-leninista".[84] No era el primero ni sería el último que reconocería la adscripción de la guerrilla al marxismo-leninismo.

El 21 de octubre de 1974 renunció el único miembro del gabinete con cierta entidad personal, el ministro de Economía, José Ber Gelbard,[85] cercado por las críticas de las 62 Organizaciones, las entidades agropecuarias y básicamente por la implacable ofensiva de su par López Rega. Volvió al Ministerio de Economía Alfredo Gómez Morales.[86] Y en el ámbito universitario, Vicente Solano Lima, que antes había reemplazado al intelectual de izquierda Rodolfo Puiggrós, fue relevado por Alberto Ottalagano, un reconocido pensador de derecha. Ottalagano abandonó el cargo a fines de diciembre de 1974 declarando que "la Universidad Nacional de Buenos Aires ha sido la 'Panzer Division', la avanzada de la lucha contra la antipatria". En una despedida que se le organizó en el Hotel Alvear, el lunes 30 de diciembre, se afirmó que la UBA "había dejado de ser el Colegio Militar de la guerrilla".

Pese a la vigencia de un gobierno constitucional, el clima de violencia que se desarrollaba en el país se encontraba en su apogeo, aun en vida de Juan Domingo Perón: ataques a cuarteles, asesinatos, secuestros y asaltos a bancos. Tras la asunción de Héctor J. Cámpora (25 de mayo de 1973), Montoneros nunca abandonó las armas y el PRT-ERP, en una declaración pública, sostuvo: "¡Ninguna tregua al Ejército opresor!".[87] Dos semanas después del fallecimiento de Juan Domingo Perón, el 14 de julio de 1974, Montoneros asesinó mientras almorzaba en un modesto restaurante del conurbano bonaerense a Arturo Mor Roig, ex dirigente radical y ex ministro del Interior del teniente general Alejandro Agustín Lanusse. El 30 de julio es asesinado por la Triple A el diputado nacional Rodolfo Ortega Peña, director junto con Eduardo Luis Duhalde[88] (alias "Damian") de la revista *Militancia*, órgano de expresión de varias organizaciones terroristas de ultraizquierda.

El 10 de agosto de 1974, el Ejército Revolucionario del Pueblo atacó de manera simultánea dos objetivos militares.[89] La Compañía de Monte Ramón Rosa Jiménez al mando de Hugo Irurzún, "capitán Santiago", intentó copar el Regimiento de Infantería 17 de Catamarca,[90] y la Compañía Decididos de Córdoba, bajo el mando del jefe de la compañía Juan Eliseo Ledesma, "capitán Pedro", tomó por asalto la Fábrica de Explosivos de Villa María,[91] secuestrando al subdirector, el mayor Argentino del Valle Larrabure,[92] al capitán Roberto A. García,[93] y gran cantidad de armamentos.[94] "Nadie puede ya dudarlo. La guerra civil revolucionaria se ha generalizado en la Argentina. De un lado el ejército opresor, del otro bando las fuerzas guerrilleras [...] con la simpatía y el apoyo cada vez más activo de las masas obreras y populares", dijo el PRT-ERP a través de su órgano *Estrella Roja*.[95] En el ataque de Catamarca murieron dieciséis guerrilleros. A partir de estos hechos, como acto de "represalia", el PRT-ERP comenzó a asesinar oficiales del Ejército. Entre el 25 de septiembre y diciembre de 1974 fueron asesinados diez oficiales de los dieciséis estipulados. El mensuario *Cuestionario* (Año II, N° 21) los enumeró: Jorge Grassi, Luis Brzic, Miguel Ángel Paiva, Jaime Gimeno, Juan Carlos Gambandé, José Gardón, Néstor López, Roberto Carbajo, Jorge Ibarzábal y Humberto Viola (asesinado junto a su hija de 3 años, María Cristina). Frente a estos hechos, Ricardo Otero, ministro de Trabajo, dirá: "Esas balas que hoy penetran en los uniformes son las mismas que ayer entraban en los mamelucos". *Cuestionario* puntualizó: "Las Fuerzas Armadas en general —y particularmente el Ejército— cumplirán funciones cada vez más relevantes en el futuro político del país". En diciembre de 1974, María Estela Martínez de Perón puso al frente de la Secretaría de Inteligencia del Estado (SIDE) al contralmirante (en actividad) Aldo Peyronel.[96]

Se incrementan las medidas de seguridad en el ámbito militar. La directiva secreta N° 581 de 1974

Frente a esta serie de ataques al personal militar, a las 12 de la mañana del 20 de agosto de 1974 se originó la directiva "secreta" "N° 581/74 (incremento de medidas de seguridad)" y su "Anexo 1 (experiencia recogida)" que representó una vuelta de torniquete aún mayor a la seguridad de los cuadros del Ejército. El anexo lleva la firma del general Jorge Rafael Videla, jefe del Estado Mayor General del Ejército. En un total de diez carillas de ambos documentos se pueden leer varias observaciones de la Inteligencia del Ejército sobre el momento que se vivía:

- "Hasta el presente se había considerado más factible que el oponente operara en zonas pobladas o tradicionalmente conflictivas, denominadas 'zonas calientes' (Córdoba-Rosario-Tucumán, etc.), apreciándose como objetivos probables que se llevaran a cabo acciones en zonas alejadas de objetivos importantes, involucradas bajo la denominación de 'zonas frías'."
- "Ha quedado demostrado que el oponente, de una u otra forma, ha logrado infiltrar elementos adictos en las unidades y organismos del Ejército."
- "Estos sucesos deben llamar a la reflexión en dos sentidos: uno referido a la necesidad permanente de detectar los indicios, aun los más insólitos, que pueden alertar sobre las posibilidades de un ataque enemigo (alquileres de viviendas próximas a las instalaciones, afluencia de vehículos y turistas en épocas inusuales, camiones-cisterna con dispositivos para ocultar armas y personal, camiones areneros ocultando armas, ocupación de casas de cita para establecer un comando para conducir las operaciones, excursiones estudiantiles desde zonas vecinas, personal extraño paseando perros, etc.), el otro está referido a la necesidad de mantener contacto con la autoridad civil (comunal o policial) para estar informado sobre los hechos aparentemente intrascendentes que pudieran ser motivo de un análisis especial."

Portada de Gente, octubre de 1973, cubriendo los actos de la asunción presidencial de Juan Domingo Perón y su esposa María Estela Martínez.

El presidente Juan Domingo Perón camina por los jardines de la residencia de Olivos en compañía del teniente de Granaderos, Jorge Mones Ruiz. (Foto del archivo del mayor [RE] Mones Ruiz)

El documento hacía un detallado análisis sobre el ataque que el ERP ejecutó contra el Regimiento 17 de Infantería de Catamarca. Destacaba como decisivo "el ascendiente que la Unidad tiene en la población y el aprecio que ésta siente por la Unidad", ya que proporcionaron "la información oportuna que permitió frustrar la sorpresa del ataque" y "negando al adversario el apoyo que lo obligó a mantenerse alejado de la zona urbana, factor que posibilitó su aniquilamiento".

El capítulo 5, "Aptitudes del oponente", estima que "en las acciones ejecutadas por los elementos subversivos, éstos demostraron adecuado grado de efectividad en la lucha urbana (destreza de tiro, apoyos, coordinación de las acciones, etc.). Aunque aclara que en "Catamarca, por el contrario, el oponente evidenció falta de aptitud para operar en zona rural o despoblados".

"Características de este tipo de lucha" es el capítulo 8 del Anexo, en el que se detalla que "el oponente utiliza cualquier recurso para sorprender y producir bajas". Entre otras experiencias, detalla "un extremista que, oculto detrás de otros que simulaban rendirse, aprovechó un descuido del agente policial para dispararle a la cabeza"; "extremistas que simulaban estar muertos o heridos para aprovechar descuidos y disparar a quemarropa contra personal policial o militar" y "un extremista que alza las manos en actitud de rendirse, ocultaba una granada detrás de la nuca". A las 10 de la mañana del 17 de octubre de 1974, con la firma del teniente general Leandro Anaya, se emite la "Orden Especial N° 587/74 (seguridad para grupos de residencias de personal subalterno)", especialmente en la Capital Federal y el Gran Buenos Aires. En la misma se formula un detallado análisis de los edificios donde habitan los suboficiales con sus familias.

Arnol Kremer, el "comandante Luis Mattini", no mintió

Periodista: ¿Qué habría pasado si el ERP hubiera triunfado? ¿Hubiera prevalecido la idea de establecer la democracia o de adoptar una dictadura del proletariado?

Luis Mattini: No nos chupemos el dedo. Está bien la pregunta, porque ahora hay una cantidad de compañeros que se hacen los blanditos. La historia es la historia y hay que hacerla con la verdad. Pero la verdad es que nosotros nunca pensamos en la democracia. Nosotros pensábamos en la democracia en términos de Lenin, como un paso, un instrumento para el socialismo, teníamos toda la concepción leninista más dura. Para nosotros la sociedad socialista tenía una etapa previa que era la dictadura del proletariado; y en eso que no se hagan los desentendidos.[97]

Para lograr sus fines, el PRT-ERP siguió al pie de la letra el consejo de Ernesto Guevara en la Conferencia Tricontinental de La Habana de 1966: "... hay que llevar la guerra hasta donde el enemigo la lleve; a su casa, a sus lugares de diversión; hacerla total. Hay que impedirle tener un minuto de tranquilidad, un minuto de sosiego fuera de sus cuarteles, y aun dentro de los mismos; atacarlo donde quiera que se encuentre: hacerlo sentir una fiera acosada por cada lugar que transite...".

Los militares lo sabían. De allí que a las 12 de la mañana del 9 de mayo de 1974, con la firma del teniente general Leandro Enrique Anaya, se extendieron las "instrucciones N° 573/74 (seguridad personal militar del Ejército)". Fueron dictadas porque "las organizaciones subversivas han reiterado su intención de continuar la lucha contra las FF.AA., particularizando su intensidad contra el Ejército" y teniendo en cuenta que "dichas organizaciones subversivas están en capacidad para continuar su acción de terrorismo selectivo (secuestros, asesinatos, atentados, etc.), contra el personal militar en actividad y en situación de retiro". A esta altura de los acontecimientos, no sólo se había atentado contra altos jefes de las Fuerzas Armadas, sino también contra unidades militares[98] En uno de los puntos contemplados en las ocho carillas se hace una evaluación: "El aparato subversivo es probable que incremente su magnitud y paralelamente su actividad en la medida que sea inoperante o estéril la acción que se ejerza contra las organizaciones terroristas clandestinas o contra los elementos de superficie que las apoyan".

"Mau Mau": Julio Fraga, el insobornable. En 1975 cumplió diez años: 3.650 noches de alegría. La noche de Buenos Aires

"Mau Mau" fue un símbolo de la época de la mano de los gemelos Alberto y José Lata Liste. Cuando lo "exclusivo" se mezclaba con lo nuevo, con "lo que venía", sin problemas. Eran otros tiempos, otros códigos. No existía tanto odio.

Si se atravesaba el muro censor del portero Julio Fraga, adentro había oportunidades para todos. Claro, primero se comenzaba por los asientos del fondo y después de muchas veces —con suerte— lo acomodaban cerca de la pista. Las primeras filas eran la vidriera. Muchas veces se mataban por esas filas porque, por ahí, salías fotografiado en *Gente*, en especial en las fiestas importantes. El "boliche" de Arroyo 866 —"el codo de Arroyo"— abrió sus puertas el 28 de abril de 1964, en plena presidencia de Arturo Umberto Illia, y cerró tres décadas más tarde, en 1994. Fue el termómetro de la mezcolanza y la decadencia: desde Illia a la bomba en la embajada de Israel. Como un signo de los tiempos, nació con "yeta", porque a los cinco meses de inaugurado "Mau Mau" se incendió, un 6 de setiembre de 1965. Parecía todo un mensaje: treinticuatro años después de la revolución conservadora que volteó al presidente Hipólito Yrigoyen. Sin embargo, cincuentiocho días después, el 12 de diciembre de 1964, volvía a abrir sus pesadas puertas; "Juanjo" Saavedra había reemplazado la decoración —siempre bordeaux y negra— antes abundante en madera por la inolvidable de mármol, bronce y carey. Fraga con su impecable smoking volvía a "marcar" a los jóvenes que hacían cola para entrar. Dos cosas: su dedo censor no se posaba sobre los que no vestían de traje azul y corbata (no "llamativa") y su aprobación no tenía "precio". "Fraguita" (según lo llamaba José Lata Liste solamente) se guiaba por su "ojo clínico" y por la conversación de quienes se acercaban a "su" puerta para diagnosticar si eran "sapos de otro pozo" (así los llamaba). Jamás aceptaba una propina a quienes entraban pero sí a la salida, cuando no podía sospecharse un imposible soborno. Eso era "exclusividad". Este experto conocedor y cancerbero había sido antes portero (e idéntico filtro) en "Gong", la boîte de la avenida Córdoba también al 800 donde iban los de la generación anterior. En "Mau Mau" servían tragos en la barra Di Doménico, "Manolete" y el "Negro" Cortés, ocupándose de las mesas el "Tano" Fabrizzi, de prodigiosa memoria. A cargo de los baños estaba el muy útil Salvador, quien tenía siempre algún "elixir hepático" para los pocos que llegaban a sentirse mal. Nunca se notó a alguien drogado.

CONFIRMADO

Año 9 / Número 402 / Semana del 18 al 24 de diciembre de 1975 / Precio: 50 pesos

En la foto se observa a Fidel Castro durante su visita a Santiago de Chile en 1971 y atrás, marcado por un círculo, el jefe del PRT-ERP Roberto Mario Santucho.

Adentro todo era alegría, sonrisas, con la música que iba "midiendo" el inolvidable Exequiel Lanús, el hermano de "Archi". Música europea con las voces de Edith Piaf, Yves Montand y Charles Aznavour; después llegó la época del "Mersey Sound" de los Beatles, The Hollies y Cliff Richards and The Shadows. ¡Nada de Rolling Stones! Más tarde aterrizó Neil Diamond con su "Solitary Man" para las 2 de la madrugada, Chris Montez, Tom Jones, Mina, Fred Bongusto y la música flamenca.

La bebida estaba a tono con los tiempos. Poco champagne porque era para "nuevos ricos". Se tomaba "Warren", "Old Smuggler" o "Criadores". Los habitués como el "Gordo" Sauze, "Tuqui" Casá (el hombre de la Ford F-100), "Charlie" Mediteguy con su "Negra", "Rolo" Álzaga, Carlitos Pérez de Villa (piloto de coches de carrera, barcos, aviones y helicópteros), Juan Adolfo Miguens, "Julito" Bullrich Zorraquín, "El Lince" Claypole, "Goyo" Dupont y unos pocos elegidos tenían su botella de Johnnie Walker, etiqueta roja, y su balde con hielo siempre renovado a disposición.

Jacques Dutronc y Richard Anthony ("Bailando sobre una estrella") brotaba a todo lo que daba de una de las dos bandejas Winco de Exequiel que miraba desde el entrepiso (luego lo reemplazaría Norberto Navarro); en la otra esperaba para entrar "La noche del hawaiano", o "Meu limão, meu limoneiro" de Wilson Simonal (que volvió loco a Buenos Aires entre 1967 y 1969). Dependía de cómo venía el clima de la noche. Y de los nuevos LP que llegaban de contrabando entre las ropas de las azafatas y los pilotos de Aerolíneas Argentinas. En "Mau Mau" al compás de "Pata pata" y "Porcupine Pie" se mezclaban todos, en todas las épocas. Ahí adentro eran, casi, todos iguales: Juan Carlos Onganía, "Manolo" Anasagasti, los 'Federicos' Peralta Ramos y Guevara Lynch, los mellizos Luis y Miguel Sauze, "Lucho" Corral, "Rulo" Molina, Susana Giménez con Héctor Caballero, Julio Amoedo e Inés Lafuente, Julio Crespo Giménez, "el inglés" Hope, "Gaita" Benedit, Rogelio Polesello, Graciela Borges con Bordeu, Jorge Otamendi Breuer, Mora Furtado, "El Pingüino" Serra, Karim Pistarini, "Conito" Sánchez de Bustamante, "El Pibe" López Aufranc, Silvia Albizu, Casildo Herreras y Oscar Natalio "Ringo" Bonavena y su infaltable "Pío, pío, pa". Y por si hacía falta alguna personalidad extranjera, no faltaron Nureyev y Margot Fontayne,

guay); Horacio Torres con "Snob" (en la bajada de Ayacucho de Alvear a Posadas) luego asociado con Jôse Harrington. En esos años era un personaje de la noche el croata Franz Gojević (que todos creían alemán), veterano de las SS, que comenzó junto con su inseparable cuñado el moreno "Mingo" como maître de Martelli en "Bossa Nova" (Libertad entre Santa Fe y Arenales) y después —ambos socios (ario y afro)— pusieron "Nook" (Melo 1887), "Hook" (Rodríguez Peña entre Viamonte y Córdoba), "Balí" (Paraguay al 700) y "Keller" (Viamonte al 900); más otros "boliches" como "05" con su ambiente de "tuercas"; "La Viga" (en la cortada Schiafino); "Bwana" (al fondo del Alvear por Posadas) con los murales de Nicolás García Uriburu, "La Fusa" (en avenida Santa Fe, en la galería "Capitol" frente al cine homónimo), donde venían a cantar Vinicius de Moraes, Toquinho y María Creuza. "Cristóbal Colón" con su moreno Maximiliano en la puerta (Las Heras y Gelly y Obes) y "Whisky a GoGo" (Charcas frente a Plaza San Martín).

NOTAS

[1] Sólo dejaría la Presidencia en 1990.

[2] Fue depuesto en 1989.

[3] El general Ernesto Geisel fue el cuarto presidente de un proceso de gobiernos militares que se inició en 1964 y duró hasta 1985.

[4] En las que triunfó el demócrata James Earl Carter, predicador baptista y cultivador de maníes.

[5] Pocos meses antes de caer Berlín, el 8 de mayo de 1945, los mandatarios "aliados" acordaron en la cumbre de Yalta, Rusia, la división del planeta.

[6] Con el tiempo se supo que esta afirmación de Castro tampoco fue cierta. En *Memorias de un soldado cubano*, Editorial Tusquets, Barcelona 1997, "Benigno", Dariel Alarcón Ramírez afirmó haber entrenado guerrilleros mexicanos en 1988. Lo hizo en los campos "Punto Cero" y en la provincia de Pinar del Río.

[7] *Clarín*, 5 de julio de 1998.

[8] La situación cambió radicalmente el 11 de septiembre de 1991: sin comunicarlo previamente a Fidel Castro, el premier Mijail Gorbachov retiró la brigada de combate soviética de Cuba, simbolizando el fin de la Guerra Fría. Para peor, el anuncio lo formuló al lado de James Baker, secretario de Estado del presidente George Bush. También se cortaron los miles de millones de dólares anuales en subsidios y préstamos no reembolsables. Al mismo tiempo, representantes de la "Cuba Libre" encabezados por Jorge Mas Canosa viajaron a Moscú e instalaron una "representación" a cargo de Alexander Machov.

[9] *El Furor y el Delirio*, Jorge Masetti (h), Editorial Tusquets, pág. 129.

¹⁰ Jorge Ricardo Masetti fue el fundador de la agencia informativa Prensa Latina (1959). Dos años más tarde renunció y viajó a Argelia donde se integró a la guerrilla del Frente Nacional de Liberación comandada por Ahmed Ben Bella (entrenado en Cuba), primer presidente de Argelia (1962-1965) que fue derrocado por un golpe de Estado encabezado por el coronel Hoaurí Boumedienne.

¹¹ "Furry" llegó a ser general de las FAR, ministro del Interior, miembro del Buró Político y vicepresidente del Consejo de Estado de Cuba.

¹² Tratado extensamente en *Por amor al odio* de Carlos M. Acuña, tomo I, Ediciones del Pórtico, Buenos Aires, octubre 2000.

¹³ Según el cubano José Bodes (corresponsal de Prensa Latina en la Argentina entre 1973 y 1977), la fuerza guerrillera fue infiltrada por dos agentes de los servicios de Inteligencia Militar. Ver: *Perón-Fidel, línea directa*, Ediciones del Dragón, Buenos Aires, 2003.

¹⁴ *Clarín*, 24 de mayo de 2005.

¹⁵ Levenson participó junto con sus hijos de la fundación de las FAR: Alejo muere de un paro cardíaco en 1970. Bernardo comienza en la Fede (Federación Juvenil Comunista), luego en las FAR, más tarde en Montoneros. Estuvo en pareja con la Negra Marta Bazán, con quien tuvo un hijo (Alejo), quien fue secuestrada y presa en la ESMA (octubre de 1976). Según Gregorio Levenson dentro del centro de detención naval pasó a colaborar con la Armada (fue la responsable de la detención de su suegra, Elsa Lola Rabinovich) y se convirtió en la concubina de su jefe, el almirante Rubén Chamorro. Diálogo de Levenson con el autor, México, 1983.

¹⁶ *Memorias de un soldado cubano*, Benigno Dariel Alarcón Ramírez, Tusquets Editores, Barcelona, 1997, pág. 109. Entre otros, también tratan este episodio el ex guerrillero argentino Ciro Bustos en *El Che quiere verte*, Editorial Vergara, Buenos Aires, 2007 y *Tania, la guerrillera del Che*, Eduardo Rodríguez Herrera, Editorial Sudamericana, 2007.

¹⁷ Trabajo realizado en 1969.

¹⁸ Previamente se había realizado en La Habana (3 al 15 de enero de 1966) la Conferencia Tricontinental con la presencia de numerosos líderes de Asia, África y América Latina. Varios de ellos no estaban de acuerdo con la guerra de guerrillas. Entre otros el egipcio Gamal Abd El Nasser y el comunista marroquí Ben Barka. Para satisfacerlos, Castro mandó retirar a los cubanos del Congo y leyó en octubre de 1965 la carta de despedida de Guevara, en la que renuncia a la ciudadanía cubana.

¹⁹ Libro del Instituto de Política Internacional, Ministerio de Relaciones Exteriores, tercer trimestre 1967, La Habana, Cuba, pág. 180. Archivo del autor.

²⁰ Ex ejecutivo de la empresa Gillette.

²¹ Otros historiadores hablarán de "columna" y no de "Sector" pero la primera era de nivel más bajo.

²² Más conocido como Tito Drago, periodista, quien cae preso y es liberado en 1970. Se va a vivir a Chile (1970) y termina en Europa. Autor del libro *Cara y cruz, el Che y Fidel*, Editorial Sepha, Málaga, 2007, en el que desnuda las miserias del régimen castrista.

²³ Libro citado *Memorias de un soldado cubano*.

²⁴ *Trabajos selectos*, V.I. Lenin, Nueva York, 1943, tomo 10, pág. 147.

²⁵ Diálogo de Julio Daniel Vallana con Horacio Vázquez Rial, autor de *Perón, tal vez la historia*, Barcelona, 2005

²⁶ El cadáver de Aramburu fue hallado el 16 de junio de 1970.

²⁷ Previamente se registraron operativos menores de robo de armas a policías y asaltos de bancos. Pero estos dos hechos tienen un alto componente de "militarización" de la subversión.

²⁸ Luis "Chino" Segade integró dos gabinetes de comandantes generales de la Armada. Primero con el almirante Pedro Gnavi. Más tarde con Emilio Eduardo Massera. También formó parte de los "equipos de compatibilización" de las FF.AA. para el golpe de 1976. Falleció.

²⁹ Ambos intervinieron en el secuestro y asesinato del ex presidente Pedro Eugenio Aramburu.

³⁰ Testimonio de su hermano Juan Manuel Abal Medina. *No dejés que te la cuenten*, Ediciones del Pensamiento Nacional, Ernesto Jauretche, diciembre de 1997, pág. 129.

³¹ FAR, Boletín N° 4, noviembre 1972. Consta de 86 páginas. Original en mi poder.

³² Ibídem, pág. 12.

³³ Según expresó el jefe guerrillero Enrique Gorriarán Merlo, Baldú fue el primer desaparecido en la Argentina. Otros dirán que fue el comunista Juan Ingalinella (16 de junio de 1955) y el peronismo afirmará que fue el sindicalista Felipe Vallese (22 de agosto de 1962).

³⁴ Comunicado a los diarios del 24 de julio de 1971.

³⁵ En el atentado, al que denominaron "Operación Sonia Segunda", participó un comando de las FAR con apoyo del PRT-ERP. En la acción intervino como tirador Juan Julio Roqué (a) "Lino" o "Mateo". Cayeron presos su pareja Gabriela Yofre (a) "Mecha"; Jorge Emilio Reyna (a) "Lautaro" y José Ramón Briggiler (a) "Ramiro". Los abogados defensores de los terroristas fueron Eduardo Luis Duhalde, Rodolfo Ortega Peña, Rodolfo Mattarollo, Roberto Sinigaglia, Luis B. Cerrutti Costa y otros. Además de Sánchez resultó muerta la dueña de un kiosco de diarios, Dora Elcira Cucco de Araya.

³⁶ "Se terminó la joda" explicó el secretario general de la CGT, José Ignacio Rucci.

³⁷ Mario Eduardo Firmenich en una conferencia ante la Juventud Peronista. Enero de 1974.

³⁸ También por esos días fue secuestrado por un comando del PRT-ERP el contralmirante Alemán.

³⁹ *Diario de Cuyo*, 23 de abril de 1973. Definiciones de Galimberti sobre las "Milicias de la Juventud Argentina por la Liberación Nacional".

⁴⁰ Galimberti fue expulsado de la conducción de la Juventud Peronista. Los pormenores de esa reunión están detallados en *El presidente que no fue*, Miguel Bonasso, Planeta.

⁴¹ Testimonio escrito por el arquitecto Mario Suárez Mason al autor.

⁴² Diálogo con el autor, 2007.

⁴³ Documento completo en el archivo del autor. Es de 1975.

⁴⁴ *El Descamisado*, 12 de junio de 1973.

⁴⁵ En la ocasión, muere el dirigente montonero Horacio "Beto" Simona y José Luis Nell (ex integrante del comando que asaltó el Policlínico Bancario junto con "Joe" Baxter y otros), un histórico de la organización quedó paralítico y terminó suicidándose. Su esposa Lucía Cullen fue una íntima colabora-

dora del padre Carlos Mugica Echagüe. También murió el jefe de la Columna Sur de las FAR, el "periodista peruano" Antonio Quispe.

[46] Confidencia de El Santo, veterano de "dos guerras", aunque en realidad fueron tres: Contra la subversión en la Argentina, luego en el Exterior y al final en Malvinas.

[47] Que estaba bajo las órdenes del comodoro Jesús Orlando Capellini.

[48] Miguel Bonasso, obra citada, pág. 539.

[49] Declaraciones de Lima al semanario *Gente*, junio de 1980.

[50] Perón. Testimonios médicos y vivencias (1973-1974), doctores Pedro Ramón Cossio y Carlos A. Seara

[51] *Clarín*, 28 de junio de 1973.

[52] Panorama, Año XI, N° 321, del 28 de junio al 4 de julio de 1973.

[53] Organización represiva impulsada por José Antonio Primo de Rivera en España. "Queremos un Somatén reserva y hermano del Ejército". ("Manifiesto al país y al Ejército" de la Falange). Somatén: "Cuerpo de gente armada, que no pertenece al Ejército, que se reúne a toque de campana para perseguir a los criminales o defenderse del enemigo".

[54] Miguel Bonasso, obra citada.

[55] Testimonio al autor de un testigo que prefirió no ser citado.

[56] *Los últimos guevaristas*, Julio Santucho, Ediciones B, Buenos Aires 2004, pág. 143. Después de Azul, Perón echó al gobernador de la provincia de Buenos Aires, Oscar Bidegain, y asumió el dirigente sindical Victorio Calabró.

[57] Más detalles en *Por amor al odio*, Carlos Manuel Acuña, tomo II, pág. 401.

[58] Como ya se afirmó, las FAR fueron adiestradas en Cuba en 1967 y su jefe era el paraguayo "Jôse" Carlos Eduardo Enrique Olmedo, abatido en el combate de Ferreyra. Como subjefe aparecía "Lucio" Marcos Osatinsky Schlossberg, sucedido al caer en un intento de fuga por el "Negro" Roberto Jorge Quieto Algañaraz. Otros miembros instruidos en Cuba fueron: *Kika*, *Jenny* o *Marie* Sara Solarz de Osatinsky, *Chacho*, *Gaucho*, Chachovsky Arturo Lewinger Weinreb y su hermano Jorge Omar "Francés", "Mayor Josecito" (en homenaje a Olmedo) y los psiquiatras Antonio Caparrós (español) y Marta Rosenberg, padres del montonero y escritor Martín.

Olmedo fue el que desarrolló la estrategia entrista: la identidad política del proceso revolucionario requería en la Argentina una formación social de naturaleza nacionalista-popular-revolucionaria. Y el movimiento político y social que lo expresaba era el peronismo. Así se explica, sucintamente, la fusión de Montoneros con las FAR, el 12 de octubre de 1973. Éstas en realidad incorporaron a sus Columnas los militantes de las demás organizaciones entristas desde los primitivos Montoneros, FAP, PB 17 (luego Columna Oeste), Descamisados (luego Columna Norte), E.L.22 (ex ERP 22), etc.

[59] El autor solicitó a un oficial (RE) del Ejército un análisis de las instrucciones del documento. El oficial es especialista en cuestiones de Inteligencia y Estrategia.

[60] "Cuando había que luchar contra la dictadura, éramos la juventud maravillosa, ahora somos los infiltrados", llegó a decir el dirigente montonero Rodolfo Gabriel Galimberti (a) "Benja" o "El Loco Alejandro".

[61] Para esa época el PRT-ERP se había alejado del trotzkismo, desafiliado como Sección Argentina de la IV Internacional, adoptado el castroguevarismo foquista y pasado a la órbita de Cuba y la URSS.

[62] Confidencia de un funcionario de la época.

[63] "Perón. Testimonios médicos y vivencias (1973-1974)", doctores Pedro R. Cossio y Carlos A. Seara.

[64] Discurso a los gobernadores de provincias en la residencia de Olivos, 2 de agosto de 1973.

[65] Las estimaciones actuales hablan de dos mil.

[66] Luis Castellanos, semanario *La Semana*: "La Historia Negra de la Triple A".

[67] En 1969 milita en Descamisados y forma parte del comando que asesinó a Augusto Timoteo Vandor (Operación Judas), y ya en Montoneros participa en el grupo que asesinó con la "Operación Traviata" a José Ignacio Rucci, secretario general de la CGT, el 25 de septiembre de 1973. El 3 de diciembre de 1975 conduce el pelotón que asesinó al general (R) Cáceres Monié y a su esposa en Entre Ríos. Con la asunción del gobierno militar en 1976, "Hernán" parte al exterior. La orden era preservar a la Conducción (CNac). Se lo ve por El Líbano, donde la organización tenía una fábrica de exógeno (explosivo). Lo utilizarán para atentar contra la casa de Guillermo Walter Klein en 1979. En ese año conduce la primera ofensiva de Montoneros. En muy escasas palabras, la conducción tomó la determinación en México de atacar al gobierno militar. Desde allí partieron a la Argentina varios cuadros TEI (Tropas Especiales de Infantería) para producir atentados. ¿La verdad? Pensaban que el pueblo los iba a acompañar y lo único que lograron fue endurecer aún más a los elementos más recalcitrantes de las Fuerzas Armadas. En mayo de 1978 fue el jefe del "estado mayor" del Ejército Montonero. Estaba casado con Sara Zermoglio y tuvo un hijo en Cuba. Su caída en septiembre de 1979, en la localidad de Munro, provincia de Buenos Aires, fue un duro golpe para la corriente militarista de Montoneros.

[68] Importante testimonio de uno de los asistentes a la reunión que prefirió mantener el anonimato.

[69] Diálogo con un oficial del Regimiento de Granaderos, en ese entonces destinado en la residencia de Olivos.

[70] El autor le agradece a la fuente que le proveyó el acceso a la documentación. Rescatada del olvido tiene la invalorable importancia de hacer conocer al lector la profundidad de la crisis argentina y hasta dónde había llegado la tarea disgregadora de la ultraizquierda.

[71] Falleció el 10 de febrero de 1983.

[72] El ERP-22 tuvo como hechos más resonantes los asesinatos del contralmirante Hermes Quijada (31 de abril de 1973); Miguel Ángel "Titi" Castrofini (8 de marzo de 1974), ex juez Jorge Vicente Quiroga (28 de abril de 1974), profesor Jordán Bruno Genta (28 de octubre de 1974) y profesor Carlos Alberto Sacheri (22 de diciembre de 1974). También secuestró al empresario televisivo Héctor Ricardo García ("Operación Poniatowski", 30 de abril de 1973).

[73] Testimonio del ex dirigente comunista chileno conocido como "Ernesto Contreras Santiago".

[74] FAL, FAR, FAP, "Camilos" (luego Montoneros) y PRT (luego creador del ERP) pasaron principalmente por este centro de entrenamiento.

[75] Para más información buscar la *Historia de una intervención cubana en Chile* y *La historia inédita de los años verde olivo*, Chile, 2000. Sergio Galvarino Apablaza, "Salvador", jefe del Frente Patriótico Manuel Rodríguez, está acu-

sado del asesinato del senador chileno Jaime Guzmán, en plena época democrática, y del secuestro extorsivo de Christian Edwards, hijo del dueño del diario El Mercurio. A pesar del pedido de extradición presentado por la justicia chilena aún permanece refugiado en la Argentina.

[76] Honecker: en 1989 fue depuesto tras negarse a hacer las reformas que imponía la Rusia de Gorbachov. Fue condenado tras ser acusado de corrupción, abusos de poder y otros crímenes. Dada su avanzada edad fue dejado en libertad y viajó a Chile, donde murió de cáncer en 1994.

[77] Actual Presidente de Chile.

[78] Larga investigación de La Tercera, Chile, 2006, bajo el título: "Recuerdos chilenos de las escuelas de cuadros en la RDA".

[79] Hay que recordar que en una oportunidad Perón sostuvo que "a los terroristas los corro con la policía".

[80] Testimonio de un íntimo colaborador.

[81] José Amorín perteneció al grupo fundador de Montoneros, línea Sabino Navarro. Montoneros: la buena historia, Edición Catálogos, 2006.

[82] Pasó gran parte de sus días encerrado en una habitación de la embajada de Cuba en Moscú.

[83] El oro de Moscú, Isidoro Gilbert, Planeta, 1994, pág. 303.

[84] Se lo reconoció personalmente a Isidoro Gilbert. En un diálogo con el autor no precisó la fecha de la declaración.

[85] Ex secretario general de vital influencia en la Confederación General Económica (CGE), con sólidos contactos con la Unión Soviética.

[86] Hasta pocos meses antes había sido titular del Banco Central.

[87] Respuesta al presidente Héctor J. Cámpora, abril de 1973.

[88] Fundador y jefe del PROA (Partido Revolucionario Obrero Argentino), al igual que de la CADHu y actual Secretario de Derechos Humanos de la Nación.

[89] In memoriam, Círculo Militar, tomo I, pág. 116.

[90] El "comandante en jefe" del ERP, Mario Roberto Santucho, quien se encontraba en Tucumán organizando la guerrilla rural, viajó a Santiago del Estero en un avión privado y llegó cuando sus fuerzas se replegaban. Consiguió huir.

[91] Según el relato de El Combatiente del 14 de agosto de 1974, el conscripto Mario Pettigiani fue el entregador de la unidad militar.

[92] Que habría de soportar un largo cautiverio hasta que su cadáver apareció un año más tarde en un terreno baldío de Rosario.

[93] Al día siguiente fue encontrado seriamente herido y quemado con cigarrillos en un camino de Córdoba.

[94] Para mayores detalles, ver Por amor al odio, Carlos Manuel Acuña, tomo II.

[95] Estrella Roja Nº 64 y El Combatiente Nº 190. Archivo del autor.

[96] Más tarde, embajador en Grecia del Proceso militar.

[97] La revolución imposible, Alfonso Lessa, Montevideo, 2002, pág. 190. Entrevista de Lessa a Arnol Juan Kremer, "Luis Mattini", último secretario general del PRT y comandante en jefe del ERP, tras la caída de Mario Roberto Santucho el 19 julio de 1976.

[98] Basta recordar los ataques del PRT-ERP al Comando de Sanidad (1973), Regimiento C 10 "Húsares de Pueyrredón" y Grupo de Artillería Blindado en Azul, Buenos Aires.

[99] Testimonio de Cristina Aldini a Rodolfo Montes del diario La Capital.

2. Enero de 1975. El año empieza con los regalos de "El Zorro" y el decreto 2114. José López Rega, el hombre con todo el poder. En febrero, el Ejército interviene en Tucumán para terminar con las "zonas liberadas" controladas por el PRT-ERP. De la mano de Ángel Labruna, River dejó atrás dieciocho años de frustraciones. Marzo, la primera devaluación. La violencia política continúa. Durante abril la Presidente se encontró en Morón con Augusto Pinochet y el PRT-ERP ataca otra unidad militar.

◆

1975 es un año de cambios en el mapamundi político. Tras la "revolución de los claveles"[1] del 25 de abril de 1974 en Portugal, un año más tarde se derrumbó lo que quedaba del imperio portugués: se independizaron Mozambique, Cabo Verde, Santo Tomé y Príncipe. El 30 de abril cayó Saigón en manos de los comunistas de Vietnam del Norte. En España, el 27 de septiembre se realizaron los últimos fusilamientos de la época de Franco. Son pasados por las armas, pese al pedido en contrario de Su Santidad Paulo VI, tres terroristas del GRAPO y tres de ETA. El 20 de noviembre murió el "Caudillo" español. En la Argentina, para los que no recuerdan, 1975 fue el año de River: ganó los campeonatos Nacional y Metropolitano. De la mano de Ángel Labruna rompió el maleficio que duró mas de una década. "Angelito" contó con la ayuda en el campo, entre otros, de Roberto Perfumo, Pedro González, Oscar "Pinino" Mas, J. J. López, "Mostaza" Merlo, "Beto" Alonso, "el Pato" Fillol, Daniel Passarella y Morete.

Atrapado sin salida, dirigida por Milos Forman, ganó el Oscar. *Barry Lindon*, de Stanley Kubrick, colmó los cines. En música internacional se destacaron Bob Dylan ("Blood in the tracks"); Queen ("Rapsodia bohemia"); John Lennon ("Rock 'N' Roll") y Bruce Springsteen ("Born to run").

En 1975 murieron José María Guido, Cátulo Castillo, Josemaría Escrivá de Balaguer, Roque Dalton, Rita Hayworth y Hannah Arendt.

En 1975 nacieron David Beckham, Angelina Jolie, Franco Squillari y Marcelo "Chino" Ríos.

Chevrolet promocionaba su camioneta Brava, y el sedán Grand Routier, con motor Torino de 7 bancadas, fue considerado "una obra maestra de la ingeniería mecánica argentina". Editorial Sudamericana lanzó *El otoño del patriarca* de Gabriel García Márquez. "Un nuevo rumbo para una meta Argentina Potencia" era la consigna que publicitaban las nuevas compras para la Flota Fluvial del Estado. El domingo 18 mayo de 1975, Buenos Aires y la Argentina se quedarían sin Aníbal "Pichuco" Troilo: "El bandoneón se le cayó de las manos", comentó un poeta.

Con motivo del Año Nuevo, diferentes líderes políticos hicieron escuchar sus voces. Desde Ricardo Balbín a Rafael Martínez Raymonda y desde Oscar Alende hasta Jorge Abelardo Ramos coincidieron en señalar a la violencia como su principal preocupación, la unidad nacional como su meta más preciada y la plena vigencia de las instituciones como el camino más idóneo para lograr ese objetivo. Y en declaraciones formuladas a la Radio y Televisión Italiana (RAI) el diputado nacional Rodolfo Ponce, del sector gremial del peronismo, insistió en postular a Isabel Martínez de Perón como candidata a presidenta en los comicios de 1977.

El Día de Reyes, para miles de chicos fue inolvidable: el 6 de enero, en el velódromo municipal, por disposición de Isabel Perón, Guy Williams, protagonista de la tira televisiva *El Zorro*, entregó veinte mil regalos y José López Rega regaló 266 bicicletas en la residencia de Olivos. Los argentinos que se fueron de vacaciones en 1975 tuvieron para elegir como lecturas a *Odessa* de Frederick Forsyth; *El recurso del método* de Alejo Carpentier; *El varón domado* de Ester Vilar o *Juan Salvador Gaviota* de Richard Bach. Y si con eso no alcanzaba, estaban los escritos de los jóvenes Enrique Medina o Cayetano Jorge Zaín Asís (*Jorge Asís* u *Oberdán Rocamora*). Manuel "Manucho" Mujica Lainez hacía ya cinco años que había abandonado su casona de Belgrano para instalarse en "El Paraíso", Cruz Chica, Córdoba, lugar de citas obligadas de jóvenes y no tan jóvenes artistas. Enero del 75 no lo pasó en su refugio serrano, porque desde hacía ocho meses se encontraba de viaje por Oriente y Europa. El punto final de su periplo fue Venecia, el viernes 24 de enero, con una nota que volcó en *La Nación*. En música popular norteamericana había para seleccionar entre Helen Reddy o Barry White. O entre "Mandy" de Barry Manilow y los Carpenters que revivían, una vez más, "Please Mr. Postman". Claro, hay que hacer una aclaración: para obtenerlos mucho antes de que aparecieran en el mercado nacional había que ir al local de Amanda en la Galería Alvear, o a El Agujerito de la Galería del Este. Los discos de vinilo se agotaban en horas. Llegaban de contrabando, traídos por pilotos de algunas aerolíneas comerciales.

En esos días, un argentino podía comprar un auto 0 kilómetro, pero no sabía cuándo se lo entregaban ni a qué precio. Sólo así se entiende el comunicado de la Asociación de Concesionarios de Automóviles de la República Argentina (ACARA) para evitar maniobras especulativas del amplio mercado negro.

En enero de 1975, el ministro de Economía, Alfredo Gómez Morales, enfrentaba serios problemas y desde el mes anterior se hablaba de su renuncia. Aparecían los primeros síntomas del desvanecimiento de la alianza táctica que habían trazado José López Rega con Lorenzo Miguel (líder de la Unión Obrera Metalúrgica, UOM), para desalojar a José Ber Gelbard y entronizar a Gómez Morales. El ministro de Bienestar Social hizo su primer movimiento. El jueves 9 de enero se promulgó el decreto 2114, firmado por Isabel Perón, creando la Secretaría Privada de la Presidencia de la Nación, institucionalizando y ampliando los poderes de López Rega. El mismo establecía que "será misión de dicha Secretaría otorgar, programar y organizar las audiencias de la señora Presidente de la Nación, procediendo a la clasificación, recepción y tramitación de los pedidos de audiencia y diagramando los mismos con el orden de prelación que señale la Primer Magistrado". A través de la resolución se le subordinaban todas las secretarías de la Casa de Gobierno, la Casa Militar y la Secretaría de Inteligencia del Estado. También en enero de ese año son dinamitados los talleres gráficos de *La Voz del Interior*, en Córdoba. Se atribuyó el hecho al Comando Libertadores de América, versión norteña de la Triple A.

Hombre poco dúctil para la negociación, Gómez Morales era señalado como un "técnico" inclinado por una vocación por la ortodoxia financiera. Su conducta chocaba con las apetencias de Isabel Perón y José López Rega. "El Ministro de Bienestar Social, 'Ministerio del Pueblo', tiene un objetivo preciso —para sí y para la Presidencia de la Nación—, una imagen de generosidad y vocación asistencial, que teóricamente podría ser (como lo fue para Perón hace treinta años) la base de una codiciable popularidad. Eso se traduce, naturalmente, en exigencias que Economía debe satisfacer", decía con palabras llanas Rodolfo Terragno en *Cuestionario*.[2] Este análisis fue confirmado por el propio Gómez Morales cuando dijo: "Debemos inaugurar un período de austeridad, que no significa miseria". Rechazó la posibilidad de devaluar el peso y puso especial atención en la lucha contra el agio. Para llevar adelante esta política puso como secretario de Comercio a José Alloatti. La consigna fue dejar flexibilizar los precios sin repercutir en la canasta familiar y combatir la especulación. Una fórmula que no dio resultado. El costo de vida entre noviembre de 1974 y febrero de 1975 fue del 26%. La Presidente no le dejó aumentar el precio de las tarifas de los servicios públicos para no alterar el nivel de vida de los trabajadores; recién lo autorizó en febrero. Así las pautas de austeridad impuestas por el ministro para el Presupuesto Nacional de 1975 sufrieron una distorsión de entrada. Como apuntaría Pablo Kandel, "formalmente, subsistía el clima de prosperidad y el gobierno, que preparaba las elecciones de Misiones (abril de 1975), se mostraba sólido".

Eran tiempos de "argentinización". Los sindicatos reclamaban la nacionalización de las bocas de expendio de la Shell y Esso y de cinco bancos que habían sido comprados por empresas extranjeras durante el anterior gobierno militar, medidas anunciadas con entusiasmo por Isabel Perón. El ministro las negaba. El estado del balance de pagos empeoraba día a día. Las exportaciones pactadas a un valor dólar no podían cumplirse porque el precio de la divisa en el mercado oficial marcaba una diferencia abismal con el paralelo: el dólar oficial valía 1.000 pesos, el paralelo 2.500 pesos. La diferencia daba para todo tipo de maniobras. Por ejemplo, cálculos de la época informan que el 80% de la cosecha de soja fue contrabandeada.

Alfredo Gómez Morales viajó a Washington para participar de la Asamblea del FMI. Se pensó en esos días que vendrían nuevas inversiones, pero no se llegó a nada concreto. Una exigencia que se le pidió en la capital de los Estados Unidos fue la revisión de la Ley de Inversiones Extranjeras aprobada en 1973. Gómez Morales no tenía respaldo político para cambiarla, lo intentó a través de una reglamentación pero tampoco lo logró. El 31 de enero, luego de tres semanas de descanso en Chapadmalal, la Presidente volvió a Buenos Aires. Días más tarde viajó a Bariloche y reasumió sus funciones el lunes 17 de febrero. Se decía en voz baja que tenía la salud quebrantada.

De acuerdo con los datos brindados por el INDEC, la Argentina de 1975 tenía 25 millones de habitantes que convivían en sus 4 millones de kilómetros cuadrados de territorio. El 70 por ciento de su población vivía en las ciudades. La vieja consigna de Juan Bautista Alberdi, "gobernar es poblar" se encontraba en serias dificultades: el índice de crecimiento poblacional era negativo y decrecía con relación a años anteriores. A pesar de que se calculaba para el año 2000 una población de 50 millones de habitantes, el INDEC pronostica una cifra de 33 millones, pero otros estudios más optimistas calculaban 37 millones.

—De todas las predicciones que hacés en tu libro de 1975, ¿cuáles son las que vos quisieras que se cumplan y cuáles no?

Horangel: —"Yo quisiera que no se cumplan la mayoría [...] gran parte de este año va a ser duro para nosotros, y todo va a comenzar a aliviarse después del 17 de septiembre. A partir de esa fecha se va a notar un aflojamiento y resultados más positivos en los planes de gobierno, habrá un porcentaje mayor de entendimiento entre facciones opuestas, el problema de la carestía de la vida podría comenzar a declinar; lo mismo ocurrirá con la inflación. Saturno (el frío, los problemas) aún no dio su último coletazo, por eso marzo y junio habrán de ser meses difíciles para nosotros.[3]

El sábado 1º de febrero comenzaron a regir nuevas tarifas de servicios públicos. ferrocarriles aumentaron entre 42 y 50%; aerotransporte de cabotaje 50%. La nafta aumentó 44,7%.

En febrero se hablaba de los empresarios, pero nadie los cuidaba. No existían garantías para sus vidas. El 5, Montoneros tirotea al salir de su casa al directivo de ENTel Óscar Etchepare. También el mismo día a César Calvo, delegado gremial de Terrabusi. El viernes 7 de febrero Montoneros asesinó al gerente administrativo de Alba S.A. (Bunge y Born), Antonio Muscat y secuestró en el Gran Buenos Aires a Carlos Gagey, un ejecutivo de la empresa RHEEM SAIAR. El 15 son tiroteadas las casas del ejecutivo de Molinos Río de la Plata (también de Bunge y Born), Alberto Méndez y de Pedro León San Juan, gerente industrial de Grafa. El Gran Buenos Aires parecía tierra de nadie. El viernes 21 es asesinado el dirigente Teodoro

Ponce de la UOM de Rosario. El 22 —siempre Montoneros— ataca con granadas el Batallón 3 de Infantería de Marina en Ensenada, Buenos Aires.

El miércoles 26 de febrero fue secuestrado en Córdoba el cónsul de los Estados Unidos, John Patrick Egan. Posteriormente su cadáver apareció atado con alambre, muy golpeado y ensangrentado. La organización Montoneros se adjudica el hecho en un "parte de guerra", en el que informa que lo realizó la Columna Emilio Maza.[4] "Con esta acción contribuimos a fortalecer la consigna 'liberación o dependencia', continuadora de aquélla, en momentos en que un gobierno que se dice peronista profundizó la dependencia, sometiendo al pueblo a la explotación económica y a la represión con la policía y el ejército, mientras entrega a nuestra Patria a los yanquis." Días más tarde (10 de marzo), el presidente norteamericano Gerald Ford le escribió una carta a la Presidente Perón, transmitiendo su agradecimiento por la nota de condolencias por el asesinato de su diplomático: "La muerte de un hombre inocente e indefenso sólo puede revolucionar los corazones de personas honorables y decentes... Egan dio su vida no sólo en servicio hacia los Estados Unidos sino también a la Argentina, a la que adoptó como su hogar".[5]

El Ejército interviene en Tucumán con la orden de aniquilar a la subversión

Luego de más de un año de vigilar de cerca la presencia del PRT-ERP en Tucumán, se le ordenó al Ejército su intervención directa. El Poder Ejecutivo pasó a la ofensiva: el 5 de febrero de 1975, Isabel Perón firmó, en acuerdo general de ministros, el decreto N° 261 que decía en lo sustancial: "El Comando General del Ejército procederá a ejecutar las acciones militares que sean necesarias a efectos de neutralizar y/o aniquilar el accionar de los elementos subversivos que actúan en la provincia de Tucumán". Según el artículo 23 de la Constitución Nacional quedaron suspendidas las garantías constitucionales.

Años más tarde el periodista y ex miembro del PRT-ERP Eduardo Anguita dijo: "...yo creo que particularmente el PRT, con la decisión de militarizar el espacio geográfico del país como

Tucumán, se puso a la cola de uno de los peores defectos que podría tener la militancia revolucionaria en la Argentina, que todo terminara pasando por la evaluación militar... hubo un escenario, pequeño, grande, cada uno tendrá su valoración respecto del peso específico que tuvo, pero hubo un escenario bélico. Un escenario en el cual un grupo de guerrilleros por su propio deseo, por su propia voluntad, dijo 'acá los esperamos con armas, búsquennos y nosotros, si podemos, los vamos a matar". (Conceptos de Eduardo Anguita a Pepe Eliaschev, en el programa *Esto que pasa* del 22 de abril de 2005. Anguita participó en el asalto al Comando de Sanidad, en septiembre de 1973, época en que Raúl Lastiri ejercía provisionalmente la Presidencia de la Nación, hecho que lo llevó a ser condenado a once años de prisión. Salió en libertad en 1984.)

Una aclaración: el Ejército no sólo iba a combatir contra guerrilleros argentinos, sino también extranjeros. Había unos pocos europeos y estadounidenses, pero la mayoría eran latinoamericanos pertenecientes al MIR (Movimiento de Izquierda Revolucionaria) de Chile, el ELN (Ejército de Liberación Nacional) de Bolivia y MLN-T (Tupamaros) de Uruguay. Todos ligados en la JCR (Junta Coordinadora Revolucionaria). Muchos meses más tarde, la contrapartida fue la creación del Plan Cóndor.

El Ejército Revolucionario del Pueblo (ERP) crea el "foco" en Tucumán

Ya en 1970, el (PRT) Partido Revolucionario de los Trabajadores, en su V Congreso (donde funda el ERP), afirmó: "En Tucumán, el sector de vanguardia lo constituyen los obreros azucareros, directamente ligados al proletariado rural y, a través de éste al campesinado pobre" y agregó: "la situación geográfica de Tucumán hace que el eje estratégico de la lucha armada pase por allí en sus formas iniciales de la guerrilla rural". Luego continúa: "En la primera etapa, la lucha armada se reducirá a Tucumán, pero posteriormente se irá extendiendo por todo el Norte hasta llegar a enlazar geográficamente áreas cercanas a regiones urbanas como Córdoba, Rosario, Santiago del Estero, Catamarca, Chaco, Formosa, norte de Santa Fe, etc."[6] Tras algunos intentos frustrados, en 1972, se inició el reconocimiento del SE de Tucumán, a cargo de Ramón Rosa Jiménez (a)

"El Zurdo" (a) "Ricardo"[7] y un equipo, con la misión de estudiar las condiciones para instalar una unidad de monte que abriera un frente rural e iniciar la guerra de guerrillas. En julio se incorporaron al grupo elementos de la cúpula,[8] para adiestrarse en tiro con armas livianas y combate. Jiménez muere en un enfrentamiento con la policía de Santa Lucía, y son detenidos Coppo y Negrín.

En octubre de 1973, en pleno gobierno constitucional de Juan Domingo Perón, el ERP comenzó sus operaciones. La primera fase, denominada "asentamiento", fue prevista hasta el 30 de mayo de 1974. En este lapso se completan los reconocimientos de la zona donde operarían, inician la adaptación de su personal al clima y al terreno e intensifican el entrenamiento de tiro y combate. Antes de finalizar esta fase, se realiza un curso con unos veinte guerrilleros, desarrollado personalmente por el "Comandante Carlos" (Mario Roberto Santucho). Se instaló un campamento principal en el ingenio Fronterita, con el Estado Mayor Central del ERP,[9] uno secundario en Potrero Negro a cargo de "Raúl" (Leonel Juan Carlos Mac Donald) y varios campamentos con efectivos más reducidos.

A principios de mayo de 1974, la Policía Provincial detectó la presencia de los guerrilleros, y la Policía Federal, reforzada con logística del Ejército, ejecutó un operativo que permitió descubrir campamentos abandonados pero no lograron localizar a los terroristas. Al terminar esta fase, se constituyó la Compañía de Monte Ramón Rosa Jiménez. El día 28, esta unidad toma la localidad de Acheral, copando la comisaría, la central telefónica y la estación ferroviaria, reuniendo a la población y realizando una arenga. Durante un Comité Central Ampliado, el PRT se decidió a generalizar la guerra, dividiendo al país en dos grandes regiones estratégicas integradas por: 1) Las grandes concentraciones urbanas, en torno de las zonas industriales (La Plata, Buenos Aires, ribera del Paraná, Rosario y Córdoba). 2) El ámbito rural del norte argentino, con centro en Tucumán. En esta reunión, Santucho, líder indiscutido del PRT-ERP, destacó la importancia estratégica de la guerrilla rural, siguiendo el ejemplo de sus admirados vietnamitas. Estableció el objetivo de la guerrilla rural: lograr la construcción de una "zona liberada" que permitiera instalar el Comando en Jefe del ERP y eventualmente la dirección política del PRT y obtener reconocimiento internacional.

Desde esa fecha y hasta diciembre de 1974 comenzó la fase denominada "accionar abierto", para abarcar el trabajo de captación de las poblaciones rurales e incrementar las operaciones terroristas y la "propaganda armada". Copan la localidad de Siambón (24 junio), roban un camión cargado de azúcar del ingenio San Pablo, repartiéndola en Villa Carmela (25 julio) y copan la fábrica Norwinco, arengando al personal (26 julio).

El 11 de agosto de 1974 la Compañía de Monte recibió la orden de participar en el ataque al Regimiento de Infantería 17 (Catamarca). El intento de copamiento fracasó y murieron dieciséis guerrilleros. Entre éstos, el responsable político de la Compañía, "Negrito" (Antonio del Carmen) Fernández.

Entre el 13 de agosto y el 2 de septiembre, fuerzas policiales apoyadas por pequeños efectivos militares desarrollan un operativo que abarca la zona de San Miguel de Tucumán, Taco Ralo, Tafí del Valle, Monteros y Famaillá. En esa área se habían detectado guerrilleros con uniforme verde oliva, existencia de campamentos (como uno en La Rinconada) e incluso actividades de entrenamiento militar.

La derrota del ERP ante el regimiento de Catamarca, las bajas sufridas y la pérdida de armamentos resintió la moral de los guerrilleros que estaban instalados en el monte. Entonces se les ordena tomar el pueblo de Santa Lucía y ultimar a dos policías a los que hacían responsables de la muerte de Ramón Rosa Jiménez (a) "Ricardo". El 20 de septiembre de 1974, en la plaza del pueblo son fusilados el cabo Eudoro Ibarra y el agente Héctor Óscar Zaraspe. A esa altura de las operaciones la Compañía de Monte había tenido numerosas bajas en choques con la policía, por algunas detenciones de integrantes que bajaban al llano y también por deserciones. Santucho decidió reorganizar la unidad, quedando a cargo del "capitán Santiago", Hugo Irurzún, un estado mayor en operaciones y tres pelotones integrados por un jefe y veintidós combatientes cada uno. El 1° de diciembre de 1974, efectivos de la unidad bajan del monte para participar en el asesinato del capitán Humberto Viola. En ese hecho asesinan también a su hijita y dejan gravemente herida a su otra hija, todo ante la señora embarazada y los padres y abuelos de las víctimas. Ya en ese mes, el gobierno imparte órdenes para preparar la futura Operación Independencia.

El 5 de enero de 1975, el comandante del Cuerpo III, general Enrique Salgado, y su Estado Mayor junto con el comandante de la Brigada de Infantería V, general Ricardo Muñoz, y su estado mayor realizaban un reconocimiento aéreo de la futura zona de operaciones. Las bruscas variaciones de las condiciones climáticas provocaron que el transporte se estrellara contra una de las laderas del cerro Ñunorco Chico y fallecieran todos sus ocupantes. El 17 de enero, una sección de la compañía de monte copó la localidad de Potrero de las Tablas, donde incendiaron la comisaría, robaron elementos de una finca y asesinaron a un poblador por haber colaborado como guía con la Policía y el Ejército. El 5 de febrero de 1975 se firma el decreto "S" 261, por el cual se ordena al Comando General del Ejército ejecutar las operaciones necesarias para neutralizar y/o aniquilar el accionar guerrillero en la provincia de Tucumán. En cumplimiento de esta orden, se inicia la Operación Independencia.

El 21 de febrero de 1975 apareció en Londres el número 8 (volumen IX) de *Latin America*, un semanario de información política y económica latinoamericana que se caracteriza por su alto nivel de información. Al analizar el "operativo Tucumán", el medio londinense sostuvo que, efectivamente, existe un "foco" guerrillero: "Tucumán está hecha a la medida para la guerrilla. Guevara había identificado las cordilleras de Salta y Tucumán como la potencial Sierra Maestra de Sudamérica. La provincia tiene un territorio escabroso y densamente poblado. Los trabajadores de los ingenios azucareros tiene una tradición de rebeldía y hay en la población un amargo resentimiento por el trato que Tucumán recibe de Buenos Aires. La guerrilla tiene esperanzas de que la reconocida tradición peronista de la provincia no le impedirá ganar apoyo masivo, principalmente a expensas de los montoneros [...] "además está considerada como la que dispone de guerrillas rurales mejor financiadas y armadas y con mejores estrategas en casi toda Latinoamérica. Los secuestros le han proporcionado millones de dólares, incluidos los 14 millones obtenidos de Exxon el año pasado".[10]

100

La "Operación Independencia". El Ejército Revolucionario del Pueblo. Tucumán es un campo de batalla

Desde diciembre se esperaba la iniciación de operaciones militares en Tucumán. La conducción del ERP adoptó las medidas necesarias para eludir el combate. La compañía de monte recibe la orden de desalojar la zona, como había ocurrido en 1973 y 1974, buscando que el ataque previsto caiga en el vacío. Se confunden masivamente con la población de la ciudad de Tucumán y en menor medida en Concepción y pueblos aledaños. A la vez, mantienen su alistamiento para atacar donde crean conveniente. El 9 de febrero de 1975, siete guerrilleros organizaron una emboscada en el borde norte del cerco ya instalado por la Brigada de Infantería V (a lo largo del río Lules, sobre el camino Lules, San Pablo, Las Tablas). Se elige un área del trayecto San Pablo-Lules en un tramo en que el camino queda encajonado ente dos barrancas. En la mañana del 14, un equipo de combate de la Brigada inició una marcha en busca de guerrilleros desde Los Sosa. Llegan a Monteros y por la ruta nacional 38 atraviesan Villa Quinteros. Desde ahí por un camino secundario se llegó hasta Pueblo Viejo. Luego de sobrepasarlo, el camino no permitía continuar con vehículos. Se continúa a pie, alcanzando a las 16 horas las compuertas del río Pueblo Viejo, punto final de la marcha planificada. El jefe del equipo de combate decide regresar por una senda aledaña al río.

Aproximadamente a las 17 la vanguardia del equipo detectó un grupo de unos veinte guerrilleros. Se inició un tiroteo. Los guerrilleros cruzan el río seguidos por los efectivos militares, mientras otro sector del equipo avanza para cerrarles el camino de escape. Pero la oscuridad favorece a los guerrilleros, que pueden eludir el cerco que se iba formando. En este combate fueron heridos el teniente Rodolfo Vicente Richter (quedó paralítico), el subteniente Arias y el cabo 1° Orellana y, al acudir en su ayuda el jefe de la patrulla, teniente primero Héctor Cáceres, dio la vida por los suyos. Los guerrilleros dejaron abandonados a dos muertos, "Tito" (Héctor Enrique Toledo) y "Daniel" (Víctor Pablo Lasser). El 24 de febrero, un avión de reconocimiento se estrelló en el monte y perdieron la vida el teniente 1° Carlos María Casagrande y el subteniente Gustavo Pablo López. Dos días después, un grupo de la Compañía de Monte atacó un acantonamiento instalado en La Fronterita (Famaillá).

En marzo caen prisioneros dos guerrilleros que intentaban subir al monte llevando un aparato de radio de alta frecuencia. La Compañía de Monte decidió suspender la ayuda económica a sus integrantes, lo que produjo un importante éxodo de los mismos. Su jefe considera la necesidad de intensificar el entrenamiento, limitando las autorizaciones para bajar del monte a los que tuvieran problemas personales. La conducción del PRT-ERP enfatizó la necesidad de evitar enfrentamientos directos con el Ejército. El cerco realizado por el Ejército comenzaba a producir efectos.

En el norte, el ERP vio dificultadas sus comunicaciones al oeste de la ruta nacional 38. El 11 de mayo de 1975, en un control de rutas, el "sargento Lyn" (Wilfredo Contra Siles)[11] mata por sorpresa al subteniente Raúl Ernesto García. El estado mayor de la compañía baja a la capital de Tucumán y estudia con la regional del PRT la posibilidad de realizar un importante operativo.

Se decide copar el Puesto de Comando Táctico de la V Brigada que estaba en Famaillá. De lograrlo, se fusilaría a todos los oficiales y suboficiales, se secuestraría al comandante Adel Vilas para canjearlos por detenidos (y luego fusilarlo de todas maneras), licenciar a los soldados, robar el armamento y el material que se pudiera y publicitar la operación como una victoria popular en el Día del Ejército. Para lograr esto, resuelven: 1) Bajar del monte una importante cantidad de armas (fusiles, ametralladoras, escopetas y pistolas), trasladándolas a la capital tucumana. 2) Reforzar la unidad de monte con terroristas provenientes de las regionales de Tucumán y Córdoba. Pese a tener problemas con algunos provenientes de Córdoba, que consideraron que no estaban preparados para una acción de esta envergadura, lograron reunir unos ciento cincuenta guerrilleros. Se organizan los siguientes equipos de combate:

a. Comando: conducido por el jefe del estado mayor de la compañía, "capitán Pablo" (Jorge Carlos Molina), y quince guerrilleros con la misión de dirigir el operativo.
b. Plaza: a cargo del "capitán Santiago" (Hugo Irurzún) con treinticinco combatientes, con la misión de copar la zona hasta que se hubieran retirado todos los efectivos de la compañía con el armamento y el material secuestrado y los rehenes capturados.

c. Escuelita: conducido por el "teniente Roberto" (Manuel Negrín) compuesto por diez guerrilleros, con la misión de anular la capacidad de reacción de los efectivos que custodiaban el Puesto de Comando Táctico y de ser factible coparlo.

d. Puente: un grupo de once guerrilleros con la misión de ocupar y mantener el puente sobre el río Colorado.

e. Sanitario: con tres médicos del ERP.

El martes 27 de mayo de 1975, antes de iniciar la marcha hacia el punto de reunión, el "capitán Aníbal" (Oscar Asdrúbal Santucho)[12] y el "capitán Santiago" (Hugo Irurzún)[13] arengan al grupo. Se dirigen desde la capital a una finca (Sorteis), ubicada a unos 18 kilómetros de Famaillá. Apresan a sus dueños y es convertida en lugar de reunión. Ese día, la policía de Famaillá detiene a varias personas con cuadernos que contenían el croquis de la plaza y de instalaciones militares de la localidad. A la vez, un peón de la finca Sorteis, pese a ser discapacitado, se fuga y denuncia la presencia de los guerrilleros. El general Adel Vilas ordenó que el escuadrón Jesús María explorara desde Ante Huerta (40 kilómetros de Famaillá) al este de la ruta nacional 38 (Bella Vista-Simoca). El 28 de mayo a la mañana, una patrulla pasó cerca de la finca Sorteis, advirtiendo que estaba ocupada. A su vez, los guerrilleros levantaron el campamento y se pusieron en marcha para evitar un prematuro enfrentamiento que pudiera hacer fracasar su proyecto.

La marcha guerrillera se realizó con varias camionetas y camiones, dirigiéndose por un camino secundario a Famaillá. Próximos a la escuelita local en Manchalá, encontraron sorpresivamente un Unimog, con dos suboficiales y nueve soldados de la Compañía de Ingenieros 5, que estaban reparando dicha casita. Si bien los terroristas deberían haber continuado la marcha ya que el objetivo estaba casi a la vista, decidieron enfrentar al grupo militar generando un tiroteo que alertó. En medio del mismo, intentaron continuar, pero uno de los camiones quedó atascado en un pozo e impedido de avanzar, a la vez que recibía fuego desde la escuela. El soldado apostado en la puerta de ésta cayó herido. Se generaliza el combate. Los guerrilleros intentan copar la escuela sin éxito. La radio de los defensores es inutilizada por un disparo: quedan incomunicados y rodeados. Un suboficial logró eludir el cerco y se dirigió al Comando Táctico para solicitar apoyo. Éste se encontraba a

18 kilómetros. Vilas resolvió empeñar a todo su comando para poder apoyar en tiempo a los efectivos que se defendían en la escuelita. El ERP, al ver el convoy que se aproximaba, inició la retirada, abandonando armamento, materiales y documentación. Como resultado de este combate, los guerrilleros sufrieron la baja del "sargento Dago" (Domingo Villalobos Campos),[14] Ricardo (Juan Carlos Irurtia) y fueron heridos el "teniente Pedro" (Héctor Burgos) y el "Hippie" (Ramiro Leguizamón). El fracaso afectó nuevamente la moral de combate de la unidad del monte y su imagen ante la población.

La V Brigada amplió su zona de operaciones establecida, que era de 4.800 km², a 7.200 km². Durante junio se continuó secuestrando armas y se producen enfrentamientos menores donde mueren "Alberto" (Tomás Francisco Tocoma) y "Gabriel" (Aldo Malmierca). El "capitán Pablo" y el "teniente Roberto" bajan a la ciudad capital para estudiar la situación con la regional Tucumán. Regresan, el miércoles 25 de junio de 1975, con la noticia de la pronta llegada del comandante del ERP, "Carlos" o "Robi" (Mario Roberto Santucho). A fines de ese mes llega el comandante "Carlos" con su estado mayor (momento en que comenzaban en Buenos Aires las movilizaciones obreras que condujeron a la caída de José López Rega). Expresó a la plana mayor de la Compañía que en el plano militar las operaciones eran un fracaso. Exhortó a incrementar la preparación política y militar. Se incorporaron cinco efectivos y se realizó un plenario de la compañía.

Mientras Santucho permanece en el lugar, se planificó el ataque a un destacamento militar ubicado en Las Maravillas (Los Sosa). La operación es planificada por el "capitán Raúl" (Leonel Mac Donald), y ejecutada por el "teniente Armando" (Julio Ricardo Abad) y el "sargento Joaquín" (Jorge Iriart Iramain). El 18 de julio, a las 20.30, con un pelotón de treinta y seis guerrilleros atacan el campamento. El enfrentamiento duró unas cuatro horas, posteriormente el pelotón se replegó hacia su lugar de reunión denominado El Tiro. El viernes 1° de agosto, la Brigada ubicó El Tiro, logrando abatir a dos guerrilleros.

Luego de este ataque la Compañía de Monte se divide en tres campamentos: 1) Norte: en la Horqueta, a cargo del "teniente Bartolo" (teniente Roberto Eduardo Coppo) con cuatro hombres. 2) Centro: en Niño Perdido, a cargo del "capitán Raúl" (Leonel Mac Donald) con su estado mayor (en total ocho hombres). 3) Sur: en Yacuchina, a cargo de "teniente Marcos" (Raúl Penayo) con cinco hombres. Los guerrilleros se desplazaron hacia el sur, y en una emboscada murió el "sargento Lyn" (Wilfredo Contra Siles).[15] El domingo 10 de agosto la Brigada tomó conocimiento de que el ERP intentaría abrir tres nuevos frentes en el país: uno rural, en el área del ingenio Ledesma, con ramificaciones en Salta, Jujuy y el noroeste de Tucumán. Otro en Córdoba en una zona de 60 kilómetros. Y un tercero de las mismas características en el área de Villa Constitución (Santa Fe) y S. Nicolás (Buenos Aires). El 16 de agosto en un enfrentamiento muere otro militar: el cabo 1° Miguel Dardo Juárez. El 28 de agosto se localiza un nuevo campamento ubicado en Las Carboneras, a 3 kilómetros al oeste de Santa Lucía. Murió un guerrillero y hubo dos heridos.

A fines de septiembre la V Brigada tomó conocimiento de la llegada de un nuevo pelotón guerrillero para compensar las pérdidas sufridas y la instalación de un campamento en un lugar prácticamente inaccesible (Quebrada de Artaza o Chupadero de las Aguas Hediondas). Esto evidenciaba la intención del ERP de mantener el frente rural en niveles constantes de operatividad hasta abrir los otros proyectados. Se ordenó a la Fuerza de Tareas Aconquija que atacara de inmediato el nuevo campamento. La operación se realizó bajo condiciones rigurosas (físicas y climáticas) agravadas por la resistencia subversiva, que incendió cañaverales y realizó numerosas emboscadas. En varios enfrentamientos (Arroyo Machado, Laureles Norte, Tres Almacenes y Santa Lucía), los guerrilleros sufrieron diecisiete bajas. Entre el 4 y el 5 de septiembre se produjo un nuevo enfrentamiento en la zona de Potrero Negro donde murieron el subteniente Rodolfo Berdina y el soldado Ismael Maldonado del Regimiento 28 de Monte.

A fines de septiembre el "comandante Carlos" (Santucho), que permanecía en el monte, convocó a un plenario en el campamento central. El pelotón sur cayó en una emboscada, murió el "teniente Julio", y la fracción no pudo concurrir al plenario. El pelotón norte se encuentra con una patrulla, y en el enfrentamiento muere un guerrillero.

• **Testimonio de un oficial del Ejército que estuvo destinado en Tucumán. El ERP y Montoneros juntos**

Si te referís al plenario del ERP en la selva de Tucumán, éste se llevó a cabo a fines de septiembre y principios de octubre de 1975. Estaba presente Santucho ("Robi"), quien estaba enfermo por lo que era asistido por Marcos Smalstein, un médico de Villa Adelina, perteneciente al ERP. Éste muere junto a un tal Cienfuegos en un combate donde es herido un subteniente. También es muerto el hermano de Santucho, Asdrúbal. Lo importante de este plenario fue que Montoneros participó del mismo. Este hecho recién se conoció varios años después por boca de Horacio Campiglia, "Petrus", para entonces jefe del Estado Mayor montonero. Estaban recabando información y haciendo las primeras experiencias en el monte, participando de un combate en particular, aquel en el cual dos patrullas, una del Ejército y otra del ERP, se intercambiaron munición y cigarrillos pensando que pertenecían al mismo bando debido a la oscuridad de la noche en plena selva. Cuando ambos grupos se dieron cuenta de quiénes eran, abrieron fuego y murió el soldado Freddy Ordóñez, quien alcanzó a matar al jefe de la Compañía de Monte Ramón Rosa Jiménez, Jorge Carlos Molina (a) "Capitán Pablo". Esto también ocurrió en octubre del 75, el día 8 (tres días después del ataque montonero a Formosa), en el combate de Los Quinchos o de La Casita donde estaba la "Comandancia" erpiana.

Cuando a fines de 1975 la Compañía de Monte RRJ es prácticamente desarticulada, los montoneros la relevan y comienzan a operar fuera de la zona de operaciones inicial y se trasladan más al norte. Desde San Javier hasta la zona de El Cadillal (donde muere un hijo de Alsogaray), Timbó Viejo y Burruyacu. El jefe, o uno de los más importantes, era un tal Fitipaldi.

No sé qué se resolvió en el plenario, pero la presencia de Robi y los montoneros permite inferir que el tema era incrementar las acciones militares en la región con las dos "orgas". Esto se frustró cuando el viernes 10 de octubre se libró el combate más importante (San Gabriel de Acheral) y fue desbaratada la cúpula de la Compañía de Monte RRJ, muertos sus principales dirigentes. En el plenario se destacó el déficit existente en la formación político-militar de los integrantes de la compañía. Santucho comunicó que había traído personal con alto grado de capacitación desde las regionales, con la misión de constituir una escuela de cuadros para formar a oficiales y combatientes. A la vez, consideró la posibilidad de terminar el año con una acción armada que no significara un riesgo desmedido para la Compañía, como una emboscada a efectivos militares.

El PRT-ERP tomó conocimiento de que diariamente un camión militar circulaba entre Acheral y Tafí del Valle para transportar mercaderías. Como acción inmediata planifica ejecutar una emboscada para el martes 7 de octubre. El día previsto, cuando esperaban el paso del camión, detectan un equipo militar y deciden atacarlo por sorpresa. En el enfrentamiento muere un soldado y dos son heridos. Es abatido el "sargento Sergio" (Rubén Estrada). Los guerrilleros se dispersan en distintas direcciones. En la noche del 7 al 8 de octubre, continuando la acción, el Ejército ejecutó una emboscada en el mismo lugar, y mueren el "capitán Pablo" (Jorge Carlos Molina) y el soldado Freddy Ordóñez. El 8 y el 9 de octubre se producen dos combates nocturnos, cerca del ingenio Santa Lucía, donde mueren el "capitán Aníbal" (Oscar Asdrúbal Santucho) y el "teniente Roberto" (Manuel Negrín). Se resuelve el levantamiento del campamento de La Comandancia y trasladarlo al Campamento Central.

El 10 de octubre, el "comandante Carlos" (Santucho) ordenó recoger el armamento y equipo que había quedado en La Comandancia y llevarlo al Arroyo San Gabriel, sobre la ruta 38, para entregarlo a un equipo de la Logística Nacional. El grupo guerrillero estaba compuesto por dos tenientes, cuatro sargentos y siete combatientes. Siendo las 6 de la mañana, se detectan algunas personas, presuntos guerrilleros, en proximidades del arroyo San Gabriel, escondidos en un cañaveral. A las 10.30 este dato es conocido por un equipo de combate, e informado a los niveles superiores que deciden se haga una aproximación a la zona y se envíen tres helicópteros. En torno a las 11.15, un helicóptero vuela a baja altura sobre el cañaveral. Luego de dos pasadas, cada vez a menor altura, constata el lugar donde se encuentran dos guerrilleros. Se produce un tiroteo, que culmina con la muerte de un suboficial y averías en el helicóptero que debe aterrizar en emergencia a 80 metros del lugar. Mientras tanto, efectivos desde tierra abren fuego sobre el cañaveral. A las 12 otro helicóptero lanzó dos cohetes, incendiando el

Isabel Perón en el Salón Blanco de la Casa Rosada. La secundan López Rega y José María Villone, secretario de Prensa y Difusión.

cañaveral. A las 13 llega el comandante de la V Brigada, quien demoró el estrechamiento del cerco para preservar a la tropa. Los helicópteros continúan lanzando sus cohetes y ametrallando al enemigo. A las 17, luego de dos pasajes con helicópteros, comienza el rastrillaje que finaliza a las 19 horas con la muerte de doce guerrilleros, y un suboficial por parte del Ejército. Este combate marca una derrota casi definitiva en el frente rural. Entre el 15 y el 16 de octubre se realizó un plenario de la compañía de monte y se resolvió desconcentrar los efectivos sobrevivientes hacia Córdoba y Buenos Aires. El 18 de octubre cayó el Campamento Central. El resto de los efectivos se refugió en el campamento Niño Perdido y en esa oportunidad se resolvió materializar una desconcentración masiva.

De ahí en más, la campaña se iba a circunscribir a la persecución de guerrilleros que huían, o que estaban escondidos o perdidos. El 24 de octubre, en un combate nocturno, murieron el subteniente Diego Barceló y el soldado Orlando Moya. A fines del mismo mes se produjo un enfrentamiento en Finca Triviño con guerrilleros que bajaban por la zona del pelotón norte. Murieron siete guerrilleros, entre ellos un teniente y un sargento. El 8 de noviembre de 1975, en otro enfrentamiento, en Las Higueritas, murieron el cabo 1° Wilfredo Napoleón Méndez y el soldado Benito Oscar Pérez.

Después de estos combates se hizo notable la falta de actividad ofensiva en el monte. El PRT-ERP volvió a continuar la lucha en los centros urbanos. Además la preparación del ataque al Batallón Depósito de Arsenales 601 impulsó al "comandante Carlos" a alentar la expectativa de recuperar y aumentar sus posibilidades en la guerra por él emprendida.

Caso Anzorreguy. Una cuestionada negociación con el terrorismo

Con el correr de las semanas, el poder parecía escurrirse entre las manos de la dirigencia política. Como un signo de los tiempos, como una premonición, 1975 es el año en que Jorge Luis Borges presentó su cuento "El libro de arena" (Editorial Emecé). José Ramón Ortiz contará que el notable argentino le explicó que su libro se llamaba *El libro de arena*, porque tanto el libro como la arena no tienen ni principio ni fin. Error de Borges, los tiempos que se vivían, en la Argentina, marcaban el fin de una época.

Menos poético, más realista, un joven asesor político-militar[16] que por aquellos días trabajaba con el senador nacional Fernando de la Rúa escribió un memo[17] de seis carillas, bajo el título "El comandante general y los sectores profesionalistas". Informaba que desde el "profesionalismo militar, sector en el que se respalda (Leandro) Anaya, se propicia que Ejército debe presionar en pro del alejamiento de (José) López Rega, para de esta manera tomar la iniciativa y desarticular los argumentos de los sectores opuestos a la estrategia de prescindencia y que disparan por elevación contra el gobierno. El problema subversivo es quizás el que atrae mayores críticas sobre Anaya y su Estado Mayor. La falta de obtención de un resultado en el campo militar en el 'operativo' Tucumán, y el silencio militar ante el supuesto 'canje' del Dr. Hugo Anzorreguy[18] por el guerrillero Schneider,[19] son los dos argumentos que se han esgrimido con más fuerza en los últimos quince días para atacar la posición del comandante. Dentro del esquema militar de Anaya, sus hombres 'claves' (sic) continúan siendo los generales Jorge Videla y Roberto Viola... entre los generales que se alinean en este sector podemos mencionar al general de brigada José A. Vaquero, director del Colegio Militar, quien en diciembre de 1974 lanzó la tesis de llegar a las elecciones de 1977".

El asesor de De la Rúa puntualizó que "el 'canje' de Anzorreguy causó indignación en la oficialidad. El hecho de que [Jorge] Ibarzabal[20] muriera sin que se entablaran negociaciones y que [Argentino del Valle] Larrabure continúe en poder de la guerrilla sin que se haya atendido a las propuestas de negociación de la subversión, frente a la actitud del gobierno que más allá de los argumentos jurídicos liberó al Dr. Anzorreguy bajo presión de la guerrilla, es duramente criticado por los oficiales". El enojo le fue transmitido al teniente general Leandro Anaya en Campo de Mayo en una reunión a la que asistieron cerca de doscientos oficiales. Luego, informaba: "En los últimos días de febrero habría llegado hasta el escritorio que ocupa el coronel Juan J. Cesio en un estudio de la Capital, un borrador de la organización Montoneros en el que se plantearía el no enfrentamiento con el Ejército. Cesio habría recomendado corregir el documento, ya que en el borrador no aparecía clara la desvinculación entre Montoneros y el ERP".

110

En febrero, la revista *El Caudillo*, de orientación lopezreguista, le hizo un reportaje al gobernador de La Rioja, Carlos Saúl Menem:

—¿Qué opina del desabastecimiento?
—Es otra clase de guerrilla, tan nefasta como el marxismo, pero guerrilla al fin, porque van contra lo más sagrado que tenemos: el Pueblo y la Patria.
—¿Qué opina de la participación del Ejército en la lucha antiguerrillera?
—En particular, estoy profundamente de acuerdo. La participación de las Fuerzas Armadas es un hecho que no podía demorarse, además los compañeros de las fuerzas conjuntas y de seguridad están haciendo Patria con mayúsculas.

Finalizaban los días de veraneo de 1975. *Carta Política*, quincenario que en ese entonces dirigía Hugo Martini,[21] en su edición 17 de la cuarta semana de febrero de 1975 señaló en un artículo sin firma que "la Argentina económica no va hacia ninguna parte. No se trata del gobierno, ni de Gómez Morales, o de la oposición, los sindicatos o las empresas. Es probable que la responsabilidad no pueda dividirse y sea de todos juntos, pero el riesgo de este tiempo es que nos quedemos con el convencimiento de que la Argentina crece. El problema es exactamente al revés: no hay respuestas para nadie en un país equivalente a una potencia económica de quinta categoría".

Marzo, la primera devaluación. La violencia política continúa

En marzo de 1975, Alfredo Gómez Morales logró que lo autorizaran a devaluar el peso en un cincuenta por ciento y a otorgar un aumento de salarios de 40.000 pesos (si 2.500 pesos equivalían a un dólar en el paralelo, el aumento fue de dieciséis dólares). De allí al aumento de precios y a la convocatoria de comisiones paritarias restaba sólo un paso. Las paritarias funcionaban una vez al año. Eso decía la Ley 14.250. En junio de 1973 el Pacto Social las suspendió por dos años. Es decir, en 1975 debían volver a considerarse y se entendía que no debía haber límites o topes. Por otra parte, la dirigencia sindical permanentemente atacada por la ultraizquierda necesitaba demostrar a sus bases su poder de negociación con el sector patronal. Se veían desbordados.

Si los reclamos sindicales no daban tregua, dentro del partido oficial las disputas por espacios de poder no cesaban. Cualquier excusa era buena para un incidente. Durante el velatorio del sindicalista Teodoro Ponce, el titular de la regional rosarina de la UOM, Eugenio Blanco, atacó al gobernador de la provincia Silvestre Begnis y al ministro del Interior, Alberto Rocamora.

Como si no faltaran complicaciones, el mismo día que López Rega presidía una gran reunión de funcionarios del área presidencial y su ministerio, se intenta allanar la sede de la UOM en pleno centro porteño. La Policía Federal —que dependía de Rocamora— se vale de una denuncia anónima que el ministro ignora. A la fuerza policial no se le permite el ingreso e intenta asaltar la sede a través de edificios vecinos. Los sindicalistas instalan ametralladoras pesadas en la azotea. A través de las puertas blindadas de la UOM, sólo se escucha una voz seca que dice: "La última vez que entró aquí la policía fue para matarlo a Vandor". Un oportuno llamado motivó el retiro de los efectivos policiales. Después se supo que la situación fue salvada por el titular de la Cámara de Diputados, Raúl Lastiri.

La violencia política "disminuyó en los últimos tiempos en la Argentina" y su objetivo "no es sólo derrocar un gobierno, sino también terminar con el sistema occidental cristiano, cosa que jamás ocurrirá en la Argentina", declaró José López Rega a la televisión francesa el viernes 7 de marzo. La visión del secretario privado de la Presidencia y hombre fuerte del gobierno no coincidía con la realidad: el jueves 13 de marzo *La Opinión* informó en tapa que continuaba la ola de terrorismo en Buenos Aires: en Villa Lugano aparecieron los cadáveres de cinco hombres "tres de los cuales ultimados a balazos por la espalda, otro carbonizado y el quinto flotando en las aguas del Riachuelo". El recuadro, a su vez, informaba que la Policía había perdido "en los últimos días a cinco de sus miembros por acciones del extremismo".

112

Testimonio de un joven oficial que, por esa época, no llegaba a treinta años. Su experiencia en Tucumán en 1975

"Adel Edgardo Vilas era un coronel del Ejército que estaba en condiciones de ascender. No fue considerado en la terna para los ascensos porque era señalado como 'nacionalista-peronista' con fluidos contactos con sindicalistas y políticos. A través de un suboficial mayor de la seguridad presidencial logró contactarse con Juan Esquer,[22] jefe de la custodia de Isabel Perón. A través de este contacto, Vilas logra conversar con la Presidente en Olivos. De ese encuentro parte la orden presidencial al ministro de Defensa, Mario Savino, para que el teniente general Leandro Anaya ascienda a Vilas a general de brigada a fines de 1974.

"El lunes 5 de enero de 1975, a las 11 de la mañana, un avión Twin Otter que sobrevolaba la zona de la Quebrada de Aconquija se desploma a tierra. La máquina transportaba, en un vuelo de reconocimiento, al comandante del Cuerpo III, general de brigada Eugenio Salgado, al comandante de la V Brigada de Infantería, general de brigada Ricardo Agustín Muñoz, y a once oficiales de sus estados mayores. Como consecuencia de las pérdidas son designados Carlos Delía Larroca en el comando del Cuerpo y Adel Vilas en la Brigada.

"El miércoles 7, Vilas es llamado al Estado Mayor y lo designan comandante de la V Brigada y jefe de la Operación Independencia.

"Llega a su destino con la expresa orden del poder político de 'aniquilar'[23] la subversión 'con métodos convencionales y no convencionales'. Él entendió 'como sea', de allí que instala el primer lugar secreto de detenidos, La Escuelita, a tan sólo cinco cuadras del Comando Táctico en Famaillá. En La Escuelita se llevaban registros, a los que no tenían acceso el poder político provincial (gobernador Juri) y Castelli (jefe de la policía). Ni siquiera la Justicia. Los únicos que no pertenecían al Ejército fueron, primero, la custodia de la Policía Federal y después, como tenían 'muchas exigencias y traían problemas', vino la Gendarmería. Isabel Perón visitó el puesto de comando y delante del general Vilas y todos sus oficiales reiteró que había que aniquilar a la tropa guerrillera y que 'todo el poder político estaba detrás de él para apoyarlo'. 'Matarlos y aniquilarlos a todos', afirmaron ella y (José) López Rega.

"¿Por qué había que aniquilarlos? Nos explicaban que todavía no habían instrumentado las medidas legales para combatir la subversión. Porque habían sido anuladas por el ministro del Interior de (Héctor) Cámpora, doctor Esteban Righi. Se habían disuelto las cámaras federales, no existían instrumentos legales. Y como no querían volver a una nueva amnistía, el poder político ordena aniquilarlos. No prisioneros. ¿Qué juez, luego de la muerte de Quiroga, asesinado por el ERP-22, iba a condenar a un subversivo? ¿Y cuándo matan los Montoneros a (Arturo) Mor Roig?[24] Fue durante la vigencia de un gobierno constitucional. Antes asesinan a José Ignacio Rucci.[25] Como el poder político analiza que no tiene mecanismos legales, ordena su aniquilación.

"En los primeros meses de la Operación Independencia había 'montos buenos y montos malos'. Traducido significaba que a los montoneros no había que tocarlos. En ese tiempo cayó una célula que comandaba el oficial primero "Beto" Braunstein, en Tucumán, y se nos ordena liberarlos a todos. Esta situación perdura hasta que Montoneros ("Lalo" Alsogaray) pone una bomba en el aeropuerto y destruye un avión Hércules[26] que transportaba gendarmes. En realidad pensaban que iban policías. A partir de ese momento, el Ejército comienza a combatir a los Montoneros en Tucumán. El primer encuentro armado significativo se lleva a cabo en ocasión de la caída de los hermanos Aranda, del ERP, asesinos del capitán (Humberto) Viola y su hija María Cristina (tres años).

"Isabel Perón siempre respaldó la acción del Ejército en Tucumán. Recuerdo la impresión con la que volvió a la provincia un joven oficial, compañero mío, de una gestión que le encargó el general Vilas en Buenos Aires: se le ordena llevarle a Isabel Perón una documentación. El encuentro se realizó en la residencia de Olivos. Ahí, la Presidente le dice 'dígale al general Vilas que aniquile a las fuerzas subversivas'. En la ocasión, el joven oficial le entrega a López Rega una escopeta High Standard recuperada en el combate de Manchalá.

"Adel Vilas sólo recibía órdenes de Buenos Aires y no tenía en cuenta al Ejecutivo provincial,[27] a pesar de que prestó una gran ayuda. Además, Buenos Aires le mandaba ayuda directa a la Operación Independencia a través de Barletta, que era el director de Emergencias Sociales, dependiente de López Rega. Con esa ayuda directa, con dinero, se hacían tareas sociales. Por ejemplo en Amaichal del Valle donde iban muchos subversivos a abastecerse.

"En la Operación Independencia intervinieron muchos oficiales. Todas las unidades tenían la orden de mandar 'comisiones' a Tucumán para adquirir experiencia. Pero en Tucumán había dos grupos totalmente distintos. La Fuerza de Tareas que estaba con sus jefes trabajando en control de rutas y haciendo rastrillajes en la selva. Y la fuerza de Inteligencia que buscaba a los subversivos cuando caían a la capital tucumana o a los pueblos, sacando información de la Policía y sus agentes. Todas las unidades mandaron 'comisiones rotativas' que duraban entre uno y tres meses, e iban directamente a la Fuerza de Tareas. También la Policía Federal cada veinte días enviaba una 'comisión' de noventa a cien efectivos de Guardia de Infantería y la Montada.[28] Lo mismo Gendarmería. Todos apoyaban a la Fuerza de Tareas. La Armada también envió comisiones de veinte personas al comando de la Brigada; fueron a la parte de planificación, no operativos."

La interminable interna del peronismo

El peronismo tenía en ese momento cuatro líneas bien definidas: a) la sindical, con Casildo Herreras y Lorenzo Miguel como figuras principales; b) el "peronismo histórico", que encarnaba el ministro Alberto Rocamora; c) la económica, conducida por Alfredo Gómez Morales, y d) José López Rega, manejando sus poderes en la privada presidencial y el Ministerio de Bienestar Social.

La Confederación General del Trabajo jaqueaba al gobernador santafesino Silvestre Begnis, buscando que lo sucediera el sindicalista Eduardo Félix Cuello.[29] Estas maniobras ya le habían dado éxito al sindicalismo en otros estados provinciales. Al mandatario provincial desarrollista no le alcanzaba con la defensa del ministro Rocamora. Intentó trasladar su problema a Luis Gómez Centurión, jefe del Cuerpo II, durante un almuerzo. En la oportunidad se llega a plantear una intervención militar a la provincia. El sector castrense se mantuvo callado.

En la segunda quincena de marzo de 1975, como cosa de todos los días, son asesinados cuatro policías, es acribillado Adolfo Cavalli (secretario general del SUPE) y atentan contra

115

el sindicalista Eustaquio Tolosa. En el Parlamento, el senador radical Fernando de la Rúa presentó un pedido de informes dirigido al Poder Ejecutivo, tratando las actividades de la Iglesia Católica Ortodoxa Americana. La cuestión apuntó a una ceremonia realizada dos días antes de Nochebuena de 1974, cuando se habría solicitado a la Curia Metropolitana la autorización para realizar una misa en el "Altar de la Patria",[30] en la que tomarían la primera comunión alrededor de tres mil niños. La autorización, solicitada por una repartición dependiente del ministro López Rega, fue denegada. De todos modos, la "misa" se llevó a cabo.

También en marzo de 1975, siguiendo los pasos de *Crónica*, la revista *Cabildo*, expresión del nacionalismo ortodoxo, dirigida por Ricardo Curutchet, es clausurada. Semanas antes había instado al Ejército a "asumir la responsabilidad de la hora, haciéndose merecedor de las palabras de Lugones", quien lo reputó "la última aristocracia, vale decir, la última posibilidad de organización jerárquica que nos resta entre la disolución demagógica".

En el área internacional, el argentino Alejandro Orfila es elegido secretario general de la OEA. Sorpresa mayúscula en el Palacio San Martín: Alberto Vignes se había comprometido a apoyar al canciller paraguayo Raúl Sapena Pastor. Con el desconocimiento del canciller argentino, Orfila, por aquel entonces embajador argentino en Washington, recibe los votos de un candidato centroamericano (el costarricense Daniel Oduber) que a último momento se inclinó por apostar a la presidencia de su país, volcando sus votos a favor del argentino. ¿Falta de coordinación? ¿Desorden?

El 11 de marzo, segundo aniversario del triunfo de la fórmula Cámpora-Lima, en el restaurante "Nino", de Vicente López, se lanzó el Partido Peronista Auténtico, la expresión política de la organización Montoneros. Más tarde, a través de un recurso legal presentado por el justicialismo, quedó como Partido Auténtico. La nueva formación política lleva en su declaración fundacional la firma de viejos dirigentes sindicales (como Andrés Framini y Armando Cabo); ex gobernadores (Martínez Baca, Bidegain, Cepernic y Obregón Cano); ex legisladores (Miguel Zavala Rodríguez) y dirigentes de superficie de Montoneros (Ismael Salame y Norberto Habegger). Adhirieron Héctor Cámpora, el ex ministro Jorge Taiana y el ex gobernador Óscar Bidegain. Su primera presentación en una contienda democrática fue un fiasco. Al mes siguiente, en las elecciones para gobernador y vice de Formosa, apenas sacó el 5% de los votos. Su órgano de prensa fue *El Auténtico*, dirigido por Zavala Rodríguez. El 24 de diciembre de 1975, el gobierno lo declaró al margen de la ley.

El 13 de marzo, el MID —partido integrante del Frente Justicialista de Liberación— prendió las luces amarillas, en un severo análisis de la situación económica. Advirtió:

- La inflación "ha alcanzado las tasas más altas de la década".
- Las empresas estatales "se han convertido prácticamente en su totalidad en clientes deficitarios de la Tesorería".
- "Las empresas privadas han bajado sus niveles de inversión a las tasas más reducidas de los últimos lustros".
- "La ley de inversiones extranjeras, como era inevitable, ha aislado al país del contexto internacional".
- "...son muchos los que advierten que es muy difícil luchar contra la subversión mientras el cuadro económico y social se agota día a día".

La respuesta del gobierno llegó a través de López Rega en la revista *Las Bases*: "Tengo un enorme y profundo desprecio por las ratas que abandonan el barco cuando se teme su hundimiento".

Thanatos

A principios de febrero de 1975 en Atenas, lejos de Buenos Aires, donde había pasado gran parte de su juventud, Aristóteles Onassis presentía que estaba próximo su final. Un llamado telefónico a Nueva York le avisó a Jackie Kennedy que su marido se había derrumbado con un fuerte dolor en el pecho. No estaban juntos, se hallaban en pleno proceso de separación. De todas formas, ella viajó a la capital griega. Lo mismo hizo Cristina Onassis, que se encontraba esquiando en Gstaadt (Suiza). Los médicos aconsejaron una urgente internación en el Hospital Norteamericano de París. Él se resistió, pero lo convencieron. En un vuelo particular de su compañía aérea, Olympic Airways, fue llevado a París. Su médico personal, Jean Caroli, se sentó a su lado. Cuando estaban por aterrizar "Ari" se volvió hacia él y le preguntó: "Profesor, ¿conoce el significado de la palabra griega *thanatos*... muerte? Usted sabe que nunca saldré vivo del hospital. Bien, tiene que practicarme el *thanatos*. No quiero sufrir. Prefiero estar muerto". El domingo 16 de febrero le extirparon la vesícula. A pesar de que su vocero dijo que se recuperaba bien, lo cierto es que día a día decaía. Jackie Onassis se fue unos días a Nueva York. Ni "Ari" ni Cristina hicieron nada por disuadirla. La despreciaban. A una llorosa Maria Callas se le permitió visitarlo, pero ya Onassis no reconocía a nadie. El sábado 15 de marzo murió. Atrás quedaban sus anécdotas en el *Christina*. Sus diálogos con Alberto Dodero, Winston Churchill, Eva Perón, Marilyn Monroe, Greta Garbo, el rey Faruk y John Fitzgerald Kennedy.

Sin temor a equivocarse, se puede afirmar que, a pesar de la lejanía, Onassis nunca olvidó la Argentina. Poco después de su casamiento con la viuda de Kennedy en la isla de Skorpios, visitó la embajada argentina en Atenas. En la ocasión le dijo al funcionario que lo atendió que necesitaba una constancia del uso del pasaporte argentino.[31] También pidió un poder para sus abogados en Buenos Aires, los doctores Larrechea y "Cachilo" Bruno Quijano,[32] porque había un problema que se le había presentado. Estaba preocupado. Relató al funcionario diplomático que al parecer a un fiscal federal argentino[33] no le cayó bien su casamiento con Jacqueline Kennedy y había dicho textualmente en un salón del Jockey Club de Buenos Aires: "A ese turquito le quito la ciudadanía argentina".

Durante el encuentro, relató que sus abogados patrocinantes le recomendaron, para su defensa, presentar en el proceso la documentación donde constaba su permanente uso del pasaporte argentino. En el momento se libró un acta de varias páginas, haciendo constar las entradas y salidas de los países. Después se extendió el testimonio consular. Luego de un par de días, Onassis volvió a la embajada a retirar la documentación y pagar los aranceles.

Pocos días después de estas gestiones, visitó Atenas la fragata *Libertad*, y Onassis puso a disposición del comandante (Furlong) dos aviones de Olympic para el caso de que los cadetes quisieran conocer Rhodas, Corfú y Creta.

El día que llegó la fragata envió un par de helicópteros que arrojaron flores sobre la cubierta y también dispuso de intérpretes y expertos para visitar los sitios arqueológicos de Atenas. Siempre Onassis y su cuñado, Nicolás Konialidis, presidente de Olympic, tuvieron una excelente disposición para ayudar a los ciudadanos argentinos gratuitamente y, en particular, en temas de repatriación. Cuando murió el "turquito" Onassis, la noticia salió en la tapa de los principales diarios del mundo. Del fiscal federal nadie se acuerda.[34]

"Cachilo" Bruno Quijano siempre relataba, en mesa de amigos, que con Onassis se juntaba en Nueva York y generalmente comían en el Club 21, donde Ari se hacía servir el whisky más caro en un vaso lleno de hielo, dejando un agujero en el medio para que se esparciera. Una noche saliendo del "twentyone" a Quijano se le ocurrió abrir la ventana de la limusina. Rápidamente, el magnate griego inclinó su cuerpo, levantó los vidrios y mirándolo fijo sólo le dijo "no... it's for security".

• Conversando con Margaride

El 4 de marzo de 1975 el comisario Luis Margaride fue invitado a la embajada de los Estados Unidos de Norteamérica para conversar con sus más altos funcionarios. De ese encuentro, que se extendió entre las 11.30 y 12.25, uno de los diplomáticos escribió un memorando para el Departamento de Estado. En uno de sus pasajes relata que la reunión comenzó con las presentaciones que realizó el embajador Robert Hill y que seguidamente el alto oficial de la Policía Federal expresó sus sinceras condolencias por el asesinato del señor Egan. En un momento, en particular, el embajador dijo que le gustaría hacer una pregunta y que entendería si Margaride no quisiera responder. Margaride dijo que contestaría cualquier pregunta. El embajador Hill dijo que frecuentemente había visto al embajador soviético en reuniones sociales y que éste siempre estaba pregonando irónicamente sobre la seguridad que usaba la embajada norteamericana y que él personalmente no necesitaba ningún tipo de seguridad.

A esto Margaride respondió que el embajador soviético no necesitaba seguridad porque él estaba comandando todas las operaciones terroristas. Que dichas acciones estaban inspiradas por el comunismo y que sin duda alguna recibían plata y probablemente consejos de los soviéticos.

Margaride dijo que él proveía apoyo policial y seguridad a países amigos, tanto como a países enemigos, que estuvieran representados en la Argentina. Y dejo entrever que la seguridad que proveía no era sólo para protegerlos sino también para controlarlos, ya que estaba convencido de que países comunistas como la Unión Soviética y Cuba estaban contribuyendo con plata para las operaciones terroristas en la Argentina.

"Río revuelto." El gobierno de Isabel denuncia un plan golpista

Fines de marzo. El clima político y social se tensaba. "Río revuelto" fue el título de tapa de la edición de *Cuestionario*. Uno de los periodistas estrella de *La Opinión*, Heriberto Kahn, publicó en la tapa un largo artículo detallando los últimos acontecimientos: "Se vive el momento de mayor confusión política desde el 25 de mayo (de 1973). En tres provincias existen problemas institucionales. En Santa Fe, el sindicalismo, no pudiendo voltear a su gobernador, apunta ahora al ministro de Gobierno (Rosua) a quien le atribuyen vínculos con la subversión. En Corrientes no se habla de otra cosa que del caso del juez Pisarello y se intenta complicar al comandante de la VII Brigada, general Carlos Dalla Tea. Y en Córdoba, el interventor Raúl Lacabanne dice tener el apoyo de López Rega, pero sufre los embates de la ortodoxia peronista y del sindicalismo provinciales". Entre las desventuras, Raúl Lacabanne es fuertemente criticado por el teniente coronel (R) Antonio Navarro,[35] respaldado por las 62 Organizaciones locales, y se informa que la UOM le ha facilitado veintisiete hombres para su custodia personal.

El jueves 20 de marzo de 1975 el gobierno denunció a través de Alberto Rocamora un complot destinado a "paralizar" la producción industrial en la ribera del Paraná, entre Rosario y San Nicolás. El mismo 20, el corresponsal del periódico brasileño *Jornal do Brasil*, Walter de Goes, relata que un servicio de inteligencia le ha informado de un complot liderado por Arturo Frondizi, Alejandro A. Lanusse y Lorenzo Miguel. "El plan"[36] circuló por todo Buenos Aires y su texto, que contenía conversaciones secretas, comprometía, además de los nombrados, a Arturo Acevedo (Acindar), los generales Mouglier, Pomar, Cáceres Monié y López Aufranc; y los almirantes Gnavi y Guozden. Entre los civiles aparecían: Camilión, Bernardo Bas, Mathov, Falabella, Edgardo Sajón, "Cholo" Peco y Félix Garzón Maceda. Según el "plan", el objetivo era imponer, en el primer semestre de 1975, el desplazamiento del actual equipo económico y, eventualmente, el de Isabel Perón. Se le atribuía a Lanusse haber afirmado, en una reunión "informativa" que "se está en pleno caos" y "el país carece de gobierno, la inflación está destruyendo la obra de ciento sesenta años de vida nacional, mientras los generales traidores no derrocan al poder militar, apoyando la institucionalidad y la demagogia". Ante una pregunta del conservador Falabella sobre quiénes eran los "generales traidores", se lo hace aparecer a Lanusse afirmando que "todos los generales en actividad que, violando el espíritu de un compromiso de honor ('los cinco puntos'),[37] transfirieron a Isabel de Perón el compromiso de respetar la legalidad con Perón presidente. Lo acordado fue respetar la voluntad del pueblo expresada en las urnas y no esta mancomunidad familiar que hoy gobierna al país". Ante el rotundo desmentido de los implicados, como era de esperar, el corresponsal fue expulsado del país.

Frente a la violencia del terrorismo de izquierda, el "Somatén" no cejaba en reprimirla: el viernes 21 por la noche, un grupo de encapuchados asesinó en la localidad de José Mármol a ocho personas, entre ellas un concejal, una mujer y dos adolescentes. Todas las víctimas estaban ligadas a la Juventud Peronista de las Regionales (dependiente de Montoneros). Todos los cadáveres fueron destrozados con explosivos. Al retirarse, la banda dejó una bandera con la leyenda: "Fuimos Montoneros. Fuimos del ERP".

Mar del Plata, "la ciudad feliz", también era un campo de batalla. Entre el jueves 20 a las 14.20 y el viernes 21 a la madrugada fueron asesinadas seis personas. La primera víctima fue Ernesto Carlos Piantoni, abogado, de 29 años, asesor legal de la CGT local, jefe regional de la CNU (Concentración Nacionalista Universitaria).[38] Los asesinos se identificaron como pertenecientes a Montoneros (más tarde, otros adjudicaron el hecho al PRT-ERP). En el velorio de Piantoni se juró venganza a gritos.

La respuesta de la derecha no se hizo esperar. En la madrugada del viernes 21, un numeroso grupo de individuos que se desplazaban en varios Ford Falcon rodeó la casa del médico Bernardo Alberto Goldemberg, entraron a la vivienda, lo sacaron a golpes y se lo llevaron. Poco más tarde fue "ejecutado" ante un zanjón de la explanada Patricio Peralta Ramos, a la altura del cementerio. Minutos después de esta muerte, cinco Ford Falcon coparon la cuadra de España al 800. Sus casi veinte ocupantes tomaron posiciones, unos de custodia mientras otros ingresaron a la finca de España 856, donde moraba el teniente primero (R) Jorge Videla y su familia. Dentro de la vivienda comenzó una verdadera cacería. Miguel Elizagaray, de 22 años, hijo del legislador provincial justicialista Carlos Elizagaray que estaba de paseo, fue asesinado en el techo cuando intentó escapar. Poco después, el militar y sus dos hijos, todos ensangrentados, fueron arrastrados hasta los autos. Aparecieron más tarde ametrallados en el paraje Montemar.[39]

Ricardo Balbín reconoce "malestares profundos" en la sociedad. Se militariza la agenda política. Las elecciones en Misiones

El domingo 23 de marzo, Ricardo Balbín declaró que "es necesario hacer rectificaciones y naturalmente hay un límite". Aceptó, también, que la situación se está "desencuadrando... porque no se puede negar que hay malestares profundos". "A veces escuchamos decir: esto no va más, así no se puede seguir. Es cierto que tal estado de frustración es empujado y multiplicado, pero se le dan pretextos. Entonces creemos que el camino es hacer las rectificaciones." El mismo día, el ministro del Interior advirtió que los "rumores" de golpe provienen de "grupos malintencionados".

Al día siguiente, *El Cronista Comercial* subrayó que desmentidas de este tipo "tienden a descalificar la posibilidad de golpe, pero contribuyen involuntariamente a reconocer una situación de deterioro de las instituciones".

Marzo "presenta una situación económica cada vez más afligente, y el recrudecimiento de la violencia, que en un solo fin de semana —del 21 al 24 de marzo— se cobró treinta y cuatro víctimas y elevó a ciento trece el número de muertos por causas políticas, en menos de noventa días. Todo en momentos en que se preparaba, en Misiones, la primera consulta electoral posterior a la asunción de María Estela Martínez de Perón, donde el gobierno deberá enfrentar no sólo a los radicales sino a una cuña del palo justicialista: el Partido Auténtico", escribió Rodolfo Terragno.

Tiempo Nuevo, el programa del influyente periodista Bernardo Neustadt, el 31 de marzo de 1975 marcó uno de los mayores índices de atención. El invitado fue el líder radical Ricardo Balbín. El programa se repitió varias veces.

B.N.: —¿Si parte del proceso argentino tiene que ver con la indisciplina, con el desabastecimiento, con el ausentismo, etc., su partido o usted, a quién le puede pedir, o exigir como en el caso de los coroneles de Portugal, como en el caso de Estados Unidos, sacrificio, austeridad?

R.B.: El ejemplo es de arriba para abajo. Tiene que ser austero el gobierno en sí mismo para tener el derecho de exigir austeridad. Pero cuando no lo es, entonces se relaja el organismo. ¿Por qué va a ser austero el de abajo si el de arriba no lo es? Se van perdiendo las autoridades morales, que son fundamentales en la autoridad de los gobernantes.

B.N.: Una denuncia suya sobre el soborno electoral en Misiones, ¿cómo se puede conciliar con un movimiento como el peronista que, si algo le sobra, son votos? ¿Para qué necesita hacer eso?

R.B.: Es porque tienen un concepto equivocado. Creen que perdiendo se desprestigian, sin darse cuenta de que perdiendo prestigian... hoy se regala todo. Incluso dinero en efectivo que alguna vez habrá de saberse de qué bolsillo sale, y si son del Estado habrá que conversar si esto es malversación o lo que sea...[40]

Marzo termina con serios problemas en Villa Constitución, una ciudad santafesina de 37 mil habitantes, donde se produce el 60% del acero argentino, parada por una huelga que lleva cinco días. Una asamblea obrera de Acindar[41] resolvió el 24 de marzo a la noche continuar la medida de fuerza hasta conseguir la liberación de varios de sus dirigentes. La pelea tiene varias vertientes. Una, la pugna interna en la UOM ya que los líderes de las plantas regionales (ubicadas en Ramallo, Buenos Aires, y San Lorenzo, Santa Fe) encabezados por Alberto Piccinini le disputan el poder a Lorenzo Miguel; otra es la cuestión salarial y la tercera es el "terrorismo industrial" liderado por el PRT-ERP. El clima de zozobra y violencia llega hasta el propio centro de Villa Constitución, donde es asesinado el subjefe de la policía local, comisario Telémaco Ojeda, al salir de su casa e intentando escudar a su hija.

Abril de 1975. Se militarizaba la agenda diaria. El 1° de abril Montoneros intentó asesinar al comisario Gabriel Morales (señalado como perteneciente a la Triple A). En el incidente muere el teniente coronel Horacio Vicente Colombo, que acude en su ayuda.

El viernes 4 de abril son detenidos varios miembros importantes[42] de la organización Montoneros cuando se desplazaban a cobrar cinco millones de dólares, como parte del rescate de los hermanos Juan y Jorge Born que debía entregar un ejecutivo del holding, de apellido Ganz, cerca del camino de Cintura.

"Operación Mellizas"

En 1974, después de la muerte de Juan D. Perón, Montoneros incrementó la violencia. Dos hechos marcarán a fuego la historia de la organización. El 6 de septiembre, Mario Firmenich denunció "la traición del gobierno de Isabel Martínez" y tomó la decisión de "volver a la lucha armada"[43] y pasar a la clandestinidad. Dos semanas más tarde, el 19 de septiembre de 1974, en la "Operación Mellizas", son secuestrados los hermanos Juan y Jorge Born, liberados después de seis y nueve meses, tras el pago de 60 millones de dólares. La operación comenzó a planificarse en enero de ese año, entre dos integrantes de la conducción nacional de Montoneros: Roberto Quieto y "Pingulis" Carlos Hobert.[44] En el hecho terminan asesinados el gerente de la empresa Molinos Río de la Plata, Alberto Bosch Luro, y el conductor Juan Carlos Pérez.

Participaron en toda la operación no menos de cincuenta guerrilleros de la Columna Norte, principalmente, bajo la dirección de "Quique" Miranda (ex FAR, en ese momento secretario militar de la Columna Norte). También intervendrían, entre otros, Rodolfo Galimberti,[45] "Alejo" Gutiérrez, "Andrés" Castelnuovo, "Atilio" Fernández, "Alcides" Polchesky, Horacio

"Chacho" Pietragalla[46] y "el Gordo" Miguel Lizaso.[47] Roberto "Negro" Quieto —uno de los "diarcas" de Montoneros junto con Firmenich— planificó la "Operación Mellizas", eligió como segundo a "Quique" Miranda, secretario militar de la columna Norte, a quien encargó de la construcción de una "cárcel del pueblo" de dos subsuelos, bajo una pinturería como fachada instalada en Martínez, en el norte del Gran Buenos Aires. La acción del secuestro propiamente dicha demoró pocos segundos. Participaron en forma directa diecinueve montoneros. La "Operación Mellizas" resultó un impresionante éxito económico para la organización. Ya presos, los Born fueron interrogados por el oficial de Inteligencia Rodolfo Walsh.

Montoneros pidió cien millones de dólares de rescate y Jorge Born, padre, rechazó la demanda. Finalmente, se acordó un rescate de 60 millones de dólares en efectivo y alrededor de 3,5 millones más en alimentos y otros bienes repartidos en barrios populares. "En todo el país y el mismo día. Se logró hacer sin que la policía se enterara."[48] También debía publicarse una solicitada en siete importantes diarios del mundo dando detalles de la cifra en cuestión. En el texto original que envió Montoneros para publicarse se mencionaba la cifra de 60 millones de dólares. "Cuando yo recibí el texto se lo llevé a 'don Mario' Hirsch.[49] Cuando lo terminó de leer me dijo: 'Mire, esto no puede salir, no podemos hablar de cifra ninguna, en todo caso lo que podemos decir es una cifra altísima o muy importante. Lamentablemente', agregó Hirsch, 'si ellos no aceptan eso, nos veremos obligados a perder todo lo que hemos puesto e inclusive los muchachos' (los hermanos Born). Supongo que en este tema hubo algún problema con el banco suizo que proveyó e hizo todo el mecanismo de pago. Entonces hablé con los representantes de Montoneros y se cambió esa parte de la solicitada sin mucho esfuerzo." El 23 de marzo del 75 fue dejado en libertad Juan Born, tras el pago de 25 millones de dólares, quedando Jorge como rehén. El resto del rescate se completó en pagos escalonados y al menos en una ocasión se produjo un incidente en Ezeiza, cuando "inspectores del Banco Central" detuvieron momentáneamente a cuatro empleados de Bunge y Born que traían casi cinco millones de dólares desde Zürich. El pago del rescate fue realizado de la siguiente manera: "Cuarenta y siete millones aproximadamente fueron en billetes de menor denominación que trajimos de Suiza. El resto se pagó directamente en Suiza a

(David) Graiver. En la Argentina, varias de las entregas las hacía un alto funcionario del holding, que se reunía a almorzar en distintos lugares del Gran Buenos Aires con 'Ignacio' Torres —entonces jefe de finanzas de Montoneros— y le dejaba una valija con el dinero, que el montonero metía en el baúl de su Ford Falcon, al que había forrado con una malla de alambre de cobre para bloquear las eventuales emisiones de un minitransmisor que pudiera haber sido ocultado entre los billetes. Aproximadamente en junio de 1975 se terminó de pagar". Para entender la magnitud de la cifra, un informe de fuente militar de la época expresó que "equivale a un tercio del presupuesto militar argentino del año 1975".[50]

De los 60 millones de dólares, alrededor de 42 llegaron en efectivo a La Habana, Cuba, a través de las valijas del correo diplomático con el claro conocimiento de Fidel Castro y de altos funcionarios del gobierno castrista. Entre otros: José Abrantes (viceministro del Interior), brigadier general Pascual Martínez Gil (jefe de Tropas Especiales), embajador Emilio Aragonés Navarro (ex compañero de Che Guevara en el Congo y embajador cubano en Buenos Aires), "Felo" Filiberto Castiñeiras Giabanes (coronel oficial de Inteligencia enlace con los montoneros).[51]

Un hecho que ocurre el martes 1° de abril saltará a la tapa de los diarios meses más tarde,[52] desatando una crisis interna en el Ejército. Ese día, en la Casa Rosada, la Presidente recibió las cartas credenciales de los nuevos embajadores de Iraq y Jordania. Como es costumbre, el Regimiento de Granaderos está presente en la ceremonia para rendir honores. Al retornar a su unidad, un vehículo que acompañaba a los efectivos a caballo presenta un inconveniente. Un oficial —teniente Segura— buscó un teléfono para pedir un auxilio. Un policía le indicó un edificio en el número 3297 de la avenida Figueroa Alcorta, donde fue recibido efusivamente. El individuo que lo atiende le expresó el honor de tener en el lugar a un oficial de Granaderos e inmediatamente le informó que en ese edificio, dependiente del Ministerio de Bienestar Social, trabajan hombres de la Policía y las Fuerzas Armadas y que allí funcionaba un cuartel de la Triple A. El hombre le agrega a Segura que el fin de semana anterior "nos levantamos" más de una docena de víctimas. También se le presentó a una mujer que se identificó como secretaria de José López Rega. Luego de hacer el llamado telefónico y al regresar a su cuartel, el oficial informó a su jefe, el coronel Jorge Sosa Molina, quien le ordenó que le elevara un informe por escrito, con firma irreconocible y, en escasas horas, el jefe de Granaderos entregó el informe al jefe de Operaciones del Estado Mayor, general José Teófilo Goyret. Era el comienzo del fin del teniente general Anaya.

El mismo día, en Caseros, Gran Buenos Aires, cayó la fábrica de ametralladoras JCR-1 del PRT-ERP.[53] En esa misma época la organización todavía contaba con una fuerza considerable: "600 militantes, unos 2.000 simpatizantes activos y un área de influencia de 20.000 adherentes".[54] Para el ex militante del PRT-ERP Daniel De Santis,[55] en los tres años posteriores al 25 de mayo de 1973, de 450 miembros orgánicos se pasó a 6.000 (combatientes y militantes de la Juventud Guevarista) y 30.000 simpatizantes y contactos del PRT. Se vendían semanalmente y en la clandestinidad más de 10.000 ejemplares de *El Combatiente* y quincenalmente 14.500 de *Estrella Roja*. De este último, de cada uno de sus cuatro números legales se vendieron alrededor de 40.000 ejemplares.

El sábado 5 de abril a la noche murió en Taiwán el mariscal Chang Kai-shek, el último de los "cinco grandes" de la coalición triunfante de la Segunda Guerra Mundial. Su deceso coincide con la finalización de la segunda guerra de Indochina que unificó Vietnam.

El domingo 6, a las 22, en Canal 13 debutó el ciclo "Alguien como usted", mención de honor en Berlín en el rubro teleteatro. Tiene como principal figura a Irma Roy. La acompañan Alberto Argibay, Lidia Lamaison, Eva Dongé, Dorys del Valle y Pablo Codevila, entre otros. Las secciones de espectáculos de los diarios porteños ofrecen un variado y calificado menú de películas: *Amarcord* (dirigida por Federico Fellini), *Barrio Chino* (dirigida por Roman Polanski, con la participación de Faye Dunaway y Jack Nicholson), *Contrato en Marsella* (con Michael Caine, Anthony Quinn y James Mason) y *Quebracho* (con Héctor Alterio, Juan Carlos Gené y Cipe Lincovsky). Los amantes de la música clásica tenían una cita obligada con Yehudi Menuhin en el teatro Coliseo.

El 10 de abril, la policía bonaerense desbarató una poderosa célula de la "Junta Coordinadora Revolucionaria". Los diarios de la época la dan por "extinguida", desconocían la verdadera dimensión de la organización que nucleaba al PRT-ERP, MIR, PRTB-ELN y MLN-T. Los procedimientos costaron la vida a dos extremistas y heridas graves a dos policías. Produjeron la detención de veinticinco personas (veintiún extranjeros) y el secuestro de un poderoso arsenal valuado en mil millones de pesos viejos. La Argentina era un "aguantadero".

El viernes 11 de abril de 1975, el compositor Alberto Ginastera cumplió 59 años; el sábado 12, el corredor de autos santafesino Carlos Alberto Reutemann festejó sus 33 años y el domingo 13, el matemático Manuel Sadovsky celebró un año más de vida.

El domingo 13 de abril de 1975 se realizaron elecciones para elegir gobernador y vice en la provincia de Misiones.[56] Pese a las denuncias de la oposición por el oneroso apoyo del poder central a la fórmula justicialista (dinero, alimentos y todo tipo de elementos), los candidatos del PJ, Miguel Ángel Alterach y Ramón Arrechea, derrotaron a los radicales Ricardo Barrios Arrechea y Alejandro Falssone por un margen escaso.[57] Mientras sonaban los festejos del peronismo en Posadas, con el bombo de "Tula", Ricardo Balbín dejó caer una sentencia: "Van a embriagarse de poder". Y días más tarde agregaría: "A dos años de gobierno tenemos que hacer un balance negativo; nada, nada anda del todo bien, y casi diríamos que todo anda del todo mal en el país".

La elección misionera presentó la particularidad de que también concurrieron los Montoneros, a través de su partido Auténtico. Es decir, la organización terrorista había pasado a la clandestinidad en septiembre de 1974 y al mismo tiempo participaba en la contienda electoral.

El 14 de abril, el PRT-ERP atentó con explosivos contra la oficina del contralmirante Adriano Roccatagliata en el Edificio Libertad. El 15 de abril, con los oficios del titular de la cámara baja, Raúl Lastiri, y el jefe del bloque radical, Antonio Tróccoli, y con la única presencia del ministro Alberto Rocamora, Ricardo Balbín se entrevistó con Isabel Perón. En la reunión se habrían conversado temas relacionados con la economía, la educación y la violencia. Casi al final, el líder radical pidió estar unos minutos a solas con la Presidente. Se especuló en ese entonces con que había hablado de la conducta de José López Rega. Si fue así, la situación por el momento no varió.

En el otoño del 75 la revista católica *Criterio* expresó: "El malhumor contenido del verano ha hecho eclosión en varios documentos de distinta procedencia, que tienen al menos el mérito de reflejar el estado de ánimo de sectores significativos de nuestro país. Hay mucha gente enojada que ya no está dispuesta a callar sus sentimientos [...] se dice que los pueblos tienen los gobiernos que se merecen. Si esto es así, el estado de nuestro pueblo no debe ser tan floreciente como nos gusta creer que es".[58]

Encuentro de Isabel Perón con Augusto Pinochet en la base de Morón. Informes reservados de las embajadas de la Argentina en Santiago de Chile y Brasilia

El canciller Juan Alberto Vignes buscó acercar a Isabel Perón a los gobiernos del Cono Sur. En abril de 1975 viajó a Santiago de Chile, entre el 9 y 11 de abril, oportunidad en la que analizó cuestiones técnicas de la relación bilateral y tuvo la oportunidad de cotejar con su colega chileno "puntos de vista sobre determinados aspectos de la situación internacional y, en particular, sobre temas que interesan especialmente a América latina".[59] También condecoró al canciller trasandino, almirante Patricio Carvajal, e invitó a Augusto Pinochet a realizar una visita a Buenos Aires.

La visita se concretó por espacio de seis horas el viernes 18 de abril, pero Pinochet no salió de la base aérea de Morón. De todas maneras encontró la oportunidad para aconsejar a Isabel Perón. Lo hizo durante un corto trayecto que recorrieron en automóvil y los testigos fueron dos acompañantes y el chofer presidencial. "Señora —le dijo—, para gobernar hay que ser duro: palo, palo y palo."[60] En Morón firmaron una declaración conjunta en la que ambos países ratificaron sus derechos sobre la Antártida, expresaron la mutua voluntad de mejorar las condiciones del transporte por el estrecho de Magallanes, constituir empresas binacionales, llegar a acuerdos por el gas y promocionar el turismo. Al margen de los dos mandatarios, en otros salones conversaron los especialistas en Inteligencia sobre la cuestión de la infiltración en ambos lados de la cordillera. En la Argentina operaban elementos del MIR y en Chile, el PRT-ERP auxiliaba a la extrema izquierda. Como era de esperar, la iz-

*Isabel Perón y el presidente Augusto Pinochet se encuentran
en la Base Aérea de Morón. Durante la cita se habló de coordinar
la acción antisubversiva.*

SECRETO

Copia Nro .3.
Cdo Br I V (+) (PGR)
PANILLA
261800Oct75
JL - 56

INFORME DE INTELIGENCIA ESPECIAL Nro 16/75

I. ASUNTO

Análisis de documentación capturada el 18 Oct 75 en el campamento ubicado sobre la márgen del Río DOS SOSA, localizado por LA FT IRATIN.

II. ANALISIS

A. INFORMES Y APUNTES

1. INFORME JEFATURA DE COMPAÑIA (ANEXO 1)

a. Tema

Informes de personal, operaciones, actividad de masas y político de la Ca Nte ERG correspondiente al período de 10 Jun/14 Oct 75, confeccionado por la jefatura de la Ca probablemente para ser analizado en el Plenario realizado el 15/20 Oct 75.

b. Análisis

1) Referente a personal contiene mención de:
   a) Desarrollo de la incorporación
   b) Efectivos actuales
   c) Bajas producidas durante el período
   d) Composición según la estructura de clase
   e) Cuadros a cargo de las distintas fracciones

2) Referente a operaciones resume numéricamente las operaciones ejecutadas por la Ca, las bajas producidas a propias fuerzas y el balance de lo realizado.

3) Referente a la actividad desarrollada sobre las masas:
   a) Reconoce que no ha dado los resultados esperados, asumiendo la Ca una responsabilidad de la Regional.
   b) Disponen del embrión de la comisión de Frente
   c) La población incrementa su apoyo en relación al resto del...

Copia de un informe de la inteligencia militar sobre las operaciones en Tucumán de octubre de 1975.

quierda, en todos sus tonos, condenó la cumbre. Además, otros sectores se mostraron disconformes por el tratamiento que Vignes daba al diferendo del Beagle.[61]

Una semana más tarde, desde Santiago de Chile, el embajador argentino Carlos Amaya envió la nota "reservada" N° 169, del 25 de abril de 1975, en la que informó sobre la repercusión en los medios políticos y periodísticos de la cumbre Perón-Pinochet. "...la consigna (de la Junta Militar que gobernaba Chile) parece haber sido la de cubrir la información con amistosa sobriedad. En general se consideró al evento como importante y significativo dentro del esquema de la relación bilateral". Amaya centró su atención en la importancia que la prensa trasandina dio al encuentro, sosteniendo que "implicaba para Chile un cierto aval, una suerte de respaldo frente a la comunidad internacional donde su situación sigue siendo comprometida". También afirmó que los medios periodísticos destacaron que se trató de una conversación "entre los mandatarios preocupados por similares problemas: la subversión, el sistema interamericano, el precio de los hidrocarburos...". También trazó la preocupación por ciertas interpretaciones que los medios chilenos dieron a la agenda no pública de ambos mandatarios, "la razón de la reunión" a saber: "Avance de Venezuela como centro de poder en Latinoamérica y la situación de Brasil".

El embajador argentino no dejó de señalar al canciller Juan Alberto Vignes que la Democracia Cristiana opinó "por vía de sus dirigentes que el Presidente Pinochet ha obtenido un respaldo sino a su gestión, por lo menos a su condición de Presidente de Chile." "El ex Presidente (Eduardo) Frei (Montalva) manifestó en privado que Pinochet debió haber hecho una visita y no celebrado un encuentro. Debió haber ido a la Corte, celebrar una gran recepción, etc.". A continuación Amaya explicó: "Claro que Frei opina imbuido por la nostalgia de su presidencia, época en la que las circunstancias permitían otro tipo de ceremonial..."

Como deseando congraciarse con el pensamiento medio del gobierno de Isabel Perón, Amaya escribió: "Todos los chilenos más que saben, sienten, que en este dificilísimo trance que atraviesan por imperio no sólo de una orquestada campaña exterior, sino por un cúmulo de graves problemas, la Argentina, en la persona de su Presidente ha estado de su lado. Es un hecho, una verdad histórica que nadie podrá negar y cuyas proyecciones habrá de definir el tiempo".

También desde Brasil se siguió con atención el encuentro presidencial en Morón. A través del Parte Informativo N 505, del 23 de abril de 1975, el encargado de negocios de la embajada argentina en Brasilia elevó al Palacio San Martín los comentarios de los medios sobre la cumbre presidencial: "El comentarista político Newton Carlos ha opinado que el principal motivo del encuentro de los presidentes habría sido el de concertar una acción común contra la subversión organizada desde el Exterior". En otras palabras, nacía el Plan Cóndor en pleno gobierno constitucional en la Argentina. Así opinó el *Jornal do Brasil* del 18 de abril de 1975: "Durante el encuentro entre la presidenta María Estela Martínez de Perón y el General Augusto Pinochet podría surgir un acuerdo sobre el combate al terrorismo. Los dos gobiernos no ocultan su preocupación por la estrecha colaboración que existe entre militantes del Ejército Revolucionario del Pueblo (ERP) y el Movimiento de Izquierda Revolucionaria (MIR). Después de haber colaborado con el Uruguay en materia policial y de seguridad, la Argentina parece estar interesada en llegar a un acuerdo semejante con Chile, con el cual tiene una frontera de 5 mil kilómetros. Las actividades de los grupos terroristas que actúan en la Argentina se concentran en las provincias del noroeste".

"La impresión general —apuntó el consejero Rubén Vela—[62] es la de que se consideraría favorable un entendimiento argentino-chileno para la cooperación en materia de lucha contra la subversión, pero que existiría una velada expectativa ante la posibilidad de que un mayor entendimiento entre la Argentina y Chile pudiera, rompiendo el aislamiento de éste, alejarlo de la fuerte influencia brasileña."

Previamente, en 1974, durante una conferencia de prensa que se realizó en Lisboa, Portugal, al amparo de la "revolución de los claveles" de los militares portugueses, el PRT-ERP anunció la constitución de un "Comando Conjunto Operacional" integrado por el ERP (Argentina), MIR (Chile), Tupamaros (Uruguay) y ELN (Bolivia). En realidad, el anuncio constituyó el lanzamiento al plano internacional de una verdadera supranacional terrorista, fundada en Chile en noviembre de 1972 con el nombre de Junta Coordinadora Revolucionaria.

Mientras se sucedían las especulaciones en torno del encuentro presidencial de Morón, en esas horas, 18 de abril de 1975, el niño Rodolfo Lagos Mármol, de un año de edad, fue arrancado de los brazos de su madre en pleno Palermo Chico por un grupo terrorista. Su tío, el empresario Juan Lagos Mármol, habría negociado el rescate. El niño fue abandonado en buen estado de salud, el sábado 26, en Lomas de Zamora. Nunca se confirmó, ni desmintió, si se pagaron 200 millones de pesos viejos.

El 13 de abril, el ERP atacó el Batallón de Arsenales 121 "Fray Luis Beltrán" en Rosario, Santa Fe[63]

Durante 1974, el PRT-ERP había comenzado a establecer un principio de infraestructura tendiente a constituir el futuro ejército regular. Este proyecto se inscribía dentro del concepto enunciado por Mario Roberto Santucho en el Comité Central Ampliado, que se desarrolló en enero de 1974, relatado sintéticamente al considerar el ataque a la Guarnición Azul[64] y que resume el "salto cualitativo en la guerra revolucionaria, de la lucha por las reivindicaciones a la lucha por el poder".

Esta lucha por el poder debía manifestarse en una guerra civil prolongada, entendiéndose por ello una guerra interna. Una condición esencial para que no se dejara de reconocer la existencia de una guerra era la constitución de un ejército regular. En la transición, el PRT-ERP tenía necesidad de equipar su aparato logístico (armas, vestuario, vehículos, talleres, depósitos, etc.), para lo cual debía organizar robos importantes o efectuar compras muy costosas en el extranjero. En consecuencia, el único camino era el robo masivo de armamento. Hasta ese momento el equipamiento se había logrado mediante el asalto individual a personal policial. Los intentos de robos en unidades, si bien con suerte dispar, no satisfacían las necesidades. Se necesitaban armas portátiles y también pesadas.

Esta etapa resultó la culminación de la historia del PRT. Su debilidad se transformó en vulnerabilidad. Originó numerosas caídas personales, de depósitos y escuelas de capacitación terrorista. El ejército regular pasó a ser un proyecto inalcanzable que motivó la destrucción de la organización. Pero en abril de 1975, el proyecto se encontraba en desarrollo. Ya le había producido numerosas bajas, pero la conducción no percibía la dimensión y el significado de las caídas. En su fantasía continuaba proyectando su ejército regular. Sin embargo favorecía las suposiciones de un progreso el problema creado por el gobierno nacional en Villa Constitución que fue aprovechado especialmente por sectores de extracción trotzkista, pero que también había generado la oportunidad de intervenir a terroristas del ERP. El proceso desarrollado en Villa Constitución y el activismo efectuado en Rosario y Santa Fe dieron pie para la creación de una nueva "compañía urbana" que los guerrilleros bautizaron con el nombre de "Combate de San Lorenzo". Esta designación se inscribía dentro de una operación que estaba ejecutando el PRT-ERP tendiente a establecer una comparación entre su lucha y la guerra de la Independencia.

Los objetivos militares de la operación eran principalmente dos: 1) copar el Batallón de Arsenales 121; y 2) robar armamento.

El ataque

La operación fue planificada por Juan Eliseo Ledesma,[65] "Comandante Pedro", jefe del Estado Mayor Central del ERP. La unidad que asume la acción es la "Compañía Urbana Independiente Combate de San Lorenzo", de reciente constitución, a cargo de Santiago Hernán Krasuk "Capitán Luis".

El soldado Carlos Horacio Stanley fue el entregador de la unidad. Dado que la Compañía de Combate San Lorenzo era muy nueva, se constituyó un agrupamiento de ataque para reforzarla de la siguiente manera:

1. Treinta terroristas de la compañía Combate de San Lorenzo.
2. Veinte terroristas de la compañía Decididos de Córdoba.
3. Diez terroristas de la compañía Héroes de Trelew.

Entre el armamento utilizan armas de fabricación propia del PRT-ERP (JCR 1).[66] Se decide realizar el operativo el domingo 13 abril a las 13 horas, aprovechando la proximidad del comienzo del horario de visitas. Se establecen varias casas de concentración previa al operativo, donde se alistará a los combatientes. El cielo se encuentra totalmente cubierto, fresco y con alto porcentaje de humedad. A partir de las 14.30 aproximadamente se inició una fuerte llovizna que se transformó en lluvia copiosa.

El Batallón había anunciado que el domingo 13 de abril el horario de visitas se iniciaría a las 14.30. Sin embargo desde las 10 hay familias en las proximidades del batallón. Éstas relataron que al consultar telefónicamente se les ha informado que las visitas se iniciarían a esta hora. En realidad, lo que había ocurrido era que el soldado Stanley había cambiado el turno de telefonista y entre las 9 y las 12 horas atendía la central. Aprovechando estas circunstancias, cuando atendía llamados de familiares de los soldados recientemente incorporados, les comunicaba que las visitas se realizarían a partir de las 10. Entre las 12.00 y las 12.30 el entregador toma contacto con elementos de los alrededores y efectúa los ajustes finales.

Aproximadamente a las 12 se aproxima al puesto Belgrano por la vereda norte un grupo de veinte personas, compuesto por hombres, mujeres y niños. El cabo de cuarto, con una lista del personal incorporado, es el encargado de controlar el acceso. Una mujer realiza una consulta y en el momento en que el suboficial baja la vista es encañonado con una pistola. Simultáneamente, cuatro personas cruzan la calle frente al puesto y avanzan por la vereda sur, empuñando armas que han mantenido ocultas. El jefe de puesto abre fuego y es herido por la mujer; mientras tanto los otros guerrilleros reducen al resto del personal de la guardia. El entregador, soldado Stanley, atiende llamados telefónicos de personal militar del barrio de oficiales que preguntan sobre los disparos. Trata de confundirlos sobre la realidad de los hechos. Luego, el soldado Stanley se presenta en el puesto Belgrano y hace señales para que ingresen al cuartel los vehículos atacantes. A la vez, ingresa el segundo escalón (el grupo de asalto 2) que se dirige hacia la guardia y la reduce.

El tercer escalón (grupo de asalto 4) se dirige hacia la compañía Comando y Servicios en un ómnibus del batallón, copa la subunidad y retira de la sala de armas la masa de su armamento (160 FAL, 5 FAP, 2 MAG, 29 pistolas 11,25, 5 escopetas Itaka, 2 fusiles Mauser, 2 pistolas ametralladoras y 2 pistolas lanzagases). Obligan a los soldados recién incorporados a cargar el armamento en el ómnibus y dos camionetas.

El grupo de contención, constituido para entorpecer la intervención de personal de cuadros, mantiene intensos tiroteos con éstos. En la lucha el "sargento Oscar" del ERP mata al coronel Arturo Carpani Costa.[67] Mueren también dos terroristas. Cuando el grupo de asalto 4 finaliza la carga y comienza el repliegue, cae una intensa lluvia. Se hace volar la central telefónica y se inicia la retirada. Son aproximadamente las 14 horas.

De acuerdo a lo planificado, las rutas de evasión seleccionadas eran caminos secundarios de tierra. Esto no es modificado y origina serias dificultades al quedar empantanados vehículos, lo que obliga a intentar reemplazarlos e incluso a dispersarse a pie, perdiendo armas y otros elementos. Esto va a motivar una crítica de la conducción de la banda por la pérdida de armamento durante el repliegue.

Los objetivos militares son logrados con éxito y nuevamente los atacantes cuentan con un entregador, que se transforma en protagonista principal durante la planificación y el desarrollo del operativo.[68] Además del coronel Carpani Costa son heridos cuatro suboficiales y dos conscriptos. El ERP pierde dos efectivos. Stanley caería en Monte Chingolo el 23 de diciembre de 1975.

• La selección argentina de todos los tiempos. Todavía no había llegado Maradona

El jueves 17 de abril de 1975 por la noche se jugó el clásico Boca-River. Las calles de Buenos Aires quedaron vacías y los cines pasaron sus películas casi sin público. El partido fue transmitido "en vivo y en directo" por Canal 7, que alcanzó 62 por ciento de rating (una audiencia superior a 4.500.000 de personas). Previo al partido fue presentada por la revista *El Gráfico* la selección argentina de todos los tiempos, de acuerdo a una encuesta realizada por el semanario durante tres meses. Esa noche lucieron y se sacaron una foto los jugadores más votados: Amadeo Carrizo, Carlos Sosa, Roberto Perfumo, Federico Sacchi, Silvio Marzolini, "Tucho" Méndez, José Manuel Moreno, Orestes Omar Corbatta, René Pontoni, Reinaldo Martino y Félix Loustau.[69] Diego Armando Maradona, en ese día, tenía 14 años.[70]

El 24, un grupo del ERP, con la jefatura de "Ricardo" o "el Pelado" Enrique Gorriarán Merlo, en un golpe comando liberó a veintiséis detenidas de la organización (y Montoneros) de la cárcel del Buen Pastor, en pleno centro de Córdoba. Son liberadas por el comando "Polti, Lezcano y Taborda" del ERP las combatientes Alicia Quintero, Ana "Sayo" Villarreal, Diana Triay y Silvia Urdapilleta, del Ejército Revolucionario del Pueblo, y Cristina Vélez de la organización Montoneros.

El sábado 26 de abril se reunió la Convención Nacional de la Unión Cívica Radical. Todos los oradores trataron la cuestión de la violencia extremista. El jefe del bloque de senadores, Carlos Perette, llegó a revelar que en los episodios de Ezeiza del 20 de junio de 1973 "hubo cuatrocientos muertos, ochocientos heridos y un solo procesado". El titular del bloque de diputados nacionales, Antonio Tróccoli, hizo hincapié en lo que denominó "la violencia protegida". Y Balbín, sin nombrarlo, les respondió a los sectores afines a Raúl Alfonsín: "Para los que dicen que somos blandos: el punto esencial de esa entrevista (la que mantuvo con Isabel Perón el martes 15 de abril) fue la violencia, y ahí acusé que había un sector del país que estaba cerca de la Casa de Gobierno que está ejerciendo una violencia protegida." Hablaba, sin lugar a dudas, del "Somatén". El 28, la presidenta Isabel de Perón visitó la zona de operaciones de Tucumán y se reunió con los más altos jefes militares.

NOTAS

[1] "La revolución de los claveles" puso término al régimen de cuarenta y ocho años del "Estado Nuevo". El poder había sido ejercido sucesivamente por Antonio de Oliveira Salazar y Marcelo Caetano. Principalmente, la revolución fue comandada por los niveles medios de las Fuerzas Armadas portuguesas, cansadas de pelear en las "provincias ultramarinas" contra los movimientos de liberación, muchos de éstos atizados por Moscú o por Pekín (los soviéticos llegaron a usar después hasta treinta mil "voluntarios" cubanos).

[2] Enero de 1975. Nº 21.

[3] *Gente y la Actualidad*, Año 9, N° 498, 6 de febrero de 1975.

[4] Uno de los fundadores de Montoneros. Participó en el asesinato de Pedro E. Aramburu. *Montoneros*, Lucas Lanusse, Vergara, Buenos Aires, 2005.

[5] Copia de la carta en poder del autor.

[6] Resolución V Congreso PRT-1970.

[7] Dirigente sindical obrero del ingenio Santa Lucía.

[8] José Manuel Carrizo, Manuel Negrín, Roberto Eduardo Coppo y otros militantes.

[9] "Comandante Carlos" (Mario Roberto Santucho), el "Negrito" (Antonio del Carmen Fernández), "Teniente Bartolo" (Roberto Coppo), "Manolo" (Eduardo Pedro Palas), "Luis" (Salvador Falcón), "Roberto" (Manuel Negrín).

[10] Extraído de *Cuestionario*, Año 2, N° 23, marzo de 1975.

[11] Señalado como el asesino del capitán Viola y su hijita. Boliviano, perteneciente al ELN (Ejército de Liberación Nacional) desde 1970 e incorporado a la compañía de monte desde agosto de 1974. A los del ELN les decían "elenos".

[12] Hermano de Mario Roberto Santucho.

[13] Años más tarde, asesinó al ex presidente nicaragüense Anastasio Somoza, en Asunción, Paraguay.

[14] Chileno, perteneciente al Movimiento de Izquierda Revolucionaria (MIR) desde 1967 e incorporado a la compañía en agosto de 1974.

[15] Boliviano del Ejército de Liberación Nacional , asesino también del Subt García.

[16] En esos días estudiante de Derecho. Hoy un reconocido politólogo. El informe es de fines de marzo de 1975.

[17] Copia en poder del autor.

[18] Presidente de la Corte Suprema de la Provincia de Buenos Aires.

[19] Schneider, miembro de FAL, fue beneficiado con la "opción" a salir del país. Eligió Perú.

[20] Ibarzábal: fue asesinado por el PRT-ERP el 19 de noviembre de 1974, luego de meses de sufrir prisión en condiciones infrahumanas. El asesino se llamaba Sergio Gustavo Licowsky, (a) *El Polaco*, de 23 años. Fuente: "In Memoriam", Círculo Militar, Tomo I.

[21] Actual diputado nacional.

[22] De probada confianza y lealtad con Juan D. Perón.

[23] Perón en una carta dirigida a los oficiales del Regimiento de Azul, el 22 de enero de 1974, habla de "el reducido número de psicópatas que va quedando sea exterminado uno a uno para el bien de la República".

[24] 15 de julio de 1974.

[25] 25 septiembre de 1973. La Columna Capital de Montoneros realiza la "Operación Traviata". Intervienen entre otros Horacio Mendizábal, Roberto Perdía, Julio César Urien, Juan Julio Roque, Lidia Mazzaferro, Francisco Urondo y Rodolfo Walsh. Cuando Perón es informado, acongojado, dice "me cortaron las piernas".

[26] 29 de agosto de 1975. Mueren seis gendarmes y veintiséis son heridos.

[27] El gobernador era Amado Juri, justicialista, que había triunfado en 1973 con el 74,4% de los votos.

[28] De acuerdo a la opinión de otro oficial de la época: "La participación policial fue un fracaso. No salían de las rutas y caminos y andaban en moto. No estaban adoctrinadas para un combate de esta naturaleza".

[29] Como sucedió durante 1974 en la provincia de Buenos Aires. Renunció Oscar Bidegain y asumió el sindicalista Victorio Calabró.

[30] Un proyecto del gobierno para honrar a los próceres. El gobernador Carlos Menem rechazó que se depositaran los restos de Mitre, Urquiza y Sarmiento dando origen a una polémica. Se eligió para tal fin un terreno próximo a la Facultad de Derecho. Se llegó a remover el terreno y después del 24 de

marzo de 1976 pasó al olvido. Las empresas constructoras fueron: Sebastián Maronesse, Polledo y Benito Roggio y Hermanos.

[31] Testimonio del embajador Héctor Tejerina.

[32] Fue ministro de Justicia del presidente Alejandro A. Lanusse. Fue un reconocido abogado del foro porteño. En una ocasión, su intervención salvó de un gran disgusto a Alfredo Fortabat. Los entretelones de ese "incidente" serían una novela apasionante por los actores que intervinieron: desde una gran dama hasta un diplomático extranjero.

[33] El fiscal era conocido como "Roque" o "Zapi". El juez desestimó su pedido.

[34] Testimonio del embajador Héctor Tejerina.

[35] En vida de Perón, Navarro, en ese momento jefe de la policía provincial, produjo el "navarrazo" que originó la caída del gobernador Ricardo Obregón Cano, ligado a Montoneros (luego, abiertamente).

[36] En mi poder. El documento tiene varios capítulos. También lo tuvieron otros corresponsales, como el *New York Times* y *Excelsior* de México.

[37] Un compromiso que Lanusse hizo firmar al generalato en actividad antes de transferir el poder a Héctor Cámpora. El único que no lo hizo fue el general Ibérico Saint Jean, que pasó a retiro.

[38] Una línea de la derecha peronista fuertemente ligada al sindicalismo "ortodoxo".

[39] Juicio por la Verdad. Acta del 12 de marzo de 2001. Revela los detalles de la masacre.

[40] *La Argentina y los argentinos*, Bernardo Neustadt, Editorial Emecé.

[41] El accionista más importante de Acindar era Arturo Acevedo, y José Alfredo Martínez de Hoz el presidente del directorio.

[42] Entre otros, Dardo Cabo, hijo del sindicalista Armando Cabo: fue miembro del Operativo Cóndor en Malvinas; participó en el asesinato de Augusto T. Vandor; director de *El Descamisado*, es encerrado en el penal de Sierra Chica y dos años después es muerto. Se le habría aplicado la "ley de fuga". Juan Carlos Dante Gullo (jefe de la Regional I de la JP) y "Simón" Emiliano Costa, casado con "Vicky" Walsh e hijo del comodoro (R) Miguel Costa. A su vez, hermano de Masri, casada con Julio Alsogaray (h.), hermano de Juan Carlos que, según él, murió en su ley "uniformado y armado" en Tucumán. También intervino "la gorda Amalia", Élida D'Ippolito, entrenada en Cuba con el grupo fundador de las FAR. Estuvo con Norma Arrostito en la Columna Sur. Fue una de las mujeres con mayor historial en Montoneros. Y negoció la entrega de una parte del rescate de los Born. Casada con "Román", Roberto Pampillo. Según *Nunca Más* fue secuestrada en La Plata el 22 de noviembre de 1976. Desaparecida.

[43] "Actividad que nunca habían abandonado", resalta Diego García Montaño en su libro *Responsabilidad compartida*, Ediciones del Copista, Córdoba, 2003.

[44] Un tratamiento a fondo de la cuestión puede verse en *David Graiver, el banquero de los Montoneros*, Juan Gasparini, Editorial Norma, Buenos Aires, 2007.

[45] Durante el secuestro le robó a Jorge Born su reloj pulsera. En 1989, en mi presencia, Galimberti se lo devolvió y le pidió "perdón" durante una reunión celebrada en el Hotel Lancaster de la Capital Federal.

⁴⁶ "Chacho" Pietragalla fue uno de los custodios que la JP le asignó a Perón el 17 de noviembre de 1972. Pertenecía a la Columna Norte de Montoneros. Desapareció y sus restos fueron encontrados años más tarde en una fosa común.

⁴⁷ Fue uno de los carceleros de Jorge y Juan Born. Intervino en un atentado contra Massera el domingo 14 de diciembre de 1975. Desapareció en abril de 1976.

⁴⁸ El relato corresponde a un ex funcionario de Bunge y Born que intervino directamente en la cuestión.

⁴⁹ Mario Hirsch fue durante décadas el numen del holding. El que lo convirtió en la primera multinacional argentina. Falleció en 1985.

⁵⁰ "La subversión en la Argentina", abril de 1977, página 5.

⁵¹ Años más tarde Castiñeiras Giabanés se refugió en los Estados Unidos y en una entrevista con el periodista Mario Diament realizó un extenso relato sobre la cuestión.

⁵² *La Opinión*, domingo 6 de julio de 1975. Con la firma de Heriberto Kahn, aparece en medio de la crisis entre el gobierno y el sindicalismo, hecho que motiva el alejamiento de José López Rega de la Argentina.

⁵³ Dentro del denominado "Caso Jesús" aparece una mención a la fábrica de armas del ERP, "Pistola Ametralladora JCR-1" (Jesús "El Oso" Ranier, un agente de la Inteligencia del Ejército asesinado por el PRT-ERP, en enero de 1976).

⁵⁴ *Todo o Nada*, María Seoane, Planeta, pág. 262.

⁵⁵ Trabajo de investigación de Daniel De Santis, La Plata, 24 de febrero de 2005.

⁵⁶ Los justicialistas que habían asumido en mayo de 1973 fallecieron en un accidente de avión siete meses más tarde.

⁵⁷ PJ: 74.326 y la UCR: 67.767.

⁵⁸ *Criterio*, Nº 1712. "La reconciliación con la realidad".

⁵⁹ Comunicado conjunto del 11 de abril de 1975.

⁶⁰ Testimonio de un testigo presencial al autor.

⁶¹ Basta leer varios artículos del mensuario *Estrategia*, dirigido por el general (R) Juan Enrique Guglialmeli.

⁶² Además de buen diplomático, eximio retratista.

⁶³ Resumen de un análisis militar de la época. Propiedad del autor.

⁶⁴ Hecho que derivó en la caída del gobernador Oscar Bidegain y su reemplazo por el vicegobernador Victorio Calabró, situación que personalmente controló el presidente Juan Domingo Perón. Coincidentemente, resortes importantes del Estado cambiaron de manos: el comandante del Ejército, Jorge Raúl Carcagno, fue reemplazado por el "profesionalista" Leandro Anaya; el almirante Emilio Eduardo Massera sucedió a Carlos Álvarez en la Armada y el general (R) Miguel Iñíguez se vio obligado a dejar la Policía Federal en manos del comisario general Alberto Villar (a) "Tubo" o "Tubito".

⁶⁵ A fines de 1975 habrá de planificar el copamiento de los depósitos de arsenales del Ejército en Monte Chingolo. Cayó preso antes del ataque y fue reemplazado por "Mariano" Benito Urteaga.

⁶⁶ Denominación de la pistola ametralladora que se fabricaba en talleres propios de la Junta Coordinadora Revolucionaria. Su titular llegó a ser Rodolfo Mattarollo, alias "Raúl Navas", actual subsecretario de Estado de De-

141

rechos Humanos de la Nación. Tuvo como respuesta la que se denominó "Operación Cóndor". Es decir, la coordinación de los aparatos de Inteligencia de la Argentina, Brasil, Chile, Uruguay, Paraguay y Bolivia.

[67] Oficial de Caballería. En ese momento ocupaba el cargo de Jefe de Operaciones del II Cuerpo. Casado con María Josefina Iturrioz, el matrimonio tenía cuatro hijos. Muere en manos de guerrilleros disfrazados de soldados.

[68] Ya había ocurrido lo mismo en el asalto al Comando de Sanidad (septiembre de 1973). Nuevamente el sistema de seguridad es vulnerado por la acción de un entregador. En este caso no se constituye en llave para el ingreso, pero ayuda a demorar los efectos de la sorpresa, cuando la terrorista que ingresa al puesto hiere a quien lo atiende con un balazo.

[69] *Gente y la Actualidad*, Año 9, N° 509, del 24 de abril de 1975.

[70] Maradona nació el 30 de octubre de 1960.

3. Mayo de 1975. Nubarrones castrenses. Renuncia del teniente general Leandro Anaya. Lo sucedió Alberto Numa Laplane. Bitácora de un edecán naval: la intimidad presidencial

◆

En mayo de 1975, la crisis argentina estaba en pleno desarrollo, pero había comenzado a incubarse mucho tiempo antes. A los problemas generados por la violencia subversiva, la economía, la disputa interna en el justicialismo y el clima social se agregaba la crisis militar. O, por ahora, para ser más precisos, el descontento militar.

La mañana del martes 13, el teniente general Leandro Anaya llegó temprano a su despacho del tercer piso del Edificio Libertador. Junto con el café, dos noticias de los diarios le llamaron la atención: una trataba sobre el intento de secuestro, el día anterior, del joven Raimundo Argentino Ongaro, hijo del dirigente gremial Raimundo Ongaro[1] y hermano de Alfredo Máximo Ongaro, acribillado a balazos cinco días antes. El incidente se llevó a cabo en Libertad y Marcelo T. de Alvear, cuando varios desconocidos intentaron reducirlo. Logró zafarse y corrió hacia Cerrito, bordeando la Plaza Libertad, mientras sus perseguidores tiraban tiros al aire. El auto de los desconocidos tomó a contramano persiguiendo al joven Ongaro. "Soy Raimundo Ongaro, avisen a la policía", gritó frente a cien curiosos. La gente se arremolinó mientras era arrastrado frente a la empresa Alimar. El escándalo fue mayúsculo, tuvieron que soltarlo. Posteriormente el joven Ongaro se presentó en la comisaría 15ª con su abogado. La policía explicó que integrantes de la División Prevención del Delito lo habían confundido con un delincuente.

La otra información, tratada extensamente, fueron unas declaraciones del interventor federal en Córdoba en las que negaba que su proyecto de "comunidad organizada" tuviera

145

connotaciones fascistas. El brigadier (R) Raúl Lacabanne explicó: "No somos fascistas porque éste busca imponerse por la fuerza y el miedo, y el justicialismo por la persuasión y el amor". Luego dio una sorpresiva definición de representatividad política: "No somos fascistas porque la base de sustentación no se asienta en los intereses monopólicos de la agroindustria sino en los trabajadores". Días más tarde fue más a fondo: se pronunció a favor de la lucha antiterrorista y el mantenimiento del estado de sitio "hasta que desaparezca la subversión en los cuatro campos en que opera: el militar, el político, el gremial y el económico".

Al teniente general Anaya nada lo sorprendía, nada le extrañaba. Por otra parte, desde la noche anterior sabía que se iba de la comandancia general. Varios fueron los factores que jugaron para su caída. El principal era un informe que se había trabajado bajo su mando sobre las actividades de la Triple A, el "somatén", que un oficial del Regimiento de Granaderos había descubierto sorpresivamente el 1° de abril de 1975. Algunos de sus subordinados intentaron resistir la renuncia pero Anaya se negó. Sus oficiales principales eran Jorge Rafael Videla, Roberto Eduardo Viola, Carlos Guillermo Suárez Mason, Luis Gómez Centurión y Alberto Cáceres.

El martes 13 de mayo, el teniente general Leandro Anaya envió un radiograma a todas las unidades del Ejército, informando que "por requerimiento del señor ministro de Defensa", el señor Adolfo Mario Savino, presentó su solicitud de retiro, por "disentir el señor ministro con los conceptos vertidos por el suscripto, en la reunión celebrada el 25 de abril próximo pasado con la excelentísima Presidente de la Nación".

Con el tiempo pudo saberse que las razones parecen haber sido otras. Una de ellas fue el enojo de José López Rega cuando leyó el informe que el Ejército le elevó a Savino sobre el cuartel de las Tres A que un oficial de Granaderos descubrió de casualidad el 1° de abril . El general Jorge Rafael Videla en persona lo entregó, en su calidad de jefe del Estado Mayor, ya que Anaya estaba en Bolivia. Como relató Heriberto Kahn en *Doy Fe*, en un encuentro a solas con Anaya, López Rega, el hombre fuerte del gobierno de Isabel de Perón, le preguntó afligido "¿cómo me hace una cosa así?" y de inmediato se sumergió en un extenso monólogo bañado de lágrimas, durante el cual aseguró que él sólo deseaba lo mejor para la Patria y que no comprendía cómo se había podido sospechar que él anduviera en cosas semejantes.[2] "Hace años que no me dedico a esas cosas, yo soy todo un espíritu", agregó el ministro de Bienestar Social. Hay otra razón. Días antes, el lunes 21 de abril, en el edificio Libertad, sede del Estado Mayor de la Armada, se había realizado una nueva reunión de los tres comandantes. "La represión de la guerrilla y ciertos requerimientos de las Fuerzas Armadas a la cartera de Defensa nacional constituyeron los puntos principales de la conversación." Esa reunión pudo haber molestado al poder civil.

De todas maneras, el viernes 25 de abril el teniente general Leandro Anaya mantuvo una intensa actividad. Primero dialogó extensamente con Isabel Perón, y le hizo saber la necesidad que tenía el Ejército de que el gobierno acompañara con medidas políticas, económicas y sociales el esfuerzo que su fuerza estaba realizando en Tucumán. Relata Kahn que cuando Anaya estaba listo para retirarse del despacho presidencial, Isabel Perón le lanzó una pregunta decisiva: "Le requirió su opinión sobre la actuación del ministro de Defensa... la respuesta fue neutral y respondió que no le correspondía opinar sobre su superior". El lunes 28, la Presidente y López Rega viajaron a visitar el comando de operaciones en Tucumán. Y luego Anaya inició una visita oficial a Bolivia.

También hay otra razón a tener en cuenta. Si bien Anaya era hijo de un ex militar peronista, se inclinaba por lo que se denominó el "profesionalismo" a secas, mientras que López Rega insistía con un "profesionalismo integrado" al gobierno. El candidato a comandante del Ejército para el ministro de Defensa era el general Ernesto Della Croce, jefe del Estado Mayor Conjunto. A las pocas horas de su regreso de Bolivia fue citado por Savino, quien le recriminó la falta de apoyo a su persona durante la reunión con Isabel de Perón. La respuesta fue que no había habido apoyo ni falta de apoyo, sino simplemente una necesidad de evitar que el Ejército fuera arrastrado a un problema político del gobierno. Savino le solicitó el retiro porque había "perdido su confianza". Anaya, a su vez, solicitó una nueva entrevista con la Presidente, la que le fue concedida en Olivos en presencia de López Rega y el titular de Defensa. Como era de esperar, de la reunión no salió una solución. La Presidente quedó en responder en pocas horas. Al llegar al comando, Anaya citó a sus colaboradores más inmediatos, Jorge

Rafael Videla y Roberto Eduardo Viola. Fue una larga noche, de consultas y cabildeos. Algunos comandantes de cuerpo ofrecieron resistir pero Anaya se negó rotundamente. López Rega, que había respaldado a Mario Savino, le pidió que elevara una terna para que Isabel de Perón eligiera el sucesor. El ministro de Defensa se vio en la obligación de presentar los nombres de los tres oficiales más antiguos: Della Croce (Estado Mayor Conjunto), Alberto Numa Laplane (Cuerpo I) y Luis Gómez Centurión (Cuerpo II). El martes 13, Savino le comunicó a Leandro Anaya que la presidenta había decidido relevarlo y reemplazarlo por Laplane. López Rega había dado otro zarpazo. "No participo de la idea de la sustitución del comandante" (Anaya) fueron las palabras de Ricardo Balbín ante los corresponsales extranjeros.

Laplane llegó con una imagen muy apegada a López Rega. En sus primeros pasos intentó limpiar el camino, reuniéndose (y dejando trascender el encuentro) con los senadores radicales Carlos Perette (presidente del bloque) y Raúl Zarriello (Capital Federal). Parecía no tener retorno.

• Perón dixit

"Una vez Perón, conversando conmigo sobre los comandantes de las Fuerzas Armadas, me dijo: 'Anaya es un buen muchacho. Cuando me viene a ver y cuando hablamos de su padre se le nublan los ojos. ¿Y sabe qué pasa con los emotivos? Los pasan por encima. Fautario es bravo y eso que yo hablé poco con él... pero dicen que es guapo, guapo... los tiene a todos en un puño. Dicen que detrás de su escritorio tiene un tablero con las llaves de los aviones. Los pilotos tienen que ir a pedirle las llaves para volar. ¿Así que es guapo? ¿Sabe qué pasa con los guapos? Algún día aparece otro más guapo y lo raja. Massera es distinto, lástima que su madre se equivocó. En lugar de mandarlo a Palomar, lo mandó a Río Santiago'."[3]

Paralelamente, Buenos Aires era un hervidero de versiones que la prensa recogía con fruición. Se hablaba de cambio de gabinete. Mario Savino iría a Interior, y Carlos Villone (secretario de Prensa de la Presidencia) a Defensa.[4] Para esta cartera también se nombraba a Alberto Ottalagano. O López Rega iría a Defensa y Villone a Bienestar Social. A Alfredo Gómez Morales los rumores lo destinaban a la embajada en Washington. Ya comenzaba a hablarse de Celestino Rodrigo como futuro ministro de Economía. Con el retiro de Anaya en el Ejército se planteó otra incertidumbre: ¿Qué hacer con Jorge Rafael Videla? Alberto Numa Laplane lo propone para jefe del importante Cuerpo I. Savino se opuso. Luego se tienta a Videla con la agregaduría militar en Washington. Finalmente, luego de estar un mes en disponibilidad, se lo designó jefe del Estado Mayor Conjunto, supuestamente la antesala del retiro.

El jueves 29 de mayo de 1975, en ocasión del Día del Ejército, el teniente general Alberto Laplane pronunció un discurso liminar en el Colegio Militar de la Nación, proponiendo el "profesionalismo integrado" —enfrentado al "profesionalismo ascético o prescindente"— como una forma de no aislar al Ejército del nuevo desarrollo político. En síntesis, manifestaba: "Apoyo a las instituciones, la rotunda negativa a cualquier posibilidad de golpismo y el énfasis puesto en el Ejército", que no era seducido por ningún modelo que se le propusiera porque "ya los ensayó a todos".[5]

Bitácora de un edecán (Aurelio Carlos "Zaza" Martínez)

"Antes de ser edecán naval de la presidente Isabel Martínez de Perón, yo tenía conocimiento de la mecánica interna de lo que era la Presidencia de la Nación. La había frecuentado. Conocía cómo eran los estamentos, las funciones de edecán, del jefe de la Casa Militar y cuáles eran los procedimientos. Las había apreciado en los gobiernos de (Juan Carlos) Onganía, (Roberto Marcelo) Levingston y (Alejandro Agustín) Lanusse. No sabía entonces que me encontraría con situaciones y mecánicas desconcertantes que a diario deparaban sorpresas.

"A fines de 1974, Isabel Perón decidió el relevo de los edecanes que habían estado durante el período (Héctor J.) Cámpora, (Raúl) Lastiri, (Juan Domingo) Perón, y sobre el comienzo de su presidencia. El edecán de la Fuerza Aérea había sido el vicecomodoro Medina, hombre vinculado al peronismo, de ideas peronistas y con amistades dentro del partido. Por el Ejército, el primer edecán en el año 1973 fue el

149

coronel Corral, peronista y yerno de un general de la 'vieja guardia peronista' (el general Morelo, que fue secretario de la SIDE). Luego, Corral pasó a desempeñarse en el 74 como jefe de la Casa Militar. Su sucesor como edecán fue el teniente coronel Alfredo Díaz, hombre muy peronista y yerno de otro viejo general peronista.

"El día 2 de enero de 1975 asumimos los tres nuevos edecanes. El nuevo jefe de la Casa Militar era el capitán de navío Ventureira y los tres edecanes tenían directa relación con los comandantes generales. El edecán del Ejército, teniente coronel Vivanco, venía de ser el año anterior ayudante del teniente general Leandro Anaya. El edecán de la Fuerza Aérea era el vicecomodoro Gutiérrez, que venía de ser ayudante del comandante general de la Fuerza Aérea, brigadier Héctor Luis Fautario y su hombre de confianza. Y por la Armada, soy designado yo, que era hombre de confianza y muy vinculado al almirante Eduardo Massera. Con respecto al jefe de la Casa Militar, capitán de navío Ventureira, se había desempeñado el año anterior en el gabinete político del almirante Massera.

"Ese 2 de enero, concurrimos a Olivos. La primera sorpresa cuando vamos a asumir los cargos fue que el jefe de la Casa Militar no fue puesto en funciones por la Presidente de la Nación, sino que asumió ante José López Rega. Según la costumbre el jefe de la Casa Militar asumía ante el presidente, y luego el jefe de la Casa Militar ponía en funciones al jefe de Granaderos —que escolta y custodia al presidente— y pone en funciones a los edecanes presidenciales. José López Rega fue el que presidió la ceremonia y nos puso en funciones. Entiendo que invoca su carácter de secretario privado de Isabel de Perón. Nos da directivas y a partir de ese momento empezamos a ver y a notar cambios llamativos.

"En la residencia de Olivos, además del chalet presidencial donde se alojaba la presidente, hay otro chalet a unos sesenta metros que también ocupaba, con un despacho de verano, una sala de audiencias, un hall amplio, donde estaba el despacho de los edecanes y dos despachos: uno que era de la jefa de la Casa Militar y otro que lo había tomado López Rega. Sobre el fondo de ese gran chalet se encontraba la enfermería, donde cumplían guardia tanto enfermeros como médicos. Esta modalidad había sido adoptada en la época de Perón, cuando había un equipo de emergencia cardiológica, durante las 24

Isabel Perón atiende el despacho con el secretario Julio González. Acompañan a la Presidente sus dos edecanes.

horas, para atender cualquier eventualidad del general Perón. Luego de su muerte el equipo y la guardia continuaron en funciones. La Casa Militar contaba con el departamento de Ceremonial y Audiencias del Presidente de la Nación, manejado por la Casa Militar. A partir de ese momento, López Rega pasó a manejar las audiencias, sin la participación de la Casa Militar. La intromisión de López Rega es total en todas las cuestiones y la Casa Militar quedó a sus órdenes.

"En la Casa Rosada, el Presidente de la Nación ocupa un salón que debe tener aproximadamente sesenta metros cuadrados y cuyos fondos dan a la calle Rivadavia. Luego un pequeño escritorio donde hay una mesa de audiencias. Contiguo a ese salón existía una sala de unos treinta metros que era el despacho del edecán y al lado de éste se hallaba otro que era denominado el 'despacho de trabajo del Presidente'. Al llegar nosotros, como edecanes, nos encontramos con la gran sorpresa de que López Rega nos echa del lugar que nos correspondía, enviándonos a un salón de visitas generales donde también estaba la custodia policial.

"De esta forma, López Rega quedó prácticamente unido a Isabel Martínez de Perón sin nuestra presencia de por medio. La segunda gran sorpresa fue la alteración de la mecánica normal usada hasta el momento. Diariamente, el edecán concurre a Olivos en el auto presidencial, alrededor de las 8 de la mañana, espera la salida del presidente, lo recibe, y se dirigen a la Casa Rosada en el automóvil presidencial, sentados en el asiento trasero del vehículo. Desde ese instante el edecán acompaña al Presidente desde la explanada hasta su despacho. Al terminar las tareas diarias, el edecán entra al despacho presidencial, salen juntos por un pasillo, se dirigen al ascensor presidencial, un hermoso ascensor antiguo de madera tallada que fue regalado por la Infanta Isabel de España cuando vino para la conmemoración del Centenario (1910). Suben en la explanada de la calle Rivadavia al coche presidencial —el edecán sentado junto al Presidente y dándole su derecha—, llegan a la residencia de Olivos y en la entrada del chalet lo despide. Cuando en mi primer turno llego a Olivos como edecán, me encontré con la sorpresa de que el ministro de Bienestar Social y secretario privado comparte el chalet con una mujer viuda, la Presidente. Con el tiempo vamos tomando dimensión de las cosas insólitas que ocurrían. Por ejemplo, cuando salíamos del chalet, López

Rega se ubicaba rápidamente en el asiento de atrás junto con la señora Presidente, sin siquiera ofrecerme ir en el asiento delantero, sino mandándome en algún auto de la custodia.

"De repente me encontré con el hecho insólito de viajar de regreso en un auto con efectivos de la Policía Federal y con Dolores Ayerbe, la secretaria privada de la señora Presidente, que demostraba actitudes de disgusto frente a lo que ocurría en la intimidad presidencial. La situación llegó a hacerse insostenible hasta que fue despedida de ese importante puesto por López Rega. Ella venía de ser secretaria de Isabel de Perón desde su época de Vicepresidente. Cuando llegamos a la Casa Rosada, comentamos el hecho entre los edecanes y tomamos la decisión de no ir nunca más a Olivos a recibir a la presidenta, y que sencillamente la esperaríamos en la explanada de la Casa Rosada cuando ésta llegara desde Olivos. Esta actitud nuestra no sé si fue notada o no, ya que no provocó ninguna reacción ni en Isabel Perón ni en López Rega.

"Otro hecho significativo (porque todas estas cuestiones se precipitan en dos o tres días). Como edecán más antiguo de la Presidencia de la Nación, me correspondía como alojamiento una casa situada en la calle Austria, a pocos metros de la avenida Las Heras. Era un resabio del pasado, porque era contigua a la antigua residencia presidencial que tenían los presidentes hasta Perón en 1955 (donde hoy está la Biblioteca Nacional). De esa manera siempre iba a haber un edecán próximo al presidente. En 1974, esta casa la había habitado el capitán de fragata "Pirincho" Fernández Sanjurjo. El 1° de enero de 1975 había quedado en desalojarla, para que yo la pudiese ocupar con mi familia como correspondía. Ese día, Sanjurjo me informó que López Rega le había pedido la llave de la casa, aduciendo que no pertenecía más a los edecanes. A partir de ese momento creo que fue ocupada por su custodia y ciertos elementos que quizás no sabíamos en qué raras funciones andaban.

"Ante estas anormalidades que ocurrían, esperé la llegada del almirante Massera (creo que había ido de inspección a Azul o a Puerto Belgrano), pedí verlo a cualquier hora de la noche en su residencia en la avenida del Libertador. Pude verlo a la madrugada y le expuse que era insostenible esta situación, porque prácticamente denigraba mi jerarquía. Massera me respondió: 'Su jerarquía queda a cubierto y lo único que le pido es que soporte todo esto, porque a usted se lo puedo pedir porque va a comprender la situación, pero esta situación es difícil que la comprenda otro jefe de la Armada'.

"Siempre dentro del círculo presidencial, fuimos notando que López Rega colocaba 'filtros', personas, para ser interpuestas entre el personal militar de la presidencia y la presidenta para provocarle un aislamiento total. Al principio, figuraba como dama de compañía la señora Nélida 'Cuca' Demarco, esposa del que luego sería ministro de Bienestar Social, con la que Isabel Perón había trabado una gran amistad durante el exilio en España. Luego, cuando entró en desgracia (temporariamente), apareció un matrimonio que convive en el chalet con Isabel. Juegan a las cartas, siempre están entre nosotros e Isabel y son motivo de respeto por el servicio... ahora lo increíble es que este matrimonio, de apellido Porta, estaba compuesto por el peluquero de la señora y su mujer.

"Cuando por alguna razón se ausentaba, López Rega designaba a una persona para evitar un acercamiento entre nosotros y la Presidente. Esa función varias veces la ocupó (lo que significaba entrar y salir del chalet presidencial y viajar con ella en el automóvil) el secretario de Deportes, Pedro Eladio Vázquez, a su vez el médico personal de Isabel Perón.

"En el mes de febrero de 1975, Isabel decidió ir a pasar sus vacaciones a los conocidos bungalows de Chapadmalal. Todo fue reacondicionado. El sector fue delimitado por alambrados, se chequeó a todos los vecinos de la zona y se desviaron rutas. Esto insumió un sistema de seguridad de cerca de doscientos hombres que estaban bajo la supervisión del jefe de seguridad que en ese entonces era el mayor Roberto Bauzá,[6] y como segundo, su compañero de promoción, el mayor Carlos Alberto González que más tarde fue jefe del Batallón de Inteligencia 601 del Ejército.[7]

"Los bungalows principales estaban en un sector que formaba una cierta herradura con una plazoleta en el medio. Empezando estaba el bungalow de Isabel de Perón, la que estaba acompañada por "Rosarito", una mujer de edad que había traído de España. Una de sus principales funciones era la de pasear los caniches que había dejado Perón. Luego venía un bungalow en el que estaba Luissi (alias "Luiggi"), su jefe de custodia personal, un hombre muy leal a ella, con sus hombres de confianza. Al lado había otro chalet (acá otro caso insólito), que era sólo usado por Raúl Lastiri y su mujer Norma López

Rega. Después venían los chalets de huéspedes, y uno de esos era el que ocupaba dentro de esa jerarquía presidencial un matrimonio que lo hacía cada vez que concurrían Lastiri y Norma López Rega: era el peluquero Miguel Romano y su esposa. Me quedó grabada la imagen de que cada vez que iba a la playa, Romano, con un físico muy delgado, llevaba un traje de baño que era más parecido a un bikini blanco que los clásicos shorts que usa un hombre normal.

"Nosotros teníamos, a escasos metros del lugar, nuestros chalets. En uno vivía el jefe de seguridad con el jefe del servicio de comunicaciones de la presidencia. En otro el jefe de la Casa Militar. A continuación los dos edecanes que habíamos concurrido a prestar servicio durante el verano (de 1975), que éramos el teniente coronel Vivanco y yo. Y por último el chalet, donde habitualmente estaba el personal de aviones, en línea directa con el aeropuerto de Camet. El avión presidencial estaba siempre a disposición, y además había desde Camet a Chapadmalal un servicio de helicópteros. Este servicio de helicópteros transportaba a los ministros que venían a ver a la Presidente. Los ministros tenían que ajustar sus llegadas a las actividades de la señora Presidente. Esperando el momento de sus audiencias pasaban largos ratos en nuestro chalet conversando sobre distintos temas. Hay una anécdota que me quedó grabada y es la siguiente: el vicecomodoro Medina, luego de ser edecán y de ser reemplazado por Gutiérrez, pasa a desempeñarse como jefe de aviones de la Presidencia y depende directamente de la Casa Militar. El vicecomodoro empieza a hacer tratativas y a manejar directamente él (cosa también insólita) la compra de un Boeing 747 para la Presidencia de la Nación para ser habilitado como 'Tango 01'. Recuerdo prospectos y proyectos de este avión, en el cual se iban a hacer modificaciones de gran lujo, como una suite presidencial... detalles de la vajilla que se iba a comprar y todas las demás cosas. Pero mucho me llamaba la atención que no interviniera la Fuerza Aérea, que era el organismo acreditado.

"En uno de esos viajes de helicópteros concurre a Chapadmalal el ministro de Economía, Alfredo Gómez Morales, para ver a la presidenta. Espera en nuestro chalet conversando... tocábamos el tema del campeonato mundial de fútbol (1978). Recuerdo un comentario de Gómez Morales, que decía que no era conveniente organizarlo en la Argentina. En su ca-

*La presidenta Isabel Perón, entre el teniente general Leandro Enrique Anaya
y el canciller Juan Alberto Vignes, durante su estadía en Chapadmalal.*

rácter de ministro de Economía, habló de todo el gasto de infraestructura que iba a demandar (ponía como ejemplo el cemento y hierro de construcción), restando material y presupuesto a todo el resto de las obras públicas necesarias o bien al problema de las viviendas.

"Estábamos conversando, entró abruptamente como era su costumbre José López Rega a nuestro chalet. Traía un papel en la mano y le dice al ministro: 'Doctor, ¿me puede firmar acá?'.

"—¿Qué es eso? —le preguntó Gómez Morales

"Y le dice '... ah, es el decreto para comprar el Boeing 747'.

"—¿Pero cómo voy a firmar este decreto si todavía no he estudiado la cuestión? Éste es un tema complejo que tenemos que verlo y cuando lo estudie firmaré... —fue la respuesta de Gómez Morales.

"—No, no, no... fírmelo ya, porque mire... ya firmó la Presidente, se lo hice firmar.

"O sea que había hecho firmar el decreto a Isabel Perón sin el estudio correspondiente. Pero además, otro detalle fue que cuando se lo hace firmar apoya el papel en la pared de entrada. Le hago notar que como la pared es rugosa se va a romper todo el papel. De esta misma forma he visto manejar muchas cosas.

"Isabel Perón acostumbraba a levantarse temprano y se dirigía a la pequeña playa privada que tenía el sector de los bongalows. Cuando estaba el matrimonio Lastiri, acompañado de 'Miguelito' Romano y su mujer, dormían hasta pasado al mediodía. Entiendo que iban un poco a la playa, pero a la tardecita salían a 'hacer la noche de Mar del Plata', y regresaban a altas horas de la madrugada. En una oportunidad, Isabel Perón me preguntó '¿Usted comprende esta vida que hace el señor Lastiri y sus amigos? Estar en Mar del Plata y no gozar del clima de la playa, o sea... dormir de día y salir de noche' Yo en realidad lo comprendía, pero le contesté 'no, no lo comprendo'.

"Salíamos a hacer paseos por la zona balnearia. En oportunidades íbamos a Mar del Plata y caminábamos por la avenida San Martín, donde infinidad de gente se acercaba, trataba de tener autógrafos, trataba de besarla. Gente en la mayoría de los casos humilde. Hay una fotografía que muestra una de esas grandes caminatas que hacíamos, en la que se puede ver a Isabel, López Rega, Lastiri, Norma Lastiri, y también venía con

157

nosotros el doctor Omar Vaquir, embajador del gobierno peronista. A Isabel de Perón le encantaba caminar y era llamativa la resistencia que tenía. En los paseos, solíamos también ir por la zona de Playa Grande, y recuerdo que en una oportunidad fuimos a una fábrica de suéteres en donde causó gran conmoción. También concurría a la sucursal de la casa de peinados Pozzi en Playa Grande. En ese verano de 1975 sucedió algo importante. López Rega, que como es lógico vivía en Chapadmalal con todos nosotros, realizó uno de esos periódicos viajes a Brasil y es entonces cuando Massera, que trataba por todos los medios de romper el vínculo de López Rega con Isabel Perón (las intenciones nunca se sabrán... si era para preservar un gobierno constitucional o era para ganar espacio político), hace arreglar las instalaciones de una base naval cercana y aloja a la presidenta.

"En otra ocasión sucede un hecho que pinta la personalidad de Isabel Perón en una de las caminatas. Nos habíamos bajado en el Monumento de los Españoles en la avenida del Libertador y atravesamos los jardines. Atravesamos todo el frente del hipódromo de Palermo y pasábamos frente a la escuela primaria Granaderos de San Martín que queda justo en Libertador y Olleros. Al pasar frente a la escuela, salen apresuradamente de la misma la directora del colegio y algunas maestras. Emocionadas, le dicen a Isabel: 'Señora, qué honor que pase frente a la escuela una ex alumna que ha llegado a Presidente. La invitamos a usted a que pase a visitar el aula que usted ocupaba, para que recuerde esos tiempos'. Isabel Perón se negó, demostrando que había cortado con todo su pasado. 'No, no tengo interés...', y siguió caminando.

"José López Rega me llamaba 'Martincito'. Sobre él tengo anécdotas imborrables. El día de la crisis de junio con el sindicalismo, la residencia de Olivos era un hervidero. Ese día, a las siete y media de la mañana, me estoy poniendo el uniforme y noto un cosquilleo en el dedo gordo del pie izquierdo. Le pido a mi ayudante que me cambie los zapatos porque no podía caminar bien. A la tarde, en la puerta del toilette de la entrada de Olivos, donde esperaban (Oscar) Ivanissevich y López Rega, al verme llegar me pregunta: '¿Está mejor de la uña encarnada?... yo sé todo'. No lo había hablado con nadie. Más tarde, enfrente del ministro de Defensa y el comodoro Baigorria, López Rega me dijo con tono burlón, señalando su cuello: 'Eh, Martincito, a sus amigos se les quedó el golpe aquí'. Sólo atiné a responderle: 'Mire ministro, si yo hubiera hecho un golpe contra usted, desde ya usted no estaría aquí'. Como lo conocía bien y nos respetábamos, le agregué para desviar la conversación: 'En el único que no estuve fue en el de 1951. En el del '55 estuve. En 'azules y colorados' fui siempre azul y gané. En el '73 dije que ganaba el peronismo y acerté'.

"López Rega se me acerca un poco más, y en tono de confidencia dice: 'No, aunque usted hubiera hecho todo eso, yo lo perdonaría porque dentro suyo tengo una brasa que habita'.

"Cuando termina ese agitado día y me estoy retirando del chalet presidencial, cerca de la una de la madrugada, él, que siempre me acompañaba hasta la puerta. Me dice: 'En su casa pasó algo durante la tarde o casi la noche, pero intervine yo y se solucionó todo'.

"Cuando llegué a casa estaban todas las luces prendidas. Mi esposa me cuenta que a mi hija, al caer la tarde, le agarró un fuerte ataque de tos. No quiso llamar al médico porque esperaba a que llegara para llevarla al hospital. Pero a la medianoche se curó.

"En otra ocasión, mientras tomaba su cognac Lepanto, me confesó: 'Mire, le voy a contar, yo a Perón lo hice resucitar. Me di cuenta de que Perón ya era senil y yo necesitaba un Perón lúcido para volver a la Argentina. Pero sólo me servía para la primera etapa. Sin Perón no se podía volver, entonces le devolví su temperamento y su carácter, la alegría mental y el orgullo'. Ante estas cosas yo no respondía nada. En mi fuero interno lo trataba de 'colifa'. Hablaba siempre de la 'energía'. López Rega me explicó que la senilidad se traducía en 'haraganería'. 'Por eso —contaba López—, le devolví la energía y volvió a ocuparse de los temas'. Contaba también que a Isabel la estaba preparando para gobernar (ya era Presidente). Los discursos se los preparaba él con letra grande y tinta verde, por eso aquella vez en el balcón de la Plaza de Mayo cuando hablaba, López Rega aparece a su lado musitando por lo bajo sus palabras.

"Era un maniático de la seguridad. Su custodia personal la manejaban Almirón y Rovira. El subcomisario Rodolfo Eduardo Almirón era un tipo más bien alto, que vestía con trajes a medida de tela inglesa, por lo general claros. Le gustaban los zapatos blancos, las camisas rosas y su corbata verde de terciopelo. Se distinguía por su traba, con una insignia del partido nazi. El suboficial mayor Miguel Ángel Rovira era un grandote —más parco— que usaba una cadena de oro, para prender su llavero, que le llegaba hasta la rodilla. Por mi condición militar, conmigo conversaban un poco más que con el resto. Una vez, Rovira apareció con un llamativo sobretodo de piel de camello. Se lo ponderé y me contó que era de 'un tipo' con el que se había tiroteado. Como no le creía, me mostró diciendo '¿no ves, acá tiene un zurcido?' ".

Otoño en Buenos Aires. La partida de "Pichuco", el "mito". El fenómeno de LS5 Radio Rivadavia

Solía decir que "nunca me fui de mi barrio", pero a las doce menos cuarto de la noche del domingo 18 de mayo de 1975 partió para siempre de su Buenos Aires Aníbal "Pichuco" Troilo. Había nacido en el Abasto el 11 de julio de 1914; es decir cuando murió tenía todavía 60 años. Como escribió una vez Horacio de Dios, "Pichuco no se notifica que es un mito". Era el "bandoneón mayor" de Buenos Aires, de la Argentina. Su nombre era y es bandera de tradición tanguera frente a los que levantaban a Astor Piazzolla. En uno de sus últimos reportajes le preguntaron:

—Cuando lo visitó Piazzolla ¿hablaron de tango?
—No. Somos amigos —respondió.
El periodista, insistente, volvió a preguntar:
—¿Escuchó lo que hizo Piazzolla con Ferry Mulligan?
—Sí, pero no me gustó. No lo entiendo. Menos como tango.
—¿Y los discos nuevos de Atilio Stampone?
—Tampoco, no está en mis pautas. Yo escucho a Fresedo, Salgán, Pugliese. Escuchaba a Gobbi. Esto otro no lo entiendo. Lo mismo que algunos cuartetos y quintetos que han salido ahora que dicen que hacen tango, pero no lo entiendo.[8]
Una multitud acompañó sus restos en silencio. Como había quedado su bandoneón.

En ese otoño, LS5 Radio Rivadavia era la primera en audiencia. Tras diecisiete años de historia, era acreedora a la mayor porción de "la torta publicitaria" porque su audiencia era de 16 millones de personas (Capital Federal, Gran Buenos Aires, provincia de Buenos Aires, La Pampa, Córdoba, Santa Fe y el Litoral). El gran salto lo pegó bajo la conducción de Pedro Echagüe, Jacinto Fernández Cortés y Jaime Monk. Era una radio afín con la Unión Cívica Radical. Y sus programas contaban (o habían contado) con profesionales de primerísima línea: Jorge "Cacho" Fontana (*Fontana Show*); José María Muñoz (*La oral deportiva*); Héctor Larrea (*Rapidísimo*), Antonio Carrizo (*La vida y el canto*), Juan Carlos Costa, Clara Fontana, Juan Carlos De Seta y Nelly Beltrán (*La tarde con todos*), Mario Monteverde y José Gómez Fuentes (*De cara al país*) y Fernando Bravo (*Siempre Rivadavia*). Sus móviles le daban a su *Rotativo* las primicias que esperaba el público. Tanto es así que en las elecciones del 11 de marzo y del 23 de septiembre de 1973 adelantaron los resultados porque ya contaban con una computadora. A Radio Rivadavia no había con qué darle.

La caída de Alfredo Gómez Morales. El "Rodrigazo": un infarto económico. José López Rega en la pendiente

¿Cómo obtener el ansiado crecimiento sin inflación? Pregunta casi imposible de responder, más aún cuando no había inversiones importantes en la Argentina. Cuando asumió Gómez Morales los salarios se encontraban atrasados (Gelbard se había opuesto a dar un aumento del 15%). Pero la vigencia del Pacto Social (que sostenía que había que otorgar compensaciones cada vez que el salario real disminuyese 5%) lo obligaba a convocar a la Gran Paritaria Nacional. Ya con la devaluación (50%) y un aumento compensatorio de marzo (40.000 pesos), los precios al consumidor del trimestre marzo-abril-mayo de 1975 habían trepado 23%. Claro, se debe hacer una aclaración: eran los precios autorizados, porque si se tuvieran en cuenta los que las amas de casa pagaban 'abajo' del mostrador, el índice sería más alto. Y como parte de esta dramática escenografía había que anotar la cotidiana presión de la dirigencia sindical que, a su vez, alegaba estar condicionada por la izquierda. "Esto así no dura", llegó a decir el ministro de Economía.[9]

A esta altura, mediados de mayo de 1975, Gómez Morales sabía que estaba condenado. Con López Rega en su apogeo, él no estaba en condiciones políticas de seguir adelante. Además, la Presidente y el superministro "de una política nacionalista" consideraban que había llegado la hora de otra "semiliberal", "aflojando la tapa de la caldera de los precios pero manteniendo las consignas y, sobre todo, la acción social vertical, de arriba para abajo, del Ministerio de Bienestar Social".[10]

En resumen, el ciudadano común veía cómo desaparecían de las góndolas los productos básicos. Para encontrarlos debía recurrir al mercado negro donde los pagaría más caros. Los precios subían semana a semana, día a día. Las colas frente a los mostradores, una cotidianidad. Las empresas compraban los insumos al contado, la Argentina carecía de crédito. Por la inflación, los salarios se esfumaban de las manos.

Juan Domingo Perón confesó una vez que Alfredo Gómez Morales "combina una buena dosis de sensatez con conocimientos que lo hacen insustituible en Economía y Finanzas. No ignora cuánto vale, pero tiene cierto pudor intelectual y no cree que 'sirve para todo' ".[11] Cuando asumió como ministro el 21 de octubre de 1974, Alfredo Gómez Morales siempre se negó a hacer el inventario de la gestión de José Ber Gelbard. Aunque en su intimidad hablaba de la poca austeridad que la había caracterizado, nunca llegó a tener el poder político para cambiar la situación. Cansado, al final renunció. A fines de mayo de 1975 las comisiones paritarias (alrededor de quinientos) habían terminado las discusiones obrero-patronales, fijando los nuevos convenios colectivos de trabajo, entre otras cuestiones, los sueldos. En realidad debían comenzar a regir el 1º de junio, pero todos se negaban a homologarlos (38% de ajuste) por temor a quedarse cortos con los precios. Tenían razón. Presentían un terremoto. Con el público y decidido apoyo de López Rega, el lunes 2 de junio arribó Celestino Rodrigo a la Casa Rosada para hacerse cargo de la cartera de Economía. Como avizorando su futuro llegó desde Caballito en subterráneo.

Tres días más tarde, el jueves 5 de junio de 1975, dio a conocer su plan, lo que se bautizó como "el Rodrigazo":[12] aumentó la paridad del dólar un 100%; la nafta 175%; electricidad 75% y otras tarifas en igual o mayor medida. Las góndolas de los supermercados quedaron vacías debido al acaparamiento de los productos. "Si no hiciéramos esto —dijo Rodrigo—, la mejor industria del país sería la importación de máquinas para

La Presidente y miembros de su gabinete escuchan al nuevo ministro de Economía, Celestino Rodrigo. La foto fue tomada el 12 de junio de 1975.

fabricar papel moneda. Mañana me matan o mañana empezamos a hacer las cosas bien". En otro momento, como señalando a Gómez Morales y al sindicalismo, declaró que "los argentinos no tomamos conciencia de la crisis mundial y seguimos un camino dislocado de irrealismo, continuando con la falsa ilusión enfermiza de prosperidad". La ciudadanía quedó paralizada. La primera en reaccionar, ese jueves a la tarde, fue la diputada nacional por la Fuerza Federalista Popular, María Cristina Guzmán, quien pidió la inmediata presencia del ministro en la Cámara Baja. Antonio Tróccoli, presidente de la bancada radical, y los otros bloques desecharon la moción. Sin embargo, luego de una reunión del Comité Nacional del radicalismo, a la que asistió Balbín, el viernes 6 de junio, se da a conocer una declaración en cuyos dos primeros puntos se critica la política económica y en el tercero expresa: "En estas condiciones debemos señalar que no se fortalece la unidad nacional, el gobierno tiende al aislamiento y se abandonan la concertación y el diálogo por las decisiones unilaterales". En otras palabras, el radicalismo entendía que estaba concluyendo la estrategia del diálogo. El mismo 6, la Presidente anunció un aumento del salario mínimo del 65%: de 2.000 pesos nuevos ascendió a 3.300.

Rose, I love you

A pesar del dramatismo, José López Rega, el hombre fuerte del gobierno, se daba tiempo para todo, incluso para gestos cargados de audacia y ridiculez. Por esos días, Robert Hill, el embajador de los Estados Unidos, recibió una invitación para participar en una ceremonia donde se firmaría un acuerdo con su país para combatir el narcotráfico (en aquella época se lo denominaba "tráfico de alcaloides"). Como la ceremonia se realizaría en el Salón Blanco, el diplomático supuso que contaría con la presencia de Isabel de Perón. No fue así, en su lugar lo presidió el ministro de Bienestar Social. En un momento, el ministro mirando a Hill le relata que él había residido varios años en Nueva York.

—Yo hablo bastante bien el inglés porque actué durante dos años en un restaurante de Nueva York —dijo López Rega.

—No lo había sabido, señor ministro. Se advierte que es usted un hombre multifacético —respondió Hill.

—Es que yo soy un buen cantante. Por eso me contrataron en el restaurante El Chico, donde yo cantaba temas de moda, tanto en inglés como en español... mis interpretaciones tenían un gran éxito. Recuerdo, por ejemplo, que uno de mis grandes sucesos se producía invariablemente cuando cantaba "Rose, I love you".

Los asistentes escuchaban perplejos, pero cuál habría de ser la sorpresa cuando el secretario privado de la Presidente comenzó a entonarla con entusiasmo.[13]

Esta anécdota que relató Kahn es, en parte, coincidente con otra que tiempo más tarde relató el edecán naval de Isabel de Perón, "Zaza" Martínez: "Los tipos de la custodia de López Rega una vez me contaron que Perón, en su primera época, recorriendo unos despachos, escuchó una canción criolla que salía de un tocadiscos. Pregunta '...eh, y eso ¿quién lo canta?'. 'Es Lopecito', le respondió su ocasional interlocutor. En aquella época uno podía grabar un 'demo' por poco dinero. Ahora, esto me lo cuenta López Rega: 'Una vez Perón me mandó a los Estados Unidos integrando una delegación artística, para estar presente en la fiesta del 9 de Julio en la embajada en Washington. Como soy un barítono extraordinario, empecé a actuar en varios shows. Y empecé una carrera floreciente. Se produce el 16 de septiembre (de 1955) y me quedo varado. Mire Martincito cómo yo abandoné una brillante carrera lírica por estar cerca del general' ".[14]

En otra ocasión, un funcionario de Presidencia de la Nación recibió una orden del "gordo" Carlos Alejandro Villone: "Cruzate a Bienestar Social a ver al ministro". No hacía falta preguntar qué ministro. El funcionario llegó de esa manera al despacho de José López Rega que se hallaba acompañado por el escribano Jorge Conti y otros funcionarios, explicando a un grupo de eventuales inversores japoneses un plan urbanístico en la zona de Tigre. Tenía una gran maqueta enfrente y les hablaba despacio: "Aquí es la zona verde... de pasto" y mirando al recién llegado le preguntó ¿cómo se dice pasto? "Grass" fue la respuesta. "Claro, grass", dijo López Rega. Los japoneses miraban sin decir palabra. Luego continuó: "Aquí pensamos unir estos lugares con un puente". Volvió a mirar al funcionario: ¿Cómo se dice puente? Y la respuesta fue "bridge". "Por supuesto, dijo el ministro, aquí un bridge". Y así durante un rato, hasta que el funcionario se atrevió a preguntar: "Ministro, ¿no tenemos un traductor?

López Rega respondió: "No hace falta, si hablo despacio y pausado los 'ponja' van a entender".

Por supuesto que las inversiones japonesas nunca se hicieron en la localidad de Tigre.[15]

El anecdotario sobre el papel de José López Rega es tan extenso como dramático. En uno de sus recordados encuentros con Juan Domingo Perón, el líder radical Ricardo Balbín se atrevió a preguntar qué función cumplía el ex cabo de la policía a su lado. Perón fue lo más sincero posible: "Cuando usted no se pueda levantar solo del inodoro lo va a entender".[16]

Los once días que mediaron entre el jueves 5 de junio (cuando se da a conocer el plan) y el lunes 16 (día del encuentro Perón-Balbín) fueron febriles, con la dirigencia sindical rechazando las medidas y la temperatura política en aumento. Además, varios de los actores principales estaban fuera del escenario. Los sindicalistas Lorenzo Miguel y Casildo Herreras habían viajado a Ginebra para participar en las reuniones de la Organización Internacional del Trabajo. Tal como lo hizo en enero último, el miércoles 11 de junio de 1975, López Rega tomó distancia viajando a Río de Janeiro, con la excusa de estar mal de salud: "La emoción me hace subir el azúcar y el azúcar me está terminando la vida, pero con todo gusto lo haría las 24 horas del día, si supiera siempre que esto sería una forma de expresar al país. Señores, las conversaciones, los versos y las guitarreadas ya no caminan más".

El lunes 16 de junio por la mañana Isabel Perón pronunció un discurso por el Año Internacional de la Mujer. Por la tarde, en Olivos, se entrevistó con Ricardo Balbín, con las presencias de Alberto Rocamora y el canciller Juan Alberto Vignes, a cargo de la firma del ministro López Rega. La cita duró casi dos horas, en las que el jefe radical expuso casi sin encontrar respuestas de la dueña de casa. Repasó los temas que creía importantes, a saber: la política universitaria; el papel dirigista de la Secretaría de Prensa y Difusión; el drama de la intervención de Lacabanne en Córdoba y, sin nombrarlo, las actividades de López Rega: el microclima, como denominó Balbín al espacio de incondicionales que se había creado alrededor de la presidenta. Meses más tarde se hablaría de entorno.

Con respecto al microclima, luego trascendió que, en un momento, el canciller Vignes le dijo al visitante que su visión era "muy pesimista".

—Su opinión no es la mía... vea, por respeto a la señora no me levanto y me voy —respondió Balbín.

—A la Presidente la aplauden en la calle... —comentó Vignes.

—Sí, los trescientos que le juntan todos los días cuando sale de la Casa de Gobierno. Pero llévela al cine y que vea si la aplauden cuando aparece en los noticiarios.[17]

Durante la conversación, Balbín observó que la Presidente no respondía. Lo hacían los ministros del Interior o el canciller. "El diálogo sin respuesta no tiene sentido. Señora, si no hay cambios, me resultará muy difícil volver." Dicho esto se retiró.

Claro, fue difícil para el líder radical retornar a Olivos. El diálogo le había costado algunos disgustos en la interna partidaria. Podría quedarse solo. Los sectores más duros, encabezados en ese momento por Raúl Alfonsín, se negaban a seguir conversando con el oficialismo. En prevención de justas rebeldías, el 17 de junio se reunió con todos los legisladores del partido. En la ocasión, Balbín dijo: "Reclamé con pasión que se adoptaran las medidas de seguridad indispensables para ir limitando este proceso" (de violencia).

"Vignes de ira"

Juan Alberto Vignes (1896) fue canciller a los 71 años, tras la renuncia de Héctor Cámpora. Reemplazó a Juan Carlos Puig. Estuvo al frente del Palacio San Martín desde el 12 de octubre de 1973 hasta el 11 de agosto de 1975. Es decir 669 días. En el momento de asumir, estaba al frente de la asociación de diplomáticos jubilados, por tal razón conocía bien al servicio exterior. Cuando entró en el Palacio Anchorena produjo una importante limpieza de funcionarios de distinta índole. Bajo la batuta del teniente coronel (RE) Rafael Enrique "Manzanita" Jiménez (director general de Personal), entre otros, quedaron afuera José María Álvarez de Toledo, Francisco "Pancho" Bengolea, Ernesto Garzón Valdés, Juan Archibaldo Lanús, Vicente Berazategui, Albino Gómez, Federico "Pirincho" Erhart del Campo, Guillermo "Billy" McGough, Héctor Flores y muchos más. Al embajador Federico "Fredi" del Solar Dorrego lo liquidó por haber viajado a Buenos Aires en uso de licencia. A otros no los echó pero los mandó al ostracismo. Fue el caso de

Enrique Quintana que de embajador en Moscú[18] fue a parar a Costa de Marfil. Detallista, puntilloso al extremo. Como mucho antes lo había sido uno de sus jefes, Jerónimo Remorino. Vignes, en ocasiones, antes de designar a un embajador en el Exterior pedía una foto de su esposa, incluso con vestido largo.

De Remorino también heredó la intolerancia. "Un patrón de estancia", dijo un connotado embajador. Durante su gestión mantuvo una tradición: funcionario al que no saludaba era porque estaba a punto de ser echado. En uno de sus primeros viajes a los Estados Unidos, primero se dirige a Washington y a la vuelta pasa por Nueva York para visitar las Naciones Unidas y embarcar a Buenos Aires. El trayecto entre la capital norteamericana y la "Gran Manzana" lo hace en tren. Antes da la orden de que lo esperen todos los funcionarios en la Central Station. En el andén, encabezado por Carlos Ortiz de Rozas, se alinean todos los funcionarios. El canciller va saludando de uno en uno, pero a algunos los saltea. Ellos fueron: Miguel Ocampo, Carlos "Charlie" Castilla y Olivieri López. Al final tuvo una ingrata sorpresa: se había puesto en la fila un borracho que no fue saludado.[19]

A Albino Gómez, como a otros, no se atrevió a liquidarlo de "frentón" (término que utilizaba a menudo un ingenioso habitante del Palacio San Martín).[20] Lo culpaba de haber favorecido a chilenos que buscaban refugio en el embajada tras el golpe pinochetista de 1973. A fines de octubre de ese año, en 24 horas, lo trasladó de Chile a Managua, Nicaragua, con toda la familia, antes de la Navidad, aunque Vignes sabía que el 1° de enero de 1974 lo decapitaba, como lo hizo. Managua era una ciudad inexistente, porque había sido devastada por el terremoto de 1972. En *País-País*, de Bernardo Neustadt, Albino declaró que "no era una ciudad borgiana, de ruinas futuras sino presentes". Gómez le rompió en la cara al enviado de Vignes, Víctor Bianculli, el billete de Pan Am para ir a Managua en el plazo de cinco días. Y también convirtió en retazos la resolución de traslado que el diplomático debía firmar, en la que se decía "Visto el arrepentimiento formulado por el funcionario... deberá viajar en el plazo de cinco días...". Gómez sólo atinó a preguntar: "¿De qué arrepentimiento me hablás, estás loco?" El funcionario miró espantado, porque tenía que informar a Vignes. El gesto enardeció al canciller, y Bianculli junto con el "mediador" embajador, Guillermo "Negro" de la Plaza, fueron severamente retados. El ministro José Ber Gelbard lo nombró asesor. También le dio una mano a Leopoldo "Polo" Tettamanti, nombrándolo secretario de Comercio, con la indignación total de Vignes.

A casi todos los que perjudicó enviándolos a destinos de regulares a malos, luego los liquidó igual sin tener en cuenta los gastos en que se incurría (traslados, pago de pasajes para las familias y todo lo que incluye, por ejemplo un sobresueldo). La gente aceptaba pensando que eso los podía alejar de la guillotina, pero nadie se salvó. Dos ejemplos: Alfredo Alcón Palús fue a Haití, y al "Negro" Félix Córdova Moyano lo mando al infierno (lo salvó de ser prescindible un amigo de Balbín, pero lo echaron en marzo de 1976 por el consejo de Juan Carlos "Bebe" Arlía,[21] de quien había sido compañero en Ginebra). A Eduardo "Bobo" Airaldi le buscó un destino que lo molestara. Alguien le sugirió Bolivia. Vignes observó: "Sí, pero al consulado, en la embajada con el tiempo va a levantar cabeza". Airaldi siempre recordó que fue un gran momento de su carrera (luego pasó a la embajada y retornó a Buenos Aires cuando asumió Raúl Quijano). Otros fueron echados pero no por razones políticas, sino por participar en una megabacanal en París (a la que asistieron funcionarios en varios destinos, incluido Medio Oriente). La expulsión de Gómez fue la perdición para Vignes: después de un tiempo en *La Opinión*, pasó a *Clarín*, donde también estaba "Pirincho" Erhart y desde allí, con las caricaturas de Hermenegildo "Menchi" Sábat, lo volvían loco, con toda clase de denuncias que motorizaba el diputado Jesús Porto: contrabando de alfombras, marfiles y venta de pasaportes argentinos a judíos en la Europa nazi. Todo probado en viejos sumarios que no impidieron su designación en la Cancillería, porque fueron prolijamente robados. En medio de todo eso, Vignes llamó a Héctor Magnetto para pedir que echaran a Gómez y a Erhart, pero le recordaron que estaba hablando con una empresa privada. Albino Gómez, un ciudadano de Buenos Aires y amante del cine, le dedicó una "albinísima": recordando a John Ford, lo hacía llamar "Vignes de ira."

El rechazo sindical a las medidas de Celestino Rodrigo.
Movilización sindical a la Plaza de Mayo. El derrumbe
de José López Rega

El 17 de junio, el título de *La Razón* fue: "Se generaliza el 45%". En otras palabras, el gobierno se negó a otorgar aumentos superiores a este índice (muchos superaban el 70%). La UOCRA, con Rogelio Papagno a la cabeza, marchó sobre la Plaza de Mayo. Lo mismo hizo el 24 la Unión Obrera Metalúrgica con Lorenzo Miguel, quien salió al balcón con Isabel Perón. Luego, Miguel partió a Suiza. Celestino Rodrigo se mostró inflexible a las presiones de la dirigencia sindical. Desde Ginebra, Miguel dijo telefónicamente: "Evidentemente hay quienes quieren hacer equivocar a la señora Presidente".

Con Casildo Herreras deciden volver a Buenos Aires. "Hay que parar a Lorenzo, decirle que no venga, porque si sale mal va a ser necesario para enfrentar a López Rega... pero no hablemos desde nuestros teléfonos", dice el almirante Eduardo Massera a uno de sus asesores. La llamada se produce desde la casa del metalúrgico Rafael Cichelo, en Mataderos, y a través de un empleado amigo de Aerolíneas logran comunicarse con Miguel en el aeropuerto de Barajas, Madrid, donde el avión bajó a reacondicionarse:[22]

—Lorenzo, quedáte con Casildo en Madrid. No vengas.

Lorenzo Miguel, al principio, no está de acuerdo, pero termina aceptando el consejo.

En junio el costo de la vida se elevó el 21% y en julio el 35%.

El viernes 20 de junio López Rega retornó a la escena oficial. La Presidente va a Aeroparque para darle la bienvenida y por la tarde le organizó un té en Olivos con todos los ministros. Según las crónicas de la época, el ministro de Bienestar Social dijo: "Mi salud está bien. He retornado con ánimo y fuerza renovadora para darles duro a quienes no quieren colaborar con la Patria; y a los que tengan la cabeza dura les vamos a encontrar una maza adecuada a su dureza: el quebracho de la Argentina es muy bueno".

El sábado 21 por la noche un grupo de civiles no identificados intercambiaron alrededor de mil disparos, durante quince minutos, con la guardia del Regimiento 1 de Infantería Patricios.

El lunes 23 López Rega se reintegró a sus funciones. Como era ministro de Bienestar Social y secretario privado (coordinador del gabinete) fue citando a los distintos ministros para que le rindieran informes de sus áreas. El mismo día, un alto funcionario del Palacio San Martín (que no podía ser otro que Juan Alberto Vignes) afirmó al periodista Heriberto Kahn de *La Opinión* que "el eje de la política exterior argentina pasa en este momento por nuestra relación con Estados Unidos". El periodista reveló que en el último encuentro de Vignes con el secretario de Estado, Henry Kissinger (segunda semana de mayo), el canciller argentino "se esforzó especialmente por lograr que el jefe de la diplomacia norteamericana echara todo su peso encima de los sectores financieros privados de los Estados Unidos, a fin de provocar y acelerar sus decisiones en materia de inversiones en la Argentina. Todo parece indicar que el canciller obtuvo éxito en esa materia". Era sólo una expresión de deseos —por decir lo mínimo— del jefe del Palacio San Martín. Olvidó que los empresarios norteamericanos, en esa época, ya realizaban reuniones en Montevideo, Uruguay, por cuestiones de seguridad. En otras líneas se informó que el embajador argentino en Alemania Federal, Rafael Vázquez, había sido designado ante la Casa Blanca, en reemplazo de Alejandro Orfila.

• Mitades repartidas

El viernes 27 de junio columnas obreras llenan Plaza de Mayo reclamando por sus aumentos salariales, con fuertes críticas a López Rega, el centro de todos los insultos.

"A mediodía, la Casa Rosada queda al cuidado de la Casa Militar. La señora de Perón se va a almorzar con José López Rega a Olivos.

"La Plaza comienza a llenarse de gente, sus cánticos eran agresivos, pero a nadie se le ocurrió acercarse a la Casa Rosada para entrar o golpear sus puertas. En esas horas, desde la residencia presidencial, me llama López Rega. Estaba con la presidenta al lado, se podía escuchar su voz.

"—¿Qué tal? ¿Cómo está todo por allí? —me preguntó.

"—Mire, acá hay mucha gente y las opiniones están divididas.

"—¿Están divididas?

"—Sí, la mitad de la Plaza lo putea a usted y la otra mitad a (Celestino) Rodrigo".[23]

Cuando se acallaron las consignas "Isabel, coraje, al Brujo dale el raje", al caer la tarde, Adalberto Wimer, en reemplazo de Casildo Herreras, entró encabezando la delegación sindical en Olivos a conversar con la Presidente. Luego de escuchar las exigencias sindicales, Isabel Perón, en una audiencia televisada en directo a todo el país para amedrentarlos, respondió: "Muy bien, señores. Como yo tengo mi opinión formada, ruego que regresen a sus gremios, llevando la seguridad de que el problema queda en mis manos exclusivamente y que, mañana, daré a conocer mi respuesta a todo el país. Eso es todo".

La respuesta, como lo había prometido, vino al día siguiente, sábado 28, con un discurso televisado en cadena, al que las fuentes adjudicaron su autoría a Julio González. Se la veía al lado de José López Rega y Raúl Lastiri, cansada y nerviosa: "La producción nacional ha decaído. La especulación pareciera no tener límites... durante dieciocho años de exilio desfilaron ante el general Perón muchos miles de personas de todos los sectores políticos y gremiales del país. Uno de los argumentos más escuchados fue 'mi general, si usted retorna solucionaremos las dificultades económicas del país trabajando gratis una hora más por día para ayudarlo' ".

Al despedirse de la teleaudiencia dejó caer una disyuntiva: "Medite el pueblo argentino, serene su pensamiento y luego decida, si toma una vez más el camino de la liberación nacional que lo lleve indefectiblemente al destino de grandeza que merece".

Mientras se desarrollaban todo tipo de encuentros a nivel sindical, en la Cámara de Senadores se libraba otra contienda de tipo institucional. El vicepresidente primero José Antonio Allende, demócrata cristiano, un aliado del justicialismo, había presentado la renuncia. En su lugar fue designado por amplia mayoría Ítalo Argentino Luder, presidente de la comisión de Relaciones Exteriores y vicepresidente del bloque del Frente Justicialista de Liberación (Frejuli). En su discurso de asunción no tuvo una sola mención a María Estela Martínez de Perón, pero sí a su marido, al sindicalismo y a la oposición. El mismo día, el Senado aprobó la reforma a la Ley de Acefalía: pese a los esfuerzos de López Rega, sólo entraron en la línea sucesoria los elegidos mediante sufragio, incluidos los gobernadores. Afuera del orden sucesorio quedaban los ministros del gabinete y de la Corte Suprema de la Nación. "Un conflicto político se desató en la República a raíz de la actitud del ministro de Bienestar Social, señor José López Rega, quien con su aparato de difusión centró la opinión pública en episodios pequeños, haciendo perder de vista el gran proceso nacional", dijo Fernando de la Rúa, miembro de la Comisión de Asuntos Constitucionales.

NOTAS

[1] Raimundo Ongaro estaba preso a disposición del Poder Ejecutivo Nacional.

[2] Aclaración: el relato de Kahn es irrebatible. Él, por ese entonces, cultivaba una relación de confianza y amistad con Anaya que venía del gobierno militar anterior.

[3] La fuente que recibió el irónico comentario prefirió no ser identificada.

[4] Esta versión se vio reforzada cuando Villone y López Rega almorzaron con el brigadier Fautario en el comando de la Fuerza Aérea.

[5] *Del escarnio al poder*, Rosendo M. Fraga, Editorial Planeta, 1988.

[6] Señalado por el Ejército como uno de los jefes de las Tres A.

[7] En el Ejército era conocido como la "Mula" González.

[8] *Gente y la Actualidad*, Año 9, N° 519, 22 de mayo de 1975.

[9] *Tiempo Nuevo*, Canal 11, 21 de abril de 1975.

[10] *Entorno y caída*, Pablo Kandel y Mario Monteverde.

[11] "Conversaciones con Juan D. Perón", Enrique Pavón Pereyra, Hachette, pág. 215.

[12] Con el apoyo "técnico" de Ricardo Massueto Zinn.

[13] Esta anécdota está relatada en el libro *Doy Fe* de Heriberto Kahn. Y más tarde me fue confirmada por dos funcionarios de la embajada en esos días: Wayne Smith y John Zambito.

[14] Entrevista con el autor.

[15] Testimonio del funcionario que vivió esa situación.

[16] Revelación de Balbín a un amigo. La fuente de la confidencia tiene entendido que el político radical lo relata en las memorias que dejó para la posteridad.

[17] Estos diálogos aparecieron en *Última Clave*, N° 239, del 19 de junio de 1975.

[18] Torcuato Sozio fue designado en su lugar, pero no alcanzó a llegar porque murió ahogado en Punta del Este, en el verano de 1974.

[19] Testimonio de un diplomático presente en la ocasión. A Miguel Ocampo —que trabajaba en el consulado— le hizo un gran favor: se pudo dedicar de lleno a la pintura, en la que obtuvo reconocimiento internacional.

[20] Testimonios de otros diplomáticos.

[21] Responsable en Cancillería de la política de derechos humanos durante el Proceso.

[22] Testimonio de un testigo presente de la conversación.

[23] Testimonio al autor.

4 . Otro cambio de ministros. El general Jorge Rafael Videla asume la jefatura del Estado Mayor Conjunto. La CGT declara un paro general de 48 horas

◆

El martes 1° de julio de 1975, como si el ambiente no estuviera caldeado, *La Opinión* de Jacobo Timerman se ocupó de elevar aún más la temperatura al publicar en tapa una trifulca entre López Rega y el almirante Emilio Eduardo Massera. En medio del reclamo sindical y el rechazo del plan económico, con el fin de "facilitar la tarea de la señora Presidente", el gabinete en pleno presentó la renuncia. José López Rega quedaba como secretario privado (luego se explicitó que lo reemplazaba Julio González). En su lugar, en Bienestar Social fue designado Carlos Villone, y se confirmaba a Celestino Rodrigo, Cecilio Conditti (Trabajo), Oscar Ivanissevich (Educación) y Juan Alberto Vignes (Relaciones Exteriores). Antonio J. Benítez juró en la cartera de Interior; Ernesto Corvalán Nanclares en la de Justicia y Jorge Garrido en Defensa. Como si no hubiera ocurrido nada, Celestino Rodrigo (Economía) continuaba defendiendo su plan a través de una cruda radiografía de la situación, destacando que había desaparecido la inversión productiva y que no había inversión privada, resaltando que las empresas extranjeras estaban analizando abandonar la Argentina. La polémica se trasladó al Parlamento aquella primera semana de julio. La Cámara de Diputados interpeló al gabinete económico, ante el silencio de la bancada oficialista. Fueron maratónicas sesiones de más de doce horas.

El viernes 4 el general Jorge Rafael Videla se despertó temprano. A las 11 tenía que presidir una formación. Ese día en el Ministerio de Defensa asumía como jefe del Estado Mayor Conjunto (su segundo fue el brigadier Jesús Orlando Capellini).

Antes de comenzar sus actividades sobrevoló los titulares de los matutinos. "Tomará decisiones hoy el Comité Confederal de la CGT" (a la tarde se decidió el paro general a partir del lunes 7). "A un costo de 66 millones de dólares diarios, la crisis político-social continuaba aún sin definiciones", informó en la tapa *La Opinión*. Trataba sobre las negociaciones entre los dirigentes sindicales y los miembros del Poder Ejecutivo Nacional. "La incertidumbre en torno de las tratativas secretas... fue correspondida por una virtual paralización de la actividad industrial en buena parte de la Capital, Gran Buenos Aires, Córdoba y Rosario. Los técnicos del área económica estimaron que la inactividad fabril estaría ocasionando pérdidas diarias del orden de los 66 millones de dólares, acumuladas en la última semana." En el Parlamento se debatía la Ley de Acefalía y se interpelaría al ministro de Economía. Y Massera negó expresamente disensos con el comandante general de la Fuerza Aérea, brigadier Héctor Luis Fautario. Al asumir la jefatura del Estado Mayor Conjunto, el general Jorge Videla pronunció un discurso, al que tanto él como sus allegados prestaron siempre atención. Dijo en uno de sus párrafos: "Mandar no es sólo ordenar. Mandar es orientar, dirigir el esfuerzo del conjunto en procura de un objetivo superior. Mandar es resolver y afrontar responsabilidades emergentes de las decisiones adoptadas". Luego afirmó: "A cambio, exigiré de vosotros subordinación. Subordinación no es sumisión, no es obediencia ciega, al capricho del que manda. Subordinación es obediencia consciente a la voluntad del superior en procura de un objetivo superior que está por encima de la persona que manda y por encima de la persona que obedece".

Cerca de las 21, Isabel Martínez de Perón presidió la cena de camaradería de las Fuerzas Armadas. Ante unos quinientos oficiales de las tres fuerzas, a los postres, la Presidente rindió tributo a los militares en su lucha contra la subversión: "No me cabe la menor duda de que las FF.AA. argentinas, cada vez más cabalmente conscientes de su responsabilidad institucional, respaldan con vigor insobornable la transformación que el país exige [...] y este respaldo asume perfiles heroicos en la lucha contra grupos subversivos".

A las 23.20 del viernes 4 de julio, el presidente del bloque justicialista, Ferdinando Pedrini, dijo: "En estos momentos se ha decretado un paro general por 48 horas". Mientras el ministro de Economía, Celestino Rodrigo, se levantaba de la sesión para atender la crisis que se avecinaba, Pedrini les recriminó a los diputados que querían seguir interpelándolo: "Déjenlo que se vaya. ¿Para qué seguir pegándole?". La huelga para exigir la homologación de los convenios paritarios se realizó a partir de la 0 hora del lunes 7, abarcando todas las actividades. Era la primera vez en treinta años que el sindicalismo peronista le hacía un paro a un gobierno de origen peronista. La respuesta del gobierno no se hizo esperar. Desandando el camino, en la madrugada del martes 8, el ministro de Trabajo, Cecilio Conditti, ratificó las paritarias sin topes y derogó el decreto que previamente las había anulado. Como gesto, la central sindical dispuso que "a efectos de contribuir al fortalecimiento de la economía nacional y particularmente brindar una solución al problema salarial de los trabajadores del sector estatal, proceder a donar al Estado el jornal de un día al mes". Como era de prever, el ofrecimiento no se llevó a cabo.

Destape de las Tres A

El matutino *La Opinión* en su edición del domingo 6 de julio trajo en su portada un recuadro principal cuyo título fue: "Denuncia militar sobre la Triple A". Fue uno de los artículos más importantes del año. Con la firma de Heriberto Kahn se revelaron los entretelones del casual descubrimiento por parte de un oficial de Granaderos de una oficina del Ministerio de Bienestar Social en la que se encubrían operaciones de la organización terrorista de derecha. El hecho se remontaba al mes de abril de 1975 y le había costado el cargo al teniente general Leandro Anaya. En el recuadro se exponían, en varios puntos, las inquietudes castrenses por las "actividades de sectas que actúan en algunos medios oficiales, cuyos fines seudorreligiosos parecen poco claros". También sobre la "utilización de fondos oficiales en campañas proselitistas". En una clara referencia a López Rega se hizo mención a la "excesiva centralización de poder por funcionarios de escasa claridad de conducción, cuya acción afecta la imagen presidencial". No estuvo al margen la situación socioeconómica: "Falta de solución de problemas económicos y sociales que se reconocen como alimento del terrorismo, cuyo recrudecimiento provoca desazón en los ámbitos económicos [...] zozobra en los medios familiares como consecuencia del desabastecimiento de artículos de primera necesidad y la evidente existencia del mercado negro".

Tras reiterar la preocupación por la "supuesta impunidad de grupos terroristas de ultraderecha, al punto que se generaliza la sospecha de que pudieran tener apoyo de algunos sectores de la administración", el artículo planteaba algunas "medidas mínimas" de las más altas esferas castrenses al Poder Ejecutivo. Entre otras, "obtener el alejamiento de figuras irritativas y a las que se considera responsables de una larga serie de errores que han llevado al país al borde de un grave conflicto institucional". También se expresó el pedido de "apertura de un diálogo político amplio [...] para tratar medidas de emergencia."

El matutino también informó sobre el día de "furia de compras en Córdoba tras 48 horas sin alimentos". Reseñó las largas colas y las peleas entre vendedoras y amas de casa sobre los límites del abastecimiento: faltaban productos y escaseó el dinero en efectivo, teniéndose que pagar con cheques desconocidos. El hecho reavivó las peleas con las cajeras.

• Invierno en Buenos Aires. Viviendo a los saltos y con grandes carencias

En un recuadro de tapa de la edición del 6 de julio, *La Opinión*, con el título "Extorsión en el mostrador", reflejó, irónicamente, los límites de la demanda en un diálogo del barrio Norte.

—Dos pollos, don Pedro.
—Dos no puedo. Uno.
—Dos pollos, y esa caja de vino Valmont.
—Así, sí. ¿Qué más va a llevar?
—Dos rollos de papel higiénico.
—Después del paro.
—Dos rollos de papel higiénico y una lata de bacalao noruego.
—Cómo no.

La gran mayoría de la población vivía al día, a los saltos, y para reflejarlo el periodismo salió a la calle bajo la batuta de Alfredo Serra, reflejando diálogos, anécdotas, color:[1]

Tomás Arizio, 57 años, casado, un hijo metalúrgico: "La incertidumbre. Eso es lo peor. ¿En qué país vivimos ahora? Nadie lo sabe. ¿Cuánto vamos a ganar? Nadie lo sabe. Ayer nos prometieron un adelanto. No me interesan las limosnas. Quiero mi sueldo, aunque sea modesto. Trabajo desde las 8 de la mañana hasta las 12 de la noche. Y ya ve, apenas si puedo comprar pan, leche y un poco de maíz para hacer locro".

Gloria González: "¿Que si quiero whisky? Usted está mal de la cabeza. Pan, leche, fideos y gracias. ¿Quién paga 14 mil pesos una botella de whisky? No se olvide de que yo trabajo en lo gremio más castigado... Trabajo en la escuela oficial y en la privada, y entre las dos no llego a ganar 500 mil pesos. Me deben plata desde marzo".

Francisco Bilbao, 84 años, jubilado: "Un kilo de pan y dos botellas de leche. No, nada más. ¿Qué quiere que compre? Mi último sueldo como jubilado fue de 130 mil pesos. Menos mal que vivo con mi hija... Estoy en el país desde el año 12 y nunca viví una situación igual".

Delia tiene algo más de 50 años: "Los otros días anduve por Pasteur y Lavalle buscando una tela para un vestido... 2 metros y cuarto me salieron 40.000 pesos, y eso que es una lanita bastante ordinaria... Hace tres meses, cuando se casó mi hijo mayor, la misma cantidad de género me costó 9.000 pesos y era mucho mejor, tipo gabardina. Como me encantan las liquidaciones, aproveché que estaba por el Once para dar una vuelta por los negocios... En varios los vendedores voceaban la mercadería por micrófono y pedían a la gente que entrara... Alguno hasta llegó a anunciar que Monzón estaba allí, pero ni con ese engaño consiguió que alguien entrara".

Amalia es profesora de castellano: "Cuando nos juntamos en una casa (con las amistades) nos sale unos 3.000 pesos por cabeza. Si no uno ya no puede verse con nadie. Hace dos meses que no puedo comprarme un par de zapatos... Los otros días fui a comprar un lápiz de labios... Hace tres meses lo pagué 2.900 pesos; ahora me salió 9.000".

—¿Tiene mamaderas?

—Sí, señora.

—¿Cuánto cuestan?

—4.000 pesos.

—La semana pasada pagué la mitad. Pero ¿qué le vamos a hacer?, démela igual, la necesito.

Dialogan en la línea 7 dos amigos, Carlos Raúl del Cerro y Jorge Svagel: "Mirá flaco, esto no da para más. Nosotros trabajamos más de diez horas por día y no hay plata que alcance. Nos prometieron un aumento pero todavía no lo vimos y vaya uno a saber cuándo veremos un peso... Vas a un almacén y te cobran lo que quieren, si es que hay de eso que vas a comprar; vas a un taller mecánico y te asaltan; vas a un restaurante y te tenés que quedar a lavar los platos porque la cuenta que te traen es como si te hubieras comido un guiso de oro y que en lugar de arvejas le pusieron diamantes. A mí qué me importan los planes económicos, ni el precio del dólar; a mí me preocupa que por mi trabajo me paguen lo suficiente para vivir decorosamente, y eso está cada vez más lejos".

Suipacha y Sarmiento. El ocupante le pide fuego al conductor del taxi. "¿Así que no hay fósforos? En Córdoba hay, lo que no hay es papel higiénico. Está triste Buenos Aires ¿eh?"

Una foto en la calle Irala y Australia a las 10 de la mañana muestra una larga cola de gente con damajuanas esperando, en la mañana del jueves 24 de julio, para que el señor del camioncito les venda un litro de kerosene. Ni uno más, ni uno menos. Dos horas bajo el frío de 3 grados por un litro de kerosene, con el cual cocinar y calentarse. También hay escasez de gas. Los porteños se bañan a horas insólitas y las amas de casa cocinan a las 7 de la mañana. "¿Quién tiene la culpa?", se preguntaba la revista.

"Naturalmente la crisis ha cambiado mi ritmo de vida, lo mismo que el de casi todos", declaró Mirtha Legrand. "Antes de usar el auto lo pienso dos veces. Antes compraba cinco diarios y ahora sólo dos. También he disminuido mis gastos personales y en el plano hogareño hemos disminuido las invitaciones [...] El domingo telefoneó Marcela desde Capri, donde estaba pasando vacaciones con su marido. Estaba tan preocupada por nuestra situación que casi lloraba". En agosto de 1975, estaba afuera de la televisión y se preparaba para hacer teatro con Alberto Argibay. Sostenía que "la televisión tiene que ser forzosamente privada...antes teníamos un solo canal deficitario, el 7. Ahora tenemos cuatro. Hay falta de trabajo y una mediocridad general."[2]

El jueves 10 de julio, en Córdoba, Montoneros realizó una serie de atentados con armas y explosivos. Atacaron la jefatura de policía, ametrallaron comisarías, atacaron móviles con granadas y fueron utilizados francotiradores. Se produjeron veinte heridos. Un diario reflejó el clima de caos:

—¿Qué pasa?

—No sé. Toda la ciudad parece haber enloquecido de golpe. Estoy escuchando tiros por todas partes y desde la ventana estoy viendo un negocio incendiándose.

El mismo día, el subsecretario de Seguridad Interior, comisario Héctor Luis García Rey, anunció desde Tucumán que "para terminar con la guerrilla se utilizarán los mismos métodos anticonvencionales que usa la delincuencia."

Finalmente, el viernes 11 de julio se dio a conocer la renuncia de José López Rega a todos sus cargos. Se dejó trascender que fue con motivo de una fuerte presión de los jefes de las Fuerzas Armadas. Claro, renunciaba a "los cargos oficiales". Pero, destacándose la "invariable amistad" que la unía con la señora Presidente, continuó residiendo en Olivos y digitando las audiencias. Mientras los días pasaban, la señora de Perón no se mostraba y los ministros no podían verla.

Informe diplomático desde Brasilia. *La Opinión* se refiere a la agonía argentina. José López Rega, desalojado de la residencia presidencial de Olivos, abandona la Argentina

La situación argentina era mirada con expectativa y preocupación desde el exterior. Se observa nítidamente, a través de los documentos diplomáticos de la época, que hablan del temor a la expansión del desorden argentino más allá de sus propias fronteras. Por ejemplo, el martes 15 de julio de 1975, el encargado de negocios argentino en Brasilia envió a la Cancillería el parte informativo "Reservado" N° 998. El trabajo de seis carillas lleva como título: "Elecciones internas en la

183

A.R.E.N.A. y el M.D.B.". En su mayor parte, el informe analiza el especial momento político que atravesaba el gobierno encabezado por el general Ernesto Geisell (1974-1979) y el partido afín (ARENA) con el régimen militar inaugurado en 1964. Sin embargo, en la página 6, el consejero Rubén Vela deslizó la siguiente observación: "Ciertos síntomas de recrudecimiento de la subversión —que están justificando una amplia labor represiva de las fuerzas de seguridad, cuyo alcance será aquel que el Alto Comando determine conveniente para ajustar las clavijas de toda la población— así como la preocupación despertada por la situación argentina —que refleja con toda crudeza el *Manchete* (N° 1.213) cuando dice "nadie se engaña acerca de la influencia que el caos argentino ejerce en estos momentos sobre los militares brasileños" [...] "El más remoto riesgo de que el modelo pueda ser trasplantado aquí genera los más increíbles tipos de raciocinio y las más increíbles reacciones"—podrían ser indicativos de que ese equilibrio podría quebrarse con mucha facilidad y trastornar fundamentalmente el proceso institucional brasileño. El régimen sigue fuerte pero algunas tendencias liberalizantes en el seno del gobierno podrían estar a punto de desaparecer, precisamente para evitar un debilitamiento del sistema". El semanario brasileño *Manchete* publicó un artículo en su edición 1.213 bajo el título "La agonía peronista".[3] En uno de sus párrafos finales señaló: "Buena parte de los observadores pasó a preguntarse si ya no era demasiado tarde, y si la viuda de Juan Perón no tenía las condiciones reales para continuar siendo la jefa de la nación". De cualquier manera, proclamaba el editorial del diario *La Opinión* en su edición del domingo, "sin un cambio de hombres no hay más solución posible". Pero este cambio de hombres parece un tanto delicado en un momento de crisis aguda en que no surge un nombre capaz de unir a toda la nación en torno de sí. A esta altura de los acontecimientos, el reflejo general lleva a dirigir los ojos hacia los comandos militares que se mantienen en estado de alerta permanente, mas "absolutamente silenciosos". Sería aparentemente impensable que los sindicatos recorriesen los cuarteles para intentar hallar una solución. Mas, como decía un periodista extranjero, no siempre en política lo impensable es absurdo. Y concluía citando la famosa frase de Perón: "El pueblo avanza con los dirigentes a la cabeza, o con la cabeza de sus dirigentes".

• "La agonía"

"Como si una gran torpeza hubiera invadido a todos los sectores, nada de lo que se resuelve queda resuelto, nada de lo que se arregla queda arreglado, nada de lo que se dice queda claro. Y como si un pertinaz delirio hubiera invadido los espíritus, nada de lo que se cree vivir responde a la vida real, nada de lo que se cree posible es una posibilidad real. Una larga agonía. Los salarios fueron estudiados, analizados, discutidos, homologados, anulados, otra vez homologados, decretados, aprobados. Pero la crisis social penetra cada vez más profundamente en el cuerpo de la república. La crisis política fue desarrollada, desatada, discutida, combatida, resuelta. Pero el gabinete sigue sin poder ejercer la administración de los asuntos públicos. No tiene objetivos. No tiene poder. El plan económico no fue otra cosa que un diagnóstico de laboratorio. No hubo plan. Sólo un grupo de funcionarios confundidos, y todo el cuerpo económico de la nación a la deriva. Los argentinos, día a día, tienen conciencia de que el país al que estaban acostumbrados está muriendo. Y no saben qué país, qué vida, los espera. Ni cuánto durará la agonía."[4]

El mismo miércoles 16 de julio, día que se publicó "La agonía", se conoció que la jefa de Estado presentaba "un cuadro gripal que hace necesario su reposo". El parte médico lo firmaron los doctores Pedro Eladio Vázquez y Aldo F. Fontao. Esa misma noche se conoció un segundo parte médico que señaló: (la Presidente) "no acusa estado febril, habiéndosele indicado continuar en reposo, por lo menos durante 48 horas".[5] Había sido un día muy frío y sorprendentemente había nevado en Buenos Aires.

El jueves 17, el ministro del Interior, en representación de sus colegas, concurrió a la residencia presidencial a conversar con la presidenta. Luciendo una remera roja, López Rega le impidió el paso. "Yo me tengo que ocupar de cuidar la salud de la señora" (de Perón), dejó trascender José López Rega. También este día se conoció otro parte médico sobre la salud de Isabel Perón: "Se encuentra en franca mejoría de su estado gripal, debiendo continuar en reposo".

Al día siguiente, el ministro del Interior declaró a la prensa en la Casa Rosada que "por lo que yo conozco, no tengo conocimiento de que haya pedido o quiera pedir licencia la señora de Perón". En cuestión de horas, la Secretaría de Prensa y Difusión anunció que "pese a no estar totalmente restablecida del estado gripal que la aqueja, la Presidente mantuvo una intensa reunión de trabajo con los ministros del Poder Ejecutivo".

El viernes 18 julio, por la noche, la selección argentina de fútbol superó a Uruguay por 3 a 2. El partido se jugó en el estadio Centenario y la prensa destacó las buenas actuaciones de René Houseman y Norberto "Beto" Alonso.

Ese mismo viernes, Benítez junto con Corvalán Nanclares, Garrido e Ivanissevich, insisten en ver a la presidenta. La respuesta fue tajante: la señora les hizo saber que no tenía ningún interés en recibirlos. O sólo lo haría en reunión de gabinete. Se sentían todos los síntomas de vacío de poder. El Regimiento de Granaderos a Caballo, custodia presidencial, con su jefe Jorge Sosa Molina, iba a entrar en acción: "El jefe del Regimiento de Granaderos a Caballo tenía, como tantos otros oficiales del Ejército, serios reparos hacia José López Rega. Lo detestaban. El coronel Jorge Sosa Molina era un hombre con un estilo muy marcado. Serio, ceremonioso en las formas, responsable, tuvo por Juan Domingo Perón un profundo respeto. Su área de competencia (la custodia presidencial) invadía zonas que el ministro de Bienestar Social cuidaba celosamente. Eso fue motivo de muchos roces. Recuerdo uno muy desagradable que formaba parte de ese respeto que Sosa Molina reservó a Perón. El día que murió el presidente, José López Rega le quitó de su mano un anillo del arma de Infantería que acompañó a Perón a lo largo de su vida. Al poco rato, lo veo a Sosa Molina a escasos metros de la escalera que conducía a las habitaciones presidenciales, en el chalet de Olivos, conversando con López Rega. Después de unos minutos, el jefe de Granaderos comienza a gesticular, como queriendo acompañar con las manos la violencia de sus palabras. ¿Qué había pasado? Horas después me enteré de que Sosa Molina le estaba exigiendo a López Rega que devolviera el anillo al cadáver de Perón. Para eso tuvo que mediar María Estela Martínez de Perón".[6]

Aprovechando una reunión de gabinete, el Regimiento de Granaderos desplegó sus efectivos en el interior de la residencia de Olivos. Con el fin de imponer el orden, comenzó a desarmar a la custodia de López Rega. El operativo estuvo a cargo del coronel Jorge Sosa Molina, jefe de Granaderos, previa comunicación del coronel Vicente Damasco con los jefes de Estado Mayor de las Fuerzas Armadas. Intervinieron tres escuadrones apoyados con blindados y desarmaron a los efectivos policiales y parapoliciales.

—Coronel, ¿qué significa este dispositivo? ¿Por qué todas las armas de mis custodios están tiradas? ¿Dónde están Rovira y Almirón? ¿Estoy presa? —preguntó la Presidente.[7]

—No, señora, Rovira y Almirón no son su custodia. En estos momentos estamos asegurando su vida. Tenga la seguridad de que la estamos defendiendo —le respondió Sosa Molina.

José López Rega mientras tanto estaba encerrado en su habitación en compañía del "Gordo" José Miguel Vanni, el ex cuidador de la residencia española de Puerta de Hierro.

Hacia allí se dirigió Carlos Villone:

—Isabel pidió tu renuncia —le anunció. Vanni estalló en una carcajada.

—Te dieron salidera, petizo. Prepará las valijas —le dijo.

—La situación es muy delicada. Tenemos que rajar todos —cerró el diálogo Villone.

López Rega no se quería ir como un "delincuente". Luego de un prolongado encuentro con la Presidente, se decidió que viajaría al exterior en calidad de embajador extraordinario y plenipotenciario "a fin de realizar diversos contactos y gestiones ante organismos oficiales e internacionales del Viejo Mundo". Así, por lo menos, rezaba el decreto presidencial. Además, en atención a su misión, dejaría la Argentina a bordo del avión presidencial Tango 02. El 19 de julio, previa escala en Brasil, López Rega viajó a Madrid en compañía de los comisarios Rodolfo Eduardo Almirón y Juan Ramón Morales. Llegaron a la capital española el 22.

Una vez, hablando sobre López Rega, Juan Domingo Perón dijo: "Acciona enloquecido por el poder. Cree que sus fracasos son debido a brujos rivales. Por ejemplo, el fiasco de la importación de pelucas".[8]

Mientras en Buenos Aires la atención estaba focalizada en los últimos días de José López Rega, el 17 de julio visitó la zona de guerra, en Tucumán, el vicario Victorio Bonamín. Les habló a los soldados: "El Ejército está expiando la impureza de nues-

187

tro país [...] Pido protección divina en esta guerra sucia [...] en defensa de la moral del hombre. En definitiva, en una lucha en defensa de Dios".

Doctor: —¿Podemos decir que terminó la época de la inflación?
—No haga chistes.
—...Y comenzó la etapa de la "hiperinflación".
—No me asuste.
—Mucha gente lo cree así.
—La gente que dice eso es porque no tiene idea de qué es la hiperinflación.
—Lo dice el ingeniero Álvaro Alsogaray.
—¿Y?
—Alsogaray sabe más de inflación que de economía.
—No hay que agitar la palabra "hiperinflación". Puede hacer daño al país. Por diversos motivos. La superinflación consistió en que hubo países que, durante varios años, tuvieron tasas mensuales del 50%.
—Aquí se pronostica un 200% para este año.[9]

Con la solemnidad del caso, en un comunicado de prensa, el secretario de Estado de Coordinación y Programación Económica, Masueto Ricardo Zinn, apeló a una metáfora histórico-militar para retratar el momento que se vivía: "La situación del actual equipo económico es igual a la adoptada por un grupo de espartanos que, comandados por Leónidas, resistieron durante varios días, en el Paso de las Termópilas, permitiendo con ello la reorganización de las fuerzas ante el avance de los persas".

Dentro de la Cancillería argentina, la Dirección General de Informaciones, con la firma de Ricardo José Etchegaray, elevó al canciller y los niveles superiores el Parte Informativo N° 395 de fecha 17 de julio de 1975, conteniendo análisis de artículos que los medios extranjeros publicaban sobre el país. Lo sorprendente era la calificación del documento de dieciocho carillas: "Estrictamente Secreto y Confidencial". En el apartado España se tratan los trabajos del corresponsal del diario *ABC*, quien en la edición del 14 de junio informa sobre "la singular resonancia del agasajo al general Anaya" y reproduce el párrafo del general Rattenbach que dice: "Evitemos a toda costa derribar con las armas lo que las urnas han construido". También analiza tres artículos del *New York Times* de los Estados Unidos. En uno de éstos se toca "el discurso pronunciado por el general Rattenbach en la comida de homenaje al general Anaya, en el cual predijo el citado oficial que si el gobierno era malo caería por sí solo sin que el Ejército debiera intervenir". En cuanto a los medios de Gran Bretaña, observa que *The Times* publica un artículo donde se describe una caricatura que circula en Buenos Aires, en la cual el ministro de Bienestar Social baila al son de una orquesta en la que los músicos en vez de instrumentos musicales tienen ametralladoras, instrumentos de tortura, etc., estimando que esta caricatura se origina en el hecho de que la actual Presidente y el "hombre fuerte del gobierno, López Rega, gobiernan sin haber sido elegidos por el pueblo (sic)".

El viernes 18, la agencia oficial Télam informó que grupos pertenecientes a Montoneros cometieron en La Plata, a partir de las 19, más de veinte atentados contra bancos, comercios, medios periodísticos y automóviles. Ese mediodía, un grupo de ciudadanos marcharon a las escalinatas del Congreso y desplegaron un cartel que rezaba: "Exigimos se investigue la situación financiera de los canales". Un oficial de la policía se acercó y les dijo: "Muchachos, guarden el cartel. Si empezamos a investigar todo lo que hay que investigar vamos todos en cana". Los manifestantes eran miembros de la Asociación Argentina de Actores (AAA). Los actores demandaban que se regularizara el pago de los salarios en los canales (estatizados) 9 y 11 de televisión. La deuda ascendía a 400 millones de pesos. Entre otros, se vio a Mecha Ortiz, Susy Kent, Perla Santalla, Federico Luppi, Cipe Lincovsky y Jorge Rivera Indarte. Faltaron David Stivel, Juan Carlos Gené, Marilina Ross, Emilio Alfaro y Alfredo Alcón. Varios de ellos, semanas antes (28 de mayo) habían concurrido a una cita con José López Rega para denunciar amenazas de un grupo terrorista que había usurpado sus siglas, las Tres A.

Tres ministros de Economía en tres semanas:
Rodrigo, Bonani y Corvalán Nanclares. Los empresarios
se defienden, se funda la APEGE. Con el apoyo
del sindicalismo, llega Antonio Cafiero al Ministerio
de Economía. Se habla de una "licencia" para Isabel Perón

El 19 de julio, Celestino Rodrigo renunció, poniendo fin a sus cuarentinueve días de gestión en el Ministerio de Economía. Previo interinato de Corvalán Nanclares, el 22 juró Pedro Bonani, un ex funcionario de Perón en su primer y segundo período presidencial, vinculado al sector financiero, alejado de la política en los últimos veinte años. Sólo duraría veintiún días. Los medios de la época informaron que tenía un "plan". En el mismo habían colaborado Julián Licastro y los sindicalistas Adalberto Wimer, Juan José Taccone, Oscar Smith, Alberto Campos y Genaro Báez. Las ideas básicas consistían en congelar los precios y retrotraer todo aumento indebido al nivel del 31 de mayo de 1975, restablecer subsidios a los alimentos, ajuste periódico de salarios, nacionalización del comercio exterior, promoción industrial y nacionalización de las empresas estratégicas, y creación del Consejo Nacional de Emergencia Económica.[10] No todo presagiaba pesimismo. Por ejemplo, el ingeniero Julio Broner llegó a afirmar que la situación "no es tan dramática, con dos o tres medidas" podía salirse del estancamiento. Sin embargo, los indicadores económicos que da a conocer *Carta Política* indican que el nivel de las reservas a fines de mayo del 75 eran de 900 a 759 millones de dólares, marcando una tendencia negativa, comparadas con los 1.500 millones de diciembre de 1974 y los 1.903,9 de mayo del mismo año. La circulación monetaria mostró en junio un crecimiento mayor: 11,6% de aumento después de 4,6% de mayo. La tasa anual de crecimiento, en el mes de junio, es del 75,6 % significativamente inferior al crecimiento anual de los precios que es de alrededor del 111%.

Pedro Bonani aceptó el pedido de tregua por ciento ochenta días formulado por la CGT. En ese lapso se suspendían los despidos y las suspensiones laborales. La medida duró poco. A los pocos días, el ministro de Economía propuso crear un seguro de desempleo pero fue rechazado por ser una "solución liberal". La CGE, además, rechazó la tregua económica porque "condena a la bancarrota a los empresarios, que no son causantes de la situación". El título de la declaración fue "Empezamos mal".

Luego de un fin de semana de conciliábulos, el lunes 11 de agosto, Pedro Bonani presentó su renuncia. Duró veinte días. Lo sucedió, interinamente, Corvalán Nanclares, a la espera del arribo de Antonio Cafiero, que en esos momentos se desempeñaba como representante ante el Mercado Común Europeo, en Bruselas. En esos días de la gestión Bonani se gestaron dos hechos que tendrán su importancia meses más tarde. Primero, asumió Emilio Mondelli como presidente del Banco Central, convirtiéndose en una pieza importante de la conducción económica. Segundo, quedó constituida la APEGE, un organismo que reunía a la Sociedad Rural Argentina, Confederaciones Rurales Argentinas, Cámara Argentina de Comercio, Unión Comercial Argentina, la Cámara de la Construcción y otras entidades de peso del universo empresarial. La naciente organización crecería al amparo de la crisis y la pérdida de influencia de la Confederación General Económica, cuyas máximas figuras habían sido José Ber Gelbard y Julio Broner. La APEGE haría sentir su voz al provocar el primer paro general en febrero de 1976.

El lunes 21 de julio, mientras la crisis avanzaba raudamente, volvía a los diarios la recurrente noticia sobre una posible licencia presidencial, como consecuencia de una enfermedad confirmada y negada al unísono desde los propios ámbitos oficiales. La confusión era absoluta. Esa noche, en el noticiero de Canal 13, Balbín opinó dramáticamente: "Creo en la conveniencia de que la señora de Perón descanse, se reponga y se adecue a esta realidad que vive y que deje que las cosas vayan andando".

El miércoles 23 de julio, Raúl Lastiri fue reemplazado como presidente de la Cámara de Diputados. En su lugar asumió varios días más tarde el tucumano Nicasio Sánchez Toranzo, miembro del grupo de "los ocho" que comandaba el justicialista Enrique Osella Muñoz. La caída de Lastiri se llevó adelante desoyendo el consejo en contrario de Lorenzo Miguel, que había convenido un *statu quo* con el ex Presidente. También el desplazamiento de Lastiri sorprendió al presidente del bloque de diputados radicales Antonio Tróccoli, con quien mantenía un aceitado canal de comunicación. La designación de Sánchez Toranzo profundizó la división en el bloque peronista entre verticalistas y antiverticalistas. También rompió en dos al bloque gremial: entre los veinte verticalistas se distinguían Carlos Gallo, Alberto Stecco y Rodolfo "Fito" Ponce. Entre los veintitrés antiverticalistas aparecían Luis Rubeo y Juan Racchini. En el bloque político los verticalistas fueron mayoría, comandados por Rodolfo Arce, Carmelo Amerisse y Carlos Palacio. Los antiverticalistas fueron encabezados por Julio Bárbaro, Alfredo Rodríguez y Hugo Franco. La rama femenina se definió masivamente por el candidato de la verticalidad. A su vez, la mayoría no peronista del Frejuli se volcó mayoritariamente por la decisión de los verticalistas. Los integrantes de la Fuerza Federalista Popular (que habían apoyado a Francisco Manrique en las elecciones del 73) hicieron lo mismo. También siguieron el mismo camino los diputados no peronistas de Salta, Neuquén y la Unión Popular.

Respecto de la polémica sobre el verticalismo y el antiverticalismo, en esos días, el gobernador riojano, Carlos Saúl Menem, se había pronunciado por el verticalismo. Sostuvo que Perón había inventado un estilo político, el verticalismo, y que había que seguirlo a toda costa. Agregó que si se respetaba ese estilo se ahorrarían muchos inconvenientes. Desde las páginas de *Carta Política*, el historiador Félix Luna le respondió: "La solución no es verticalizar sino romper el aislamiento y el exclusivismo del partido oficial. Es inexplicable que el doctor Menem, defensor del federalismo hasta lo pintoresco, exalte esa forma de centralismo que es la verticalidad. A Perón pudo acatárselo cuando imponía esa forma política forzada y antinatural [...] el verticalismo le queda chico al peronismo. Y también al país".[11]

Como apuntaría Miguel "Micky" Alurralde, jefe de redacción de *Carta Política*: "Todo ello constituye una prueba de que la crisis —lejos de agotarse con el desplazamiento de un grupo de poder determinado— se profundiza en las contradicciones internas de sus protagonistas. De todos sus protagonistas. Aun de aquellos que con honestidad piensan que tienen el toro por las astas".

La partida de López Rega no había sido suficiente para muchos. Sus adversarios iban por más. Faltaba que partieran otros funcionarios cercanos al ex hombre fuerte del gobierno: En esos días, la denuncia de un diputado nacional lleva a renunciar al canciller Juan Alberto Vignes. Se lo acusó de contrabando de marfiles, tapices y pasaportes.

El viernes 25, una fotografía oficial mostraba a la señora de Perón en su lecho de enferma dialogando con el político tucumano Celestino Gelsi (Partido Vanguardia Federal de Tucumán". Unas horas más tarde, Gelsi comentó a los periodistas que la Presidente le había dicho que "si le fuera necesario tomar un descanso, lo haría sin delegar el poder". Al semanario *Gente* le contaría que "fui invitado a ingresar en su dormitorio, en el primer piso de la residencia. María Estela Martínez de Perón se encontraba sentada en el lecho. Me recibió con una sonrisa y me invitó a sentarme cerca de ella. Debo confesar que debido a todo lo que se decía sobre la salud de la señora pensé encontrarme con una persona muy desmejorada. No fue así. El rostro delataba que estaba muy delgada, tal vez debilitada, pero por lo que conversamos —estuve con ella más de 25 minutos— vi una mujer expresiva, inteligente y resuelta a seguir luchando. Durante la conversación, llegué a decirle: 'Por lo visto, a usted, señora Presidente, no la manda nadie'. Y me contestó con energía y enfáticamente: '¡Nadie me manda, doctor!'".[12]

Por la noche de ese viernes, en el territorio de la Capital Federal y provincia de Buenos Aires, la organización Montoneros atacó en una "demostración de fuerza" (sic) siete comisarías, asesinando a un agente en la 1ª de Avellaneda, tres intendencias, tres guardias de cuarteles (en Ciudadela, Villa Martelli y Campo de Mayo), una guardería náutica en el Tigre, un astillero en Ensenada, una galería comercial en Lomas de Zamora asesinando a Roberto Aldo Pérez por querer evitar el saqueo de su zapatería, más la destrucción parcial con bombas molotov del "Florida Garden" (Florida y Paraguay), "Tragos" y "La Biela" en la Recoleta. Los ataques no consistieron en enfrentamientos armados, sino en "pegar y replegarse" con el objetivo de "foguear a los milicianos", entendiendo por "milicianos" a los jóvenes que se encontraban en una etapa intermedia entre miembros de "superficie" y "combatientes". Se aprehendió al que incendió confiterías de moda en el Barrio Norte y resultó ser Marcos Rednitzky (hijo de Nehemías, presidente de la DAIA), quien fabricaba sus propias "molo", y su padre obtuvo que lo expulsaran del país.

Mientras tanto, el PRT-ERP mostraba una conducta más cauta a la espera del recrudecimiento del descontento social. En esos días, durante una reunión que mantuvo el doctor Pedro Eladio Vázquez con uno de los comandantes generales, el alto jefe militar comentó: "No creo necesario advertirle, doctor, que la Presidente de la Nación es además Comandante en jefe de las Fuerzas Armadas, de modo que su estado de salud preocupa especialmente a las tres fuerzas".

El sábado 26 se recordó el 23° aniversario del fallecimiento de María Eva Duarte de Perón con una misa en la Catedral de Buenos Aires, a la que no asistieron ni Isabel Perón, ni Ítalo Argentino Luder, ni Raúl Lastiri, ni Casildo Herreras, ni Lorenzo Miguel. La silla presidencial había quedado vacía en la catedral. Para recordar a "Evita", los diarios publicaron una fotografía de la Presidente recibiendo la Sagrada Comunión en Olivos. Ésta es la información periodística. En realidad se temían incidentes, hecho que motivó que el jefe del Cuerpo I, general Alberto Cáceres, se comunicara con el ministro Antonio Benítez para informarlo y advertirle que en caso de producirse desmanes, él iba a "reprimir", por lo que aconsejaba realizar la misa en un lugar con "garantías".[13]

El 28 de julio, Francisco "Paco" Manrique[14] fue el invitado en *Tiempo Nuevo*, el programa de Bernardo Neustadt en Canal 11. Sus palabras reflejaron un paisaje de esos días. Mirando a la cámara, con tono frontal, como fue su estilo, dijo: "Señora... gobierne... pero gobierne bien... porque el país no puede seguir caminando de esta forma [...] Hoy estamos viendo que ella (la Presidente) está enferma. Y que el gabinete se ha reunido. Ayer la vimos en soledad absoluta. ¿Pero quién gobierna? ¿Ese conjunto colegiado de ministros que, además, no producen ninguna confianza al país? Eso sigue siendo anarquía. Y lo peor, anarquía organizada.

"El plan Rodrigo es la consecuencia de la mala conducción económica. En realidad no existió tal plan Rodrigo. Rodrigo se encontró con una evidencia. Y la realidad es que, guste o no guste, Rodrigo puso a flor de vista, allí al alcance de todo el mundo, cuál era la circunstancia nacional. Es decir, apareció la verdad del país. O terminamos con la mentira o la mentira termina con la república".

Esos días finales de julio no estuvieron exentos de violencia extrema: el 27, Montoneros atentó con explosivos el domicilio del rector de la Universidad Nacional de Buenos Aires. El 31, Montoneros atacó también con explosivos la casa de Jorge E. Zurita, directivo de la Facultad de Ciencias Económicas de la Universidad Nacional de La Plata. A principios de agosto, la agencia noticiosa Associated Press computó 389 muertes por la violencia política en lo que iba del año 1975. El semanario *Gente*, en su edición del 25 de julio dirá: "Primero que nada debemos asumir nuestra realidad. Estamos en guerra, y nadie nos salvará sino nosotros mismos. Dios ya hizo bastante por los argentinos. El peligro mayor no reside en el ataque del enemigo sino en nuestra pretensión de ignorarlo y de reducir o parcializar el objetivo. El blanco de esta guerra no es el gobierno, ni una clase social, ni los militares, ni la universidad, ni los empresarios, ni los dirigentes obreros, ni las empresas extranjeras, sino el país en su conjunto".

La guerra ya formaba parte de las conversaciones diarias de los argentinos. Lo mismo que el estado de salud de la jefa de Estado. A lo largo del mes, desde distintas áreas del poder, se informó sobre diferentes síntomas: estado gripal, fatiga y problema gastrointestinal de origen nervioso. Tal era el clima de preocupación que el ministro del Interior, Antonio Benítez, durante una interpelación en la Cámara de Diputados, tuvo que dar una explicación. Intentó esclarecer el ambiente pero trajo más oscuridad: "Si bien está alejada de la Casa de Gobierno, no está alejada del poder. Después del examen que le efectuaron el martes (29 de julio) los cuatro médicos —los doctores Ivanissevich, Vázquez, Solanet y Curutchet— la encontraron en perfecto estado de salud y sólo un poco fatigada. Está un poco fatigada y, sin duda alguna, luego de un breve descanso podrá recuperar la actividad, energía y decisión que ha demostrado hasta ahora". Manuel Solanet[15] era en aquel entonces uno de los neurólogos más importantes de la Argentina.

Un tiempo más tarde, Solanet relató su experiencia a un familiar. De allí que pudo conocerse que concurrió "en consulta" a Olivos por pedido de su amigo Óscar Ivanissevich. Lo fue a buscar el mismo Ivanissevich y luego de pasar por el Hospital Militar Central llegaron a la residencia presidencial. Solanet pidió verla a solas, a pesar de la insistencia en contrario de un asistente de la Presidente. Los síntomas que encontró en la enferma son los mismos que trascendieron a la prensa, síntomas de cansancio y stress. Solanet, con su sapiencia y bonhomía natural, sólo aconsejó a la paciente descansar, tomar un poco de distancia y "hacer cosas de mujeres". De este consejo derivó, semanas más tarde, el viaje a Ascochinga con las esposas de los comandantes generales de las Fuerzas Armadas.[16]

Apuntes de un Granadero. El trato de Perón con los oficiales. Por orden de Perón se censura *La Patagonia Rebelde*. Las experiencias en Tucumán

Ser jefe del Regimiento de Granaderos a Caballo es casi la culminación de la carrera de un oficial de caballería. El gobierno del peronismo en sus diferentes versiones tuvo tres jefes del regimiento. Vicente Damasco fue el primero. Después vino Jorge Sosa Molina y por último Rodolfo Wehner. Un oficial de menor rango relató: "Nosotros en aquellos años éramos oficiales subalternos —subtenientes a capitanes—, no teníamos más de treinta años. Estar en Granaderos era un paso muy importante. En esos tiempos pasaron por la custodia presidencial oficiales como Gustavo Martínez Zuviría, ('Macoco') Rodolfo Anchézar, Rómulo Menéndez, Roberto Bendini, Antonio Parodi, Jorge Mones Ruiz, Nicolás Robbio Pacheco (que se fue de capitán), Francisco 'Pancho' Goris y Diego Landa, oficial de comunicaciones, el único de los pocos que eran peronistas. Veníamos de una formación muy dura en el Colegio Militar. En el Escuadrón pasaron oficiales como el 'Flaco' Córdoba (echado en 1971), Sztyrle; el 'Vasco' Juan Carlos Etchepare que fue tres años jefe del Escuadrón y Julio Hang, siempre engominado, de punta en blanco. Enfrente teníamos a las compañías de Infantería, donde eran instructores varios oficiales pesados. Como el 'Turco' Seineldín o Enrique Schinelli Garay. A la instrucción se le agregaba el padre Oyuet, integrista, preconciliar, que nos daba la misa en latín. Le decían el 'Yeta' porque una vez bendice la inauguración de las nuevas luces de mercurio del Colegio Militar y, cuando se da la orden de prenderlas, explotan. Otra vez bendice la salida de una promoción de la Fuerza Aérea cuyo avión cayó en Centroamérica.

"Estar en Granaderos, escoltar al presidente, cuidar la Casa Rosada y la residencia de Olivos nos permitía conocer al Presi-

José López Rega tenía el poder detrás del trono. Ministro de Bienestar Social y jefe de la Secretaría Privada de la Presidencia de la Nación, fue obligado a dejar el país en julio de 1975.

dente, los ministros, estar en contacto con ellos, observarlos. Una vez, Perón viene a presenciar un desfile al regimiento. Al finalizar, Perón no se quedó a comer un asado porque se sintió mal. Se quedaron Isabel Perón y José López Rega. A los postres, López Rega improvisó un largo discurso, impropio, que nos causó mucho malestar. Cuando terminó había que brindar. López Rega dice 'yo quiero que brinde ése'. Se refería al teniente primero Juan Manuel Gondel, el prototipo de granadero, un tipo con bigote de casi dos metros de altura, que respondió 'yo no voy a brindar frente a personas que no son deseables en este lugar' (o algo parecido). Bueno, se terminó el asado y al retirarse el ministro de Bienestar Social se disculpó.

"Vicente Damasco no era de los que se denominan 'patanes'. Con el tiempo, Perón intimó con él y le encargó coordinar los trabajos del 'proyecto o modelo argentino'. Creo que Perón lo consideraba como un sucesor suyo. Esto lo escuché muy cerca del Presidente. En una ocasión Perón, Damasco y el edecán Alfredo Díaz se reunieron a solas. En esa reunión Damasco le presentó el trabajo a Perón, a instancias del padre Héctor Ponzo, capellán del regimiento y confesor de Perón, mientras Díaz exponía los cuadros temáticos. Poco después Vicente Damasco pasó a la Presidencia como secretario militar y entró a 'jugar' como si no fuera militar. Lo reemplazó en Granaderos el coronel Jorge Sosa Molina. Me acuerdo que cuando entró a Olivos, uno de los primeros que sale a saludarlo es el padre Ponzo —un tipo muy querido por todos— y Jorge Sosa Molina le dice: 'Mire, padre, de la copa de los árboles para arriba manda usted, de la copa de los árboles para bajo mando yo'.

"Estuve presente con otros oficiales cuando Perón se reunió con los diputados de la JP y los maltrató en directo por televisión. Antes de que entraran, Perón dispuso una tarima desde donde iba a hablar y algunos ministros atrás. Dispuso que sus sillones estuvieran separados por un metro 'así no se pueden codear'. Luego de lo que escuché, estaba claro que Perón ya tenía *in mente* lo que les iba a decir. Recuerdo que faltaron dos diputados: Julio Mera Figueroa y Nilda Garré. Alguien de Olivos les avisó lo que se venía y que faltaran. No pregunté quién fue. Por la Inteligencia Militar, después supimos que varios diputados viajaron a México y de ahí a Cuba. Conversaron con Fidel Castro y éste los aconsejó: 'No lo ataquen a (José Ber) Gelbard, yo sé por qué se los digo'. Más tarde esos diputados estuvieron con el entonces ministro de Economía quien les reconoció que era el contacto más importante con Moscú. Juan Domingo Perón se movía en su intimidad con el coronel Carlos Corral, Damasco, el teniente coronel Ramírez de Inteligencia de la Casa Rosada y el edecán Alfredo Díaz. A Díaz lo trataba de 'm hijo' y le tomaba examen todo el tiempo. Claro, venía de la Escuela de Guerra de Brasil... estaba muy preparado. A su vez, Díaz le tomó un gran aprecio y respeto y le cuidaba la espalda.

"En mi presencia, el 20 de marzo de 1974, Perón bajó de su habitación y dijo 'buen día teniente coronel Díaz'. Me quedé congelado cuando Díaz le respondió: 'no tan buen día, general'. El presidente le preguntó por qué le había respondido de esa forma, y Díaz le dijo que era porque ese día se inauguraba la central de Atucha y él no iba a asistir. 'Atucha responde a un viejo proyecto que usted dejó en su período anterior, y el presidente no va a asistir', completó Díaz. Inmediatamente, el Presidente dio orden de avisar a dos ministros (Gelbard y Llambí) y viajó a la ceremonia de inauguración en helicóptero. Resulta que López Rega no le había dicho nada porque quería presidir él la inauguración. Como esas cosas teníamos todos los días. López Rega lo quería aislar a Perón, varios se lo impidieron. Con Isabel fue diferente... hasta le sacó la radio del automóvil presidencial para que no escuchara los noticiosos... y le hizo instalar una pasacassette con boleros.

"En otra ocasión, Perón nos invitó a cuatro oficiales al cine de Olivos, junto con López Rega, para ver *La Patagonia Rebelde*. Vimos la película y recuerdo que en un momento Perón comentó en voz alta 'esto es mentira'. Cuando terminó, dirigiéndose a López Rega dijo: 'Esta película no se estrena'.

"Con Perón teníamos un trato frecuente. Era de sentarse con nosotros, conversar, mientras se tomaba su Bitter Cinzano y nos convidaba cigarrillos Kent. Después de la muerte de Perón todo cambió. A los pocos meses, el clima del país, y Olivos, se agravó mucho más. Estábamos parados, asqueados, entre los relatos de los custodios de López Rega que contaban cómo la noche anterior le habían puesto la 45 en la boca a un 'zurdo' y la izquierda que comenzó a matar a un oficial cada semana. Recuerdo el asesinato del capitán Paiva, el 1° de octubre de 1974. Esa noche se le pidió a Isabel Perón que no asistiera a su velatorio en Patricios.

"En ese clima de ebullición, el teniente Roberto Bendini un día quemó una bandera de China comunista en el Salón de los Símbolos de Granaderos, antes de una comida diplomática. El coronel Sosa Molina lo reprendió duramente y Bendini le respondió: 'Pero mi coronel, cómo les da de comer a estos comunistas, cuando estamos cansados de llevar cadáveres de nuestros camaradas muertos por los comunistas'. Isabel de Perón fue muy respetuosa con los oficiales. Varias noches participó en los operativos de seguridad de la residencia de Olivos, para crear una cultura de seguridad. Fue la época en que se elevó el paredón de la quinta presidencial en prevención de un atentado.

"Sólo una vez hubo un problema con la Presidente. Fue el día de su cumpleaños, cuando quisieron entrar como trescientas personas con una gigantesca torta de telgopor. También vivíamos escenas de terror, como cuando Isabel iba al cine con sus amigos y subía al escenario e improvisaba pasos de baile.

"Los oficiales de Granaderos, a la guerra contra la subversión la vivimos y aprendimos después de varios muertos, a pesar de ser algunos oficiales comandos... la elite. Muchos tuvimos experiencia en Tucumán, a la que pedíamos ir. Allí, peleando contra el ERP, aprendimos las técnicas de combate en la selva que ellos traían de sus manuales cubanos: 'nariz sangrienta', 'minué del Che', 'caza y pesca'. Con el 'minué del Che' nos hacían pelota: los guerrilleros formaban un cuadrado, una vez que te hacían entrar comenzabas a 'bailar', era difícil escapar. El ERP, con todo, fue un gran 'chanterío'. No eran considerados 'guerrilleros' porque no se reconocía la Convención de Viena, pero ellos afirmaban que sí lo eran, pero a su vez tampoco seguían las reglas de la Convención. Eso quedó claro con el tratamiento al teniente coronel (Argentino del Valle) Larrabure o sus asesinatos en plena calle a un oficial y sus familiares. De todas maneras, se ponían uniforme, tenían grados, manuales militares.

"La caída de López Rega, en julio de 1975, fue patética. Un mediodía llegan de comer en un carrito de la Costanera la presidente y López Rega, en el momento en que deja de ser ministro. Un oficial sale a recibirlos. Se presenta y le pregunta a la viuda de Perón: '¿Cómo está, señora Presidente?'. De la misma manera se dirige a su acompañante '¿Cómo está, ministro?' López Rega le respondió secamente, delante de nosotros 'ya no me diga ministro... soy Lopecito nomás'. Y se retira a

200

conversar con dos jóvenes oficiales del regimiento y el mayor Roberto Bauzá. Antes pide su cognac Lepanto y comienza a dar vueltas tratando de conocer el nombre del oficial de Granaderos que hizo el informe sobre la relación de las Tres A con él. Mientras se baja la botella de cognac comienza a dar explicaciones absurdas sobre una supuesta relación íntima con la Presidente. Era increíble. Luego la emprendió con sus poderes: '...si yo digo que en la página 384 de la *Enciclopedia Británica* hay una mosca muerta dalo por seguro que es así, porque yo tengo visión'. Como dije, la caída de López Rega fue patética. Una tardecita desarmamos a su custodia personal a las órdenes de nuestros superiores y el coronel Sosa Molina a la cabeza. Me dicen, porque yo no lo escuché, que Isabel Perón preguntó: '¿Qué es esto? ¿Un golpe?'. El jefe de regimiento le respondió que no.

"Sosa Molina se va después de la asunción de Videla como jefe de Estado Mayor. Él no era parte del sector 'liberal' del Ejército. Y llega el coronel Rodolfo Wehner. Todo estaba muy politizado: el regimiento, el clima de Olivos, la gente en general. La caída de Isabel para nosotros se presentaba de una manera casi traumática. La mayoría de los oficiales no estaba, políticamente, con ella, pero estábamos decididos a defenderla como marca la tradición de regimiento escolta. No la íbamos a entregar. A nosotros no nos iba a pasar lo de Alejandro Lanusse con Eduardo Lonardi en 1955. Recuerdo que cuando llegó el coronel Rodolfo Wehner, como jefe de regimiento, previno a sus superiores, intuyendo que la Presidente se caía: 'No me pongan en el brete' (de hacer algo distinto). La última noche de Isabel de Perón en la Casa Rosada, los granaderos la acompañamos hasta el helipuerto que está en la azotea, la despedimos y ahí, en pleno vuelo, se presenta el tema del 'desperfecto' de la máquina. Si no me equivoco, la acompañaban el principal Troncoso, el edecán naval, Julio González, y el jefe de la custodia, Rafael Luissi, un muy buen tipo. También la acompaña el teniente Müller del regimiento Patricios. Según contó Troncoso —que a las pocas horas volvió a la Casa Rosada— Luissi intentó defenderla, tomando una pistola, pero Isabel lo contuvo: 'Quédese tranquilo'.

"Después, los oficiales que estábamos en la Rosada comenzamos a recibir órdenes de la Casa Militar de bajar a todo el personal al Patio de las Palmeras. Los empleados fueron dejados en libertad una vez identificados. Sólo quedaron cinco o seis que hicimos sentar en el Salón de los Espejos. Uno era Alberto Deheza, otro fue el comandante Rosende y un doctor Cornejo. Como a las cinco de la mañana del 24 de marzo llegan los infantes de marina con uniforme de combate. Y después se los llevaron presos."

Lunes 21 de julio. Reunión del Comité Central Ampliado del PRT-ERP en San Miguel, provincia de Buenos Aires, presidido por Santucho y con la presencia del comité militar rural que había bajado de los montes tucumanos; el ERP lanzó la propuesta política de un "armisticio" junto con la formación de "una asamblea constituyente, libre y soberana, para que los argentinos pudieran decidir democráticamente qué hacer". Después de las movilizaciones obreras que llevaron a la caída de José López Rega, el jefe del PRT-ERP volvió a leer mal la realidad argentina. Pensó que estaba en el inicio "de una situación revolucionaria" que se dirigía hacia "una guerra generalizada". La situación llevaba a tender puentes hacia dirigentes políticos que se consideraban afines o sensibles a "las reivindicaciones populares". Cuando se dieron las movilizaciones, Santucho se encontraba en el monte tucumano y los militantes del PRT-ERP se colaron detrás de las columnas sindicales que marchaban hacia la Plaza de Mayo exigiendo la cabeza de López Rega. Lo que no quería decir que ellos iban al frente de esas manifestaciones.

También leyó mal la realidad de lo que sucedía en Tucumán: su análisis hizo referencia al "empantanamiento" que sufría el Ejército Argentino como resultado de la acción de la Compañía de Monte Ramón Rosa Jiménez. En la misma reunión, a la que asistieron representantes obreros (principalmente de la zona de Villa Constitución), también fueron invitados delegados de organizaciones extranjeras (MIR, Tupamaros y bolivianos del ELN). Por ejemplo, el representante del MIR chileno fue Edgardo Enríquez, "el Pollo" o "Simón", ingeniero, hermano de Miguel Enríquez Espinoza,[17] líder de la organización terrorista trasandina. Después del golpe y debido a la precariedad en que había quedado la organización fue enviado al extranjero para establecer contactos y conseguir recursos. Estuvo en París y como miembro de la Junta Coordinadora Revolucionaria fue detenido en la Argentina. Llevado a Chile, desapareció. En la misma cumbre se repartieron condecoraciones; se estableció la división del país en dos grandes regiones y se creó el Batallón Urbano José de San Martín (que habría de operar tiempo más tarde en Monte Chingolo, provincia de Buenos Aires).

Los apuntes de "Paco" (I): Raúl Clemente Yager

"Paco" es un oficial retirado hace ya muchos años. Incluso, bastante antes del 24 de marzo de 1976. Fue convocado cuando el fenómeno del terrorismo se convirtió en algo palpable, cotidiano. Después del "Cordobazo" (mayo de 1969). No fue un oficial "operativo". Fue, quizá, más importante. Era uno de los pocos que, en esos tiempos de "guerra civil sui generis", como afirmó Mario Eduardo Firmenich, analizaba toda la documentación capturada al terrorismo y luego diseñaba los futuros pasos a dar. Esa tarea lo llevó a conocer, como pocos, a cada uno de los jefes de la guerrilla. A diferencia de la gran mayoría de los oficiales de esa época, "Paco" estudió Ciencias Políticas y Relaciones Internacionales. Tenía más profundidad de análisis que el resto y acceso a publicaciones, por el simple hecho de conocer más de dos idiomas. Todos los miembros de las Fuerzas Armadas lo sabían. "Paco" también conocía las limitaciones de sus jefes. Por eso se alejó antes de terminar el gobierno militar.

En sus apuntes figura el ingeniero Raúl Clemente Yager, alias "Roque", miembro de la conducción de Montoneros y conductor operativo del asalto al Regimiento 29 de Formosa. Lo conoce como agitador estudiantil en 1969; participando en el copamiento de San Jerónimo Norte (Santa Fe) en 1970; fundador de Montoneros en Santa Fe; operador de explosivos; pasando a la clandestinidad en 1972 y vuelto a la superficie en 1973, con la asunción de Héctor J. Cámpora. Para "Paco", Yager participó en innumerables hechos terroristas y estaba comprometido directamente en varios asesinatos.

Tras el golpe militar de 1976, Yager, oficial superior de Montoneros, se replegó (como toda la conducción) y apareció en varios países del exterior, principalmente en México. Casualmente, desde allí, "Paco" recibió un informe interesante sobre la conducción guerrillera. De Yager, entre otras observaciones, dice: "Es organizador, detallista como buen ingeniero. Es señalado como un cuadro 'preservacionista', permanente-

BUENOS AIRES, 10 JUL 1975

CONSIDERANDO, que están pendientes diversas gestiones ante los Gobiernos europeos que son de interés especial para la República Argentina;

Por ello,

LA PRESIDENTE DE LA NACION ARGENTINA

D E C R E T A

ARTICULO 1°: Desígnase al Ex Ministro de Bienestar Social de la Nación Argentina Don JOSE LOPEZ REGA con rango de Embajador, Enviado Especial ante los Gobiernos de los Estados de Europa.

ARTICULO 2°: Para el cumplimiento de su cometido el Enviado Especial con rango de Embajador, recibirá las instrucciones pertinentes para cada caso.

ARTICULO 3°: Comuníquese, publíquese, dése a la Dirección Nacional del Registro Oficial y archívese.

DECRETO N° 1895

ES COPIA

Copia del decreto presidencial 1895, del 10 de julio de 1975, que llevó José López Rega en su huida de la Argentina.

mente desconfiado y alerta. Tiene fama de no poner las manos en el fuego por nadie. Se comenta que la única vez que lo hizo fue cuando la caída de Diego[18] ('pastito'[19]). En sus relaciones afectivas es muy riguroso y austero en sus hábitos de vida. Se lo suele llamar 'el monje'. La impresión que tengo —dice el informante— es que Yager ('Roque') expresa una línea de mayor tendencia al marxismo y de simpatía con los cubanos. No constituye un cuadro definidor de las grandes líneas políticas, como los casos de Firmenich y Perdía. Es más bien el hacedor cotidiano de la organización. Es un compañero que uno podría denominar 'irreductible' y 'no negociador'".

"Paco" cuenta que Yager entró varias veces a la Argentina, clandestinamente, en pleno gobierno militar. En 1979 habría comandado el asesinato en plena avenida 9 de Julio del empresario Soldati. Yager era muy crítico de la eficiencia de las TEI (Tropas Especiales de Infantería) que venían del exterior (entrenadas en El Líbano) en la "contraofensiva" contra el gobierno de Videla. En los 80 volvió a entrar. Fue abatido en 1983, lo mismo que Pereyra Rossi y Cambiasso. No lo vio caer, pero sabe quién lo entregó, aunque nunca lo va a decir. También pudo analizar algunos de los papeles que llevaba encima cuando fue abatido. Era su responsabilidad hacerlo.

Yager era tan puntilloso que parecía un escribano. Todo lo tenía anotado. Detalle increíble para alguien que vivía al borde del precipicio. Por ejemplo, un informe sobre el lanzamiento del diario *La Voz*; análisis de la división del ERP: entre Mattini y Gorriarán Merlo; presupuestos de la organización y sus gastos personales; un informe de la conducción terrorista en el exterior; apuntes de sus reuniones con Vicente Leónides Saadi, Carlos Grosso, (Julio) Guillán, Leonor Alarcia; otros informes políticos; trabajos "ambientales" del dirigente sindical Juan José Taccone (Luz y Fuerza) y de Saúl Ubaldini.

NOTAS

[1] *Gente y la Actualidad*, Años 9 y 10, Nos. 522 y 523, 24 y 31 de julio de 1975.

[2] *Gente y la Actualidad*, Año 10, N° 524, 7 de agosto de 1975.

[3] Remitido al Palacio San Martín por la embajada en Brasilia, acompañando el parte informativo "Reservado" N° 998, del 15 de julio de 1975.

[4] *La Opinión*, 16 de julio de 1975, recuadro de tapa.

[5] El 1º de agosto de 1975, Mario Diament publicó en *La Opinión* una detallada nota sobre la salud de la Presidente Perón.

[6] Testimonios al autor de un militar retirado y coincidentemente de un dirigente peronista presentes en la ocasión. Para más datos, el dirigente político acompañó a Jorge Camus a Olivos apenas conocida la noticia del fallecimiento de Perón.

[7] *Gente y la Actualidad*, Año 9, Nos. 522 y 523, 24 y 31 de julio de 1975.

[8] Conversaciones con Enrique Pavón Pereyra, pág. 216

[9] *La Opinión*, 18 de julio de 1975, Horacio Chávez Paz.

[10] *Entorno y caída*, págs. 90-91.

[11] *Carta Política*, Año II, Nº 29, pág. 22

[12] *Gente y la Actualidad*, Año 10, Nº 523, 31 de julio de 1975.

[13] Testimonio del general (R) Alberto Samuel Cáceres.

[14] Ex funcionario de la Revolución Libertadora; fundador y director de *Correo de la Tarde*; ex ministro de Bienestar Social del presidente Alejandro Lanusse. Fue candidato presidencial en 1973 de una alianza federalista. Años más tarde fue secretario de Turismo de Raúl Alfonsín.

[15] Padre del economista Manuel Solanet y del abogado católico Alberto Solanet.

[16] Testimonio al autor de un familiar de Manuel "Manolo" Solanet.

[17] Murió en Santiago de Chile, el sábado 5 de octubre de 1974, en un enfrentamiento con miembros del Ejército. En esos momentos, su hermano Edgardo estaba en París, Francia.

[18] Miguel Ángel Castiglia (a) "Antonio Nelson Latorre", o "Pelado Diego".

[19] A su esposa, Ana Goldenberg, también le decían "pastito". Aquí puede haber una confusión.

5. La "Argentina potencia", una fórmula olvidada. La pregunta reiterada: "¿Quién gobierna?". Nicasio Sánchez Toranzo reemplaza a Raúl Lastiri. Se suceden los asesinatos y atentados contra militares y la población

◆

En agosto de 1975 la publicidad del gobierno nacional se presentó con otro perfil. Ya no se hablaba de la "Argentina Potencia". La empresa estatal Obras Sanitarias de la Nación recordaba que "Aquí se trabaja por la reconstrucción". Radio del Plata publicó un aviso ponderando uno de los programas de su grilla. *El buen día*, conducido por Betty Elizalde, que había sido premiado con un Martín Fierro. El semanario *Gente* editó un número extra en el que se daban detalles de la enfermedad de la presidente. Mientras, Landrú se divertía, publicando el siguiente chiste. Bajo el título de "Asesor, Ministerio de Economía", un personaje le decía al otro: "Dígale al ministro que se me ha ocurrido este slogan sensacional. Hay que pasar el invierno, la primavera, el verano y el otoño". *Cuestionario*, en tapa, mostraba las caras de jefes militares, sindicales y políticos, bajo el título: "¿Quién gobierna?". Buena pregunta para responder a tantas disputas dentro del oficialismo. Por ejemplo, los diarios del viernes 1º de agosto anunciaron que la "Argentina hará el Mundial '78". La confirmación salió a desmentir los rumores en contrario, pero no alejó la confusión. El más optimista fue Pedro Eladio Vázquez, secretario de Deportes y Turismo: "El ministro de Economía me aseguró que tendría los fondos necesarios. No creo que haya cambiado de idea. Especialmente por el expreso deseo de la señora Presidente de que el torneo se realice en la Argentina". Casi a la misma hora, Benedicto Caplán, secretario de Programación y Coordinación Económica, decía: "El Mundial '78 merecerá atención pero antes debemos solucionar problemas más perentorios y graves en otras áreas".

La violencia era uno de los temas más apremiantes de la agenda política argentina. El miércoles 30 de julio, Montoneros asesinó en Córdoba a tres policías e hirió a otros dos de gravedad, además de provocar una ola de incendios, explosiones y depredación. El 31, en Caseros, un comando de ultraizquierda secuestró a un funcionario de una empresa privada. Frente a la secuencia de crímenes diarios, varios políticos callaban y algunas organizaciones también. Un mes antes, el 6 de julio, la Liga por los Derechos del Hombre —ex SRI (Socorro Rojo Internacional) del Partido Comunista— publicó una solicitada a favor de la liberación de los "presos políticos", y frente a los hechos Oscar Alende no condenaba los desmanes del terrorismo de izquierda. Un medio, en esos días, les dedicó varios párrafos de reproche: "¿Reclamará, ahora, la captura y enjuiciamiento de los asesinos de Córdoba y Caseros? ¿O deberá pensarse que es una Liga por los Derechos de Ciertos Hombres? No hay terrorismo de izquierda ni de derecha: hay, nada más y nada menos, terrorismo. La legalidad y la democracia se defienden contra todos los extremismos; de lo contrario se es cómplice de todos los extremismos y enemigos de la legalidad y la democracia".

Los problemas económicos y financieros se filtraban en todas las ediciones y comentarios de los diarios. Por ejemplo, Horacio Chávez Paz relató, el viernes 1° de agosto, un diálogo que reflejaba el clima del mercado.

—¿Hay muchos dólares argentinos rondando por el mundo?
—El doctor Juan Quillici, ex ministro de Hacienda y Finanzas, había denunciado que la cifra llegaba a 8.000 millones de dólares en 1972. Ahora, serán más de 10.000 millones. Habría que decir que el capital argentino expatriado equivale, aproximadamente, al total de la abrumadora deuda que el país tiene con el exterior.
—¿Cómo se explica que no se hayan conseguido los 250 millones de la carta de intención anunciada por el ministro Rodrigo?
—En realidad, nadie que entienda este negocio creyó en esa posibilidad. No diga que lo dije yo, pero usted puede publicar esto: las posibilidades de la Argentina de conseguir créditos en el exterior en este momento son nulas.

—Siendo así, ¿en qué puede terminar este proceso?

—Si usted tiene un acreedor y no le paga, él lo intima. Si usted tampoco le paga, él va a su casa y se lo cobra por su cuenta. En esto consiste, aproximadamente, la previsible visita de una comisión del Fondo Monetario Internacional en un plazo no muy largo. El FMI viene y le dice al país: yo lo espero dos o tres años más, pero el dólar tiene que estar a ocho mil pesos, la tasa de interés al 140 por ciento y todo el mundo a ajustarse el cinturón. De lo contrario, la Argentina no compra un tornillo en ningún mercado del mundo.

El primer día de agosto, la organización Montoneros atentó contra la casa de Nélida Garat, directora del Liceo "Victoria Mercante" de La Plata. También contra los domicilios de Juan Schwindt, directivo de la Facultad de Ciencias Sociales, y José María Martínez, decano de la Facultad de Ingeniería, ambos en la capital de la provincia de Buenos Aires. El teniente José Conrado Mundani murió desactivando material explosivo.[1] Desde Entre Ríos, el arzobispo de Paraná y presidente de la Conferencia Episcopal, monseñor Adolfo Tortolo, advirtió el miércoles 6 desde un documento: "La realidad nacional es grave, al menos es mucho más que difícil. La nación está como sumergida en una atmósfera de drama [...] el mal no es de ahora, viene de lejos, y cada día que pasa el mal se vuelve más profundo, penetra más hondo, y se torna más difícil superarlo.

El sábado 2, alrededor de sesenta diputados de los ciento cuarenta y tres que formaban el bloque justicialista mantuvieron una reunión con Isabel Martínez de Perón en Olivos. La cita duró cerca de cuatro horas y acompañaban a la Presidente los ministros del Interior y de Justicia, Antonio Benítez y Ernesto Corvalán Nanclares. También participó Julio González, el secretario privado de la dueña de casa. Ante la renuncia de Raúl Lastiri, se debía consagrar al presidente de la Cámara de Diputados, segundo en el orden sucesorio de la Nación. El diálogo, en parte, fue reconstruido por los medios periodísticos:

—En un momento, el diputado salteño Nicasio Sánchez Toranzo[2] le dijo a la Presidente que querían consultarla sobre la designación del sucesor de Lastiri. El legislador Domingo López fue más directo: "Usted debe elegir porque es la dueña del Movimiento". El jefe del Comando de Organización, diputado Alberto Brito Lima, resaltó que "para los peronistas la verticalidad es un dogma".

—La señora de Perón aconsejó "hablar de lealtad y no de verticalidad". Y dijo: "quieren dividir al Movimiento. Pero no se olviden: si me cortan la cabeza a mí, se la van a cortar a todos [...] somos una familia detrás de los objetivos del país. Yo me siento la madre de esta familia".

Luego se paró y afirmó que "el compañero que yo elija sea ayudado y apoyado por todos", avanzó hacia el grupo de legisladores, se paró al lado de Sánchez Toranzo, lo abrazó, diciendo "decido que sea... este viejito". Los presentes aplaudieron tímidamente. Al despedir al grupo de diputados, con tono jovial, les dijo "y las mujeres que vengan también porque así intercambiamos ideas sobre modas, a ver si las polleras se usan más cortas o más largas".

Los medios de comunicación no fueron ajenos a los cambios políticos. El 4 de agosto se anunció el cierre de la revista *Las Bases* luego de 155 números. Terminó siendo el órgano oficial del "lopezreguismo", tanto es así que la directora era su hija Norma López Rega, esposa de Raúl Lastiri. Se adujeron problemas financieros. El cierre de la revista coincidió con la filtración desde Madrid del estado de salud del ex hombre fuerte José López Rega. El médico diagnosticó que padecía de diabetes mellitus, por lo tanto debía guardar reposo y "mantenerse totalmente alejado de la política". *Las Bases* había sido fundada en 1973 y en su staff inicial figuraron Rodolfo Galimberti, Dardo Cabo,[3] Raúl Lastiri y Tuluj Rosembj. El mismo día, el gobierno anunció la designación del actor Luis Sandrini (casado con la actriz Malvina Pastorino) como supervisor artístico de todos los canales estatales de televisión. El poeta Cátulo Castillo cumplirá funciones similares en las radioemisoras estatales. Ambos afirmaron que sus tareas las realizaban en forma honoraria. Por otro sendero transitaba la crisis económica: el 4 de agosto, el gobierno anunció un aumento salarial del 160% para la administración pública. El sueldo mínimo quedó fijado en 500.000 pesos moneda nacional. Días antes el secretario de Coordinación y Programación Económica, Benedicto Caplán, había estimado que un aumento del orden del 90% elevaría el déficit presupuestario a 120.000 millones de pesos ley. Esta medida lo elevaba a mucho más.

El jueves 7, Montoneros asesinó al dirigente gremial Adolfo Dibatista y atentó con explosivos contra el domicilio de Carlos Di Sandro, profesor de la Facultad de Humanidades de La Plata.

El viernes 8 de agosto, el jefe de policía de Córdoba, comisario inspector Carlos Alberto Chuox, informó sobre los detalles de los procedimientos que condujeron a la detención de treinta y seis terroristas. Aunque no lo reconoció, se supo que entre ellos estaba Marcos Osatinsky. A la imputación de graves delitos a la seguridad pública se le agregó el delito de cohecho: Osatinsky ofreció 100 millones de pesos a la policía "para arreglar el asunto" (para que lo dejen libre).

Marcos Osatinsky Schlossberg (a) "Lucio"[4]

Era tucumano. Actuó, acompañado por su mujer Sara Solarz de Osatinsky (a) "Kika" (a) "Lita" (a) "Jenny" (a) "Marie", principalmente en Córdoba y alrededores siguiendo el derrotero de las FAR (luego Montoneros). En sus comienzos transitó por el CNRR (Comité Nacional de Recuperación Revolucionaria), escisión del PCA, inicialmente maoísta, devenida castrista "entrista en el peronismo", motivo que casi los llevó a enfrentarse a tiros con los también maoístas (finalmente trotzkistas) de las FAL que se negaban a simular "populismo". La ruptura se produjo en su campo de entrenamiento en Cuba en 1967, cuando ambas vertientes formaban el sector 2 del Ejército de Liberación Nacional (ELN). El "entrismo" inicial de las FAP, PB, Descamisados y Camilos (luego Montoneros) integró el Sector 8.

Osatinsky y su mujer participaron en el "Cordobazo" de mayo de 1969. Asolaron Resistencia, Corrientes, Rosario y Córdoba (29 y 30 de mayo de 1969), como también en el "Viborazo" el 15 y el 17 de marzo de 1971. Se jactó de haber conducido los incendios simultáneos de diecisiete supermercados "MiniMax" el 29 de junio de 1969 (al mes exacto del "Cordobazo"), cuando su presunto dueño, Nelson Rockefeller, visitaba el país. La pareja también estuvo en la toma de Garín ("Operativo Gabriela"),

213

con el asesinato del policía cabo 1° Esteban Fernando Sullings por parte de Sara Solarz de Osatinsky (30-7-70); el robo de un camión con fusiles en Pilar (29-4-71) con la muerte del teniente primero Mario César Azua y graves heridas al soldado Vacca que agonizó durante años (hasta el 3-2-1975). En 1971 proyectó tres "operaciones conjuntas" llamadas "Sonia" I, II y III, asesinando en Córdoba —con Descamisados y Montoneros— al ex jefe de la policía provincial, mayor Sanmartino (29-7-71) y ultimando —con el PRT-ERP— en Rosario al general Juan Carlos Sánchez y a la señora Dora Cucco de Araya, que atendía un kiosco cercano. No se consumó la tercera (enterrar vivo al futuro comandante general del Ejército), cuando vieron que el blanco iba a ser otro general también apellidado Anaya. Para ese entonces, Osatinsky ya estaba preso en el Penal de Rawson donde planeó y condujo la cruenta fuga del 15 de agosto de 1972 —matando al guardiacárcel Juan Valenzuela— que los llevó a tomar en Trelew un avión luego desviado a Chile para arribar a Cuba. El 29 de mayo de 1973 (ya amnistiado e indultado) festejó en Córdoba, en el palco oficial, el aniversario del "Cordobazo" junto con los presidentes, luego suicidas, Salvador Allende (Chile) y Osvaldo Dorticós (Cuba); los mandatarios cordobeses Ricardo Obregón Cano y Atilio López (gobernador y vice) y los sindicalistas "clasistas" Tosco y Salamanca.

Ya fusionados Montoneros y FAR (en Córdoba, el 12 de octubre de 1973) y expulsados por Perón (1° de mayo de 1974), fue capturado en Córdoba el 7 de agosto de 1975 y muerto (21 de agosto de 1975). Su féretro apareció dinamitado ante el monolito que recuerda a Facundo Quiroga en Barranca Yaco (14-9-75). Como consecuencia de la detención de Osatinsky, el militante montonero Fernando Haymal, alias "Valdés", fue condenado a muerte por delación por un "tribunal revolucionario". Entre otros cargos, además de delación, se le imputó haber provocado la caída de otros terroristas, el pase a la "ilegalidad de compañeros" y "haber causado con su actitud un triunfo político-militar al enemigo". Su mujer estuvo detenida en la ESMA. Fue dejada en libertad durante el Proceso militar junto con otras dos terroristas presas. En Europa, Sara Solarz de Osatinsky fue a la Asamblea Nacional francesa a testimoniar violaciones de derechos humanos. Reside en Ginebra, Suiza, hasta hoy.

El país que encontró Antonio Cafiero.
Escándalo en el Luna Park. "Se agrava la crisis."
Otro cambio del gabinete presidencial.
El coronel Damasco en el Ministerio del Interior

Agosto de 1975 fue un mes clave. Asumirá Antonio Cafiero el Ministerio de Economía, creando una gran expectativa esperanzadora en todos los sectores. Podría decirse que fue la última carta que jugó el peronismo. No llegó solo, vino en medio de una gran reestructuración del gabinete nacional. Desde otra orilla, aunque inmerso en la crisis del país, en este mes el teniente general Alberto Numa Laplane abandonó la jefatura del Ejército para dar paso a Jorge Rafael Videla. El motivo, entre tantos, fue la designación del coronel en actividad Vicente Damasco como ministro del Interior.

Cafiero, en pocas palabras, habría de enfrentar una situación delicadísima. Además de los profundos debates internos del oficialismo, se encontró a los pocos días de asumir con una crisis en el Ejército, con la tensión social que llevó por delante al gabinete nacional, con una situación de guerra que se extendía desde Tucumán a provincias más densamente pobladas y con un marco exterior donde la Argentina no tenía credibilidad.

El sábado 9 de agosto de 1975, el Luna Park desbordó de punta a punta. Peleó el campeón mundial Nicolino Locche contra el mexicano Javier Ayala, al que ganó por puntos en diez rounds. Hasta aquí el simple relato deportivo de un grande del boxeo argentino. La novedad, sin embargo, dio paso a la crónica política. En el ring side aparecieron Raúl Lastiri y su esposa Norma López Rega. Al poco rato llegaron juntos Lorenzo Miguel y Casildo Herreras. Cuando sus presencias fueron detectadas por la popular, se abatió una silbatina que duró un cuarto de hora. Casildo Herreras culpó al lopezreguista Julio Yessi de haber comprado cuatrocientas populares para mandar gente a repudiarlo. La primera reacción de Herreras fue presentar su renuncia por "el desaire" al que había sido sometido, pero el gesto fue rechazado. En esa misma noche, pero en San Juan, durante un acto público, el gobernador de La Rioja, Carlos Saúl Menem, postuló para la reelección en 1977 a María Estela Martínez de Perón.

"Se agrava la crisis", fue el título a cuatro columnas de la tapa de *La Opinión* del domingo 10 de agosto. Trataba sobre el

215

cambio profundo del gabinete nacional. Al mismo tiempo, el matutino en su edición dominical informó que el gobierno devaluó el peso un 20%. Era la tercera modificación cambiaria en sesenticinco días. En su edición del sábado *The Buenos Aires Herald* publicó que la cotización del dólar en el mercado negro había tocado los 8.000 pesos viejos, cuando el viernes al cierre de la jornada se había estabilizado en 7.500 pesos. El matutino de habla inglesa recordó que el 25 de mayo de 1973, al concluir el gobierno militar del teniente general Lanusse, el dólar se cotizaba a 1.330 pesos viejos. Ese domingo, como era su costumbre, el canciller Juan Alberto Vignes almorzó plácidamente el tradicional puchero del Plaza. Lo acompañaban dos funcionarios del Palacio San Martín, pero no estaba su secretaria Marta Natale. Se lo veía exultante, horas antes había estado con la presidente y estimaba que quedaba en el gabinete aunque no sabía dónde. Él sospechaba que iría a Interior o a Defensa por sus relaciones con Washington. También había llegado Ángel Robledo, llamado de urgencia a Brasil, en donde había presentado cartas credenciales[5] dos días antes. El mundillo político lo señalaba para comandar el Palacio San Martín. Por su parte, Antonio J. Benítez no tenía ninguna esperanza de permanecer como ministro de Justicia: fue acusado como el funcionario que hizo equivocar a la Presidente con la firma de unos cheques de la Cruzada de la Solidaridad, una entidad de bien público, para solucionar problemas personales. El lunes, por juegos de presiones que se llevaron a cabo en las últimas horas, Vignes dejó el gabinete y Ángel Federico Robledo[6] volvió a ser ministro, esta vez de Relaciones Exteriores. Carlos Federico Ruckauf, un hombre ligado al sindicalismo, era designado en Trabajo; Pedro Arrighi en Educación y Carlos Emery en Bienestar Social. Seguían en sus cargos Jorge Garrido (Defensa) y Ernesto Corvalán Nanclares (Justicia). Bonani dejó vacante Economía, lo sucedió, interinamente, Corvalán Nanclares. El 13 de agosto de 1975 se supo que el coronel Vicente Damasco le ofreció, en nombre de la Presidente, la cartera de Economía a Antonio Cafiero. En realidad los candidatos del coronel Damasco eran otros: Uno fue Lucas Mario Galigniana, el otro Juan Homero Soubelet. Los dos habían sido profesores en la Escuela Superior de Guerra. El coronel, en actividad, Vicente Damasco aparecía como hombre fuerte en el gabinete desde el Ministerio del Interior.

"El 14 de junio, alrededor de las cinco de la tarde, Carlos Alberto Emery caminaba pausadamente cerca de la esquina de Callao y Santa Fe. Había concurrido solo, sin custodia, al cine Grand Splendid (a una cuadra de su casa) a distraer sus pensamientos. Sin duda un buen recurso para renovarse mentalmente; aunque el film —*Cierta clase de ternura*— no le había gustado. Allí se encontró con el jefe de redacción de *Carta Política* con quien lo unía una sólida amistad. El diálogo de la actualidad no se hizo esperar. El funcionario se expresaba como lo hace siempre, fluidamente. "¡Qué triste es todo esto! Con las esperanzas que había. Usted sabe que yo no estoy atado a la solemnidad del cargo. Por eso, cuando se aclare, tomaré la decisión que debo tomar. No es serio hacerlo ahora. Vengo del cine. Tener que soportar los silbidos del noticiario. Estamos trabados, equivocados." El secretario de Agricultura dejaba caer dolorosamente las palabras. Enjuició con severidad al ministro de Bienestar Social, quien se encontraba en el Brasil, descansando. Habló duramente de la influencia de López Rega. Cuando se habían prometido recíprocamente volver a verse, Emery agregó: "Hay un hombre que puede salvarnos. Honesto, capaz. Yo lo vi moverse en Tucumán. Y, además, tiene el testamento político de Perón, le tenía afecto y respeto... es el coronel Damasco".[7]

La designación del coronel Vicente Damasco provocó una sensación de rechazo en los altos mandos del Ejército. Era un militar en actividad. Su designación como ministro del Interior fue entendida como una ratificación a la línea del "profesionalismo integrado" que defendía el comandante Alberto Numa Laplane. Los que criticaban a Damasco veían, o querían ver, un "compromiso" político del Ejército con el gobierno, algo que para ellos desnaturalizaba la misión del Ejército. Los treinticuatro días de la gestión de Damasco y su caída marcaron a fuego al gobierno de Isabel de Perón, porque cuando renunció melló severamente la autoridad presidencial. El jueves 14 se planteó la cuestión en la reunión de altos mandos de la Fuerza. Cara a cara, Laplane escuchó las quejas de Carlos Delía Larroca (comandante del Cuerpo III); Jorge Rafael Videla (Estado Mayor Conjunto); Roberto Eduardo Viola (II Cuerpo), Carlos Suárez Mason (V Cuerpo) y Diego Urricarret (Fabricaciones Militares). Ellos defendieron la tesis del "profesionalismo prescindente" o "aséptico": las Fuerzas Armadas no podían servir a una facción política sino a toda la nación, por lo tanto debía pedirse el retiro del coronel Vicente Damasco. El general Alberto Cáceres, comandante del Cuerpo I (Palermo), que contaba con la adhesión de los sectores nacionalistas, permaneció en silencio. La respuesta que ensayó Laplane no fue la más indicada, según dejaron trascender los medios de la época, e intentó pasar a retiro a Videla y a Viola. Como apuntó detalladamente Rosendo María Fraga,[8] la cumbre de generales se realizó en el despacho del comandante Laplane, pero al lado había gente armada por si había que detener a algún general. La crisis estaba sobre el tapete.

Se suceden los crímenes del terrorismo. Aparece en Rosario el cadáver del teniente coronel Argentino del Valle Larrabure. La designación de Damasco genera la crisis militar

El lunes 18 de agosto, un comando de la Unidad Guillermo Rubén Pérez del PRT-ERP asaltó el Tiro Federal, ocasión en la que robó setenta fusiles FAL, cuatro FAP, veintiún pistolas y una subametralladora, al tiempo que asesinó al capitán Miguel Alberto Keller. El general Jorge Olivera Róvere, director de la Escuela Superior de Guerra, despide sus restos, interpretando la voz de la oficialidad en general: "No habrá paz hasta que los enemigos de la paz sean sepultados. [...] No estará nuestra misión cumplida y no podremos enfrentar el juicio de la historia hasta que los instigadores ideológicos, los perjuros, los traidores y los ejecutores materiales y sus cómplices desaparezcan para siempre".

Ante dichas palabras, como un llamado de atención, *Cuestionario*[9] dejó su constancia: "Cuando días más tarde esas mismas palabras se reivindicaban, en frío, como 'punto de partida válido', se quería dejar en claro que la nueva etapa represiva no iba a estar signada por la debilidad ni condicionada por ningún poder estatal. Que de ese modo el poder militar vaya a crecer desproporcionadamente es, en todo caso, una consecuencia inevitable".

Lo que no contó *Confirmado*, de Rodolfo Terragno, fue que la noche del velorio, por el playón del cuartel Palermo, se vivieron momentos desgarradores. La imagen de Olivera Róvere seguido por los capitanes reclamando venganza, a gritos, nunca sería olvidada por una fuente que lo comentó al autor.

Había pasado más de una semana y la crisis militar no estaba cerrada. El 22, el canciller Ángel Federico Robledo le expuso al teniente general Laplane la conveniencia de pedir el retiro, en prenda de unidad y cohesión del Ejército. Laplane quedó en meditar el consejo. Mientras en Mar del Plata el gobernador Victorio Calabró le aconsejaba a la Presidente dejar "a los militares en lo suyo, que va a ser mejor para todos", en la Capital se sucedían las reuniones de mandos y los conciliábulos políticos. "¿Habrá un golpe militar esta semana en la Argentina? No. Pero necesariamente deberá resolverse la crisis militar planteada a partir de la designación del coronel Vicente Damasco como ministro del Interior." La pregunta y la respuesta se las formuló Heriberto Kahn en *La Opinión* del domingo 24 de agosto.

> ### • El PRT-ERP pide la vigencia de la legislación internacional sobre trato a prisioneros de guerra
>
> "Desde el momento en que Larrabure fue apresado, comunicamos a los mandos de su ejército nuestra disposición a canjearlo por compañeros nuestros prisioneros, lo que fue rechazado. Posteriormente, en vista de sus características y profesión, ofrecimos al mayor Larrabure la oportunidad de obtener por sí mismo su libertad, a cambio de un período de colaboración con nuestros talleres de fabricación de armamentos, ofrecimiento que Larrabure erróneamente rechazó. Últimamente volvimos a insistir en el canje, y entrevistamos, hace tres meses, a la señora de Larrabure, iniciándose nuevas gestiones que tampoco fructificaron por la absurda e irracional negativa gubernamental. Las falsas acusaciones de torturas se desmienten, por otra parte, por el simple hecho de que hicimos público el suicidio de Larrabure en el momento en que se produjo y entregamos de inmediato el cadáver. [...] Nos obligan a responder con represalias, tal como hizo público nuestro Partido en la conferencia de prensa del 12-8-75 ante periodistas nacionales e internacionales donde anunciamos la resolución del Comité Central 'Vietnam Liberado' sobre represalias indiscriminadas como única respuesta posible a que nos vemos obliga-

> dos, para obligar a su vez a las fuerzas represivas y cuerpos especiales a respetar los tratados internacionales sobre trato de prisioneros."[10]

El sábado 23 de agosto, el PRT-ERP abandonó en un baldío de Rosario el cadáver lacerado y con visibles marcas de haber sufrido tormentos del teniente coronel Argentino del Valle Larrabure.[11] En sus exequias habla el teniente general Alberto Numa Laplane, volviendo a reiterar la tesis del profesionalismo integrado. Sus palabras profundizaron el clima de rechazo en el Ejército. Los altos mandos decidieron pedir su relevo por no interpretar el sentir de la Fuerza. Uno tras otro, los generales se fueron sumando a través de radiogramas y comunicaciones. También los coroneles antiguos del Estado Mayor jugaron en esas horas un papel importante en la caída de Laplane. Ejemplos: Horacio "el Sordo" Liendo (Comunicaciones), Reynaldo Bignone (Secretaría General)y Carlos Martínez (Inteligencia). El martes 26, Alberto Numa Laplane presentó el retiro. Isabel de Perón, en un gesto de autoridad, lo rechaza y le ratifica su confianza. De todos modos, el general Carlos Delía Larroca, por razones de antigüedad, asumió la comandancia, trasladándose de Córdoba a Campo de Mayo. Laplane advierte que no tiene ningún respaldo y, el miércoles, se va a su casa. Otro capítulo estaba por comenzar.

En esas horas, la residencia de Olivos se fue llenando de funcionarios, sindicalistas, los legisladores amigos y asesores de todo tipo. Primaban, a grandes trazos, dos líneas de acción. Una que instaba a la presidente a designar al general Alberto Samuel Cáceres Anasagasti y descabezar a la institución.[12] Apoyaban esta tesitura Lorenzo Miguel, el ministro Emery y sectores nacionalistas críticos de José López Rega: Cáceres tenía, además, en esos momentos, todos los pergaminos para el cargo: oficial de Inteligencia; jefe de la Superintendencia de la Policía Federal; jefe de la Policía Federal; director de Gendarmería y comandante del Cuerpo I. La otra pujaba por respetar el orden de antigüedad, posición que conducía a Delía Larroca a la comandancia. Respaldaban la idea Ítalo Argentino Luder, Antonio Cafiero, Casildo Herreras y otros sindicalistas.

La balanza la inclinó el almirante Emilio Eduardo Massera, de la siguiente manera: llamó por teléfono a un "contacto" que participaba de los cónclaves y preguntó: "¿Dónde está la Presidente?" "Arriba en su habitación" fue la respuesta. "Bueno, haga que no baje hasta que yo llegue a Olivos. Quiero hablar con Garrido" (el ministro de Defensa).

Como a la media hora arribó a Olivos. La casa principal estaba inundada de funcionarios y dirigentes. El hedor a cigarrillo era casi insoportable. Apenas entró a la vieja casona de Olivos se instaló en un pequeño despacho con chimenea que está inmediatamente a la derecha y ordenó: "Haga venir a Garrido". Pocos minutos después entró el diligente escribano con una sonrisa. Massera, sin diplomacia, fue al grano: "Dígame, pedazo de pelotudo, desde cuándo a usted los sindicalistas le eligen al comandante en jefe del Ejército".[13] Poco más tarde conversó a solas con la Presidente. Otros historiadores dirán que el ministro Aníbal Demarco intercedió a favor de Videla.[14] El general Delía Larroca se automarginó (sabía que había una intriga en su contra que lo relacionaba con el contrabando de caballos) y se impuso el orden del escalafón. Fue designado Jorge Rafael Videla (tercero en antigüedad). "El nombramiento del nuevo comandante del Ejército, general Jorge Rafael Videla, ha consolidado no sólo la unidad de la institución, sino la de las tres fuerzas armadas", opinó *The Buenos Aires Herald*. "Massera ha conseguido que el Ejército diera el golpe que quería dar la Marina", apuntó un observador el 27 de agosto. Desde otro costado, el brigadier Héctor Luis Fautario puso blanco sobre negro, y señaló en *La Opinión* del 30 de agosto: "La subversión pasará a ser, a partir de ahora, el eje fundamental sobre el que girará la realidad nacional". No era una premonición sino una realidad. Estábamos todos avisados. El 1º de septiembre, como comandante general del Ejército, Jorge Rafael Videla realizó su primer encuentro con la Presidente.

Testimonio del general (RE) Alberto Samuel Cáceres

El General de Brigada (R) Alberto Samuel Cáceres Anasagasti pertenece a la promoción 73 del Colegio Militar de la Nación, como lo fueron, entre otros, los generales Videla, Viola, Rosas, Suárez Mason y Miró. Militares fueron su padre,

Septiembre de 1975. Isabel Perón pronuncia unas palabras
en el Salón Blanco antes de partir en uso de licencia a las sierras de Córdoba.
La rodean, entre otros, Antonio Cafiero, Ítalo Argentino Luder,
Nicasio Sánchez Toranzo, Ángel Robledo y Carlos Ruckauf

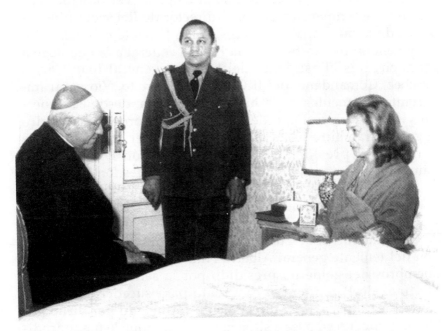

La salud presidencial, un tema reincidente. Isabel Perón, enferma, recibe al vicario castrense, monseñor Bonamín, en la Residencia de Olivos.

su abuelo, tíos abuelos y bisabuelo paternos, y en la actualidad su hijo Miguel Eduardo. Artillero, oficial de Inteligencia, recibido en la Escuela de Inteligencia del Ejército con medalla de oro por haber egresado con el más alto promedio de su curso. Fue jefe del 7mo. Grupo de Artillería de Montaña con asiento en Covunco Centro, Neuquén; prestó servicios en la Escuela Superior de Guerra y en la Subsecretaría de Guerra; integró el equipo militar presidido por el general Juan Carlos De Marchi, que durante cuatro años condujo la empresa Ferrocarriles Argentinos, desempeñándose como director de Relaciones Industriales de la misma. Varias veces, como teniente coronel, coronel y general fue destinado a la Policía Federal a la que llegó a conducir, tras el asesinato del teniente general Juan Carlos Sánchez, Comandante del II Cuerpo de Ejército. Vio pasar importantes momentos de la historia argentina: desde el secuestro y posterior asesinato del ex presidente provisional Pedro Eugenio Aramburu hasta la entrega del poder por las Fuerzas Armadas al presidente electo de la Nación Dr. Héctor J. Cámpora el 25 de mayo de 1973. Durante la gestión del teniente general Jorge Carcagno revistó en disponibilidad. A partir del 28 de diciembre de 1973 fue designado Director Nacional de Gendarmería y finalmente en mayo de 1975 ocupó el cargo de Comandante del I Cuerpo de Ejército durante la breve gestión del teniente general Alberto Numa Laplane. Para algunos miembros del gobierno presidido por la señora María Estela Martínez de Perón, era el candidato para suceder a Laplane. No lo fue. No aceptó el ofrecimiento formulado por dicho gobierno y solicitó su pase a situación de retiro que le fue concedido el 11 de septiembre de 1975, alcanzando el cómputo de servicios un total de 43 años, 9 meses y 27 días.

Como teniente coronel fue designando director de Coordinación Federal de la Policía Federal. Luego, a mediados de 1970, volvió como coronel y posteriormente ascendió a General de Brigada el 31 de diciembre de 1971. A los pocos días de haber sido designado por segunda vez, reunió a los jefes de los departamentos de Asuntos Políticos, Asuntos Extranjeros, Informaciones Policiales Antidemocráticas, Delitos Federales y Documentación y Archivo y les requirió informaciones precisas sobre los grupos terroristas que actuaban en nuestro país: relacionadas con su organización, integrantes de los mismos, lugares de adiestramiento, recursos con que contaban, etc. Las respuestas se limitaron a mencionar las organizaciones cuyas actuaciones habían trascendido públicamente: ERP, Montoneros, FAR, FAL, FAP, ELN. En cuanto a quiénes integraban cada uno de ellos, las respuestas fueron "no lo sabemos", y otras que eran vagas referencias a la actuación de las mismas.

"De esos vagos y escasos antecedentes tuvimos que partir para enfrentar la violenta y sangrienta acción que el terrorismo desarrollaba en nuestro país, a partir del secuestro del teniente general Pedro Eugenio Aramburu. Mientras realizábamos la investigación de dicho delito, se resolvió solicitar la orden de allanamiento a la Justicia del casco de la estancia 'La Celma', ubicado en la localidad bonaerense de Timote, y se solicitó al jefe de la Policía de la Provincia de Buenos Aires, coronel (R) Eduardo Aníbal Nava que con personal policial a sus órdenes efectuara el allanamiento y la búsqueda del cuerpo de Aramburu, en virtud de que la familia Ramus era propietaria del mencionado campo y que uno de los miembros de ella intervino en el grupo que secuestró a Aramburu en su domicilio particular de la calle Montevideo y Marcelo T. de Alvear. El cuerpo se encontró enterrado en el sótano de la finca, cuyo piso de tierra presentaba señas de haber sido removido. Uno de los integrantes del grupo policial comenzó a remover la tierra, y al sentir un olor muy fuerte cavó más profundamente encontrando un cuerpo humano en estado de descomposición. Lo retiraron e informaron a Coordinación Federal de tal hallazgo. Llegado el cuerpo a Buenos Aires, se lo trasladó al Regimiento de Granaderos a Caballo para realizar las pericias técnicas que permitieron su identificación, tarea que culminó con la comprobación de que pertenecía al ex Presidente Provisional de la Nación secuestrado el 29 de mayo de 1970 en la ciudad de Buenos Aires."

—¿Cómo tomaron ustedes el hecho del secuestro y asesinato del teniente general Aramburu?

—La aparición del cadáver significó el pasaje de la clandestinidad al accionar desembozado y abierto del terrorismo subversivo en todo nuestro país, porque había terminado el período de organización, reclutamiento e instrucción de sus cuadros en el país y en el extranjero. Habían pasado a la acción violenta y abierta para imponer el terror como paso previo a la toma del poder político de nuestro país. Fue a partir de este secuestro y posterior asesinato que los medios de comunicación social comenzaron a informar con mayor frecuencia sobre asesinatos, secuestros seguidos de muerte, ataques armados, robos a bancos y financieras, toma de localidades, cárceles, instalaciones policiales, radios, ataques a unidades y dependencias militares, robos de automotores, armas, munición, explosivos, uniformes, medicamentos, formularios para confeccionar documentos de identidad y de propiedad de automotores, ocupación de universidades y fábricas, colocación de explosivos, voladuras de viviendas, comercios y de medios de transporte públicos, sabotajes a la producción, campañas de ataque contra nuestro sistema de vida y sus instituciones, etc.

"Todo evidenciaba que nuestro país se encontraba en una grave situación interna de guerra revolucionaria reconocida por la Cámara Federal que juzgó a los comandantes en jefe del gobierno militar del Proceso de Reorganización Nacional, en cuya síntesis del fallo que los condenó, el 9 de diciembre de 1985, expresó entre otras cosas 'se ha examinado la situación preexistente a marzo de 1976 signada por la presencia en la república del fenómeno del terrorismo que, por su extensión, grado, ofensividad e intensidad, fue caracterizado como guerra revolucionaria'. Aquella guerra revolucionaria, que no reconoció tregua ni concesiones, tuvo las más cruentas y atroces manifestaciones en la totalidad del territorio nacional. Los hechos producidos por el terrorismo demostraron que la Argentina enfrentó al enemigo más adoctrinado, entrenado, sangriento, audaz, provisto de abundantes medios técnicos, sin limitaciones financieras y convencido de la legitimidad de sus ideales, así como versátil en los más variados e inesperados procedimientos operativos que llevó a cabo.

—Centremos la atención en 1975 en la "Operación Independencia".

—El planeamiento de la misma fue dirigido por el general de brigada Francisco E. Rosas, Jefe III Operaciones del Estado Mayor General del Ejército, en la gestión del teniente general Leandro E. Anaya. Posteriormente pasó a desempeñarse como jefe del Estado Mayor General del Ejército en la del teniente general Alberto Numa Laplane, compañero mío. Yo era en esos momentos director nacional de Gendarmería, luego en mayo de 1975 asumí como comandante del I Cuerpo de Ejército. El general Rosas era un soldado inteligente y un ser humano extraordinario a quien tuve el honor de despedir cuando murió repentinamente. La "Operación Independencia" se hace pública en plena etapa de planeamiento, cuando cayó, el 5 de enero de 1975 en los cerros tucumanos el avión que conducía al comandante del III Cuerpo de Ejército, general Enrique E. Salgado y al general Ricardo A. Muñoz, Comandante de la V Brigada de Infantería, cerca del Aconquija, y a jefes de los estados mayores de ambas grandes unidades de batalla y de combate. El general Salgado era un soldado muy detallista, quería observar con mayor minuciosidad el terreno que se veía desde el avión y ordenó al piloto que descendiera unos metros más. Los cerros se encontraban cubiertos de montes tupidos que dificultaban evidentemente la observación. Esta circunstancia provocó el choque de la aeronave con un cerro y la muerte de los pasajeros. En esos momentos la Gendarmería Nacional y la Policía Federal se encontraban bajo el control operacional del Ejército.

—¿Por qué fue designado como comandante del I Cuerpo de Ejército en mayo de 1975? Un cargo fundamental dentro del Ejército.

—Cuando el teniente general Laplane me convocó para cubrir ese cargo me manifestó, "te necesito como comandante del I Cuerpo". Para mí era la culminación de mi carrera militar. No ignoraba que en esa época sonaba para el cargo máximo de comandante general del Ejército. Unos días antes, a principios de mayo de 1975, me llamó por teléfono el ayudante del comandante de la Armada, Emilio Eduardo Massera, para invitarme a almorzar. Concurrí al edificio Libertad el día indicado. Almorzamos solos. Durante los primeros momentos Massera pasó gran parte del almuerzo hablando de temas intrascendentes sin mayor importancia. Cuando estábamos por terminar, ingresó su ayudante y le manifiesta: "Señor almirante, si usted no se encuentra dentro de tres minutos en el playón de planta baja para abordar el helicóptero, llegará tarde a la ceremonia a llevarse a cabo en la Escuela Naval Militar de Río Santiago". Massera se pone de pie y mientras el camarero le ayuda a colocarse el saco naval me dice: "Alberto Cáceres, antes de retirarme quiero decirte que con el comandante general del Ejército que ustedes tienen, el teniente general Leandro E. Anaya, no podemos entendernos y hemos resuelto en Marina que el comandante general del Ejército tenés que ser vos". Mi respuesta fue inmediata:

"Dime, ¿no te alcanza con la Marina que querés manejar también al Ejército?". Como toda contestación Massera se sonrió y se retiró para concurrir a Río Santiago.

"Lo que nunca supe realmente fue qué acontecimientos provocaron el alejamiento de Leandro Anaya del Comando General del Ejército. Cuando se presentó la crisis militar de agosto de 1975, durante una tarde que no puedo precisar en estos momentos, me llamó por teléfono al comando el subsecretario de Defensa, general Carlos Caro, para decirme que tenía urgencia en hablar conmigo. Respondí que lo esperaba a partir de las 22 de ese día en el I Cuerpo con asiento en Palermo. Cuando llegó me manifestó que concurría para ofrecerme en nombre de la Presidente de la Nación el cargo de comandante general del Ejército. A lo cual respondí: 'Mi general, le agradezco que se haya molestado en venir hasta aquí para formularme este ofrecimiento'. Le expresé que era un cargo político que no deseaba ocupar pues quería seguir siendo comandante del I Cuerpo de Ejército. El General Caro me respondió:

—¿Usted quiere entonces que dicho cargo lo ocupe alguno de los generales rebeldes?

—De ninguna manera —le dije.

—¿Entonces qué sugiere, cuál es su opinión?

—Designar a un general que no haya estado en la posición de los generales que usted calificó de rebeldes ni en la adoptada por mí para que pueda tener mayor libertad de acción durante la crisis.

—¿Y quién es ese general al que usted se refiere? —expresó Caro.

—Es el general Luis María Miró, que se encuentra en la ciudad de Washington, en la Junta Interamericana de Defensa. Si se lo llama, en horas llegará al país.

—Pero es ingeniero militar —me respondió.

—¿Es general o no es general, mi general?

—Es ingeniero militar —volvió a repetir el general Caro.

—El general Miró es un soldado que ha prestado importantes servicios al país en la Comisión de Límites en el Ministerio de Relaciones Exteriores y Culto y que el país no ha valorado adecuadamente.

—Recuerdo que en aquellos días, varios medios periodísticos informaron que usted era el candidato de Lorenzo Miguel. ¿Fue así?

—Yo no lo conocí a Lorenzo Miguel, ni hablé nunca con él. Cuando la CGT le hizo el homenaje al Ejército, por los muertos del terrorismo, vino (Roberto) Viola y me pidió que le presentara a Miguel. Le respondí: "Yo creo que por las fotos de los diarios, Miguel es aquel tipo que está allí, anda y velo vos". Lorenzo Miguel me mando cuando ascendí a comandante del Cuerpo I una estatua de un gaucho con una bandera argentina y yo la puse en mi escritorio. Pero no hable nunca con Miguel, creo que era un buen tipo.

"Cuando me entero de que el general Jorge Rafael Videla fue convocado a Olivos, donde se le ofreció el cargo de comandante general de Ejército y que lo había aceptado, llamo a mi despacho al sargento primero oficinista Félix Muñoz que se desempeñaba en mi ayudantía y le ordeno que busque en mi portafolios la solicitud de retiro sin fecha y sin firma que siempre llevaba allí desde el día que ascendí a general de brigada el 31 de diciembre de 1970. El sargento primero Muñoz me miró, intentó dar una opinión, pero finalmente la buscó y la trajo hasta mi escritorio, le pongo la fecha en que esto ocurría, comienzo a firmar la solicitud y se acaba la tinta de la lapicera impidiéndome terminar la firma. El sargento primero me dice, 'mi general, éste es un llamado de atención para que no firme dicha solicitud', a lo que respondí, 'pásela nuevamente a máquina con una copia y tráigala para mi firma'. Cuando Muñoz cumplió la última orden que le había impartido feché y firmé la nueva solicitud, la ensobré y me dirigí al Estado Mayor Conjunto para entrevistarme con el general Videla, que por la tarde de ese día asumiría en Palermo como Comandante General del Ejército y le entregué mi solicitud de retiro con el pedido de que le diera el más urgente trámite.

"Antes de retirarme del despacho de Videla, éste me preguntó por qué me iba. Mi respuesta fue: 'Te voy a ser muy sincero, porque no quiero ser cómplice de lo que ustedes van a hacer'.

"Salí del edificio donde funcionaba el Estado Mayor Conjunto y me dirigí al Comando General del Ejército para saludar y despedirme del teniente general Laplane, que todavía no había dejado su cargo. Antes de retirarme le formulé mi última solicitud, que fue la siguiente: 'que en la orden que tienes que impartir para la realización de la ceremonia que esta tarde deberá llevarse a cabo en la Plaza de Armas del Regimiento 1 de Infantería

Patricios en la cual Videla asumirá el Comando General del Ejército, se coloque en el apartado correspondiente al jefe de las tropas que formarán el grado, nombre y apellido del segundo comandante y jefe del Estado Mayor del I Cuerpo de Ejército, general de brigada Carlos Laidlaw'. Esta solicitud fue aceptada por el teniente general Laplane y eso permitió que no avalara con su presencia aquella designación sin cometer un acto de indisciplina frente a tropa formada antes de pasar a situación de retiro.

La Prensa destapa el escándalo del cheque de la Cruzada de la Solidaridad firmado por Isabel Perón. Bombas en Buenos Aires y La Plata. "Así no se llega al 77", expresa el gobernador de Buenos Aires

Como si no faltaran problemas, el 14 de agosto *La Prensa* publicó en tapa una historia impactante: la señora Presidente había girado un cheque de 3.100 millones de pesos, con su firma, sobre la Cruzada de Solidaridad, un organismo que cumplía fines sociales, especialmente con fondos librados del Ministerio de Bienestar Social, para pagar cuestiones personales: un depósito en el trámite sucesorio de Juan Domingo Perón. En esas mismas horas, entre la noticia del cheque, la resolución de la crisis en el Ejército y varios atentados terroristas (Montoneros atentó contra bares como La Biela, la confitería Colony,[15] el diario *La Nación*, sucursales bancarias y varias escuelas en La Plata), la Secretaría de Prensa de la Presidencia emitió un comunicado diciendo que era "absolutamente inexacto que la señora presidente de la Nación, doña María Estela Martínez de Perón, haya expresado su deseo de solicitar un período de licencia".

Entretanto, dentro del propio peronismo se hablaba de desplazar a la Presidente. La figura central de la movida era Victorio Calabró, sindicalista, gobernador de la provincia de Buenos Aires que por esos días declaró: "Así no se llega al 77" (elecciones presidenciales). Se alinearon detrás de su figura el grupo de "los ocho": caciques gremiales como Donaires, Rachini (de decisiva influencia en el bloque gremial de diputados nacionales), Elorza y Roqué. Está claro que había, además, figuras de la rama política, como Julio Bárbaro. La operación consistía en hacer renunciar a Isabel, la asunción de Ítalo Luder, convocatoria a la Asamblea Legislativa, elección de Calabró y la convocatoria a elecciones nacionales. Lorenzo Miguel, enfrentado a Calabró, se oponía terminantemente. Otra solución pasaba por la alternativa de "bordaberrizar" a la Presidente. Es decir, vaciarla de poder, con las Fuerzas Armadas como sostén principal. De esa manera se salvaba la institucionalidad. Esta opción fue desechada por los propios militares comandados por Jorge Rafael Videla.

En esos días se efectuaron varios hechos terroristas importantes. Dos fueron impactantes. El miércoles 27 de agosto, bajo la conducción de "Monra" o "Isidro" (Marcelo Daniel Kurlat), el pelotón de combate montonero Arturo Lewinger Weinreb[16] atacó la fragata misilística *Santísima Trinidad*, en los astilleros de Río Santiago. La excusa dada a conocer por los autores fue que "la fragata era parte de un fabuloso negociado de 350 millones de dólares entre la Marina y el imperialismo británico". El "Monra", entre otras actividades, fue "responsable universitario" de la organización. Un grupo operativo de la Armada lo abatió el 10 de diciembre de 1976. (CONADEP Expediente 06993). Otro de los que interviene es "el Gordo Alfredo" Máximo Fernando Nicoletti, nacido en Rawson, un experto en buceo, cuya vida no dejó de causar sorpresas: intervino en la voladura del yate que mató al comisario Alberto Villar y su esposa, en 1974. Cayó en manos de la Armada en agosto de 1977. En la ESMA se convierte en un colaborador del servicio de inteligencia naval. Durante la guerra de Malvinas colaboró en la fracasada "Operación Algeciras", cuya misión era hundir navíos británicos en el Peñón de Gibraltar, ordenada por el almirante Jorge Isaac Anaya. En 1994, investigado por el comisario "Chorizo" Rodríguez, apareció ligado a un asalto de un camión de caudales.

Además, el 28 de agosto, Montoneros atentó contra un avión Hércules de la Fuerza Aérea que desplazaba a efectivos de la Gendarmería que habían operado en la zona del Aconquija. Murieron seis y veintiséis resultaron heridos al incendiarse el avión en el Aeropuerto de Tucumán.[17]

"Tembo". Una síntesis del embajador Aragonés Navarro

A partir del 25 de mayo de 1973, cuando se restablecieron las relaciones diplomáticas con Cuba, un personaje comenzó a

231

tallar fuerte en las cuestiones internas de la Argentina. Los servicios de inteligencia no tenían completo su perfil, de allí que no midieron su influencia en el drama argentino de aquellos años. Se trata del embajador cubano Emilio Aragonés Navarro, más conocido como "Tembo" en la nomenklatura castrista.

El expediente N° 6113 C/40 con fecha 8 de abril de 1976 —dos semanas después del golpe del 24 de marzo— apenas indicaba que "es un G.2 y hombre de absoluta confianza de Castro. En 1963 se desempeñó como 'Embajador Extraordinario' en Moscú, de donde regresó con un juicio muy favorable de los soviéticos. Es un especialista en cuestiones sindicales. Antiguo jefe de los Servicios de Inteligencia cubanos, encubría su actividad como Director del Instituto Cubano de Pesca".

Visto a la distancia, el perfil de "Tembo" sobresale por su simpleza y cuesta imaginar que la inteligencia argentina no tuviera una radiografía más amplia y seria del representante castrista en Buenos Aires. Del hombre que con "su diplomacia y su simpleza", como lo definió Huber Matos, o "marrullero" (mañoso) como decía el Che Guevara, apenas llegado a la Argentina se sumergió en el submundo de la violencia terrorista y fue cómplice e instigador de las peores cosas.

Conocía a Fidel Castro desde los días del exilio en México, y apenas llegó al poder volvió para integrar el gobierno.

Si bien no fue combatiente en la Sierra Maestra, desde el comienzo del régimen castrista Navarro Aragonés cumplió misiones delicadas. Así, en octubre de 1959, cuando la Revolución se tornaba comunista, como capitán del Ejército y asesor del presidente Dorticós, es uno de los enviados de Castro para convencer al comandante Huber Matos de que renuncie a todos sus cargos y se vaya a su casa, y a cambio de su silencio se le respetaría su "libertad."

Aragonés: "Estará consciente de que sin pensarlo quizás, se ha convertido en el líder de una tendencia dentro de la Revolución. Me parece que esta tendencia es conservadora".

Matos: "Dile a Fidel que para comprar mi silencio me tiene que fusilar cien veces. Y que aun después de muerto, la verdad va a salir a la luz".[18]

En junio de 1962, Aragonés fue uno de los pocos que secundó a Fidel y Raúl Castro (junto al presidente Osvaldo Dorticós y Carlos Rafael Rodríguez) en la negociación que se realizó en La Habana con los soviéticos para la instalación de

El ex presidente Jorge Rafael Videla recibe al enviado especial
de Fidel Castro, Francisco García Valls, en compañía del embajador Emilio
Aragonés Navarro. (Archivo Editorial Atlántida, 1979).

misiles con cabeza nuclear en la isla. Del lado de la URSS asistieron Sharif Rashidov, jefe del PC en Uzbekistán;[19] el mariscal S.S. Biryuzov, comandante de los cohetes estratégicos (que viajó con nombre supuesto para no ser detectado por la inteligencia occidental) y el embajador soviético en Cuba, Alexander Alexeiev.[20] En las conversaciones se llega a un acuerdo: la Unión Soviética enviará 42.000 soldados, aviones a reacción MIG y 42 cohetes de 24 metros de largo para defender al régimen castrista de un probable ataque de los Estados Unidos de Norteamérica. Al poco tiempo, Ernesto Guevara y Aragonés Navarro cierran las tratativas con el premier Nikita Kruschev en su "dacha" veraniega sobre el Mar Negro.[21]

En esos tiempos, con el grado de capitán, le tocó organizar las Milicias Nacionales Revolucionarias y luego la coordinación nacional del Movimiento Revolucionario 26 de Julio.

Pocos años más tarde, "Tembo" acompañará al Che y a Osmany Cienfuegos en un viaje a China y semanas más tarde a Dar es Salaam, Tanzania (en febrero de 1965). Después de ese viaje, Guevara renuncia a sus cargos en el gobierno de Castro y a su ciudadanía cubana, y parte al Congo a pelear. Allí también aparece en las crónicas Emilio Aragonés Navarro, como el hombre que va a buscar al Che cuando es evidente el fracaso de la expedición cubana en África (cerca de cien hombres fueron a pelear con la guerrilla izquierdista).

Después, Guevara pasa un tiempo reponiéndose en Praga, Checoslovaquia, y volverá de incógnito a Cuba para preparar su última misión en Bolivia.[22] En esta oportunidad Aragonés Navarro se propone para acompañarlo pero Fidel Castro no acepta porque en esa época, "el Gordo" Aragonés ejercía un alto cargo en el Partido Unido de la Revolución Socialista que luego se transformaría en el Partido Comunista Cubano (PCC).

Su aproximación con la Argentina se presenta a fines de los 60 cuando Fidel decide que se convierta en vehículo de mensajes entre ambos. Eso hizo que entrara varias veces en la residencia 17 de Octubre del barrio madrileño de Puerta de Hierro.[23] Sus viajes a España se realizaban con la cobertura de su cargo como titular del Instituto Nacional de Pesca.

Con el restablecimiento de la democracia, la Argentina restableció sus relaciones con Cuba.[24] El día de la asunción de Héctor J. Cámpora llamó la atención la presencia en los festejos del Presidente cubano Osvaldo Dorticós.

Con el nuevo tiempo ambos países lograron firmar un acuerdo crediticio que Cuba nunca pagó.[25] De esa manera, la Argentina vendió automóviles, autopartes, aparatos domésticos, alimentos, etc. Pero, a pesar de la buena voluntad argentina, el régimen castrista siempre tuvo un doble juego. En la superficie "diplomacia y negocios". En la clandestinidad, Cuba seguía siendo un campo de entrenamiento para la guerrilla argentina y sus diplomáticos en Buenos Aires mantenían contactos con las jefaturas de las organizaciones armadas. Diplomáticos cubanos (con el conocimiento de Aragonés) llegaron a participar en reuniones del Buró Político del PRT-ERP.[26] Gran parte de los dólares que se pagaron de rescate por el secuestro de los hermanos Born (1974) salió en las valijas diplomáticas de la embajada de Cuba rumbo a La Habana.[27]

Durante 1975, mientras la Argentina se hallaba sumergida en la violencia, la embajada de Cuba mantenía frecuentes contactos en Buenos Aires con los terroristas que pugnaban por defenestrar al gobierno constitucional. En una de las tantas investigaciones de esos años, tras la caída de un jefe del PRT-ERP surgieron los nombres del "consejero de prensa" Aurelio Silverio Pérez (acreditado el 13 de junio de 1973) y el "segundo secretario" Gustavo Hernández Peres (oficial de Inteligencia, acreditado el 17 de setiembre de 1973), como sus contactos habituales. También quedarían señalados el "Primer Secretario" Roberto Cabrera Barrios (secretario del embajador, miembro de la Inteligencia entrenado en la URSS, acreditado el 16 de junio de 1973) y Evelio González Cordero ("consejero comercial" acreditado el 26 de junio de 1973, miembro de la Dirección de Inteligencia Cubana), como manteniendo contactos con miembros de la Junta Coordinadora Revolucionaria.

El golpe militar del 24 de marzo de 1976 no interrumpió las relaciones con Cuba y existió una suerte de "silencio cómplice" entre los dos gobiernos. Buenos Aires no criticaba la tiranía castrista y La Habana se hacía la distraída en los foros internacionales cuando se trataba la cuestión de los derechos humanos en la Argentina. De todas maneras, Cuba seguía manteniendo sus contactos y apoyos a las organizaciones armadas. En julio de 1976, cuando cayó Mario Roberto Santucho, en su bolsillo se encontró un pasaje a La Habana para esa noche. Y en enero de 1978, la conducción de Montoneros trasladó su sede de México a La Habana.[28]

"Tembo" Aragonés continuó al frente de la embajada, aunque en un momento los dos países retiraron sus embajadores con el eufemismo del "llamado a informar" (sin fecha de retorno). La situación se alteró tras la recuperación argentina de las islas Malvinas en 1982: Aragonés volvió raudamente a Buenos Aires y Rafael Vázquez retornó a La Habana. Luego de diez años de gestión Emilio Aragonés retornó definitivamente a Cuba tras la asunción de Raúl Alfonsín. Durante su gestión sufrió un atentado (13 de agosto de 1975, atribuido a las Tres A). Y en agosto de 1976 dos de sus funcionarios fueron secuestrados y nunca aparecieron.

NOTAS

[1] Participó de la "Operación Independencia" formando parte del Grupo de Artillería 1 Brigadier General Tomás de Iriarte. Perdió la vida en un acto de servicio, el 5 de agosto de 1975.

[2] Nicasio Sánchez Toranzo, salteño, hermano del general del mismo apellido, era una de las figuras principales del "verticalismo". Fue uno de los dieciséis diputados que votó contra la destitución de Raúl Lastiri.

[3] Dardo Cabo terminó siendo director de El Descamisado, órgano de Montoneros, y "el Loco" Galimberti se desempeñaba en la Columna Norte de dicha organización.

[4] La información proviene de viejos archivos y de la memoria de "el Santo", un émulo de Simon Templar, ex miembro de la Inteligencia del Ejército.

[5] La embajada en Brasil había estado más de un año vacante.

[6] Había sido ministro de Defensa con Héctor Cámpora, Raúl Lastiri y Juan D. Perón.

[7] Carta Política, Año II, Nº 29, tercera semana de agosto, pág. 4.

[8] Ejército: del escarnio al poder, pág. 211.

[9] Cuestionario, Año III, Nº 29, septiembre de 1975, pág. 986.

[10] Documento hecho llegar en sobre cerrado a varios legisladores nacionales. Archivo del autor.

[11] Su sacrificio fue el paradigma de la crueldad del terrorismo que aseguraba que "ellos no torturaban".

[12] Pasarían a retiro Laplane y los generales de brigada Delía (Cuerpo III), Videla (jefe del EMC), Miró (Junta Interamericana de Defensa), Viola (Cuerpo II), Betti (Institutos Militares) y Urricarret (Fabricaciones Militares).

[13] Relatado por un testigo del encuentro que se hallaba en Olivos desde varias horas antes.

[14] Isabel Perón, María Sáenz Quesada, Planeta.

[15] Después de esta serie de atentados, Alberto Numa Laplane ayudó y acompañó a salir del país a su hijo Mariano, "Paco", y su mujer (ambos militaban en Montoneros). Se instalaron en Israel. El teniente general Laplane le

solicitó al agregado militar en Tel Aviv que les prestara ayuda como si fueran simples inmigrantes. El agregado era el coronel, luego general, Omar Etchegorry.

[16] "Colorado" o "Chachovsky". Oficial de la conducción montonera, muerto en un asalto a una comisaría en Mar del Plata. Perteneció al Sector 2 del ELN (formado para ayudar a Ernesto Guevara en Bolivia) y a las FAR. Había trabajado como analista en Télam. Hermano del "Mayor Josecito" o "Francés" Jorge Omar Lewinger, indultado por el presidente Carlos Saúl Menem en 1989.

[17] Atentado comandado por el "Hippie" Juan Carlos Alsogaray.

[18] *Cómo llegó la noche*, Huber Matos, Editorial Tusquets, Barcelona, 2002, pág. 355.

[19] Fue el funcionario soviético que habló en nombre de su delegación en la Conferencia Tricontinental de La Habana (enero de 1966), dando un amplio respaldo a Cuba y elogiando la lucha armada de "los patriotas venezolanos, peruanos, colombianos y guatemaltecos contra los lacayos del imperialismo". "Servicio de Inteligencia de Cuba Comunista", Pepita Riera, Miami, 1966, pág. 126.

[20] En su juventud había sido agente secreto en la embajada rusa en la Argentina. Ver Jon Lee Anderson: *Che Guevara, la vida de un revolucionario*, Grover-Atlantic, Nueva York, 1997.

[21] Con matices, coinciden en esta información tanto Tad Szulc (*Fidel*, Editorial Grijalbo, Barcelona, 1986) y Jorge G. Castañeda (*La vida en rojo. Una biografía del Che Guevara*, Espasa, 1997).

[22] En realidad el destino final era la Argentina. Ver Castañeda, página 363.

[23] *Perón-Fidel, línea directa*. Ediciones El Dragón, Buenos Aires, 2006.

[24] El 8 de febrero de 1962, el gobierno de Arturo Frondizi rompió las relaciones con La Habana.

[25] Hasta el presente.

[26] Confesión al autor de un ex alto dirigente del PRT-ERP.

[27] Relato del agente de inteligencia cubano Filiberto Castiñeiras Giabanés.

[28] Para aquellos que se interesen por el estudio de la cotidianidad de los jefes terroristas argentinos en La Habana, es aconejable que lean "La casita de caramelo" (*Lucha Armada*, trimestre junio-agosto de 2005, pág. 4). Es la historia de la guardería donde la dirigencia montonera dejaba a sus hijos mientras ellos practicaban la "solidaridad internacionalista" o se preparaban para volver clandestinamente a la Argentina.

6. Septiembre de 1975. La despedida de Sui Generis. "Un país enamorado de la muerte". El Poder Ejecutivo, finalmente, declara ilegal a la organización Montoneros

◆

El viernes 5 de septiembre de 1975, Charly García y Nito Mestre deciden separarse. Pero no podían disolver Sui Generis sin despedirse de sus seguidores. Era el dúo más importante del rock argentino. En principio, iban a hacer un solo recital, pero dada la enorme demanda realizaron dos en el Luna Park. Asistieron treinta mil personas, algo que llamó la atención de *La Opinión*. Roberto García —en aquel entonces destacado en la sección Información General— se preguntó: "¿Qué figura en Buenos Aires puede convocar a treinta mil personas? (y que además paguen seis mil pesos viejos por cada localidad) [...] La fiesta estaba en la gente, la ropa: allí se mezclaba la extravagancia y el pelo largo con el atildamiento y la pulcritud de aquellos que recién habían dejado la oficina [...] Se pueden parecer a Simon & Garfunkel, pero más parece importar lo que logran con la gente, ese público que oscila entre los 14 y 20 años, del que son genuinos representantes". El "Adiós Sui Generis" fue grabado y filmado, con cuatro cámaras, bajo la atenta supervisión de Leopoldo Torre Nilsson. Esto pasaba en Buenos Aires. En los Estados Unidos, el 6 de septiembre llegó al "top" musical de las "grandes ligas" "Rhinestone Cowboy", de Glen Campbell.

"Un país enamorado de la muerte" tituló en Londres el *Sunday Telegraph* su crónica sobre la Argentina. El matutino británico sostiene que "con una inflación que pasó la barrera del sonido y una orgía de asesinatos de la derecha y la izquierda, la Argentina se encamina hacia su punto de desintegración".

El miércoles 2 de septiembre, la Presidente visitó el teatro de operaciones en Tucumán y acudió a un acto público. Fue su segunda visita a la convulsionada provincia en poco más de cuatro meses.

"Cuando vamos al ingenio Esperanza, viajamos en helicóptero, y cuando estamos bajando salen de entre las plantas unos barbudos con Itaka. Pensé que era una emboscada. No me podía comunicar con los pilotos por el ruido de los motores y empiezo a gritar. La Presidente me toma del brazo diciéndome 'tranquilo señor'. Era la gente de 'Miguelito Colombres' y 'Carpincho', integrantes de la custodia personal del general Adel Vilas."[1] Desde Tucumán pronunció un discurso cargado de agresividad, como parte de una contraofensiva que la posicionaría, nuevamente, en el centro de la escena política: "Sólo la muerte puede alejarme de mi vocación de trabajo por los humildes; a pesar de las calumnias, siempre hay una luz que viene del cielo; yo soy hija de la verdad aunque me den con un palo; si el pueblo juzga que el sillón de Rivadavia debe estar vacío, que me lo diga en este momento".[2] La apertura del ingenio Esperanza (cerrado en 1966, durante el gobierno de Juan Carlos Onganía) fue una medida concreta reclamada por el Ejército, con el apoyo de la FOTIA (Federación Obrera Tucumana de la Industria Azucarera), engarzada en una tarea que iba más allá del aspecto antiterrorista.

El miércoles 2 ya se hablaba de que la Presidente tomaría una prolongada licencia. Aunque se aclaraba que no delegaría el mando. De todas maneras, el senador Francisco Cerro (Alianza Popular Revolucionaria) presentó un proyecto de ley por el cual el Congreso otorgaba a la Presidente el permiso para ausentarse de la Capital Federal hasta el 30 de abril de 1976. El proyecto contemplaba delegar el mando de acuerdo a la Ley de Acefalía, esto es, en el vicepresidente primero del Senado, o en el titular de la Cámara de Diputados, o en la Corte Suprema de Justicia. Ricardo Balbín fue más enfático: "Esta señora Presidente debió haber pedido su licencia antes, no recién ahora. Ejercer la presidencia es una tarea importante, no es una espontaneidad. Cuando se entra un poco improvisadamente en la escena, recapacitar se hace necesario. Desearía que la señora Presidente me estuviera escuchando y le repetiría este honorable consejo: todavía es tiempo". Un mes y medio antes, Balbín había hablado de un "descanso" para Isabel Perón. Los rumores de la licencia aparecieron en los diarios, mientras el ministro de Economía se encontraba realizando gestiones en Washington, tendientes a recuperar la confianza externa. "No son el mejor aliado para la delicada gestión que (Antonio Cafiero) desarrolla ante el mundo financiero internacional", escribió el enviado especial José Ignacio López. Tampoco lo era la noticia de que el índice del costo de vida registró en agosto (el mes anterior) un aumento de 23,4 por ciento. El INDEC informó que desde agosto de 1974 a agosto de 1975 el costo de la vida acusó un alza del 238,6 por ciento. A pesar de estos datos, el secretario de Coordinación y Programación, Guido Di Tella, llegó a calificar de "alentadoras" las primeras reacciones de las conversaciones de la banca privada norteamericana con el equipo económico: "Según trascendió, la discusión se llevó en términos de absoluta franqueza; los financistas preguntaron detalles sobre la política financiera argentina, y el ministro contestó las preguntas, insistiendo en la base económica sana de que dispone el país".

La advertencia de Washington.[3] El gobierno peronista
declara ilegal a la organización Montoneros. Isabel Perón
se recluye en las sierras de Córdoba. Asume, interinamente,
Ítalo Argentino Luder. Otra vez, más cambios de ministros.
Once días de paro de actividades en el campo

El viernes 5 de septiembre, en Potrero Negro, "Zona de Operaciones Tucumán", la Compañía de Monte RRJ del PRT-ERP mató al subteniente Rodolfo Berdina y al soldado Ismael Maldonado.

También, ese mismo 5 de septiembre , a miles de kilómetros, en Washington, el "grupo de trabajo para combatir el terrorismo", entidad que nucleaba a las principales agencias de información de los Estados Unidos, presidida por Robert A. Pearey, elaboró el Memo Confidencial 91 en el que introducía a los oficiales estadounidenses "sobre la coordinación de los grupos terroristas en América latina y el terrorismo en la Argentina". Comentó que "en los años pasados, la coordinación entre grupos terroristas ha sido llevada a cabo por medios formales e informales: el método actual de coordinación formal es la JCR

(Junta Coordinadora Revolucionaria) [...] Mientras que el ERP crece vigorosamente, otros miembros de la JCR han sido quebrados por fuerzas de seguridad nacionales. Por lo tanto, la JCR no se ha desarrollado demasiado [...] En general, las fuerzas de seguridad nacional del Cono Sur sobrepasan a los terroristas en su cooperación a nivel internacional. [...]

"El señor Buchanan —de la oficina de Inteligencia e Investigación del Departamento de Estado— mencionó que el terrorismo más virulento en América Latina ocurre en la Argentina. Muertes debido al terrorismo han ido ocurriendo a razón de una por día. Los grupos terroristas están en ambos espectros, en la derecha y en la izquierda. Los de la izquierda están dominados por el ERP y los Montoneros... en la derecha se encuentra la AAA (Alianza Anticomunista Argentina)... (y)... es particularmente violenta y brutal, reflejando una tendencia sucia en la tradición de la derecha argentina que se remonta a 1930. [...] Secuestros de diplomáticos extranjeros, como en el caso Egan, han sido llevados a cabo a fin de lograr un impacto político específico. El propósito de los terroristas ha sido demostrar su oposición a aceptar la política del gobierno de interrogar y luego asesinar a los terroristas capturados, así como para revalidar sus credenciales 'antiimperialistas'. El señor Buchanan no ve una ofensiva contundente contra los terroristas en la Argentina a menos que 'un gobierno militar asuma el poder'".

El lunes 8 de septiembre de 1975, la organización Montoneros fue declarada ilegal. En los medios de la época aparecerá citada con la sigla ODI (Organización Declarada Ilegal).[4] Se le prohíbe "el adoctrinamiento, proselitismo, difusión, requerimiento de ayuda para su sostenimiento y cualquier otra actividad". Un cálculo preciso, difícil de establecer, suponía que Montoneros contaba entre cinco mil y diez mil combatientes y milicianos. Sus simpatizantes sumaban millares. En esos días, la organización decidió concretar la idea de formar un ejército, con su propio "código de justicia revolucionario".[5]

El mismo día, Montoneros atentó contra la Universidad de Belgrano: murió un estudiante y cuatro fueron heridos. El martes 9 Montoneros (UES) hizo detonar un explosivo en el despacho del rector del Colegio Nacional N° 2. El jueves 11 les llegó el turno a los colegios Lange Ley y Goethe. También el comandante general del Ejército, Jorge Videla, puso en posesión al comandante del Cuerpo I, general Rodolfo Cánepa. En la ocasión, Cánepa ratificó a la tropa formada "la firme decisión de luchar contra la subversión hasta lograr su total aniquilamiento".

A pesar de las desmentidas oficiales, el sábado 13 de septiembre de 1975, la Presidente solicitó un período de licencia "por razones de salud", delegando el mando en el vicepresidente primero del Senado, Ítalo Argentino Luder. "El gobierno queda en buenas manos", dijo Isabel Perón durante la ceremonia que se realizó a las 19.10 en el Salón Blanco de la Casa Rosada. Isabel viajó a Ascochinga y se recluyó en el Golf Hotel administrado por la Fuerza Aérea. La acompañaron, además de su fiel Rosarito, "Cuca" Demarco y las esposas de los comandantes generales de las Fuerzas Armadas. En los más importantes despachos de la Argentina comienza a crecer la versión de la renuncia de Isabel Perón. Se dice que ella no asumirá a su vuelta de la serranía cordobesa. Esa semana terminó con un resultado que reflejaba la violencia inusitada que se extendía en todo el país: veintinueve muertos.

"No hay que equivocarse, yo vengo a cumplir un interinato", aclaró Luder. De todos modos, el mandatario interino comenzó a poner orden: el 15 de septiembre alejó a Vicente Damasco de la cartera de Interior, ubicando a Ángel Federico Robledo. Desplazó a Jorge Garrido y designó a Tomás Vottero en Defensa y Manuel Arauz Castex es destinado en el Palacio San Martín. Limitó los poderes del secretario técnico de la presidencia, Julio González, con la designación de su hijo como secretario privado. Hasta se dio el gusto de pasar un fin de semana en Olivos, donde escuchó misa dominical. "Sin duda, Luder contempló, desde el primer momento, la posibilidad de que la señora de Perón no regresase, o tardara mucho en hacerlo. Sabía que las Fuerzas Armadas y los principales partidos políticos estarían satisfechos de contarlo como Presidente efectivo[6]." Él se encargó de desmentirlo.

El 16, nuevos atentados alteraron la calma en el casco céntrico de la ciudad de Córdoba. En un verdadero "rush" de violencia, a partir de las 12.30 grupos sincronizados de terroristas atacaron con bombas "molotov" la sede del Jockey Club, Galerías London, Feigin Hermanos y laboratorios Roche. También se ametrallaron e incendiaron vehículos de transporte de pasajeros. Los negocios cerraron sus puertas y la gente comenzó un largo peregrinaje a pie hacia sus casas.

Junto con los cambios en el gabinete, Luder desplazó al interventor en Córdoba, brigadier (R) Raúl Lacabanne y lo reemplazó por el cordobés Raúl Bercovich Rodríguez.

Lacabanne

En reiteradas ocasiones, María Estela[7] Martínez de Perón intentó o hizo valer el mando constitucional. En una ocasión, durante una reunión con varios ministros, Alberto Rocamora (Interior) le dice: "Señora, hemos conversado varios colegas y creemos conveniente que usted le pida la renuncia al interventor en Córdoba, brigadier Lacabanne... un hombre apasionado, con pasado turbio.". (Era sobrino político de Perón.)

Isabel lo miró y respondió que en una oportunidad "nos hemos reunido y acordamos que teníamos que terminar con la subversión. Todos quedamos de acuerdo en que teníamos que buscar a alguien audaz, valiente. Dígame, doctor Rocamora, ¿a cuántos les ofreció el puesto antes de Lacabanne? Como a diez... y ninguno aceptó. Entonces ahora ustedes me dicen a mí que tiene pasado. Un hombre audaz, decidido, siempre tiene pasado. Sólo los inútiles e indecisos no tienen pasado. Entonces todos aceptaban que era el hombre y, ahora que cumplió su tarea... bueno, yo no soy una persona que usa a los hombres y los tira al tacho de la basura. ¿Está claro? Y si se toma la decisión de que deje de ser gobernador me le aseguran su seguridad y la de su familia. Y su futuro".

"En esa ocasión no se tomó ninguna decisión sobre el cambio de Lacabanne. La cuestión quedó para más adelante. Siendo Ítalo Luder presidente interino me hizo llamar. Me dice: 'Mándele un despacho, o algo parecido, al gobernador de Córdoba, diciendo que ha sido destituido'. El edecán le refiere las palabras de Isabel de Perón con anterioridad. Y le aconseja que es mejor llamarlo por teléfono para que 'presente su renuncia'. Así se hizo, lo llamé a Cash, un compañero de promoción que estaba retirado, colaborador de Lacabanne, y hablé con él para que 'enviara' su renuncia."[8]

En franca oposición con las políticas del gobierno, el 19 comenzó un paro ganadero de once días, dispuesto por Confederaciones Rurales Argentinas (CRA) y la Federación Agraria Argentina (FAA). La Sociedad Rural Argentina se adhirió. La protesta rural consistió en no enviar reses a faenar a los mercados nacionales. Una de las medidas más reclamadas fue el establecimiento de tipos preferenciales de cambio para exportaciones. En esas mismas horas, el justicialismo santafesino, encabezado por el vicegobernador y sindicalista José Báez, inició una nueva ofensiva contra el gobernador Carlos Silvestre Begnis. Tendía, según el dirigente gremial, a llenar el vacío político causado por errores que atribuyó a "los infiltrados de izquierda primero y los de derecha después, llegándose a la incongruencia de que el propio peronismo es un infiltrado en el gobierno". En su primera semana de gobierno, el senador Ítalo Argentino Luder enfrentaba todo tipo de complicaciones. Entre otras: la crisis del justicialismo, siendo el Congreso la caja de resonancia, y las versiones de la renuncia del ministro de Economía. En la noche del 19, el Consejo Nacional del Partido Justicialista distribuyó un comunicado en el que se ratificaba que la Presidente María Estela Martínez de Perón "reasumirá el ejercicio del cargo el 17 de octubre". Como una película pasada a alta velocidad, las imágenes de la crisis se suceden: también el 19 el interventor federal de Córdoba, Raúl Lacabanne, entregó el mando al titular del Cuerpo III, Luciano Benjamín Menéndez, quien ejerció el cargo hasta la asunción de Raúl Bercovich Rodríguez. En una declaración final, Lacabanne repudió a "la antipatria, que está regocijándose en este momento por su triunfo". En una velada crítica a su sucesor dijo: "Yo tengo el honor de transmitir esta responsabilidad a un general del Ejército. Espero que el señor general tenga el mismo honor que yo, de transmitir este mando a un argentino y no a un infiltrado".

"El 15 de septiembre, la llegada del doctor Ítalo Argentino Luder a la Casa de Gobierno, y sus primeros actos como presidente interino, llenaron de euforia a los medios políticos. Sin embargo, ayer, apenas cinco días después, la euforia dejaba paso a un sentimiento generalizado de incertidumbre: las divisiones del oficialismo, los problemas económicos, la lentitud del gabinete, convocaron al desánimo. Si bien se mira, la crisis lo ha devorado todo: hasta la iniciativa de los gobernantes."[9]

Testimonio: José Ignacio Rucci recordado por un colaborador y amigo. Los montoneros lo asesinaron. "Operativo Traviata"

El 25 se llevó a cabo en la Catedral Metropolitana una misa en memoria de José Ignacio Rucci, al cumplirse dos años de su asesinato. Encabezando la ceremonia, asistió el presidente interino. La homilía la pronunció monseñor Daniel Keegan. La sorpresa fue general cuando el alto clérigo contó que los sacerdotes están asistiendo en los últimos tiempos "a pobres seres desgraciados que se les presentan a decir: 'Padre ¿qué debo hacer? He participado en torturas y muertes de mis semejantes, dígame ¿qué puedo hacer?'". Los diarios de ese día aparecieron con grandes solicitadas de las 62 Organizaciones y la CGT en las que se rendía tributo a José Ignacio Rucci.

Osvaldo Agosto se reconoce un histórico del peronismo. A decir verdad no es tan viejo. Lo que sucede es que es un "veterano" porque comenzó a militar casi de pantalones cortos. Conoce los vericuetos de la "resistencia peronista" como pocos. La de fines de los 50, los 60 y comienzo de los 70. Siempre en la misma vereda, la del peronismo ortodoxo, el de Juan Domingo Perón:

"Recuerdo una reunión que organicé yo y que presidió José Rucci con todos los muchachos de la JP, que serían todos montoneros. Los fui a buscar a la Facultad de Ingeniería y de Derecho. En esa reunión, Rucci les dijo: 'Miren muchachos, yo les quiero decir lo siguiente, si a mí Perón me manda que gire a la derecha yo giro a la derecha, si me manda que gire a la izquierda yo giro a la izquierda. Así que si ustedes tienen algo que decirme a mí no me lo digan a mí porque yo hago lo que quiere Perón. ¿Me entendieron?' Al poco rato de esa definición yo tuve que partir. El doctor Pozzo se quedó acompañando a Rucci. Lo único que puedo asegurar es que los tipos se fueron impactados por lo que les dijo Rucci.

"En el último discurso que pronunció Rucci, en el que colaboró Julio Bornick, demostró que quería integrar a la mayor cantidad de cuadros peronistas. 'Borrón y cuenta nueva, vamos adelante con Perón'. En el discurso sobrevoló un espíritu muy raro, tenía la clara sensación de que iban a atentar contra su vida. Le llegaban amenazas por carta y llamados telefónicos. Él no iba a ir a la casa el día que lo mataron. Se iba a quedar a dormir en la CGT, pero lo llamó el hijo (iba a ser su cumpleaños) y fue. De todas maneras si no era ese día iba a ser otro. Él fue un tipo de lucha. Quería verles la cara a esos 'bolches hijos de puta' que lo querían matar. Tenían un odio inexplicable."

—¿Estuviste con Rucci el día del atentado?

—Ese día fui a su casa a las 10 de la mañana. Rucci ya había grabado en una cinta el discurso que pensaba dar a publicidad y le hicimos unos retoques. Fui a su casa en taxi y cuando estoy llegando vi un tipo en la esquina que desapareció. Me cuestioné a mí mismo por el mal presagio, pensé en mi paranoia. Tomamos unos mates, repasamos el discurso, cuando llegan los muchachos a buscarlo en tres autos, Rucci dice "bueno, vamos". Cuando estamos saliendo suena el teléfono y me dice "andá, andá; sigan el auto en el que voy yo que vamos a ir a un canal de televisión". Cuando estoy entrando a la habitación donde estaba el teléfono siento la primera explosión, alcancé a tirarme contra la pared. No tenía nada para defenderme, llevaba los discursos y unas carpetas.

"Había bronca con (José) Gelbard pero no iba a denunciar el Pacto Social como se dijo.[10] Bueno, Gelbard andaba bien con los Montoneros. Tampoco tuvo nada que ver Lorenzo (Miguel) como dicen otros. Lo que sí creo que Lorenzo Miguel tenía un pacto de no agresión con los Montoneros. Te pongo un ejemplo: campaña Perón-Perón de septiembre de 1973. Desfile impresionante, nunca visto, por delante de la CGT. En el balcón: López Rega, Isabelita, Osinde, Lorenzo Miguel, Rucci. Cuando pasan los Montoneros gritan 'Rucci traidor, a vos te va a pasar lo mismo que a Vandor'. Rucci se mete adentro, Lorenzo se quedó en el balcón, nadie criticó a Lorenzo Miguel. No hace falta ser muy inteligente. Eso me llamó muchó la atención."

—¿Rucci vivía preparado para morir?

—Nadie está preparado para morir, pero sabía que iban a atentar contra él. Y hay un detalle. A mí me cuidaba mucho, rara vez quería que viajara a su lado. El día que lo voy a buscar para ir a un programa de la televisión, al salir me preguntó: ¿A dónde tenemos que ir? A Canal 13, le respondí. 'Anda vos en el coche de adelante y yo te sigo, no vengas conmigo'. Está de testigo la señora. Un día salimos de la CGT y nos cagamos a tiros.

"José Rucci vivía en un cuarto en la terraza de la CGT. Allí vivía. Teníamos una vieja ametralladora antiaérea, a pedal, que le había regalado el hermano de Rosendo García, el dirigente que murió durante un tiroteo en la confitería La Real de Avellaneda. Si hubiera atacado un helicóptero no sé qué hubiera pasado."

—¿Cuando Perón aún vivía en Madrid, cómo hacía para comunicarse con Rucci?

—Generalmente nos comunicábamos vía télex. Un día tenía que viajar a Madrid Raimundo Ongaro, el jefe de la CGT de los Argentinos. Rucci hacía un informe semanal, o ante cualquier acontecimiento, y se lo mandaba a Perón. Cuando no había línea directa, íbamos al télex de avenida Corrientes y Maipú, porque Perón tenía una máquina en su casa. No existía internet, tampoco el fax, todo era más complicado. Entonces voy a escribir el télex donde se le informaba que estaba por viajar Ongaro y sutilmente le decía que si no lo recibía era mejor. No le decía que no lo recibiera. Entonces Perón contesta en el acto, preguntando "¿el que firma se encuentra ahí?" Yo por teléfono le pregunto a José (Rucci) y él me dice "sí, decile que sí ". Entonces le escribo, "sí, general, estoy aquí". De inmediato comienzan a saltar las teclas de la máquina y veo que Perón dice: "Me cuentan que Ongaro está contra los militares, eso es bueno, mejor para nosotros. Me dicen que Ongaro cuenta que habla con Dios. Ahora decime José, ¿si habla con Dios, para qué quiere hablar conmigo?"

25 de septiembre de 1973. Asesinato del secretario general de la CGT, José Rucci. Su carrera gremial se desarrolló dentro de la UOM. Le tocó presidir el retorno de Perón a la Argentina, el 17 de noviembre de 1972. A diferencia de Vandor, Rucci nunca tuvo un gesto de independencia frente a las directivas de Perón. Apoyó la candidatura de Héctor J. Cámpora a la presidencia en marzo de 1973. Cuando la gestión de Cámpora se hizo ingobernable —con el pleno respaldo del sector peronista de izquierda—, Rucci pronunció una de sus frases más famosas. Se presentó en la sala de prensa de la Casa Rosada y dijo: "Se terminó la joda". Horas más tarde, Cámpora renunció. Nunca fue perdonado. Su asesinato llevó el nombre "Operativo Traviata" (por el anuncio de las galletitas Terrabussi de "los agujeritos"). Intervinieron en el atentado, con la conformidad

de la conducción de Montoneros, entre otros, Horacio Mendizábal, Roberto Cirilo Perdía, Norberto Habegger, Francisco Urondo, Juan Julio Roqué, Julio César Urien y Lidia Mazzaferro. Las tareas de "inteligencia" les demandaron unos cuatro meses de relevamientos, a las órdenes de Miguel Ángel Castiglia ("Antonio Nelson Latorre" o "Pelado Diego") y Rodolfo Walsh ("Esteban" o "Doctor Neurus"). El asesinato de Rucci se realizó dos días más tarde de la elección que llevó a Juan Domingo Perón a la presidencia de la nación por tercera vez. Cuando se enteró, se lo vio conmovido. Dijo: "Me cortaron las piernas". Años más tarde, el diputado nacional Miguel Bonasso[11] reconoció que el asesinato de José Ignacio Rucci había constituido un error de su organización.

Los apuntes de "Paco" (II): "Hernán" Horacio Mendizábal

La lógica decantación de los cuadros montoneros hizo que hacia fines de los 70 "Hernán" integrara la conducción de la organización. Mendizábal tenía un historial muy "combativo". En el sindicalismo peronista, su nombre (y el de otros que ahora no vienen al caso recordar) es sinónimo de muerte. En 1969 milita en Descamisados y forma parte del comando que asesinó a Augusto Timoteo Vandor ("Operación Judas") y a José Alonso; ya en Montoneros, participa en el grupo que asesinó con la "Operación Traviata" a José Ignacio Rucci, secretario general de la CGT, en septiembre de 1973. El 3 de diciembre de 1975 conduce el pelotón que asesinó al general (R) Cáceres Monié y su esposa en Entre Ríos. Con la asunción del gobierno militar en 1976, "Hernán", "Lauchón" o "Mendicrim" parte al exterior. La orden era preservar a la conducción. Se lo ve por el Líbano donde la organización tenía una fábrica de exógeno (explosivo). En 1978 regresa al país como "jefe del ejército montonero" y comanda la "Ofensiva Táctica del Mundial", que entre los días 9 y 25 de junio realiza quince atentados espectaculares contra edificios de las Fuerzas Armadas y policiales, empleando los lanzacohetes rusos RPG 7.

En 1979, "Hernán" retorna nuevamente para cumplir la directiva adoptada en México por la Conducción Nacional y encabeza, junto a Raúl Clemente Yager, alias "Roque", a los cuadros TEI (Tropas Especiales de Infantería) para desarrollar lo que pomposamente denominaron "Campaña de Contraofensiva Estratégica Comandante Hobert". Entre septiembre y noviembre de 1979 protagonizaron la voladura de la casa de Guillermo Walter Klein (viceministro de Economía) y los atentados a Juan Alemann (secretario de Hacienda) y al empresario Francisco Soldati, asesinado con su custodia en plena avenida 9 de Julio.

¿La verdad? Los jefes montoneros pensaban que el pueblo los iba a acompañar y lo único que lograron fue endurecer aún más a los elementos más recalcitrantes de las Fuerzas Armadas. "Paco" estima que no hace falta aclarar nada más. Continuar relatando su historial no viene al caso. Va a trazar un perfil de Mendizábal, a través de los informes que posee de la época. Algo desconocido para la gran mayoría.

En 1978, Mendizábal era el cuarto oficial en la conducción en México, detrás de "Pepe" Firmenich, "el Pelado Carlos" Perdía y "Roque" Yager. Ocupa el puesto que dejó "Lino" Juan Julio Roqué (muerto en un enfrentamiento). Tenía a su cargo la conducción del estado mayor. No tenía la profundidad teórica de Perdía, eso se notaba fácilmente.[12] Sí era un cuadro de gran capacidad política y militar. Siempre planteó la necesidad de construir poder militar propio, con características de ejército popular y hostigamiento permanente a las Fuerzas Armadas.

Sostuvo siempre que el aparato armado debía expresarse como ejército, con su propio estado mayor nacional y zonales. Siempre rechazó diluir o disolver al ejército detrás de posiciones de autodefensa. Por eso impulsó la formalidad militar, vigente a partir de abril de 1978: uso de uniforme, instituyó saludo militar, formalidad de las reuniones. Si no fuera porque eran parte de un capítulo trágico, la escena se prestaba para un programa cómico: los miembros de la organización hacían sus reuniones en una casa en plena ciudad de México, a la que llegaban de uno en uno con un bolsito. Adentro, antes de comenzar los debates, abrían los bolsos de donde sacaban una camisa de corte militar con insignias, birrete, etc. "Sus rasgos psíquicos enseñaban que era un optimista en todos sus análisis, lo que se dice un fogoneador. Era aparatista en sus concepciones y en la práctica: no se movía sin sus milicianos. Lo que se dice un 'fierrero', de buen nivel militar. Rechazaba la autocrítica y tenía un estilo autoritario. Presentaba una personalidad soberbia. Era muy duro para juzgar situaciones individuales, errores de sus compañeros, deserciones, etc. Era rígido en su vida personal afectiva. Lo que se dice un moralista, nunca cedió a las 'tentaciones' de los cubanos, a pesar de que políticamente era uno de sus aliados más firmes. Estaba casado con Sara Zermoglio y tuvo un hijo en Cuba.[13] Su caída en septiembre de 1979, en la localidad de Munro, provincia de Buenos Aires, fue un duro golpe para la corriente militarista de Montoneros.

"Cuarto plan económico en cinco meses" fue el título de tapa de *La Opinión* del 30 de septiembre de 1975. José Ignacio López observó: "Lo cierto es que el ministro de Economía no parece contar ya con el amplio margen de acción que tenía hace un mes. En ese lapso, excesivo para una situación de crisis, el doctor Cafiero se ha mostrado carente de iniciativas".

¿Margen de acción? ¿Qué margen de acción podía tener Antonio Cafiero para desarrollar su plan (si lo tenía) en medio del desorden general del país? Basta observar los medios gráficos de la época, espejo de la realidad, hoy mudos testigos del caos: el jueves 2 de octubre *La Opinión* publicó en tapa el siguiente comentario bajo el título "En definitiva...": "¿A qué negarlo? El trasfondo de todos los temas que circulan en los medios políticos y militares —salarios, seguridad, verticalismo, antiverticalismo, inflación— se centra en el futuro papel de la señora María Estela Martínez de Perón. De este tema se habla libremente en privado, pero no se formulan declaraciones públicas, más que a través de parábolas. La casi totalidad de los sectores castrenses estima que, al menos ahora, no debiera la señora Presidente reasumir su cargo". El propio medio incurre en contradicción al informar en la misma tapa que la señora Presidente retornará al poder el 17 de octubre. La misma edición decía que el vicepresidente segundo del Consejo Nacional del Partido Justicialista, José Báez, reiteró que la presidenta "el 17 de octubre estará en los balcones de la Casa Rosada, en su doble condición de presidente de la Nación y jefa del Movimiento Nacional Justicialista". Debe aclararse que horas antes, en Córdoba, el mismo Báez había declarado que la señora de Perón volvería el 17 de octubre "pero no reasumirá".

Una cita clandestina entre Raúl Alfonsín y Mario Roberto Santucho

No sólo el justicialismo era víctima de la confusión que envolvía a la dirigencia política argentina. Mientras el PRT-ERP se ocupaba de bañar en sangre todo el territorio nacional, con el objetivo de asaltar el poder y convertir a la Argentina en una suerte de Camboya, Vietnam o el paraíso cubano,[14] "Cacho" Eduardo Anguita y Martín Caparrós relatan en el tomo II de *La voluntad*, los encuentros de los dirigentes políticos Oscar Alende y Raúl Alfonsín con el dirigente clasista cordobés Agustín Tosco y "Enrique" Manuel Justo Gaggero, un hombre de superficie del PRT, cuyo brazo "armado" era el ERP. En la primera ocasión, Alende,[15] ex gobernador de Buenos Aires durante la presidencia de Arturo Frondizi y candidato a presidente en 1973, acepta la propuesta de reunirse con Mario Roberto Santucho para considerar un "alto el fuego" y la convocatoria a una Asamblea Constituyente.

Según el mismo relato, días más tarde Tosco conversó con Raúl Ricardo Alfonsín y le transmitió el mismo mensaje del jefe del PRT-ERP. Argumentos pueriles para lo que debía considerarse un dirigente de un partido democrático,[16] pero Alfonsín aceptó encontrarse y, para concretarlo, Manuel Gaggero acordó los detalles con Raúl Borrás.[17] Días más tarde, en una esquina del barrio de Flores, Alfonsín, Borrás y Mario Amaya se contactaron con Gaggero y ("Alberto Vega") Eduardo Merbilhaá.[18] Luego de varias vueltas, los tres radicales se encontraron frente al hombre más buscado de la Argentina. Robi Santucho les trazó un panorama de la situación, en base a los datos que le pasaba su servicio de inteligencia (el jefe en ese momento era Juan Santiago Mangini, caído el 28 de marzo de 1976, en ocasión de participar en una reunión ampliada de la Junta Coordinadora Revolucionaria, en Moreno, a la que asistieron militantes extranjeros). "Les habló del golpe que se viene" y los políticos quedaron impresionados por la información que poseía el líder del PRT-ERP. Relató que la mujer de Videla (Alicia Hartridge) se había mostrado indignada durante una recepción porque Isabel "se quería disfrazar de militar [...] con una capa y un sombrero y que eso se iba a terminar pronto". Según los autores de *La voluntad*, la información venía de Rafael Perrotta, director de *El Cronista*.

Luego, "Robi" o "Carlos Ramírez" Santucho advirtió que si "el campo popular no se unía", el golpe se iba a hacer a mediados de marzo (1976), cuando terminaran las licencias de toda la oficialidad.

Días más tarde, Alfonsín le expresó a Manuel Gaggero que se había quedado "muy bien impresionado por la claridad y el enfoque de análisis; por otra parte me parece un acto de generosidad de parte de ustedes el hecho de interrumpir la lucha armada en aras de un entendimiento y de denominadores comunes. De manera que si ustedes y el resto de los grupos armados suspenden el accionar podríamos intentar las coincidencias básicas para salir de esta situación". ¿Creía Alfonsín lo que decía... o había algo más? ¿Era dable pensar, a esta altura de los acontecimientos, que se aceptara el gesto generoso de la guerrilla? No. Hay algo más que ingenuidad.[19] Dos hijas erpianas...

Con el paso de los años trascendieron algunos detalles más de aquel encuentro y la certeza del mismo: "El PRT tuvo algunas coincidencias con Conrado Storani y otros, porque juntos denunciamos la fascistización del gobierno. Mi hermano 'Robi' tuvo una entrevista con Raúl Alfonsín y Oscar Alende para organizar un frente antigolpista durante la presidencia de María Estela Martínez. El PRT tenía un trasfondo cultural liberal democrático, y por lo tanto, tenía mayor afinidad con el radicalismo".[20]

El "caso Redondo"

El paso del tiempo tiende a desvanecer y confundir los recuerdos: hasta el momento de esa reunión, no estaba tomada la decisión del golpe, ni había fecha. En cuanto al uniforme al que alude la esposa de Jorge Rafael Videla, la Presidente fue invitada a usar tela de uniforme de la oficialidad por los propios militares. En una ocasión, ponderó los géneros de sus uniformes de gala y cada fuerza le mandó dos cortes. La primera vez que uso uno de esos cortes fue en ocasión de visitar una base naval. Sobre su pecho llevaba un escudo de la Armada, un ancla de oro, que con todo sigilo y delicadeza le puso un oficial.[21] El del Ejército era de tela verde. Una foto de Isabel con el brigadier Héctor Luis Fautario la muestra utilizando un tapado (¿capote?) con género y botones de la Fuerza Aérea.

Como se observó años más tarde en el denominado "Caso Redondo",[22] que trata la caída de Javier Ramón Coccoz, "teniente Pancho" o "Tony", en junio de 1977, Rafael Perrotta, director del matutino *El Cronista Comercial*, era una de las fuentes más importantes que "atendía" el oficial del PRT-ERP. Perrotta tenía la facilidad de pasearse por los más importantes salones de la sociedad porteña. Desde el Círculo de Armas y el Jockey Club hasta las residencias de empresarios y diplomáticos. El último jefe de Inteligencia del PRT-ERP, Javier Coccoz, luego de negociar la salida de su esposa y una hija a Barcelona, España (autorizado el 23 de junio de 1977), entregó su red de contactos (incluido Perrotta). Los últimos datos importantes ofreció revelarlos en el exterior. ¿En Brasil?[23] El "caso" prueba el grado de penetración que había logrado en la sociedad la Inteligencia del PRT-ERP, o bien la estupidez e inconsciencia de un sector de la dirigencia argentina. De su análisis surgen nombres sorprendentes: empresarios, militares, un especialista financiero (que llegó a ser miembro del equipo económico del Proceso militar), un funcionario del Ministerio de Economía, periodistas, el hijo de un comandante general de una fuerza armada y los dos de un ex comandante en jefe, "niños inquietos" sin mayores premuras económicas,[24] políticos y hasta miembros de la Iglesia. Pero, hay que hacer una aclaración: la gran mayoría aparecen bajo la categoría de "informantes inconscientes" del terrorismo.

Mario Roberto Agustín Santucho Juárez (a) "Robi" (a)
"Miguel" (a) "Comandante Carlos Ramírez" (a)
"Raúl Garzón" (a) "Ernesto Contreras"
(a) "Enrique Orozco"[25]

Contador Público y —hasta su muerte— fundador y jefe supremo del PRT-ERP durante quince años. Pese a ser el máximo responsable de multitud de crímenes atroces, siempre ha gozado de "buena prensa", a diferencia de Enrique Gorriarán Merlo ("loco aventurero") o de su homólogo Firmenich ("doble agente entregador"). De los diez hermanos santiagueños, sólo dos parecen no haber sido erpianos como "el Robi", una mitad de los cuales murió en su ley, inclusive en el monte.

En junio de 1960, varios hermanos y otros trotzkistas aglutinaron una peña indigenista en la librería de Francisco René Santucho (a) "Negro" (a) "Cacique" en Santiago del Estero. Luego de un viaje del "Robi" con su flamante cónyuge salteña Ana María Villarreal (a) "Sayo" (a) "Berta" por Bolivia, Perú, Ecuador, Colombia, EE.UU. (invitados por la Universidad de Princeton) y Cuba (donde se reunieron con el Che), el 9 de julio de 1961 el grupo se denominó FRIP (Frente Revolucionario Indoamericanista Popular). Tres años después, en agosto de 1964, se alió con el también trotzkista PO (Partido Obrero) de Hugo Bressano (a) "Nahuel Moreno" para formar el Frente Único FRIP-PO, transformado en otra fiesta patria —el 25 de mayo de 1965— en PRT (Partido Revolucionario de los Trabajadores) al reunirse su I Congreso. El PRT tuvo su bautismo de fuego al movilizar cañeros de San José y Santa Lucía e intentar tomar el ingenio Bella Vista en Tucumán, donde cayó muerta una activista y fueron heridos otros tres, más ocho policías. Ya lanzados al terrorismo urbano y ensayando el rural, se produjo una efímera detención de Santucho en Villa Marcos Paz, Tucumán (27-2-67). Las diferencias conceptuales de ambos líderes determinaron la ruptura del PRT en dos sectores: La Verdad, constituido por los seguidores de "Nahuel Moreno", que basaba su línea de acción en los movimientos de masas y El Combatiente, dirigido por Santucho y con un claro perfil militarista. Así, Santucho convocó al V Congreso partidario prescindiendo de los "morenistas" que terminaron fusionándose con el PSA de Juan Carlos Coral para fundar el PST, Sección Argentina de la IV Internacional. El PRT comenzó entonces a transfugar de esta obediencia trotzkista a la del castroguevarismo pro soviético, sincerando su dependencia de la OLAS como Sector 1 del ELN continental creado en La Habana en 1967. El proceso fue gradual, pues mientras recibía órdenes y entrenaba su gente en Cuba, visitaba en París la IV Internacional trotzkista, participando allí de los desmanes de mayo del 68 junto a Luis Enrique Pujals (a) "Aníbal" (a) "Flaco Garay", Pedro Bonnet (a) "Indio" (a) "Quique" y "el Negrito" Antonio del Carmen Fernández, más Alcibíades Ramos (a) "Tula" del GEL (Guerrilla "Ejército de Liberación") luego incorporada al PRT-ERP.

La emulación del vandalismo parisino, exactamente un año después en Resistencia, Corrientes, Rosario y Córdoba, con activistas estudiantiles movilizando obreros en el "Cordobazo" final (no en las anteriores ciudades), logró incorporar a sus filas a dirigentes gremiales marxistas como Agustín Tosco y René Salamanca. Tras separarse los tres sectores locales del ELN (10-8-69), el 16 de septiembre (otra fecha simbólica) el PRT toma una radio y bloquea un tren "carnero" durante una huelga en Empalme Graneros, Santa Fe, comenzando así el segundo "Rosariazo", incendiando un tren con ochocientos pasajeros largándose por las ventanillas, varias estaciones y más de cien colectivos, asaltando bancos, fábricas, comercios con pérdidas de 50 millones de dólares. Al tercer día, 18, su Comando Che Guevara asaltó la Comisaría 20ª de Rosario.

Un mes después, al ser detenido Tirso Luis Yáñez en Monteros, abortó un intento de instalar un "foco" rural en Tucumán y —del 29 de agosto al 24 de noviembre de 1969— fueron capturados ocho guerrilleros frustrados, procesados treintinueve responsables y fue aprehendido por segunda vez Santucho. Mientras estuvo preso se escindieron dieciséis de los veinticinco miembros del Comité Central, encabezados por Elías Prieto (a) "Helios Candela" y Óscar Demetrio Prada (a) "Sergio Domecq" y quedó dividido el PRT en la Tendencia Leninista ("foquista impaciente") respondiendo a Benito Jorge Urteaga[26] (a) "Gato" (a) "Mariano", enfrentada, a la Tendencia Comunista, que propiciaba suspender las acciones hasta extraer enseñanzas del "desastre de Tucumán". El 8 de julio de 1970, Santucho ingirió ácido pícrico para fingir hepatitis. Fue llevado al Hospital Padilla y se fugó por una ventana. A fin de julio (28 al 31) sesionó en la Isla Magnasco (una de las Lechiguanas) el V Congreso —creador del ERP— con grados copiados de las policías estadounidenses, bandera e himno propios, presidido por él y con unos cincuenta escogidos. El cabecilla indiscutido quedó como "secretario general del PRT" y "comandante en jefe del ERP".

Personalmente y acompañado por Juan Eliseo Ledesma (a) "Pedro" robó 121 millones de pesos a un camión de caudales en Yocsina, Córdoba (12-2-71). El 28 de marzo un grupo copó el Canal 10 de Córdoba emitiendo una efigie del Che con proclamas mientras otro intentó la fuga de su ex mujer —la salteña Ana María Villarreal— atacando al Buen Pastor cordobés, repelido con varias detenciones e hiriendo a su notoria amante Clarisa Rosa Lea Place al querer rescatar a su antecesora. Irónicamente, al año siguiente, tras otra cruenta fuga de Rawson, ambas morirían juntas en Trelew (22-8-72).

Tras regresar de Cuba, donde volvió a ir para los festejos del 26 de julio, Santucho fue detenido en Córdoba (31-8-71) con Gorriarán, Jorge Alejandro Ulla (a) "Mario" (a) "Colin" y Humberto Adrián Toschi (a) "Berto" (a) "Bogu", siendo llevados a Villa Devoto. Desde esta unidad carcelaria impartió directivas para el secuestro del ejecutivo Sallustro (FIAT) y el asesinato del general Juan Carlos Sánchez, entre otros atentados. La conmoción causada por estos crímenes determinó su traslado a una prisión de "máxima seguridad": la Unidad Penal N° 6 de Rawson (Chubut). En base a planes de Osatinsky a quien él secundó, fugaron de ese penal una cantidad de terroristas (15-8-72), logrando los cabecillas tomar el avión pirateado en Trelew, llegar a Chile y de allí a Cuba, donde fueron recibidos como héroes. A su regreso, en noviembre, fundó en Santiago de Chile la JCR (Junta Coordinadora Revolucionaria) integrada por su organización, el MIR chileno, el PRTB-ELN boliviano y el MLN-T uruguayo. Esta transnacional terrorista —de la cual el Plan Cóndor no fue más que una tardía respuesta— se trasladó a nuestro país al caer Salvador Allende en Chile y a Europa tras caer Isabel, con oficinas en París, fábrica de armas en Lisboa y una brigada hispanoamericana en Etiopía para combatir a Somalia bajo mandos cubanos y asesores alemanes orientales.

En Trelew perdió a su cónyuge y a su amante, así como a Mario Emilio Delfino (a) "Cacho", hermano de quien iba a ser su nueva pareja, Liliana Marta Delfino (a) "Ana" (a) "La Alemana", muerta a su lado (julio de 1976). Al asumir el gobierno de Cámpora anunció que seguiría la lucha, y fue el responsable máximo de numerosos crímenes, como las bárbaras torturas y asesinatos de prisioneros como Ibarzábal (diez meses) o Larrabure (más de un año). Luego de la derrota en Capilla del Rosario, Catamarca (12-8-74), donde fueron abatidos dieciséis atacantes del Regimiento de Infantería 17, anunció matar indiscriminadamente a dieciséis oficiales del Ejército (represalia ilegal para las convenciones internacionales), lo que que comenzó a cumplir hasta que la muerte de "la pibita" (sic) del capitán Viola le hizo interrumpir la cuenta (1-12-74). Con igual espíritu, hizo copar Santa Lucía (Tucumán) y fusilar a dos policías que habían matado a su amigo Ramón Rosa Jiménez (a) "Zurdo" (a) "Ricardo". Ya derrotado en todos los combates rurales y en "la batalla de Monte Chingolo" (23-12-75) y consumada por Gorriarán la venganza contra el dirigente cañero peronista Atilio Santillán (22-3-76), preparó la huida a Cuba de tres grupos de cabecillas quienes fueron abatidos a su lado en el enfrentamiento final de Villa Martelli, al costo de la vida del capitán Juan Carlos Leonetti (19-7-76), horas antes de partir el primer vuelo. Allí cayeron su última pareja; la de Menna, Ana María Lanzilotto (a) "Liliana" y su segundo Benito Urteaga. A falta de este sucesor designado, se formó un triunvirato con Gorriarán, Eduardo Merbilhaá (a) "Alberto" (desaparecido en setiembre de 1976) y Arnol Juan Kremer (a) "Luis Mattini", quien al huir a Italia y a Suecia era "Secretario General del PRT" y último "Comandante en jefe del ERP".

Septiembre llegaba a su fin. Los temas de los argentinos, en gran medida, los establecía el semanario *Gente* bajo la batuta de Marcelo Capurro y Samuel "Chiche" Gelblung: el supuesto romance entre Frank Sinatra y Jacqueline Kennedy o Leopoldo Jacinto Luque, la estrella que "hace nueve meses no lo conocía nadie". River pagó por su transferencia 780 millones de pesos, debutó contra Boca e hizo un gol. En Avenida del Justicialismo (ex Perito Moreno) y Balbastro nació una nueva e imponente villa miseria; desde Nueva York habló Ángel Federico Robledo, como doble ministro del Interior y canciller. Y en el mismo número 531 se informa que María Estela Martínez de Perón se recuperaba en las sierras de Ascochinga, Córdoba. Ha recobrado el apetito: "En la antigua fábrica de embutidos de Colonia Caroya se compraron la semana pasada ocho kilos de salame casero y de bondiola para la Presidente."

NOTAS

[1] Testimonio del edecán naval, Carlos Aurelio Martínez.
[2] *La Opinión*, 3 de septiembre de 1975.
[3] Archivo del Departamento de Estado.
[4] Durante el Proceso militar la prensa trataba a Montoneros como "la organización declarada ilegal en segundo término".

⁵ *La Voluntad*, tomo II, pág. 571, analiza la cuestión sobre la base de un documento interno de la conducción montonera.

⁶ *Cuestionario*, octubre de 1975, pág. 1036.

⁷ Su nombre artístico es "Isabel". De ahí que la llamo de esa manera. Pero en su documento figura como María Estela.

⁸ Testimonio del capitán de navío Aurelio Carlos Martínez, edecán naval de Isabel de Perón e Ítalo Luder.

⁹ *La Opinión*, 20 de septiembre de 1975, recuadro de tapa: "Cuando muere la iniciativa".

¹⁰ Según una fuente inobjetable Gelbard y Rucci fueron protagonistas de una trifulca en la residencia de Olivos durante la fiesta de cumpleaños de Raúl Lastiri.

¹¹ Bonasso encabezó en 1979 "la rebelión de los tenientes".

¹² Testimonio de un ex combatiente montonero que lo frecuentó, y "Paco"es un oficial retirado citado en el capítulo 4.

¹³ Ver *Nunca más*.

¹⁴ En este sentido, observar las resoluciones de sus plenarios.

¹⁵ Oscar Alende era al PRT-ERP lo que se denomina un "aliado estratégico".

¹⁶ Debe recordarse que el "balbinista" Antonio Tróccoli rechazó terminantemente el convite.

¹⁷ El encuentro también le fue confirmado por Alfonsín a María Sáenz Quesada: *Isabel Perón*, Planeta, pág. 357.

¹⁸ Nacido en La Plata, era el dirigente responsable del frente legal del PRT-ERP. Por lo tanto, encargado de mantener contactos con los partidos políticos. Tras la caída de Santucho en julio de 1976, Merbilháá se convirtió en triunviro del PRT-ERP por menos de sesenta días. Desapareció el 14 de septiembre de 1976.

¹⁹ Muchas fuentes dicen que el secreto lo guarda el general (R) Albano Harguindeguy.

²⁰ Declaración de Julio Santucho a *Clarín*, 13 de octubre de 1996. Julio Santucho es presentado como un alto cuadro guerrillero y hermano de Mario Roberto Santucho, líder del guevarista Partido Revolucionario de los Trabajadores (PRT) y su brazo armado, el Ejército Revolucionario del Pueblo (ERP).

²¹ Testimonio del oficial que le puso la insignia.

²² El estudio en detalle de este caso demuestra el grado de penetración que tenía el PRT-ERP en los sectores de la dirigencia. A su vez, muestra el grado de descomposición de la misma: mientras la guerrilla asesinaba y secuestraba, dirigentes "democráticos" mantenían conversaciones a escondidas con los jefes terroristas.

²³ Fuente: "Paco".

²⁴ Algunos formaron parte del gobierno de Carlos Menem. Claro, al llegar al poder tiraron por la borda sus sueños pasados y llenaron sus alforjas personales. "El Santo" tiene más de 260 fichas de "GCU" desclasificadas.

²⁵ Apuntes de "El Santo", un ex integrante de Inteligencia del Ejército con muy diversas aptitudes y experiencias; viajes por una treintena de países (inclusive detrás de la Cortina); misiones en EE.UU. y en América Latina; veterano de Malvinas, historiador y docente. Si le preguntan por sus cicatrices las atribuye a algún "accidente de trabajo ya olvidado", aunque su memoria es asombrosa.

²⁶ Como reemplazante de Santucho que estaba preso.

7. Octubre comienza con Graciela Alfano en la tapa de *Gente*. Asalto al Regimiento 29 de Infantería de Formosa. Se crea el Consejo de Defensa Nacional. Isabel Perón retorna de Ascochinga y reasume la presidencia. Las carpetas con los planes del golpe

◆

2 de octubre de 1975. Jueves. Para este día el servicio meteorológico marcó una temperatura máxima de 15°, sin embargo la edición de *Gente* salió a la venta llevando en la tapa (doble) a la joven y natural Graciela Alfano en bikini. Adentro, como adelantando el verano, lucían junto con la Alfano, Adriana Aguirre, Angelika y Adriana Constantini.

El doctor Manuel Guillermo Arauz Castex juró ante Ítalo Argentino Luder, convirtiéndose en el cuarto canciller de este gobierno justicialista. El debate pasaba por si la señora de Perón debía o no retornar al poder y si ello afianzaba o debilitaba el sistema institucional. La especulación en torno a una eventual "intervención militar" estaba en letras de molde. "Si las cosas siguen así, no llegamos al 77", pronosticó Victorio Calabró, el gobernador de Buenos Aires, provocando un escándalo mayúsculo. Las 62 Organizaciones lo acusan de "claudicación doctrinaria". El ministro Robledo quiere viajar a Ascochinga para conversar con la Presidente, pero desde las serranías cordobesas le dicen que todavía no es el momento. Isabel está recluida en el Golf Hotel que administra la Fuerza Aérea. Isabel sólo se ve con Cristina de Reina y las hermanas Alicia y "Chichi" Peralta, las mucamas, además de algunas personas que la acompañan desde Buenos Aires. Las esposas de los tres comandantes generales de las Fuerzas Armadas la acompañaron, pero no estuvieron muchos días. ENTel instala en Buenos Aires nuevos aparato de telefonía pública. Son de fabricación japonesa y llaman la atención por el rabioso anaranjado.

"Operativo Primicia." Ataque de Montoneros a un cuartel militar en Formosa

El domingo 5 de octubre de 1975, Montoneros realizó un ataque al Regimiento 29 de Infantería, en Formosa. Por primera y última vez, intentó ocupar un cuartel del Ejército. El estratega del "Operativo Primicia" fue Raúl Clemente Yager, más conocido como "Roque" o "Mario". Pero el que lo comandó fue "el Jote" o "Sebastián" Mario Lorenzo Konkurat

La conducción de Montoneros decidió poner de manifiesto con mayor notoriedad su enfrentamiento con las Fuerzas Armadas y obligar a la conducción política y militar argentina a aceptar que la nación se encontraba en guerra. Por otra parte, sentían la necesidad de competir por el liderazgo del terrorismo en la Argentina con el PRT-ERP.

La selección del objetivo a atacar se facilitó al detectar a un soldado (Luis Roberto Mayol)[1] que estaba cumpliendo el servicio militar en el Regimiento 29 de Infantería de Monte, en Formosa, y se hallaba dispuesto a colaborar con la organización para el logro de su ataque.

La "sección" de combate que realizó el ataque (de alta complejidad) se llamó "Fred Mario Ernst"[2] y estuvo constituida por los pelotones "Carlos Tuda"[3] y "Zulema Willimer". Montoneros confiaba que el efecto propagandístico sería importante, pero a la vez su copamiento podía permitir robar armamento. Intervinieron miembros de tres regionales que usaron cinco bases de operaciones (Capital Federal, Rosario, Santa Fe, Resistencia y Formosa). Posteriormente, Montoneros dio a conocer un comunicado adjudicándose el hecho y un parte de guerra en *Evita Montonera*, donde, sin dar nombres, relató la "Operación Primicia".[4] En resumen, Montoneros empleó cerca de un centenar de efectivos y más de diez vehículos. En el hecho, el Ejército perdió diez soldados, un oficial (subteniente Masaferro) y un suboficial. Los terroristas perdieron dieciséis efectivos.[5] El número de heridos fue mayor. Sólo pudieron robar dieciocho fusiles FAL y un FAP de los doscientos que había en la unidad. La huida se realizó en dos aviones desde el aeropuerto El Pucú (Formosa). Un Cessna que aterrizó en una arrocera en Nueva Valencia, Corrientes, y un Boeing 737, secuestrado a Aerolíneas Argentinas, que bajó en una pista improvisada entre las localidades de Susana y Rafaela, Santa Fe. Raúl Clemente Yager, el jefe de la operación, pudo escapar. Andrés Castillo, conocido como "Quique", logró salvar su vida. Abandonó la organización por pedido de su familia en 1976, pero sus propios compañeros lo delataron y un grupo de la ESMA lo capturó. Conducido a la ESMA, luego de colaborar fue dejado en libertad (*Nunca Más*, Eudeba, 1984, pág. 142). "Sebastián" o "el Jote" Mario Lorenzo Konkurat, oficial de la Columna Capital, figura como desaparecido desde el 3 de diciembre de 1976. Tenía en su currículum algo muy dramático para el peronismo: había participado en el "Operativo Traviata", el asesinato del secretario general de la CGT, José Ignacio Rucci (el 25 septiembre de 1973). Lo que más sorprendió, e irritó, a los atacantes del cuartel fue la fiereza que demostraron los conscriptos en la defensa de su regimiento. Siempre se pone como ejemplo al soldado Hermindo Luna, quien al pedírsele que entregue el arma gritó: "Aquí no se rinde nadie, m...". Varios conscriptos fueron asesinados cuando se duchaban o dormían la siesta.

Los decretos de Ítalo Argentino Luder: una respuesta contundente para aniquilar la subversión

Finalmente, el martes 7 de octubre, Ítalo Argentino Luder y Ángel Federico Robledo pudieron trasladarse, separadamente, a Ascochinga para dialogar con la presidenta. Está claro que los contactos se realizaron, principalmente, para considerar el grave asalto de Montoneros a una guarnición militar en Formosa. Horas más tarde el gobierno tomó medidas extremas. Al mismo tiempo, Heriberto Kahn, uno de los periodistas con mejores contactos en las Fuerzas Armadas, escribió: "...en las conducciones castrenses parece haberse llegado a una conclusión que es ya irreversible: el país —y mucho menos una nación en pie de guerra, como lo está la Argentina— no puede continuar soportando una atmósfera de incertidumbre política como la que ahoga a la república". La respuesta presidencial se conoció escasas horas más tarde, a través de una filtración: Isabel Perón volvería el lunes 13 de octubre a la Capital, para reasumir el 16 y presidir el acto del viernes 17 de octubre.

"Próximamente el Poder Ejecutivo enviará un paquete de medidas represivas al Parlamento, con la intención de legalizar la represión y arrastrar a todos los partidos políticos detrás de los planes criminales de los militares. [...] Nuestro Partido ha ofrecido un alto el fuego, con el objetivo de ahorrar sufrimientos innecesarios a nuestro pueblo, pero está preparado para enfrentar, exitosamente en el terreno militar, en las ciudades y en el campo, a las unidades enemigas, a dar cada vez más y mayores combates, a avanzar en la formación de unidades guerrilleras regulares, como queda demostrado en las derrotas que a diario infringe (sic) nuestra Compañía de Monte 'Ramón Rosa Jiménez' a más de 5.000 hombres del ejército contrarrevolucionario [...] Ante esta situación, al Parlamento le quedan dos caminos: o avalar la represión y convertirse en cómplice de los asesinatos y torturas que en nombre de ella se cometen o, por el contrario, rechazar cualquier intento de dar una solución militar a la crisis argentina, y tomar el camino de la pacificación, derogando la legislación represiva, dictando una ley de generosa amnistía, creando la comisión que investigue los crímenes de las 'Tres A'".[6]

El 8 de octubre de 1975, el Presidente (interino) Luder promovió la formación del Consejo de Defensa Nacional, como una forma de frenar la violencia terrorista.[7] A pesar de la tibia oposición de algunos de sus ministros (como Corvalán Nanclares), se creó el Consejo durante una reunión de gabinete en la que se trató la dimensión de la cuestión subversiva. Al finalizar, Luder le deslizó a un amigo: "Hay tres formas de llevar adelante la guerra antisubversiva. Una, con poca eficiencia y poco costo político; otra, mediana eficiencia y mediano costo político y la tercera mucha eficiencia y mucho costo político. ¿Qué decidimos? Muy simple, la tercera: alta eficiencia y alto costo político".[8] Se ordenó "aniquilar" (destruir, suprimir, exterminar) y no el término "neutralizar" (hacer neutral una situación, frenar, paralizar al enemigo).

Se dictaron los decretos 2770, 2771 y 2772 de 1975. El primero constituyó el Consejo de Seguridad Interior, encabezado por la Presidente de la Nación, todos los ministros del gabinete nacional y los comandantes de las Fuerzas Armadas. En su directiva "Secreta" N° 1 pueden leerse entre otras órdenes: crear una situación de inestabilidad permanente en las organizaciones subversivas que permitan restringir significativamente su libertad de acción". También: "Aniquilar los elementos constitutivos de las organizaciones subversivas a través de una presión constante sobre ellas". Una tercera instrucción decía: "Eliminar y desalentar el apoyo que personas u organizaciones de distintos tipos pueden brindar a la subversión". Otra era muy amplia, pero no menos grave; el gobierno constitucional ordenaba: "Orientar la opinión pública nacional e internacional a fin de que tome conciencia de que la subversión es un enemigo indigno de esta Patria".[9]

El decreto 2772 instituye "la intervención de las Fuerzas Armadas en la ejecución de operaciones militares y de seguridad y a los efectos de aniquilar el accionar de los elementos subversivos en todo el territorio del país". Con estos documentos se amplió territorialmente (antes sólo era para Tucumán) la misión de las Fuerzas Armadas, las que pasaban a tener la responsabilidad de la ejecución de operaciones militares y de seguridad en toda la Argentina. Los decretos fueron firmados el 8 de octubre. Extraña coincidencia: era el día del cumpleaños del teniente general Juan Domingo Perón y ese día, en Madrid, una delegación judicial argentina entra a la residencia 17 de Octubre, en Puerta de Hierro, en busca de elementos que aporten luz a la causa de los fondos reservados de la Cruzada de Solidaridad. Ese día era, también, el aniversario de la caída de Ernesto "Che" Guevara en Bolivia (8 de octubre de 1967, luego se supo que murió el 9). Pero es, fundamentalmente, la respuesta del gobierno constitucional a lo que había sucedido tres días antes en Formosa.

En esas horas, la embajada de los Estados Unidos en Buenos Aires envió dos cables secretos al Departamento de Estado, "Priority", (6713 y 6814), en los que informó que el gobierno aprobó el decreto 2772 "en el cual se le da a los militares la autoridad para tomar las acciones que sean necesarias para la lucha contra la subversión y tomar cualquier medida necesaria para exterminar (*wipe out*) a los subversivos". El cable contiene dos comentarios:

1. "Las Fuerzas Armadas tienen ahora la autoridad que han añorado desde hace tiempo para esta lucha."

2. "Después de 18 meses de indecisiones, el Consejo (GOA) finalmente se ha unificado para manejar el problema subversivo. Está claro que los eventos de Formosa fueron la

causa del decreto. En Canal 11, en un programa político, el respetado periodista Bernardo Neustadt fue muy crítico con respecto a que tuvieron que ocurrir media docena de ataques a instalaciones militares en los dos últimos años para que el GOA finalmente actúe. *La Opinión* se hizo eco de las críticas de Bernardo Neustadt contra el gobierno por no haber tomado medidas contra la guerrilla con anterioridad.

El ministro Antonio Cafiero a la deriva y jaqueado

Con este escenario de conflicto en todas las áreas ¿qué podía hacer el ministro Antonio Cafiero? ¿Cómo conducir el entusiasmo que había provocado su designación? Lo primero que hizo fue prometer un plan de emergencia dentro de los próximos diez días, con un fuerte acento en la inflación, el déficit fiscal y la balanza de pagos. También confirmó la política de concertación y diálogo. "Fe y esperanza" fue el título que *La Razón* le puso al texto del discurso que el ministro dirigió al país por cadena nacional, el lunes 25 de agosto: "En la Argentina se han acabado los shocks, se han acabado los palos a la izquierda y derecha, los palos a ciegas, se han acabado los elefantes en un bazar. En la Argentina ha entrado la época de la sensatez, de la cordura, del razonamiento claro, preciso, sistemático, sobre los problemas que debemos abordar". Luego, habló de futuras negociaciones con los organismos de crédito internacional, de minidevaluaciones del peso, líneas de crédito para el pago de salarios; vigilancia estricta de los precios de las quinientas empresas líderes del país.[10]

Su equipo de colaboradores estuvo encabezado por Guido Di Tella, un teórico de la economía proclive a las corrientes socialcristianas, con una sólida formación en universidades de los Estados Unidos y en la FLACSO. Él se veía como ministro, pero Cafiero, de más historia en el peronismo, contaba con el franco apoyo del sindicalismo y también de la CGE. Como consecuencia, en el gabinete tenía el amplio respaldo del ministro de Trabajo Carlos Ruckauf, un hombre de las 62 Organizaciones. Cafiero confiaba en tener apoyo de los organismos de crédito internacionales, pero cuando estaba a punto de viajar al exterior detonó la crisis militar que llevó a la renuncia de Alberto Numa Laplane y al ascenso de Jorge Videla. Cuando al fin pudo viajar lo hizo acompañado de una representativa delegación: Casildo Herreras, secretario general de la CGT; por el industrial Carlos Cocquignot, de la CGE y en Washington se agregó el agregado militar José Miró.

Entre los empresarios privados del exterior, Cafiero encontró comprensión aunque le solicitaron mejor trato a las inversiones y terminar con el clima de terrorismo que reinaba en el país, donde no había piedad por la vida y los bienes. Téngase en cuenta que las reuniones de directorio de las empresas extranjeras se realizaban en su gran mayoría en Montevideo, por elementales razones de supervivencia y seguridad. También el ministro esperaba un crédito del Estado venezolano que no se concretó (se hablaba de 600 millones de dólares). Y como era ya una costumbre, desde Madrid, el empresario Jorge Antonio propuso más de 3.000 millones de dólares de capitales árabes deseosos de invertir en la Argentina. "No le creemos", fue la respuesta del gobierno y el Banco Central.

Vuelto a Buenos Aires, Cafiero se encontró con la novedad de la licencia de Isabel de Perón en Ascochinga. Mientras, la Cámara Argentina de Comercio pronosticaba "un creciente desabastecimiento y mercados negros activados por el Estado benefactor". Cafiero parecía perder impulso. ¡Cómo no perderlo, si la Presidente que lo había designado se había retirado a descansar y en los ambientes políticos se hablaba de que no asumiría! Entonces, presentó nuevas propuestas para desactivar la protesta social. Sugirió rebajar las horas laborables para evitar que las empresas expulsaran empleados; enfrentó a los productores agrarios que decretaron once días de paro durante los cuales no enviaron hacienda al mercado y mantuvo conversaciones con los líderes sindicales, preocupados por el aumento del costo de la vida y, como consecuencia, de la pérdida del valor adquisitivo de los salarios con respecto a las paritarias de junio último. Estas negociaciones y la probable creación del Instituto Nacional de las Remuneraciones provocaron la primera reacción en contrario de la CGE. Julio Bronner declaró que no era serio hablar de aumentos salariales, cuando las empresas e incluso reparticiones del Estado no habían podido pagar los anteriores y lo central era impedir el crecimiento de la desocupación. El ministro intentó dilatar una decisión. Se incrementaron, en-

Isabel Perón durante su licencia en Ascochinga. En la foto, acompañada por Ítalo Argentino Luder y Ángel Federico Robledo.

tonces, los paros sorpresivos y el trabajo a desgano. En ese ambiente de puja sectorial crecieron los secuestros de empresarios, empleados de fábrica y miembros de las comisiones internas, a los que se sumaron las ocupaciones de fábrica alentadas por la subversión.

Oscar Alende denuncia el "desgobierno". ¿Qué va a suceder en octubre?

"Pienso que el desgobierno ha colmado la paciencia de los argentinos y ese desgobierno se ha venido aceptando fundamentalmente por el culto a la personalidad de la señora presidente, y que su partido llama verticalismo.

"Las consecuencias han sido obvias: crisis de gabinete el 2 de junio, el 11 de julio, el 11 de agosto; y el 16 de septiembre el cambio de presidente. La gente se pregunta qué va a suceder ahora en octubre." (Declaración del titular del Partido Intransigente, Oscar Alende, del 3 de octubre de 1975). "No me traiga problemas", fue la respuesta de Isabel Perón al jefe de la Casa Militar, capitán de navío José A. Ventureira, cuando intentó conversar sobre temas de la actualidad o con respecto a eventuales visitantes.

Preparando el retorno de Isabel, de Ascochinga a la Casa Rosada

En octubre de 1975, los escenarios en el universo político argentino que habían circulado, desde muchas semanas antes, no habían sido alterados. En resumen, unos intentaron que la licencia de Isabel de Perón fuera *sine die*. En esta posición coincidieron muchos, incluso hasta algunos miembros de su gabinete. Otros, los "verticalistas", con Lorenzo Miguel a la cabeza sólo aceptaban su retorno a la Casa Rosada. Varios más estaban de acuerdo en que había que deponerla mediante mecanismos constitucionales. Victorio Calabró no era ajeno a esta tesitura. Los militares todavía observaban con la mente puesta en la aniquilación del enemigo, tal como había ordenado el Poder Ejecutivo Nacional. El 7, el Presidente interino Luder y el ministro Robledo la visitaron en Ascochinga.

Algunos dirán que Robledo intentó convencerla de extender su interinato. Lo cierto es que la Presidente anunció a través de Pedro Eladio Vázquez (no a través del presidente interino Ítalo Argentino Luder) que estaría presente en el acto del 17 de octubre en Plaza de Mayo: "La Presidente está en perfecto estado, reasumirá antes del 17 y hablará en el acto de Plaza de Mayo". "Nadie debe sacar los pies del plato" repetía hasta el cansancio Lorenzo Miguel. El 16, la señora de Perón retornó a Buenos Aires.

"Viajamos con Luder (...creo que también vino Carlos Juárez) a Ascochinga. Y allí Isabel se decide a volver a Buenos Aires. Va a Olivos. En la Casa Rosada, en el Jardín de Invierno, están Casildo Herreras y Lorenzo Miguel con otra gente. Lorenzo me llama por teléfono y me dice '¿qué es eso de que no va a asumir?'. Los voy a buscar en el helicóptero presidencial y los llevo a Olivos. Hay un detalle significativo: la escenografía para su reasunción estaba preparada pero faltaba su lapicera de fibra. Ella no podía firmar con lapicera de pluma. Si ella no reasumía no era necesario el acto. Cuando debe firmar, Isabel me mira y saco de mi bolsillo una birome de fibra, cuando ella termina de firmar se la pido... se la regalé a mi suegra que era peronista."[11]

Un día antes, miércoles 15, una seguidilla de atentados terroristas se desarrolló en varias partes del país, especialmente en Buenos Aires y Rosario. Los panaderos declararon un paro de 48 horas en todo el país. De la ola de violencia no se salvó ni Penna: como sucedió un año antes, el cuidador de caballos Julio F. Penna volvió a ser secuestrado. También fue secuestrado Jorge Lebedev, prosecretario de la revista *Claudia*, de la editorial Abril. La revista *El Caudillo*, con la dirección de Felipe Romeo, una expresión del "peronismo en estado puro", anunciaba que volvía a los kioscos. Y el desarrollismo advirtió un "estado de colapso". El dólar desde que había asumido Antonio Cafiero había aumentado de 33,50 pesos ley a 37,70 (mercado comercial). Y el mercado financiero de 42,50 a 48,30. El turístico o "especial" pasó en dos meses de 60 a 68,80. Así, los extranjeros barrían con los negocios.

"La Argentina no negocia con subversivos."
El ex presidente Arturo Illia pide a Isabel Perón
un "renunciamiento patriótico". El embajador Robert Hill
prevé un golpe militar

Como si no faltaran problemas, un comando armado integrado por chilenos ocupó las oficinas diplomáticas de Suipacha 280, 8° piso, donde funcionaba el Alto Comisariato de las Naciones Unidas para los Refugiados (ACNUR). El comando tomó como rehenes a trece personas y exigían ser reinstalados fuera de la Argentina. Se realizaron gestiones y, por la tarde, la posición de la Cancillería argentina fue dictada en un cable "secreto" a la representación en Nueva York: "La Argentina no negocia con subversivos. Se ha verificado que en territorio sujeto a jurisdicción argentina no se ha cometido delito. Cualquier conversación conducente a resolver el problema se lleva a efecto exclusivamente por personal de la Representación Regional y de éstas dentro de su sede extraterritorial. Las autoridades argentinas no se ocupan de procurar autorización de otro país para que los reciba, lo que en todo caso podrá hacer el Alto Comisariato. Todo lo expresado se puso en conocimiento de los visitantes que concurrieron a plantear el problema al señor canciller, señores Blanchard, Fernández Camacho y señorita Timpson, quienes aceptaron lo manifestado formulando agradecimiento al gobierno argentino." El texto corresponde al cable "Secreto" que la Cancillería argentina envió a la embajada ante las Naciones Unidas, con fecha 8 de octubre de 1975. Responde al cable "Secreto" N° 1192 de la Misión ante las Naciones Unidas, relacionado con la ocupación de las oficinas del ACNUR en Buenos Aires por parte de elementos que se consideran refugiados políticos y que el gobierno argentino consideraba terroristas.

Días más tarde, con referencia al tratamiento, en las Naciones Unidas, de la vigencia de los derechos humanos en Chile, el ministro Nereo Melo Ferrer, director del Departamento América Latina del Palacio San Martín, envió a la Misión Argentina ante las Naciones Unidas el cable "Secreto" N° 962, del 16 de octubre de 1975, con las siguientes instrucciones: "(Con) Referencia a su cable 1242. En entrevista que mantuvo el Canciller y Subsecretario con el Embajador de Chile en Buenos Aires, se le expresó que nuestro país no adoptará ninguna posición inamistosa que pueda afectar al gobierno y pueblo de Chile. Asimismo se le hizo saber que V.E. (el embajador Carlos Ortiz de Rosas) tenía instrucciones al respecto".

Mientras el peronismo estaba expectante por el retorno de la viuda de Perón, y su reasunción del mando, en otro lugar de Buenos Aires se reunieron a almorzar los tres jefes de Estado Mayor, Roberto Eduardo Viola, Armando Lambruschini y Carlos López. Durante el encuentro se examinó "la actitud que asumían determinadas fuerzas políticas, que no condenaban con suficiente convicción el accionar subversivo".[12]

En esos días, un observador privilegiado como Robert Hill, embajador de los Estados Unidos, informó al Departamento de Estado[13] respecto de Isabel Perón: "Su autoridad y posición está tan socavada que no puede tomar las riendas del poder. La manera en que deje estas riendas, de buena voluntad, tendrá mucho que ver con quién la reemplazará. En caso de que retorne el 17 de octubre a retomar la presidencia y se dedique a gobernar, poco después tendría lugar un golpe militar, posiblemente hacia fin de año".

En las horas en que Hill dictaba el informe todavía no habían trascendido los comentarios de la prolongada reunión que la Presidente mantuvo el mediodía del jueves 16 con Ítalo Luder, Antonio Cafiero, Ángel Robledo, Julio González, Pedro Eladio Vázquez, Lorenzo Miguel y Casildo Herreras. Durante la cumbre, Isabel Perón elogió "cálidamente" a José López Rega y resaltó el "patriotismo y la lealtad" de los doctores González y Vázquez, y del ex ministro del Interior coronel (RE) Vicente Damasco. Los detalles son conocidos por el líder radical Ricardo Balbín, quien consideró reservadamente que el radicalismo debería asumir una actitud implacablemente opositora. Las más altas autoridades partidarias consideran que el proceso ingresó en su "etapa más crítica" y que la estabilidad institucional hace necesario "un renunciamiento patriótico" de la Presidente (palabras pronunciadas por el ex presidente Arturo Illia).

El viernes 17 de octubre de 1975 amaneció soleado y caluroso. Isabel Perón se asomó al balcón de la Plaza de Mayo avanzada la tarde. Columnas obreras, prolijamente encuadradas detrás de los distintivos de sus organizaciones, la ovacionaron al grito "Si la tocan a Isabel habrá guerra sin cuartel". Desde el lugar en que tantas veces habían improvisado Perón y Eva Perón, la Presidente con su estilo y voz crispada leyó[14] un discurso moderado, dicen, preparado por Ángel Federico Robledo. No anunció ninguna mejora salarial, pero prometió combatir la inmoralidad y no criticó a ningún sector del partido. Fue un "discurso de tono conciliador", observó *Clarín*. A pesar de no haberse registrado incidentes, *La Opinión* del domingo 19 de octubre informó que "mientras cierra filas contra la izquierda, el peronismo tolera infiltraciones nazis". El diario de Timerman relató que en un tren que viajó desde Bahía Blanca, en ocasión del acto de Plaza de Mayo, entre la multitud y los dirigentes había banderas de las 62 Organizaciones al lado de banderas con la esvástica. Sobre el acto, Ricardo Balbín opinó desde La Pampa: "Para el teniente general Perón éste era el día de la lealtad y como el país vivía en estado de emergencia era necesario trabajar". Al margen de las disputas de los políticos, lo que resaltaba era el balance de la violencia. "En la semana del 11 al 18 de octubre de 1975, la violencia produjo 16 muertos en la Argentina: 2 en Tucumán, 3 en Rosario, 1 en Mendoza y 10 en la provincia de Buenos Aires. Sumadas a las 112 muertes ocurridas desde el 1° de octubre, el total de casos registrado hasta la víspera en lo que va del mes es de 128."[15] El 24 de octubre, Isabel Perón llegó a Chapadmalal para descansar.

Isabel Perón retomó su ritmo de trabajo en la Casa de Gobierno con dos gestos de autoridad: repuso en el cargo de Secretario técnico de la presidencia a Julio González y despachó a Carlos Emery, ministro de Bienestar Social. En su lugar nombró, el miércoles 29, a Aníbal Demarco que se definió a sí mismo como "un león africano sin domar" para defender a la Presidente. A Ángel Federico Robledo no le pidió la renuncia, pero tardó en recibirlo. Según los analistas, el ministro se oponía a intervenir la provincia de Buenos Aires (Victorio Calabró), una exigencia de Lorenzo Miguel.

Comienza a prepararse la caída de Isabel Perón.
La fecha y la hora de las carpetas

Los historiadores suelen hurgar en el pasado, el día y la hora en que se tomó la decisión de deponer a la Presidente Perón. En el Ejército se tomó la decisión de preparar una carpeta con lineamientos generales, un juego en la mesa de arena, para ser utilizada sin fecha. El pedido del trabajo se realizó cuando se conoció que era irreversible el retorno de Isabel a la Casa Rosada. Es decir, si la viuda de Perón volvió de Ascochinga el jueves 16 de octubre, la solicitud se formalizó en los días previos. Se abrieron las puertas de un cambio de gobierno al margen de la Constitución.

No fue la única, pero, se estimó, era la más sensata para el momento que se vivía. No llevaba el título de "Estatuto Revolucionario de la Nación Argentina" (como una), ni tampoco el ampuloso "Un nuevo ciclo histórico" (de otra). Pero fue la que llegó a los niveles superiores: comandante general, Estado Mayor, algunos comandantes de Cuerpo y ciertos comandantes de Brigadas.

A pocos metros del cruce de las avenidas Las Heras y Pueyrredón, sobre una calle empedrada, queda un edificio de perfiles parisinos. En la entrada, una pesada puerta de madera que se abrió innumerables veces para las tenidas políticas. El departamento tenía vista a un centro de manzana con mucho verde. Era el escenario especial para una reunión de conversación en voz baja. Como sonido de fondo, los gritos que salían de un aparato que transmitía en directo el acto del Día de la Lealtad en la Plaza de Mayo. El grupo de profesionales —no más de media docena, cuyas edades no superaban los 40 años— fue comandado por un profesional que volcó en papel un resumen de varias frustraciones nacionales: 1955; Frondizi, Guido, Azules y Colorados; Illia, Onganía, Lanusse, Juan Perón y ese presente que se vivía. El dueño de casa no llegaba a los 40, pero había sido testigo especial de muchas decepciones políticas, como la mayoría de su generación. Aquí, algunas de sus partes principales:

• En los datos de la realidad se afirma que "la crisis actual, tan generalizada y extendida, abarca prácticamente a todos los sectores del país. No tuvo comienzo el 25 de mayo de 1973. A esta situación se ha llegado por una acumulación de errores cuyas primeras manifestaciones resulta difícil de ubicar en un tiempo histórico preciso".

•"Una larga suma de desencuentros, e intentos de soluciones, tanto estériles como equivocados, derivó en el actual estado de cosas cuya continuidad, *agotadas las instancias consti-tucionales o políticas,*[16] no debe aceptarse sin riesgo de someter a la Nación a su desintegración total."

- *"[...] Recuperar al hombre para salvar la República. Hoy na-die cree en la Nación como destino colectivo...* el análisis de superfi-cie puede llevarnos al error de considerar que todo empezó hace poco y que alguien tiene la plena culpa de cuanto acontece."

- Seguidamente vienen cuatro carillas con un sintético re-paso de las experiencias del '43 al '73 con una primera adver-tencia: " Los gobiernos militares tienden a debilitarse en benefi-cio de los partidos cuando se inicia la etapa del 'desemboque político'." De allí que se afirma que "... las propias Fuerzas Ar-madas deberán ser las *generadoras* del futuro desemboque polí-tico. Si así no ocurre, el proceso les será *arrancado* por los distin-tos sectores políticos y sociales. En este sentido, las experien-cias de 1958, 1963 y 1973 son recientes y aleccionadoras."

- "Es indispensable comprender que el pueblo argentino es tremendamente exitista, versátil, y que aquello que desea ardientemente hoy, lo rechaza al poco tiempo y exigirá su re-moción —bajo distintas formas— luego de un lapso histórica-mente mensurable. Es así como los pronunciamientos del 30, 43, 55 y 62 buscan una solución —que en el caso específico de los dos últimos se convierte en una 'salida'— luego de un perío-do *promedio* de dos años de permanencia en el poder."

- "[...] el Gobierno Revolucionario debe buscar y general una 'válvula de escape' a las tensiones e impaciencias del país, a más tardar, dentro del tercer año de su instalación en el po-der. *Pero para ello será esencial que el gobierno revolucionario dé respuestas concretas y eficaces —aunque no se hayan alcanzado los objetivos finales dentro del plazo señalado— a las expectativas que generó la propia revolución."*

- *[...] la experiencia indica, también, que las FF.AA. tendrán que contar con una corriente de opinión afín y consecuente, como un 'canal' de expresión política. [...] Entonces es necesario repetir, has-ta el cansancio, que debe preverse desde la primera hora, que la sali-da del gobierno de las FF.AA. no implique la entrega del poder a los sectores políticos adversarios del régimen militar (Argentina 1958, 1963 y 1973)."*

• "El accionar de las FF.AA. —fundamentalmente en la primera etapa exclusivamente militar— no deberá tener un tinte antiperonista ni persecutorio del movimiento justicialista, por más que haya que sancionar a algún sector o a ciertos dirigentes..."

• "El problema quizás empieza principalmente por elegir una 'imagen'. Si se muestra una fisonomía 'reaccionaria' (pinochetista) o 'gorila' se logrará el apoyo de una insignificante minoría cuyo aporte ya no cuenta. Perón es el pasado, ya es historia y por lo tanto nada agrega para el futuro; lanzarse contra él, además de inútil, es crear un probable foco irritativo, siempre adverso. La persecución al peronismo merece el mismo comentario."

• Cursos de acción [...] "los primeros para ser implementados en una etapa de carácter estrictamente militar. Los segundos para cuando, concluida la fase anterior —que deberá ser dura pero corta— comiencen a echarse los cimientos del futuro proceso político". Entre otros se señalan "la suspensión total de la actividad política; no disolver a los partidos políticos ni incautarse de sus bienes. *Debe evitarse agraviar a sus dirigentes pues lo único que se lograría es ampliar el frente opositor haciéndole, así, el juego a la subversión, quedando ellos como furgón de cola de la guerrilla.* Suspensión de la actividad político-gremial. Limitar la acción de los sindicatos al campo de los servicios (asistencia médica, turismo, recreación, deportes y actividad cultural); intervención de la CGT; [...] reestructuración, en el más corto plazo, del Poder Judicial [...]; activa y flexible tarea a fin de evitar que la opinión pública internacional sea manipulada contra el régimen militar y, por ende, condicione la actitud de los gobiernos extranjeros hacia nuestro país. Evitar el aislamiento internacional. Recordar que *necesariamente* vamos a requerir el concurso de los gobiernos de Occidente para: a) solucionar nuestros problemas de balanza de pagos y b) obtener el concurso de capitales privados y de organismos públicos para reactivar la economía y promover nuestro desarrollo [...] si se hace gala de una activa política anticomunista en el orden internacional —fuera de la realidad atento a la evolución de las relaciones entre EE.UU., URSS, China y Europa toda— tendrá entre otros efectos perniciosos el volcar simpatías a favor de la subversión de elementos de centro-izquierda o de la izquierda que se encuentran dentro del sistema."

Casi al final, en cuanto a los cursos de acción para la segunda fase, el trabajo aconsejaba: *"Las Fuerzas Armadas deben gobernar sin partidos políticos pero no sin hombres políticos"*. Y se inclinaba por la "instituir el Consejo de Estado para conformar un centro de elaboración de programas, pautas, ideas y cursos de acción".

"En resumen: una vez que las FF.AA. tomen el gobierno saben que éste tiene fecha de iniciación impuesta por las propias circunstancias, pero que también habrá de tener una fecha inexcusable de cancelación. El período podrá ser largo, pero será siempre una etapa perfectamente delimitada."

No es el momento de evaluar este trabajo que pasó por las manos de los principales jefes de la estructura del Ejército. No es la finalidad de este trabajo que sólo intenta relatar al lector la hoja de ruta que conduce al 24 de marzo de 1976. Pero no se deben dejar de señalar algunas observaciones. Queda claro que el trabajo marca el espíritu de lo que dio en llamarse la "línea blanda" que, dentro del proceso que se avecinaba, se oponía a la "dura". Los autores eran interlocutores de los mandos castrenses, pero los mandos militares no compartían sus secretos con los civiles. Y entre esos secretos estaba la red de directivas para combatir la subversión. Al mejor estilo del jefe del Estado Mayor, Roberto Eduardo Viola, con su famoso "no es tan así", se podía declamar que en el futuro los únicos enemigos serían los corruptos y los subversivos, pero la realidad marcó que el abanico de los adversarios fue mucho más amplio. Por último, los autores mantienen una significativa laguna en cuanto a la estructura de poder. Parece un trabajo para el Ejército, olvidándose de que el poder pasaría, también, por la Armada y la Fuerza Aérea: la Junta Militar de Videla, Massera y Agosti. De todas maneras, es de destacar el trabajo, porque quienes lo elaboraron con la mejor buena fe llegaron al poder y dos años más tarde se retiraron. Algunos con daños físicos, patrimoniales y espirituales causados por sectores de las Fuerzas Armadas.

La Inteligencia del PRT-ERP a través de sus informes
capturados durante el "Operativo Independencia".
Tucumán, el Vietnam argentino, a través de los análisis
del teniente coronel "Pedrito" Coria. De guerrilleros a burócratas

El 18 de octubre, al día siguiente del discurso de Isabel Perón en la Plaza de Mayo y de la reunión en la que comenzó a delinearse una de las carpetas en las que abrevaría el golpe del 24 de marzo del año siguiente, en Tucumán el Ejército ocupó el Campamento en Los Sosa.

El 23 de octubre de 1975, el teniente coronel Pedro Armando Coria[17] firmó el Informe de Inteligencia Especial N° 17/75 y el distribuidor señalaba cinco copias para los más altos niveles del Ejército. El "asunto" que originó el trabajo detallaba el "estudio de la documentación capturada en el Campamento Los Sosa", el sábado 18 de octubre de 1975. En términos más profanos, era el resultado de un análisis de toda la documentación que la jefatura de la Compañía de Monte del PRT-ERP había dejado en su huida del lugar. Había de todo, desde informes que delataban algún tipo de infiltración dentro del propio Ejército, contactos en diferentes ámbitos "en todo nivel", hasta informaciones que manifestaban fuentes dentro del Poder Ejecutivo. Era sabido que la Inteligencia del PRT-ERP era una de las mejores.

El campamento Los Sosa estaba ubicado sobre las márgenes del río Los Sosa, cerca del ingenio Santa Lucía y Famaillá, en el lugar más caliente de la zona de operaciones. A diferencia de los "dormideros", Los Sosa era un campamento estable, en el que por momentos residía la conducción de la Compañía de Monte del ERP. Tanto los "jefes" como los "soldados" del Ejército Revolucionario del Pueblo parecían burócratas porque, al final del día, o en sus momentos de descanso, anotaban todas sus actividades, mayormente en pequeñas libretas con tapas de hule. También hacían "partes diarios" que luego de varios días se convertían en informes que los "estafetas" bajaban de los montes para la más alta conducción del PRT-ERP. A su vez, la conducción de la Compañía de Monte recibía informes de "situación" de lo que estaba sucediendo en el país. Con todo lo capturado por los efectivos en el terreno se hizo "explotación de Inteligencia".[18]

Así, previamente el Informe de Inteligencia Especial Nro. 16/75 arrojaba como una de sus conclusiones más llamativas: "Que la Compañía de Monte depende para el reemplazo del aporte de otras regionales, siendo nulo el reclutamiento local. Además, hay una marcada mayoría de personal de extracción pequeño-burguesa y un mínimo de origen campesino. Ello determina que la Compañía se encuentra en un medio que no es el propio y dice defender, en lo inmediato, a una 'clase' que prácticamente no está representada en ella. Que las bajas que se atribuyen haber ocasionado a las propias fuerzas (181) carecen de toda base real (y) revelan el uso de la mentira no sólo para engañar a los integrantes de la Compañía de menor formación ideológica, o a la población que los apoya, sino que por el nivel del informe busca engañar también a otros elementos de la conducción del PRT, asignándose un nivel de éxitos que permita justificar la permanencia en operaciones".

El Informe también hace un análisis de los apuntes de un miembro del "pelotón Sargento Dago", en el que se lleva "el presupuesto mensual del pelotón (que) contempla $5.000 por integrante para el mes de Oct. 75". Del análisis de otro documento capturado al oponente surge que es el pelotón que ha recibido la asignación mayor para dicho mes:

"Pel 'Sarg Dago' 65.000.
Pel 'José Reynoso' 60.000
Pel 'JC Irurtia' 60.000
Pel 'Lasser-Toledo' 50.000
Jefatura EM (Estado Mayor) 50.000
Total 285.000."

Luego en sus más de cuarenta hojas el Informe especial desmenuza "pelotón por pelotón" con sus integrantes, armas, organización, hasta los estados de ánimo de sus miembros y su nivel de instrucción.

• Cartas de amor y militancia

De "J"
Para:

Mi amor, recibí la carta del 8 junto con la del 24. Es increíble, pero la compañera de Ramón* se la había olvidado en la cartera y con ella todo lo demás, carta al BP (Buró

Político), etc. Así que leímos todo eso recién el lunes. Hemos quedado que a partir del 20 me vaya liberando de todo, cosa de estar lista para la última semana de este mes o mucho para la 1ª de noviembre. Sería conveniente arreglar ya la cita y demás para concretar. Si para (la reunión) del CE (Comité Ejecutivo) viene alguien haremos eso. Con el próximo envío de logística irá mi pistola que hoy entregué a Martín (es un paquete que dice para Capitán Pablo** o Enrique***). Conviene que controlen. La mochila con las bolsas (que ya las tengo), uniforme, etc, no sé cómo mandarlas porque así por viajes comunes me parece peligroso, necesitaría que me indicaras cómo hago para asegurar que estén allí cuando yo vaya. ¡Hace unos días que no pienso más que en el momento de irme, de estar allá y de verte y abrazarte fuerte! Estuve los otros días con Leopoldo con el que charlamos largo y tendido y me contó todo. También me habló de vos y de tu indigestión con chancho crudo (¿?) Se nota que hace falta que esté yo ahí ¿no?... La gimnasia y las caminatas están totalmente abandonadas porque realmente no he tenido tiempo y además me ha faltado voluntad, un poquito más hubiera podido hacer. Espero no hacer papelones cuando vaya [...] El viernes a la noche festejaremos el cumple de tu Papi (79) y el de Anita juntos en casa de ellos, le llevaré la carta a la Negrita****. El 18 vienen mis padres y será para despedirme de ellos.

Mi amor, prontito estaremos juntos nuevamente. Se me harán largos los días hasta entonces. Te quiero mucho, mucho, y te mando todo mi... junto a miles de besos."

J.

De la carta de "J" la Inteligencia Militar saca las siguientes conclusiones en su Informe de Inteligencia Especial 16/75 (página 14): "Es una mujer que aparentemente participa a nivel nacional y prepara su traslado a Tucumán, donde se reunirá con su esposo o compañero. El compañero de 'J' sería un alto dirigente del PRT-ERP, a juzgar por las consultas y aprobaciones que pide en nombre propio y de otros compañeros. Se crea una escuela de propaganda permanente a la que concurrió personal de todo el país. Montoneros y el ERP, si bien mantienen diferencias, acortan distancias en sus relaciones. Al menos parte de los integrantes de la dirección del PRT-ERP se encuentra en Tucumán".

Aclaración del autor: Datos extraídos de la "Nómina general del personal identificado que pertenece o ha pertenecido a la Compañía de Monte Ramón Rosa Jiménez, actualizada al 26 de noviembre de 1976."

* Ramón (I) era Luis Viale. Ingresó al PRT-ERP a fines del 70 y el 1° de enero de 1975 pasó a la Compañía de Monte con el grado de teniente. Había estudiado Medicina. Era cordobés nacido el 4 de febrero de 1948. Estuvo en Manchalá sin misión. La compañera es Graciela. Agregado al Pelotón Irustia. Hermano de la teniente Juana. Ramón (II) era Raúl Reynaga. Revistaba en el Pelotón Toledo. Figura como desaparecido.

** Capitán Pablo (I) es Julio Fernando Reig, quien pasó al monte el 19 de mayo de 1975 con el grado de sargento, 31 años. Revista como "muerto (en el) enfrentamiento de Yacuchina el 12 de agosto de 1975. Sería (también) el teniente "Toto".

Pablo (II) es Jorge Carlos Molina y revistaba en la Comandancia del Estado Mayor de la Compañía de Monte "Ramón Rosa Jiménez". Tenía grado de "capitán". De profesión arquitecto, "muerto enfrentamiento en Sauce Huascho el 8 de octubre de 1975. Su compañera era Cecilia".

*** Como Enrique (I) figura Raúl Vicente Díaz, ingresado al PRT-ERP en enero de 1974, a la edad de 19 años. También figura como "Vichi". Intervino en Manchalá. Habría muerto. Enrique (II) era otro de los seudónimos de Roberto Mario Santucho, comandante del ERP.

**** Negrita fue una maestra de 24 a 24 años que no pudo ser identificada. Se desempeñaba en la comandancia de la Compañía-Grupo de Trabajo. Entre las "observaciones" figura: "Petiza, gordita, tez oscura, cabellos largos, ojos marrones, granos en la cara. Viajó a Colombia. Responsable de la Propaganda. Esposa del capitán Pablo (Molina)".

El "Martín" que figura en la carta podría haber sido Gabriel Gustavo Papi. Pasó al Monte como combatiente en el Pelotón Irustia. En las observaciones aparece como que "habría muerto el 30 de agosto de 1975 en enfrentamiento."

El Informe de Inteligencia Especial N° 16/75

Las "conclusiones generales al análisis de los documentos capturados" manifestaba en su punto 1° que muchos de los informes "han sido redactados en forma impersonal, dando la impresión de que han sido redactados por personas no miembros" de la organización "por su estilo de escritura (efectuándose una distinción de los obtenidos en fuente directa o indirecta y del nivel de la misma)". Llamaba la atención en su punto 4° "que las fuentes más mencionadas en las informaciones referidas a la Fuerza (Ejército) son: Comando General del Ejército, Comando de Institutos Militares y Guarnición Campo de Mayo". Seguidamente, en el punto 5° aclaraba que dichas informaciones "serían consecuencia de la no observación de adecuadas medidas de discreción en la conversación y un exceso de confianza".

El 6° punto revelaba que "aparentemente dentro de la Fuerza existe personal que considera que la OPM 'Montoneros' es rescatable y que habrían tomado contacto con miembros de la misma". El punto siguiente establecía "que el PRT busca mantener contacto con organizaciones afines dentro de América Latina" (algo que ya se sabía).

En lo que parecía una contradicción, el 8° punto sostenía "que se ha producido un acercamiento paulatino entre el ERP y Montoneros". En otros puntos de su página dos trataba las dificultades económicas de la organización terrorista y que iba a tratar "de aumentar la incidencia sobre el proletariado azucarero, dado que hasta el presente éste ha sido impermeable a la sección de la OPM (Montoneros), esto sería efectuado aprovechando el cese de la zafra a más tardar a fines de noviembre".

A continuación se observan diferentes análisis surgidos de los documentos capturados.

• "Conclusiones al Documento B": es un "Informe de la Reunión del Comité Ejecutivo (del PRT-ERP) del 6 y 7 de octubre de 1975" en el que se hizo un análisis de la situación nacional e internacional y de todos los "frentes", en el que se menciona "el serio compromiso de integrar en su seno temporariamente a miembros provenientes de otras organizaciones para que adquieran experiencia y que ya se han producido contactos. Que se envió un representante a Colombia." También habla del envío de representantes a Bolivia y Uruguay para tomar contactos, e informa del ingreso de un peruano para entrenarse "por dos meses... habiéndose resuelto su incorporación a la

Regional Córdoba" y que la organización argentina "encararía la organización del PRTP" (Partido Revolucionario de los Trabajadores Peruano). "Se hace mención que un argentino residente en EE.UU. está desarrollando actividad proselitista en el mencionado país."[19] Por último "se destaca que se ha encarado a través del Buró Político una campaña dividida en dos partes: Clandestina, a cargo del PRT y el ERP con el siguiente tema 'Las Tres A son los militares' (y) a nivel legal 'Descubriendo los integrantes de las bandas fascistas'".

• "Conclusiones del Documento N° 1", constituye un 'Resumen de Información' correspondiente al 06 y 07 de octubre" de 1975, que "menciona que la acción en Formosa 'fue objetivamente una acción conjunta de ERP y Montoneros'" (ataque el Regimiento de Infantería 29).

Advierte "que cada día que pasa le resulta cada vez más difícil al Comandante General del Ejército (Videla) frenar a sus bases (y) que existiría intención de ciertos sectores de las FF.AA., luego de tomar el poder, de realizar un baño de sangre purificador".

• "Conclusiones del Documento N° 3" donde se analiza el "Boletín interno 84 de fecha 04 de agosto de 1975", en el que "se hace hincapié en el deterioro económico, concluyendo con la necesidad de impulsar las expropiaciones en masa (Ejemplo: toma de supermercados)".

• "Conclusiones del Documento N° 4" que "constituye un Boletín Secreto, de fecha 06 de septiembre del corriente año". Informa que "las fuentes no han sido especificadas, figura únicamente alto nivel directo. Solamente se hace referencia en una información a Montoneros como fuente".

En su punto 2° "considera que el verticalismo (peronista) está quebrado, habiendo un estado de asamblea" y "menciona que la 'represión' ha infiltrado a Montoneros a través de obreros de la Ford y que los restos de la Organización ERP-22 realizan gestiones con (Rodolfo) Galimberti para su incorporación a Montoneros".

• "Conclusiones del Documento N° 6" que "constituye un Resumen de Información su fecha de redacción sería correspondiente al mes de septiembre" (1975). Aquí se especifican las fuentes: "indirecta y directa" de los diferentes destinos militares, en donde se "hace mención de un alto jefe del Comando del Cuerpo II, expresando que el mismo mantiene frecuentes tratos con representantes de la organización Montoneros, así mismo el dicente expresa: que el alto jefe habría expresado que el mundo marcha innegablemente hacia el socialismo y que las FF.AA. debían entonces hacer los mismos movimientos que hace la Iglesia para aguardar ese cambio. Hay que ponerse en la cresta de la ola para que el socialismo tenga carácter nacionalista y no marxista, que Montoneros por su origen es rescatable".

- "Conclusiones al documento N° 9" que "se denomina Cuadro de Situación y ha sido confeccionado el 21 de junio" (1975). Las fuentes directas e indirectas revelan diferentes orígenes: desde SIDE, allegados a las FF.AA., Secretaría Técnica de la Presidencia, allegados a la Fuerza Aérea y el Ejército. El informe revela que "en Ejército no existe ningún plan inmediato, salvo una salida institucional para cualquier emergencia. Que habría una propuesta golpista que tendría su epicentro en Bahía Blanca". También menciona lugares donde se reúnen "fachos, militares, funcionarios, burgueses y empresarios".

- En el análisis al "Documento N° 10" (última quincena de agosto de 1975) se señala que (Victorio) "Calabró mantuvo algunos contactos con Montoneros a través de un tal Lagomarsino". El siguiente "Documento N° 11" (fines de julio de 1975), "resalta que Lorenzo Miguel estaría por un golpe, pretendiendo reflotar una vieja aspiración vandorista de formar el Partido Laborista que sería la izquierda del sistema a instaurar por las FF.AA., a partir de la renuncia de la Presidenta. Que circularía un plan, al que denominan Imperialismo o Lopezreguismo y que constaría de tres pasos. Uno político a cargo de Nemen (sic), para revitalizar al peronismo ortodoxo; otro gremial a cargo de (Rogelio) Papagno, para sacar de circulación a los dirigentes hostiles a López Rega; y un tercero militar, siendo el ejecutor un Mayor que revistaría en la Presidencia,[20] quien buscaría su apoyo en los oficiales subalternos de las FF.AA. Este plan tendría por finalidad defender al gobierno para que termine su período presidencial".

• El análisis del Documento N° 12 trata sobre el "Cuadro de Situación N° 43" (30 de agosto de 1975) en donde se "resalta que en el Ejército no hay ningún experto en guerra antisubversiva, de ahí la importancia de un buen jefe de Inteligencia" y "realiza una descripción de lo que consideran estado de ánimo del cuadro de suboficiales, expresando que en algunos sectores existe la idea de que 'la guerra no es contra ellos'. También efectúa una descripción de la instrucción que reciben los soldados conscriptos referente a combate en localidad y una explicación somera de los equipos infrarrojo de los tanques con que están dotadas las unidades de Caballería".

• El tratamiento del "Documento N° 13" (fines de agosto), con fuentes "directas" de la SIDE y el Cuerpo II habla de la posibilidad de un golpe "que se conjetura podría buscar apego en los países de la órbita comunista ante la falta de interés y capacidad económica de EE.UU. y Europa occidental; para ello se contaría con el concurso de industriales que tendrían contactos con la economía de los países socialistas". Luego siguen las "Conclusiones del Documento N° 14" (segunda quincena de agosto) que analizan informaciones sobre el Ejército en base a innumerables fuentes directas e indirectas en diferentes destinos castrenses (que se especifican). Aclara que "no es copia textual" pero trata sobre un "informe de inteligencia del enemigo de carácter secreto en su página 1", en el que se hace "referencia a un Jefe del Ejército quien habría expresado 'que el socialismo que pregona Montoneros es en gran parte aceptable, página 4)". El supuesto documento del Ejército es previo al retiro del teniente general Alberto Numa Laplane.

• Según la Inteligencia Militar el "Documento N° 16" informa que "el Boletín Secreto, confeccionado el 31 de mayo (1975) menciona una supuesta reorganización de los efectivos de Gendarmería Nacional en Campo de Mayo, y el viaje de 130 gendarmes a Tucumán procedentes de esa guarnición". Este informe delata fuentes directas de "alto nivel" ubicadas en: Comando de Cuerpo de Ejército I y II, Comando General del Ejército, Senado de la Nación y Gendarmería Nacional.

• El "Documento 18" que "podría haber sido redactado en la segunda quincena", menciona que por fuentes directas vinculadas a las FF.AA. se informa sobre "la preponderancia del sector liberal en el Ejército, destacando que existe un brote nacional-socialista en los niveles subalternos del cuadro de oficiales". También "expresa que habrían fusilado a 80 personas en Tucumán, y que constaría en actas militares secretas". En el "Documento 18" que trata el "Cuadro de Situación N° 43", del 4 de setiembre de 1975, "destaca la opinión del MID (Movimiento de Integración y Desarrollo) de que el Ejército no podrá acabar con la guerrilla, aunque lance una campaña a fondo, porque la situación general del país constituye un caldo de cultivo para la subversión".

Noviembre: otra vez la enfermedad presidencial.
La salud de Isabel Perón. El certificado de internación
de la Presidente, detrás de un menú

El sábado 1° de noviembre de 1975, la Presidente estaba en Chapadmalal, donde conversó a solas con Lorenzo Miguel. Luego, se dirigió a Mar del Plata para participar en un congreso de dirigentes textiles. En Buenos Aires la investigación por el uso de los fondos de la Cruzada de Solidaridad avanzaba sin reparos. Ya estaban detenidos los ejecutivos de la empresa Rojas, propiedad de la familia del influyente Pedro Eladio Vázquez, pero a los pocos días dejaría de ser el médico presidencial. En su lugar designan a Aldo Calviño, quien es citado de urgencia el domingo 2. Al llegar, revisa a la Presidente que presenta un cuadro de agotamiento nervioso y deshidratación.

• **La constancia de la internación presidencial,**
escrita en un menú

El lunes 3, a las 02.15, Isabel de Perón entró en la clínica Pequeña Compañía de la calle San Martín de Tours, en Palermo. Como un signo de los tiempos que corrían, al entrar, el médico extendió una constancia de internación que dice:

"Bs. As. 3 de noviembre de 1975. Hora 2.15

La excelentísima Señora Presidente de la Nación Doña María Estela Martínez de Perón ha sufrido en el día de la fecha un síndrome vesicular agudo, en mérito a lo cual ha sido internada en el Sanatorio de la Pequeña Compañía

Bs As. 3 de noviembre de 1975. Hra 2⁵

La excelentísima Señora Presidente de la Nación Dña María Est de Martínez de Perón ha sufrido en el día de la fecha un síndrome vesicular agudo, en mérito a lo cual ha sido internada en el Sanatorio de la Pequeña Compañía de María de la Capital Federal para su estudio y tratamiento

Firmados Aldo Alfredo Calviño.

LA PEQUEÑA COMPAÑIA DE MARIA PONE A DISPOSICION DE LOS SEÑORES MEDICOS LA SIGUIENTE NOMINA DE DIETAS PARA SER INDICADAS DE ACUERDO AL DIAGNOSTICO

Nº1.-   REGIMEN GENERAL O NORMAL

Nº2.-   REGIMEN BLANDO   (a) - (b)

Nº3.-   REGIMEN HEPATOPROTECTOR

Nº4.-   REGIMEN PARA OBESOS

Nº5.-   REGIMEN PARA DIABETICO (con diferente contenido
en Hidratos de Carbono.
Especificar el que se de
see.)

Nº6.-   REGIMEN HIPOSODICO   (Severo....200-500mlg. Na.)
(Estricto..500-1000 "   ")
(Moderado.1000-1500 "   ")
(Leve.....1500-2000 "   ")

Nº7.-   REGIMEN PARA ULCEROSO. (AGUDO)

Nº8.-   DIETA HIPOPURINICA. (GOTA)

Nº9.-   DIETA LIQUIDA RESTRINGIDA. (LIQUIDOS EXCLUSIVAMENTE)

Nº10.-   DIETA LIQUIDA COMPLETA. (Con inclusión de carnes-
huevos-vegetales.)

Nº11.-   ESQUEMA PARA GASTRECTOMIZADO

Nº12.-   ESQUEMA PARA CESAREA

"MARCAR EL REGIMEN CORRESPONDIENTE"
ACLARACIONES:

(a) REGIMEN BLANDO GASTROINTESTINAL: Con inclusión de carnes blan
cas y rojas y preparaciones
dietéticas.

INDICADO para enfermos con
trastornos gastricos-intes
tinales en períodos de transi
ción.

(b) REGIMEN BLANDO: Con todo tipo de alimento.
Preparaciones de consisten
cia blanda, tipo papilla.

INDICADO para enfermos ope-
rados de ojos y pacientes

Copia del acta de internación de la Pequeña Compañía de María, el 3 de noviembre de 1975. El médico presidencial Aldo Alfredo Calviño la extendió a mano y al dorso se puede leer un menú que el sanatorio ofrece a los pacientes.

de María de la Capital Federal para su estudio y tratamiento.

Firmado Aldo Alfredo Calviño."[21]

Al dorso se puede leer un menú: "La Pequeña Compañía pone a disposición de los señores médicos la siguiente nómina de dietas para ser indicadas de acuerdo al diagnóstico", y seguidamente una degustación acorde con el paciente.

Meses más tarde, un cable cifrado 0114 (del 14 de enero de 1976) del embajador Robert Hill explicó que "Pedro Eladio Vázquez la había tenido a tanto nivel de drogas durante tanto tiempo que ella se estaba desintegrando mentalmente".

Las tapas de los diarios del miércoles 5 de noviembre presentaron una situación de gran desorden institucional. La Presidente continuaba internada y ya se hablaba de una "renuncia" con "una solución concertada". El gobierno había anunciado un aumento general de salarios de 150.000 pesos viejos. El ex ministro de Bienestar Social, Rodolfo Roballos, estaba detenido en el marco de una investigación de corrupción. Todo en medio de un cuadro económico caótico agudizado por una incontenible espiral inflacionaria, en medio de un extraordinario aumento del circulante. Un dato de muestra: los precios mayoristas crecieron, desde el 1° de junio hasta el 30 de septiembre, el 145 por ciento. El circulante monetario aumentó en la última semana de octubre en 4.214 millones de pesos ley para cubrir el déficit presupuestario de 180.000 millones de pesos.

Alrededor de la habitación donde estaba Isabel Perón se tendió un anillo de seguridad, donde sólo podían entrar los galenos, el ministro Aníbal Demarco y el secretario privado Julio González. Ítalo Luder se acercó al sanatorio pero no pudo verla. De todas maneras se le hizo avisar que esta vez la Presidente no iba a delegar el mando. La falta de noticias —que administraban Demarco y González— era absoluta.

La Peña El Ombú, presidida por Fermín Otermín Aguirre, fue durante años un lugar para la libre discusión de todas las ideas. Pasaron por esa peña los más diferentes representantes del pensamiento nacional. No existían censuras. El martes 4 expuso su pensamiento el teniente general (R) Benjamín Rattenbach,[22] palabras que motivaron una gran repercusión. Para el militar, la crisis que existía en esos momentos era parte de una cadena compuesta por cuatro eslabones: el terrorismo, la subversión, la guerra revolucionaria y la situación del país. Cuando fijó su mirada sobre el último punto desgajó seis factores definidos del clima de desorden. Habló del "problema de la señora que ocupa la Presidencia de la Nación"; las divergencias dentro del peronismo, de la situación de la CGT; del estado de nuestra economía; de la corrupción moral y de la subversión. Al referirse a la Presidente dijo que "dado el clima de subversión que se está gestando, exige que se halle al frente del gobierno una persona fuerte y sumamente capaz, para que pueda dominar ese peligro, evitar una nueva revolución y conducir al país a un estado de orden y tranquilidad que tanta falta le hace".

Otra jornada como tantas. Confusión, rumores de renuncia presidencial, peleas intestinas en el peronismo y desborde de la economía. La advertencia de monseñor Zaspe.
Expulsan del partido al gobernador de Buenos Aires

Última Clave, del 6 de noviembre de 1975 observó a sus lectores: "María Estela, en los 308 días de 1975 que transcurren desde el 1° de enero hasta el 4 de noviembre, trabajó 138 días y descansó 170. El promedio arroja tres días de trabajo por semana, lo que no es precisamente un dechado de eficiencia". Luego de tres días de internación, sin novedades, el país se mostraba sumergido en la confusión. Se hablaba de un golpe de Estado encabezado por Julio González; del descabezamiento de los comandantes de las Fuerzas Armadas, de renuncias de los ministros Ángel Robledo y Tomás Vottero y del cierre del Congreso e intervención a algunas provincias.

"Si los que hoy buscan expulsarme del partido consiguen sus objetivos, sería un galardón y un triunfo muy grande para mí. Porque la mayoría de la gente no está de acuerdo con esto. Yo pregunto: ¿Por qué no se expulsa a Pedro Eladio Vázquez? ¿Por qué no se expulsa a López Rega? [...] de continuar esto así, de no encontrar soluciones adecuadas, podría ocurrir que la subversión crezca, que continúen los muertos —tenemos más de 2.700 muertos en este año—, ¿qué le parece a usted?." Fueron declaraciones del gobernador Victorio Calabró a Renée Sallas de *Gente* (N° 537 del 6 de noviembre de 1975).

El jueves 6 de noviembre de 1975 fue una jornada saturada por los rumores. Reuniones de mandos y deliberación del Comité Central Confederal de la CGT, para expresar la condena a quienes "con absoluto desprecio hacia los sentimientos populares, pretenden vanamente lesionar la investidura de la Excelentísima Señora Presidente de los argentinos, María Estela Martínez de Perón". Por la tarde se supo que la Presidente presentaba un cuadro de mejoría y que "se están completando los estudios correspondientes; su estado de ánimo es óptimo". También se informó que la señora de Perón había grabado un mensaje para la televisión.

El discurso fue emitido a medianoche. De su propia boca, la ciudadanía escuchó que "no he renunciado ni pienso renunciar". Seguidamente, le avisó a la dirigencia que "no he solicitado licencia, ni lo haré. Ejerzo la plenitud de mi poder presidencial con cabal conocimiento de los hechos que ocurren y de las medidas de gobierno que normalmente ejerzo [...] el país sufre una agresión interna y externa del terrorismo periodístico y de rumores difamatorios".

A pocas horas del discurso, el bloque de senadores nacionales del radicalismo emitió un documento afirmando que el mensaje presidencial "no da pautas tranquilizadoras, ni vías de soluciones; crea enemigos para justificar sus desviaciones y pretende sostener una institucionalización —que todos defendemos— como si fuera de propiedad personal". Señaló también que el discurso "sólo crea más confusiones, más desorientación y parece alentar una actitud suicida que no trepida en poner en riesgo la vida de las instituciones, la paz nacional y el destino de los grandes objetivos nacionales".

Desde otra vereda, la Iglesia hizo oír su voz a través del arzobispo de Santa Fe, monseñor Vicente Zaspe. "La Patria requiere serenidad" fue el título de su documento, en el que expresaba entre otros conceptos: "La muerte ha destrozado familias, instituciones, partidos, sectores: han muerto muchachos, chicas, militares, marinos, sindicalistas, sacerdotes, jueces, niños, gente pobre, rica, de la ciudad, del interior. Hemos colmado las cárceles y los cementerios... hemos rebasado la medida del dolor, del odio y del sufrimiento".

El viernes 7, el Consejo Nacional del Partido Justicialista, con la unanimidad de sus miembros, expulsó al gobernador de la provincia de Buenos Aires, Victorio Calabró. Entre los que votaron estuvieron los consejeros Genaro Báez, Susana Rosich, Jorge Triacca, Arnoldo Aranda y Lorenzo D'Angelo. Más tarde, Calabró sería expulsado de la UOM (Unión Obrera Metalúrgica). En Córdoba las exequias del dirigente "clasista" de Luz y Fuerza, Agustín Tosco, finalizaron a los tiros entre fuerzas policiales y elementos extremistas.

El miércoles 12, en La Plata, desde el balcón de la gobernación y ante una numerosa concurrencia, el gobernador Victorio Calabró pronunció un encendido discurso. Apuntó sus críticas al verticalismo (los trató de lopezreguistas) y a la conducción de Lorenzo Miguel. El discurso fue considerado un ataque directo a María Estela Martínez de Perón. Horas más tarde una de las tantas solicitadas de apoyo a la Presidente, invitaba a estrechar filas en torno de "la lealtad incondicional a Isabel Perón y las denuncias a las traiciones al gobierno nacional". Lo firmaron, entre otras, Esther Fadul de Sobrino, Lily de la Vega de Malvasio, Yamile Bárbora de Nasif y Magdalena Álvarez de Seminario. Trascendió el mismo día que la Presidente presidió una reunión de gabinete en la clínica donde se asistía.

El jueves 13 de noviembre, a las 22.30, la Presidente abandonó el sanatorio. En las horas siguientes una delegación del Consejo Nacional del Justicialismo, encabezada por el sindicalista Genaro Báez, llegó a Olivos con la intención de conversar con la Presidente. Julio González se encargó de rechazarlos: "La señora Presidente no los va a recibir".

Varios datos que se conocieron a través de los diarios sorprendieron a la opinión pública, cloroformada por las noticias del día a día. De algunas se verían sus consecuencias con el transcurso del tiempo. Pudo saberse que durante 1974 la universidad argentina produjo 511.166 profesionales.[23] De éstos, se estimaba, sólo el 30 por ciento puede ejercer la actividad propia de su carrera. Otro índice no menos sorprendente demostraba el clima económico del momento: como los precios mayoristas no agropecuarios subieron un 300,6 por ciento, los Valores Nacionales no Ajustables (VNA) se beneficiaron en un 305,55 por ciento más que hace doce meses. Es decir, cien pesos (o cien millones) invertidos en estos papeles el 31 de octubre de 1974 se podían vender (el 14 de noviembre de 1975) a 405,55 (pesos o millones, según el caso). A pesar de los ajustes salariales ocurridos en lo que iba del año, un salario índice 100 de junio de 1975 estaba en noviembre a 48,04 y en diciembre de 1975 se estimaba en 40,05. El salario real estaba en picada.

Los mismos dirigentes justicialistas que fueron rechazados el 13 de noviembre volvieron el martes 18. Esta vez, la señora de Perón los recibió. Una vez frente a ella, Báez le dijo: "Señora, échelo a ese González". Isabel permaneció en silencio, semanas después sería Báez el expulsado de un cargo partidario.[24] Su primera salida pública fue a Villa Lugano para visitar a Lorenzo Miguel y su familia. En una clara señal política, luego se dirigieron a Rutasol, el campo de recreo de la Unión Obrera Metalúrgica.

El miércoles 26, Isabel Perón retornó a la Casa Rosada.

"Hay que terminar con la orgía de los aumentos salariales", reclamó la CGT.

"La destrucción, tanto de las instituciones como de los pueblos, comienza por la cabeza, al igual que el pescado... así no llegaremos a 1977, sino ni siquiera a 1976", expresó el diputado nacional justicialista Carlos Palacios Deheza.

"La Armada empezó a planificar a fines de octubre o principios de noviembre de 1975 cómo tenía que ser el gobierno militar próximo, cuando se terminara de caer toda la estantería. Con el convencimiento de que no podía volver a ocurrir lo de siempre (que lo manejara nada más que el Ejército), la Armada comenzó a redactar el famoso Estatuto donde ponía una serie de limitaciones: por ejemplo que ningún comandante en jefe podía durar más de tres años en el cargo... se creaba una Junta Militar por encima del Presidente que tenía que cumplir las órdenes de la Junta."[25] Se ponen en marcha los engranajes del "Operativo Aries" (nombre que sugirió el Ejército). Comienzan a prepararse las carpetas del "gabinete en las sombras". "Se trabajó bajo un absoluto secreto:[26] a puertas cerradas, generales, almirantes, brigadieres, alrededor de la mesa de trabajo elaboraban los planes, escribían a máquina y los traducían a lenguaje cifrado. Todo, absolutamente todo, llegó cifrado a los comandantes de cuerpo, se prescindió de escribientes y hasta de ordenanzas." En los meses siguientes, los equipos de trabajo se ampliaron con oficiales más modernos. Por Ejército, por ejemplo, trabajaron Carlos Dalla Tea, Miguel Mallea Gil, Llamil Reston, Antonio Llamas y Carlos Cerdá.

En noviembre de 1975, el mundo seguía funcionado: en la Argentina la televisión se emitía en blanco y negro, mientras en los Estados Unidos y Europa se anunciaba el nacimiento del video disco, una combinación de video-tape y disco fonográfico. El jueves 20, muerto el "Caudillo", asume en España don Juan Carlos de Borbón y Borbón. Francisco Franco dejó un país armado económicamente, pero en gran medida aislado del mundo. También, en noviembre, en la playa de Ostia, Italia, fue asesinado el director de cine italiano Pier Paolo Pasolini. Y el británico Elton John llegaba al "top" de las listas musicales con su famoso "Island girl".

NOTAS

[1] Mayol, antes de Formosa, había operado en Santa Fe. Dirigió el ataque contra las oficinas de Télam.

[2] Alias Mario. De profesión ingeniero químico, como Raúl Clemente Yager. Registra antecedentes desde 1969, en asaltos a bancos y cooperativas en Santa Fe.

[3] Carlos Tuda aparece en *Nunca Más*. De frondoso historial: casado con Clara Lorenzo Tillard. Ambos son detenidos en Córdoba en 1972. Ella recupera la libertad pero pasa a la clandestinidad tras los hechos de Trelew. Él es amnistiado en el 73 por el presidente Cámpora. Tuda muere el 12 de abril de 1975 en Campana. Ella vuelve a casarse con Francisco Molinas, también de la organización. Ambos desaparecen en 1977.

[4] *Confesiones de un montonero*, Eugenio Méndez, Planeta, págs. 116 a 135. *La voluntad*, tomo II, págs. 575 a 584. El autor también dispone de informes militares de la época. Las tres fuentes son coincidentes: están redactados con un lenguaje que los hace difíciles de comprender, plagados de datos innecesarios de corte militar. Poco accesibles al lector común.

[5] Cinco de esas dieciséis bajas no portaban documentos y se los fichó inicialmente como "NN". Días más tarde la Policía Federal las identificó a todas, a pesar de que siguen figurando como "desaparecidos" en la lista de la CONADEP. La familia de uno de ellos (Alfredo Rubén Velásquez) cobró por el desaparecido 250.000 pesos (Ley 24.411). Fuente: Boletín 037 de "Nuestra Historia 70" que da más detalles.

[6] El PRT-ERP hizo llegar este documento "A los diputados y senadores de la Nación", en sobre cerrado en octubre de 1975. Fotocopia del original, archivo del autor.

[7] En junio (25), Isabel de Perón intentó constituir un mecanismo similar, al mando del general Alberto Samuel Cáceres, pero fracasó.

[8] Testimonio de un funcionario de la época.

[9] "Nuestra historia 70": Boletines para coleccionar.

[10] *Entorno y caída*, pág. 95

[11] Testimonio del edecán naval.

[12] *Ejército, del escarnio al poder*, Rosendo Fraga, pág. 255.

[13] El 22 de marzo de 1998 los periodistas Alberto Amato, María Seoane y Vicente Muleiro escriben para *Clarín* un muy completo suplemento sobre el golpe de 1976, sobre la base de informes desclasificados por el Departamento de Estado.

[14] Testimonio al autor. "Lea más despacio", le aconsejó un asistente.

[15] *La Opinión*, 19 de octubre de 1975, pág. 24.

[16] El subrayado pertenece al trabajo.

[17] El teniente coronel Pedro Armando Coria, a quien sus íntimos llamaban "Pedrito", había nacido en Corrientes el 15 de junio de 1930. Egresó del Colegio Militar en 1950 como oficial del arma de Infantería. Efusivo, como buen petizo, gritón al hablar. En 1975 estuvo destinado en el comando de operaciones del general Adel Vilas en Tucumán y se desempeñó como jefe de la División II - Icia del Comando de la Brigada IV. Un año después, tras el golpe del 24 de marzo de 1976, Coria fue interventor en la Unión Obrera de la Construcción.

[18] Este informe es uno de los tantos que se realizaron sobre la documentación capturada.

[19] Información coincidente con lo que relata Julio Santucho en su libro *Los últimos guevaristas*, Editorial Vergara, Buenos Aires, 2004.

[20] Seguramente se refiere al mayor Bauzá.

[21] Nota manuscrita en poder del autor.

[22] Ex secretario de Guerra del presidente José María Guido.

[23] Debe recordarse que en los años siguientes, los anuncios de trabajo traían la salvedad de que no aceptarían a abogados graduados en la UBA entre 1973 y 1976.

[24] En el plenario del justicialismo del Teatro Cervantes.

[25] *El almirante Cero*, Claudio Uriarte, confesión del almirante Horacio Zaratiegui.

[26] Semanario *Gente*: "Lo que jamás se contó sobre la caída de Isabel Perón".

8. Un fin de año con violencia extrema: el asesinato del general (R) Cáceres Monié; sublevación de la Aeronáutica; el PRT-ERP ataca en Monte Chingolo y la detención de Roberto Quieto: la pastilla de cianuro. Crece el escándalo de la Cruzada de Solidaridad

◆

Pocas semanas antes del golpe en Chile (11 de septiembre de 1973), el ex candidato a presidente y dirigente de la Democracia Cristiana, Radomiro Tomić, pronunció una sentencia frente al drama que se avecinaba en su país. Esas mismas palabras son, en este caso, adaptables para la Argentina de diciembre de 1975: "Sería injusto negar que la responsabilidad de algunos es mayor que la de otros, pero, unos más y otros menos, entre todos estamos empujando a la democracia chilena al matadero. Como en las tragedias del teatro griego, todos saben lo que va a ocurrir, todos dicen no querer que ocurra, pero cada cual hace precisamente lo necesario para que suceda la desgracia que pretende evitar".[1]

Tres hechos de características armadas inundaron la cronología argentina de diciembre, aportando sus cuotas de dramatismo y conmoción. La guerra civil de la que hablaban unos y otros estaba en su momento culminante: 1) El 3 de diciembre son asesinados el general de brigada (R) Jorge Esteban Cáceres Monié y su esposa; 2) el 18 se produce una sublevación en el seno de la Fuerza Aérea y 3) el 23 es asaltado el Batallón Depósito de Arsenales 601 "Domingo Viejobueno".

"Operativo Cacerola"

El miércoles 3 de diciembre, cerca de las 19, cuando estaban por atravesar en balsa el arroyo Las Conchas para dirigirse a Paraná, Entre Ríos, la camioneta que manejaba el general (R), Jorge Cáceres Monié fue embestida violentamente por un vehículo en el que se desplazaban cinco personas. Aprovechando la sorpresa, el comando de Montoneros atacó con armas de fuego al conductor y su esposa, Beatriz Isabel Sasiaiñ (hermana del general Juan Sasiaiñ). Ambos quedaron seriamente heridos. El militar fue sacado de la camioneta y rematado en el piso por el jefe del grupo y una mujer, "Julia". Luego huyeron en otro auto de apoyo y en la camioneta del militar asesinado, en cuyo interior aún se encontraba la esposa moribunda. Tras recorrer aproximadamente 15 kilómetros la tiran en una zanja donde al día siguiente fue encontrada muerta. La idea de Montoneros era provocar una conmoción a nivel nacional. Lo lograron.

Antes, los terroristas habían desestimado la "Operación Otitis" que consistía en el asesinato de Raúl Ottalagano, ex rector de la Universidad Nacional de Buenos Aires. Ottalagano no se desprendía de sus custodios, Cáceres Monié siempre iba solo.[2]

En las horas siguientes, Paraná fue llenándose de militares. Unos participaban en operativos, otros concurrían a despedir a Cáceres Monié. El velorio fue testigo de los momentos de tensión: el teniente general Jorge Rafael Videla, al observar la presencia del mandatario entrerriano, Enrique Tomás Cresto, se acercó, le extendió la mano y le dijo: "Usted es un hijo de puta". "Usted también" fue la respuesta de Cresto. El general Luciano Jáuregui, comandante de la Brigada II Blindada, pronunció el discurso de homenaje: "Este Ejército es el producto del coraje de un pueblo que quiso ser libre, peleó y ganó su libertad y está dispuesto a seguir siendo libre. No duden los argentinos: el triunfo será nuestro, pese a los indiferentes, indecisos, especuladores, cobardes, los que juegan con el país mientras otros juegan su vida por la Patria". El boletín de la organización Montoneros, *Evita Montonera*, N° 10, informó: "Un pelotón de Montoneros ejecutó al general Cáceres Monié, ex jefe de policía de la dictadura militar de Lanusse, ex comandante del II Cuerpo de Ejército y torturador". Tras los años pudo saberse que Edgar Tulio "Tucho" Valenzuela[3] fue el jefe del pelotón y principal ejecutor. También participaron Carlos María "Ciriaco" Fernández, Enrique Caire e Isauro César "Santiago" Argüello. Con el tiempo, los miembros del pelotón y sus colaboradores terminaron detenidos o muertos.

Detalles: "Julia" o "Liza" se llamaba Mabel Lucía Fontana de La Blunda.[4] Edgar Tulio Valenzuela también era conocido en "la orga" como "Marcos". Isauro César Argüello[5] usaba como nombres de guerra "Santiago", "Morocho", "Mateo" o "Juan Domingo". María de las Mercedes Fleytas de Argüello era "Julieta". Según informes de inteligencia militar, todos fueron abatidos en Córdoba el 22 de septiembre de 1979, al costo de la vida del sargento 1ro Rosario Elpidio Tejeda, miembro del Destacamento de Inteligencia 141. En circunstancias de la investigación por el asesinato del matrimonio Cáceres Monié cayeron muertos o presos: "Ernesto" Carlos José María Fernández Vidal,[6] "Pacho" Luis Osuna, "Adolfo" Omar Darío Amestoy, "Zulema" María del Carmen Fettolini de Amestoy, "Perro" o "Babacha" Óscar Fernando Bravo, "El Pollo" o "El Ruso" Luis Osuna y "Negra" María Irma Ferreira.[7]

La reacción no se hizo esperar. El senador mendocino Amadeo Frúgoli dijo: "Realmente, frente a tanta violencia, tanta sangre, confieso que me estoy quedando sin palabras". El presidente del bloque de senadores del radicalismo, Carlos Perette, afirmó: "Las Fuerzas Armadas están luchando para asegurar el estilo de vida de la nación".

El domingo 7 de diciembre de 1975, en un sincronizado operativo que algún día merece conocerse, la Inteligencia Militar capturó a "Pedro" Juan Eliseo Ledesma, jefe del Estado Mayor del ERP y organizador de un gran ataque que la organización terrorista planeaba realizar: el asalto al Batallón Depósito de Arsenales 601 Domingo Viejobueno. Ledesma fue llevado a un centro de detención.

Los apuntes de "Paco" (III):[8] "Pedro" Juan Eliseo Ledesma

Juan Eliseo Ledesma, "Pedro", fue captado por Mario Roberto Santucho durante uno de los conflictos gremiales que tuvo FIAT con sus obreros en Córdoba. En 1971, intervino durante un ayuno por una "Navidad sin presos políticos" que realizaron los obreros de FIAT, planteándoles a los dirigentes de SITRAC-SITRAM la necesidad de la guerra revolucionaria. Durante el conflicto, Santucho obtuvo que se constituyera un frente instrumentado con boletines internos, participación de sus militantes y obreros motivados por el conflicto, logrando apoyos importantes. En estas actividades detecta y capta a Juan Eliseo Ledesma. En ese momento, el PRT-ERP lideraba la guerra terrorista. Montoneros se encontraba al borde de su disolución como consecuencia de los enfrentamientos ocurridos y las condenas impuestas por los jueces competentes durante 1970. Las FAR, quizás más elitistas, con su estrategia "foquista rural", podían ser ubicadas en el segundo lugar y en ascenso. En éstas actuaban en ese momento Roberto Quieto, Marcos Osatinsky, Ana María Nicomedi de Jáuregui, los hermanos Lewinger, Campiglia, Goldenberg y Marcelo Kurlat. Y las FAP no superaban la etapa "foquista" del "metebomba" y el asesinato aislado.

Ledesma se incorpora al ERP como combatiente. Y va haciendo carrera. Es destinado a la regional Córdoba y en oportunidad de atacar el Batallón de Comunicaciones 141 (18 de febrero de 1973)[9] se constituyó la compañía Decididos de Córdoba y Ledesma quedó a su cargo. Aparentemente no interviene en el ataque al Comando de Sanidad (septiembre de 1973). Seguramente participa en la planificación y el ataque a la Guarnición Azul (19 de enero de 1974), operativo a cargo de "Ricardo" o "Pelado" Enrique Gorriarán Merlo con la compañía Héroes de Trelew. Continúa a cargo de la compañía Decididos de Córdoba y el 10 agosto de 1974 conduce el ataque a la Fábrica Militar de Villa María, secuestrando al mayor Argentino del Valle Larrabure. En 1975 integró el Estado Mayor Central del ERP como jefe de logística.[10]

El 19 de noviembre de 1974, el Buró Político del PRT nombra "oficialmente" al comandante en jefe del ERP, y le otorga el grado correspondiente a Mario Roberto Santucho (sin nombre de guerra, aunque firmaba "Robi" o "Carlos"), y también designa "oficialmente", con el grado de capitán, a "Pedro" Juan Eliseo Ledesma[11] como jefe del Estado Mayor central.

Ledesma interviene en la planificación del ataque al Batallón Depósito de Arsenales 121, como jefe del Estado Mayor, reforzando a la compañía Combate de San Lorenzo que tuvo su bautismo de fuego con efectivos de las otras tres compañías urbanas.

En julio de 1975, en el Comité Central ampliado Vietnam Liberado,[12] se definen dos regiones estratégicas, para reforzar a Tucumán. Además se analizó una propuesta de pacificación.[13] En esas circunstancias, Ledesma figura integrando la conducción del ERP.[14] A fines de noviembre de 1975 se comienza a planificar el ataque al Batallón Depósito de Arsenales 601 (Monte Chingolo) y se resuelve crear el batallón urbano José de San

Martín. Ledesma es designado jefe del mismo, sin perjuicio de continuar como jefe del Estado Mayor. A principios de diciembre, cuando estaba organizando el ataque, cae en una emboscada junto con el jefe de logística y Santucho expresa su confianza en que Ledesma no dará a conocer el proyecto del ERP y sigue adelante con el plan de ataque. Pero esto obliga a Santucho a designar como reemplazante a Benito Urteaga, "capitán Mariano", un hombre que lo acompañaba desde la fundación del PRT. Lo que no supo Santucho fue que, en sus ropas, Ledesma llevaba diferentes croquis sin nombres que permitieron al Servicio de Inteligencia de Ejército reconstruir todos los bloqueos proyectados sobre el Riachuelo que, completados con la información que proporcionaban tres infiltrados, hizo posible detectar como objetivo de ataque al Batallón Depósito de Arsenales 601 y seguir el desarrollo terrorista hasta el día del ataque. Posteriormente se conoció que Ledesma no habló nada. Antes de morir, se permitió una licencia: una tarde, un alto oficial que no era de inteligencia quiso conversar con él. El oficial, medio "mandaparte", todo lo que sabía de la lucha contra el PRT-ERP era de oído o simples lecturas. Cuando lo llevan ante Ledesma, lo primero que atina a gritar fue "a ver, vos, cantá, ¿adónde está el 'gorrión' Merlo?'. Desde su débil situación, sólo atinó a decir a sus carceleros: "Miren muchachos, hagan lo que quieran, fusílenme, pero saquen a este pelotudo de aquí".

En el submundo de la guerra de Inteligencia en el que muy pocos tenían injerencia, el lunes 8 de diciembre de 1975 cayeron detenidos los cuatro hijos de "Robi" Santucho, el jefe máximo del PRT-ERP, junto con Ofelia Ruiz, esposa de Oscar Asdrúbal "Chicho" Santucho,[15] y sus cuatro hijos, más un hijo del "Turco" Elías Abdón.[16] Dentro del Ejército hubo un debate sobre el destino del grupo. Se decidió liberarlos. La forma y el modo de hacerlo los determinó un oficial. "Apúrese", le dijo el coronel Valin (jefe del Batallón de Inteligencia) a un subordinado interesado en salvarlos. "Nosotros no matamos chicos", le dijeron a Ofelia Ruiz. Retirados de un centro de detención, fueron dejados en un hotel de Flores. Tomó intervención la policía y finalmente después de muchos meses terminaron en Cuba.[17] Fue otro golpe para Mario Roberto Santucho. El viernes 19 de diciembre cayó "Coty" Santucho,[18] una sobrina del jefe del PRT-ERP, en las vísperas del ataque en Monte Chingolo. Fue detenida en un departamento junto con otros compañeros que, presuntamente, fueron denunciados por los vecinos a la policía.

"El libro de pases" ministeriales no estaba cerrado.
Ahora, sublevación en la Aeronáutica

Desde hacía varias semanas habían comenzado a trabajar los equipos de compatibilización del golpe, una suerte de gabinete en las sombras, siguiendo la actualidad de esos días. También comenzaban a circular con profusión distintos trabajos de evaluación (que estaban inspirados por las Fuerzas Armadas o terminaban en ellas). Con fecha martes 9 de diciembre, un trabajo de doce carillas hace un relevamiento detallado de algunos sectores de la dirigencia. El capítulo gremial desnuda el estado de descomposición del momento: "Diversos síntomas muestran una crisis estructural del sindicalismo argentino, a no largo plazo: a) La falta de representatividad puesta de manifiesto en varios conflictos recientes; b) (El) ...resquebrajamiento de la actual conducción, sin recambio de dirigentes que oponer a los sectores clasistas; c) El accionar de las 'pesadas' gremiales, cuyas soluciones a los conflictos crean un alto costo político. Al respecto, cabe mencionar que los grupos armados de la UOM sufren una aguda crisis interna, configurada por: a) La lucha entre (Lorenzo) Miguel y (Victorio) Calabró, la que se transmite a los grupos armados; b) La actitud anti-Miguel de la Concentración Nacional Universitaria (CNU), eje de las 'pesadas' de la UOM; c) La posibilidad de que las Fuerzas Armadas desarmen a estos grupos irregulares, como sucedió en la seccional Morón del gremio hace diez días, pese a la presencia del jefe nacional de seguridad de la UOM, teniente coronel (R) Antonio Navarro, y d) El incidente que costó la vida a dos agentes de la policía de Buenos Aires".

El informe detallaba los trámites para acordar un encuentro entre la cúpula de la dirigencia sindical con los tres comandantes generales de las FF.AA. La idea era mejorar la relación del sindicalismo con los militares. El elegido para buscar el contacto fue el ministro Antonio Cafiero. El informe también trataba sobre una cumbre radical, realizada el miércoles 3 de diciembre, con la asistencia de (Ricardo) Balbín "para cambiar ideas acerca de los candidatos para las elecciones de 1976 [...]

La reelección de Balbín fue el criterio que primó, más difuso apareció el segundo puesto de la fórmula, aunque se insinuó el nombre de (Fernando) De la Rúa. Quizás no sea casual que en la inauguración del comité radical de la Boca, el próximo miércoles 10, los oradores de fondo sean Ricardo Balbín y Fernando de la Rúa". También habló Carlos Bello, organizador del evento.[19] Luego, el análisis se extiende sobre una "crisis" en el Movimiento de Renovación y Cambio "agudizada quizás por la ausencia de (Raúl) Alfonsín en momentos críticos del proceso político argentino. El alfonsinismo del interior, encabezado por Conrado Storani, se ubica en una posición dura frente al gobierno, exigiendo el juicio político (a Isabel Perón), a la vez que adopta una actitud intransigente frente al accionar militar contra la subversión y sus consecuencias políticas. Estas tesis se reflejaron en el congreso de Renovación y Cambio de Capital, realizado este fin de semana. [...] el alfonsinismo bonaerense, más ligado al dirigente de Chascomús, se ubica en posiciones más moderadas, más próximas al balbinismo". Asimismo, los argentinos de ese entonces no tenían límites para el disparate: "El Partido Comunista (desea) tomar contacto directo con el ex presidente (Alejandro) Lanusse. Es que la declaración del nombrado, con motivo del lanzamiento de su candidatura, donde caracteriza al fascismo como enemigo principal, tuvo muy buena acogida en las filas comunistas que lo mencionan como 'un militar democrático'". El analista prevé que Lanusse pueda encabezar un frente de centroizquierda, similar al de Líber Seregni en Uruguay.

En esos días Antonio Cafiero analizaba un viaje al exterior. Un destino era Jamaica, donde se realizaría la reunión anual del Fondo Monetario Internacional, y el otro era Caracas para firmar un convenio con el presidente Carlos Andrés Pérez. Observando el panorama nacional, Cafiero decidió no estar tanto tiempo ausente de la Argentina. El viernes 12 de diciembre, antes de partir declaró: "El libro de pases interministeriales está cerrado y ya se está jugando el campeonato". En la capital venezolana firmó tratados comerciales, pero no logró colocar bonos externos de la República Argentina. El lunes 15 emprendieron vuelo a Buenos Aires. En el trayecto, el capitán de Aerolíneas Argentinas se acercó al ministro y su delegación y les informó que Isabel Perón terminaba de solicitar la renuncia de todo el gabinete, aceptando las de cuatro ministros. Siguieron en sus cargos Antonio Cafiero (Economía), Carlos Ruckauf (Trabajo), Aníbal Demarco (Bienestar Social) y Pedro Arrighi (Educación). Un analista afirmó que Lorenzo Miguel hubiera preferido otro perfil de gabinete, con Miguel Unamuno (Interior), Juan José Taccone (Bienestar Social), Cafiero (Relaciones Exteriores), Ricardo García (Trabajo) y Guido Di Tella (Economía). Perdieron Miguel y Ángel Robledo por negarse a intervenir Buenos Aires. Ganaron Julio González y Raúl Lastiri que en esos días trabaron una alianza para afianzar el verticalismo a la Presidente.

El jueves 18 de diciembre, a las 7:20 de la mañana, el comandante general de la Fuerza Aérea, brigadier Héctor Luis Fautario, fue detenido en el Aeroparque Metropolitano en momentos de salir de viaje a Córdoba. Los vuelos comerciales fueron suspendidos y la zona acordonada por efectivos de la fuerza. El centro de la rebelión estaba en la base de Morón, asiento de la VII Brigada Aérea, donde el jefe sublevado, brigadier Jesús Orlando Capellini, había constituido el Comando Cóndor Azul en Operaciones. Con las horas, lo que parecía ser un problema interno en la Aeronáutica pasó a convertirse en un movimiento contra el gobierno. Horas más tarde, aviones de guerra sobrevolaron la Capital (y la Casa Rosada) arrojando volantes en cuyos textos resolvían dar por "totalmente agotado el actual proceso político que ha devastado al país y desconocer a las autoridades que detentan el gobierno nacional". Más tarde, otro comunicado expresó: "Requerir que el comandante general del Ejército asuma en nombre de las Fuerzas Armadas la conducción del gobierno nacional como un deber ineludible con la patria". Jorge Rafael Videla, que se encontraba en esas horas en Venezuela, respondió poco antes de retornar a Buenos Aires: la esperanza del Ejército es que el pueblo argentino, mediante consultas electorales, resuelva sus problemas".[20]

Las elecciones generales habían sido prometidas por el gobierno para el último trimestre de 1976. Hasta había una fecha límite: domingo 17 de octubre de 1976, el Día de la Lealtad.

Frente a la convocatoria, el jefe radical comentó: "Se ha elegido una fecha agresiva. No tienen derecho de haberlo hecho. Me siento en lo personal ofendido". Frente a las protestas del arco político opositor, después fue cambiada. En la noche del jueves 18, el Movimiento de Integración y Desarrollo (MID) anunció su separación del Frente Justicialista de Liberación, del que había formado parte en los últimos tres años. La crisis aeronáutica recién terminó el martes 23 de diciembre. Héctor Fautario pasó a retiro y asumió como comandante el brigadier Orlando Ramón Agosti.

"La guerra en el país", fue el título de tapa de la revista *Cuestionario*, dirigida por Rodolfo Terragno.[21] En apenas cuatro líneas de texto radiografió una sensación de la época: "...el putsch de la Aeronáutica vino a poner de relieve algo que se sabía desde mucho tiempo atrás: la cúpula militar no está dispuesta a deponer al gobierno, pero tampoco a desatar un enfrentamiento interno para defenderlo". Por su parte, como avizorando lo inevitable, Ricardo Balbín comentó en un cónclave partidario: "Hay que airear la escena".[22]

Ataque en Monte Chingolo. Dos infiltrados de la Inteligencia Militar dentro del ERP

Finalizó la crisis de la Fuerza Aérea, pero, como una película pasada a alta velocidad, comenzaba otro capítulo del drama. El mismo martes 23, el PRT-ERP atacó el Batallón Depósito de Arsenales 601 Domingo Viejobueno, importante unidad logística ubicada en las cercanías de Monte Chingolo y a 20 kilómetros de la Casa Rosada. La finalidad era "recuperar" (robar) una importante cantidad de armamento militar. De acuerdo a lo estimado por la comandancia (y la inteligencia del ERP), el depósito guardaba: 900 FAL con 60.000 tiros, 100 M-15 con 100.000 tiros, 6 cañones antiaéreos automáticos de 20 mm. con 2.400 tiros, 15 cañones sin retroceso con 150 tiros, subametralladoras, etc. Totalizaban cerca de 20 toneladas, lo suficiente como para conformar un ejército altamente profesional.

Los jefes del comando táctico se instalaron lejos del campo de batalla, en Perú y Cochabamba, pleno corazón de San Telmo. Intervino el Batallón José de San Martín, integrado por efectivos de las compañías Héroes de Trelew, Juan de Olivera, José Luis Castrogiovanni, Guillermo Pérez" y elementos movilizados desde Córdoba y Tucumán.[23] Miembros de Montoneros colaboraron en tareas de distracción y contención. Intervinieron en el ataque cerca de cientochenta combatientes, aunque si se cuentan los efectivos que dieron apoyo se llega a más de docientos cincuenta. Los detalles del combate han sido analizados con profundidad y profesionalismo por algunos autores militares. Hay innumerables textos al respecto. Aquí sólo se reseñará la evaluación que hizo el ERP de la derrota y algunos detalles desconocidos hasta ahora.

En Monte Chingolo murieron más personas que en el Combate de San Lorenzo del 3 de febrero de 1813. En éste, los realistas perdieron "dos cañones, una bandera, 50 fusiles, 40 muertos y 14 prisioneros". Los granaderos, conducidos por el teniente coronel José de San Martín, "tuvieron 27 heridos y 15 muertos".[24] En Monte Chingolo, las fuerzas del Ejército y seguridad tuvieron: 2 oficiales,[25] 1 suboficial, 3 soldados y un marinero de la Armada muertos y 17 heridos (8 de la Policía Federal y 9 de la Policía de Buenos Aires). El terrorismo dejó en el campo de batalla y sus alrededores 62 muertos y 25 heridos. Se desconocen los desaparecidos.

La evaluación que hizo el buró político del PRT, el viernes 26 de diciembre de 1975, tras la derrota, incluyó entre otros puntos: a) La mayor gravedad consistió en la violación del principio del secreto; b) El Ejército explotó con su trabajo de Inteligencia este flanco débil, lo que permitió esperar el ataque en estado de alerta y con su defensa reforzada; c) Conocimiento de un alerta en los cuarteles ante un posible ataque; d) Subestimación del enemigo y déficit en la técnica militar. Políticamente, el ERP consideró que fue una demostración del poder operativo, a nivel nacional e internacional. Cuando se habla de pérdida de poder de sorpresa, secreto y el estado de alerta, se está mencionando a la Inteligencia Militar y sus agentes. A continuación dos de ellos.

Los apuntes de "Paco" (IV): Miguel Ángel Laser y Jesús Ranier Abrahamson

La guerra contra el terrorismo ordenada por el gobierno constitucional fue fundamentalmente una guerra de Inteligencia. Y en esa guerra, dos agentes cayeron asesinados cuando fueron descubiertos. Uno se llamaba "Facundo" Miguel Ángel Laser. El otro "El Oso" Jesús Ranier.

Víctor Pablo Laser, "Daniel", combatiente del PRT-ERP, es destinado a Tucumán. Posiblemente junto con él concurrió un hermano menor, Miguel Ángel. Ambos eran de Darragueira (Buenos Aires). Miguel Ángel permaneció en la capital tucumana, mientras su hermano subía al monte para incorporarse a la Compañía de Monte Ramón Rosa Jiménez.

El viernes 14 de febrero de 1975, Víctor Pablo "Tito", integra una patrulla que debe realizar un reconocimiento en la zona denominada Pueblo Viejo. Al cruzar un camino, se produce un encuentro con un equipo de combate del Ejército que realizaba similares actividades. Se genera un tiroteo, donde muere el teniente 1ro Héctor Cáceres, cuando protegía a un camarada herido gravemente (quedó paralítico), haciendo frente al ataque que recibía. En el combate mueren dos guerrilleros: Héctor Enrique Toledo, "Tito" y Víctor Pablo Laser, "Daniel".

Cuando la información llegó a la ciudad de Tucumán, golpeó profundamente a su hermano, Miguel Ángel. En sus cavilaciones entiende que el PRT-ERP es responsable de haber impulsado a su hermano a una muerte violenta. Y decidió luchar contra éstos. Pero, a la vez, comprendió que esa misión lo sobrepasaba. Para peor, no compartía el pensamiento político que expresaba el Ejército y encontró que no habría bando que lo pudiera interpretar.

En esa soledad decidió regresar a su casa. Y permaneció en Darragueira. La caída de su hermano en un combate en Tucumán hizo que la policía local sospechara de él y lo detuviera. Luego, en un encuentro con oficiales del Ejército, tomó la decisión de luchar contra el PRT-ERP. Dado que conocía datos muy concretos de combatientes y militantes del PRT-ERP en Tucumán, el jefe de la inteligencia militar informó a sus superiores y fue remitido sin estar detenido a Buenos Aires. Aquí tomó contacto con el servicio de inteligencia y debatió su viaje a Tucumán.

En Capital Federal se instala en el Hotel Cosmos, del barrio Constitución, y a ese lugar concurre un especialista de Inteligencia para conversar con él e interiorizarse de la personalidad, las intenciones y las informaciones que poseía. La orden existente era que debía seguir a Tucumán. El especialista dispone de 48 horas para convencerlo. Se produce una muy buena comunicación y Miguel Ángel expresa su firme determinación de ir a Tucumán. Se le insinúa el interés de que volviera a incorporarse al PRT-ERP, esta vez como infiltrado. No lo acepta. Quiere enfrentar abiertamente a la organización terrorista. El especialista no quiere perder a un hombre que se mostraba con toda autenticidad. Le propone que viaje a Tucumán como está previsto, pero luego que vuelva para continuar conociéndose más. Así ocurrió. A los quince días retorna, y vuelve a dialogar sobre el futuro. No se habló de lo que podría haber hecho o visto en Tucumán. Se le hace un nuevo planteo: infiltrarse en Montoneros, en función de sus antecedentes en el ERP. No acepta. Se le explica que no puede convertirse en un justiciero. Que esto no ayudaría a nadie, ni a él mismo. Se le sugiere que piense lo que debe decidir, sin ninguna presión. Se lo "bautiza" como "Facundo". Se observa que por su militancia en el ERP no ha cumplido el servicio militar obligatorio. Se le propone que, mientras piensa lo que va a hacer, puede ser incorporado al Ejército para regularizar su situación. Acepta.

El jueves 18 septiembre de 1975 se incorporó al Comando de Arsenales y fue dado de baja el martes 16 marzo de 1976, en el último licenciamiento. Durante este lapso mantuvo frecuentes entrevistas con Inteligencia, hasta que finalmente consideró que podía intentar infiltrarse dentro del terrorismo. Al dejar el servicio militar obligatorio, se lo instruyó para que buscara trabajo teniendo en cuenta su título de bachiller agrotécnico, y fue conectado con el grupo especializado en infiltraciones. A fines de 1976, mientras busca trabajo, viajando en el subterráneo se encuentra con un combatiente de la Compañía Ramón Rosa Jiménez que había venido a Buenos Aires. Inmediatamente el terrorista le da una cita en un bar ubicado en la esquina de avenida Corrientes y Federico Lacroze. "Facundo" informó esa circunstancia al jefe de Inteligencia del grupo operativo, y cuando el combatiente concurre es detenido. Pero otro miembro del PRT-ERP que se encontraba de "seguridad" vio que éste salía esposado por la policía y por la otra puerta del bar "Facundo" salía libre. Ante esto, como conocían su domicilio, lo van a buscar a la casa y lo secuestran. Lo interrogan durante una noche y al otro día lo asesinan, dejando abandonado su cadáver en un baldío. "Luis Mattini" Arnol Kremer (el sucesor de Mario Roberto Santucho, luego de su muerte) cuenta que no lo conoció por su nombre y apellido. Destacó que tenía un perfil marcadamente ideológico. Reconoce que al ser secuestrado se negó a colaborar.

"El Oso". Jesús Ranier Abrahamson

Durante la guerra que comenzó abiertamente en 1970 en la Argentina, las organizaciones terroristas fueron motivo de interés para los servicios de inteligencia. En 1971, las Fuerzas Argentinas de Liberación (FAL) fueron infiltradas. A través de los agentes infiltrados, prácticamente se las precipitó hacia su desaparición (terminó fusionándose en una de sus seis escisiones con la Organización Comunista Poder Obrero trotzkista, OCPO). Desde 1973, el PRT-ERP fue infiltrado desde diversos lugares, hecho que originó su lento desmoronamiento hasta 1977. El agente Jesús Ranier fue uno de los mejores, si no el mejor: había militado en las Fuerzas Armadas Peronistas 17 de Octubre (FAP 17). Era un peronista que se integró a lo que se denominó la "resistencia peronista", entre 1956 y 1973. Durante esta etapa, conoció a elementos de la Central de Operaciones de la Resistencia (COR), que era liderada por el general (R) Miguel Iñíguez. En 1973 se generó en las FAP un estado deliberativo: unos consideraban que el triunfo de Perón daba por terminado el camino de la resistencia armada y otros que no. Otros grupos que practicaron el entrismo en el peronismo fueron Descamisados (que asesinaron al sindicalista Augusto Timoteo Vandor, entre otros actos delictivos) y el Peronismo de Base 17 de Octubre (PB-17), escindido de las FAP, cuyo jefe fue "Rafael" Carlos Alberto Caride, luego integrado como Columna Oeste de Montoneros.

Jesús Ranier se encuentra en el último grupo y decide separarse de las FAP. Pero tiene contactos con los elementos de la COR: el general Iñíguez los impulsaba a volver a la legalidad y al servicio de Perón. Sin embargo, estaba seguro de que por antiperonista, el PRT-ERP iba a continuar con el proyecto de guerra civil prolongada. Cuando se tocó esta cuestión, Jesús Ranier expresó que como militante peronista debía combatir contra el ERP. A la vez, comentó que integrantes del PRT-ERP lo habían invitado a incorporarse a la organización. Es así como militantes de COR le indican que lo prudente es aceptar esa invitación, pero con previo contacto con el servicio de inteligencia del Ejército. Ranier aprueba la idea. Se lo empieza a capacitar sobre la manera de comportarse dentro de la organización y es así como establece contacto con el PRT-ERP. Teniendo en cuenta su experiencia en las FAP, logró incorporarse como combatiente del ERP. En el área logística comenzó a reparar armamento y a cumplir órdenes de traslado de los materiales para las operaciones militares. Poco a poco fue accediendo a los depósitos clandestinos donde el ERP guardaba el producto de sus robos en los ataques a personal de seguridad, dependencias policiales y cuarteles.

Para estas actividades, el ERP le proveyó numerosos contactos con otros integrantes, a efectos de completar sus tareas (mantenimiento, provisión o retiro de armas). Es así como sus informes contenían los datos de citas que concretaba, aun cuando él mismo ignorara la identidad de los que debía entrevistar. El servicio de inteligencia conocía, por ejemplo, que haría contacto con "Juan", sin más datos. Pero había una certeza: era del ERP. Incluso, en algunas oportunidades viajó al interior transportando armamento que debía entregar para un operativo o, al revés, retirar armamento que había sido utilizado o recién robado. Con el tiempo, se ganó la confianza de los jefes logísticos del ERP, y así llegó a su mayor nivel, lo que le permitió detectar el asalto proyectado contra el Batallón Depósito de Arsenales 601 (Monte Chingolo). El fracaso del asalto no sólo se debió a su importante intervención. Trabajaron dos infiltrados más. Esto posibilitó entrecruzar las informaciones y lograr la reconstrucción del plan de ataque terrorista, siguiendo sus actividades.

Luego del fracaso de Monte Chingolo, Santucho ordenó a "Mariano" Benito Urteaga que se investigara la posibilidad de que existieran infiltraciones en el PRT-ERP. Se comenzó la investigación aprovechando el criterio de "tabicamiento" que empleaba el terrorismo. En cada caso, permitía saber quiénes conocían una determinada actividad. Esto, aplicado a los casos en que había sido golpeado por "sus enemigos", permitió encontrar que, coincidentemente, en casi todas ellas una persona conocía esa actividad. Era "el Oso".

Llegado a esa conclusión, se lo secuestró junto con otro militante. En realidad "Coco" era un "falso infiltrado" al que se empleó para incitar a "el Oso" a franquearse cuando estuvieran solos. Posteriormente lo interrogaron durante toda una noche y al otro día procedieron a asesinarlo. No lo matan con un tiro. El capitán Manolo, médico de la Compañía de Monte Ramón Rosa Jiménez,[26] le aplicó dos inyecciones de veneno y dejaron abandonado su cadáver en un terreno del Gran Buenos Aires. Fue el martes 13 de enero de 1976. Tenía 30 años.

Algunos informes que fueron parte del "Caso Jesús" ("secreto militar", durante décadas) relatan que Ranier trabajó activamente para abortar el ataque en Monte Chingolo, por ejemplo:

El martes 9 de diciembre de 1975 relató pormenores de desplazamientos de armas y Gabriel le cuenta que "son para un operativo en Buenos Aires". Ese día, Ranier evaluó que eran "para ser empleados en una cadena de atentados simultáneos, con un ataque a un cuartel, una unidad militar o policial".

El jueves 18 de diciembre de 1975 entregó un informe con las cantidades de fusiles FAL y FAP, con sus numeraciones, que había trasladado de una casa operativa a otra.

El domingo 21 de diciembre de 1975, "el Oso" es llevado "tabicado" a una quinta donde se reúnen efectivos trasladados del Interior. En dicho informe, Ranier "aprecia" el ataque al Batallón Depósito de Arsenales 601 Domingo Viejobueno: Lugares de reunión, efectivos, cómplices (soldados del cuartel a atacar) y el papel de contención que cumpliría la organización Montoneros. Montoneros fue categórico en su evaluación de Monte Chingolo: "Equivocarse lleva a la derrota". Fue una grave derrota para el campo popular; en el aspecto político permitió el afianzamiento del enemigo, pero fundamentalmente resintió la confianza de las masas y de los aliados de la clase trabajadora.

Los diarios de las horas siguientes trataron extensamente los detalles del enfrentamiento en Monte Chingolo y sus aledaños. El senador entrerriano Carlos Perette (UCR) dijo que "los hechos producidos en Monte Chingolo son de una extraordinaria gravedad y demuestran hasta qué grado la guerrilla pretende atacar las bases esenciales de la paz interna de la República". La senadora Minichelli de Constanzo comentó: "Ésta de hoy no puede ser mi patria".[27]

La ayuda prestada al Ejército por todos los organismos del gobierno de la provincia de Buenos Aires mereció el envío de una carta de agradecimiento, del teniente general Jorge Videla a Victorio Calabró. El gesto desbarató las presiones de Lorenzo Miguel y los sectores ultraverticalistas en pro de la intervención a la provincia: a las 13.45 del miércoles 24 de diciembre de 1975 envió el siguiente radiograma al gobernador bonaerense: "Sean mis primeras palabras... para manifestarle la profunda satisfacción del Ejército Argentino por la valerosa y eficiente acción desarrollada por la Policía de la Provincia y por la presteza y diligencia de todos los organismos provinciales que intervinieron en el hecho".

Un informe reservado, con fecha 15 de diciembre de 1975, informó que "Lorenzo Miguel juega a 'heredar a Isabel'... su figura política es el ministro de Economía, quien sería su candidato electoral. En la lucha interna del peronismo, plantean la reunificación del bloque de diputados nacionales, pero se mantienen firmes en la intervención a Buenos Aires. En algunos meses plantearían a las Fuerzas Armadas la necesidad de postergar las elecciones, por lo menos hasta marzo de 1977, para poder concluir el ciclo económico de 1976, que presenta perspectivas de recuperación". En lo que atañe el entorno presidencial, el informe sostiene que maneja dos alternativas: "Defender a toda costa la imagen presidencial, para jugar a la reelección de Isabel. En esta posición están figuras como Aníbal Demarco y Ernesto Corvalán Nanclares". La otra alternativa era: "Provocar el golpe militar, en el momento que al entorno le convenga, buscando una jugada en el campo militar que aísle a las Fuerzas Armadas en su reacción. Esta estrategia sería como la ideada por (José) López Rega meses atrás. Hacia las Fuerzas Armadas, planteó la alternativa de la 'bordaberrización' —ya fracasada— impulsada por Julio González hace unas semanas".

El miércoles 17 de diciembre son asesinados por Montoneros el intendente de San Martín, Alberto Campos, su subsecretario y el chofer.

Una semana más tarde, 24 de diciembre, con uniforme de combate, el teniente general Videla pronunció un discurso en Tucumán: "El Ejército Argentino, con el justo derecho que le concede la cuota de sangre derramada de sus hijos, héroes y mártires, reclama con angustia pero también con firmeza una inmediata toma de conciencia para definir posiciones. La inmoralidad y la corrupción deben ser adecuadamente sancionadas. La especulación política e ideológica deben dejar de ser medios utilizados por grupos de aventureros para lograr sus fines". Ese mismo día, el Partido Auténtico, brazo político de Montoneros, fue declarado ilegal.

La misión de monseñor Servando Tortolo.
La Presidente se niega a renunciar

El lunes 29 de diciembre de 1975, el vicario castrense, monseñor Servando Tortolo, visitó a Isabel Perón. Conversaron a solas. En la ocasión "le habría transmitido a la señora de Perón la insistencia de los tres comandantes en jefe para que ella se alejara del poder. A su vez, ella indicó su voluntad de cambiar su gabinete, liberarse de su secretario privado Julio González y del dirigente del sindicalismo Lorenzo Miguel, pero insistió en que debía seguir al mando del Ejecutivo sin ninguna condición restrictiva. Los tres comandantes generales replicaron a través de Tortolo que su propia remoción del poder era el único punto no negociable". (Informe Nº 08456 de la embajada de los Estados Unidos).

Un día antes trasciende que fue detenido "el Negro" Roberto Quieto. Junto con Mario Eduardo Firmenich, era uno de los jefes de Montoneros más conocidos. Para uno de los oficiales que se desempeñó en la inteligencia militar en esos días "Quieto no dio 'información táctica'", pero la conducción de Montoneros no opinó lo mismo.

Los apuntes de "Paco" (V): Roberto Jorge Quieto Argañaraz (a) "el Negro". La pastilla de cianuro[28]

El 3 de enero de 1966 se realizó en La Habana, por impulso del Partido Comunista de Cuba, la Primera Conferencia de Solidaridad de los Pueblos de Asia, África y América Latina (OSPAÁAL), denominada comúnmente La Tricontinental, que fue presidida por Salvador María Allende Gossens —luego presidente de Chile— donde concurrieron 483 representantes de 82 países (27 latinoamericanos). El delegado "oficial" argentino fue John William Cooke. En el discurso de clausura, el 15 de enero, Fidel Castro dijo, entre otras cosas: "En muchas naciones de América latina se dan las condiciones para la lucha armada revolucionaria... nosotros creemos que en este continente o en casi todos los pueblos, la lucha asumirá las formas más violentas. Y cuando se sabe eso. Lo único correcto es prepararse para cuando esa lucha llegue: ¡A prepararse!"

Al año siguiente, en La Habana, entre el 31 de julio y el 10 de agosto de 1967, con la "presidencia honoraria" de Ernesto Che Guevara,[29] se realizó la primera conferencia de la Organización Latinoamericana de Solidaridad (OLAS). La "cumbre", cuyas deliberaciones se realizaron en el Teatro Chaplin, produjo varios documentos y en su Declaración General se dijo: "El primer objetivo de la revolución popular en el continente, es la toma del poder mediante la destrucción del aparato burocrático-militar del Estado y su reemplazo por el pueblo armado para cambiar el régimen social y económico existente. Dicho objetivo —agrega enseguida— sólo es alcanzable a través de la lucha armada". Más adelante sostiene que "la guerra de guerrillas, como genuina expresión de la lucha armada popular, es el método más eficaz y la forma más adecuada para librar y desarrollar la guerra revolucionaria en la mayoría de nuestros países y, consiguientemente, en escala continental."

En su parte resolutiva, la Declaración Final tenía veinte puntos en forma de proclama. Resumimos algunos de ellos que son demostrativos de su contenido:

1ro. Constituye un derecho y un deber de los pueblos de América Latina hacer la revolución.

5to. La lucha revolucionaria es la línea fundamental de la revolución en América Latina...

6to. Todas las demás formas de lucha deben servir y no retrasar el desarrollo fundamental que es la lucha armada.

El cierre de la reunión fue el 10 de agosto. Lo hizo Fidel Castro con un discurso incendiario. Entre los argentinos presentes estaban el abogado John W. Cooke que ya vivía en La Habana; Juan García Elorrio que publicara la revista *Cristianismo y Revolución*, aceptada por los jóvenes "tercermundistas", Joe Baxter, Norma Arrostito, Fernando Abal Medina, Roberto Quieto (había hecho su paso por la Federación Juvenil Comunista), Jorge y Arturo Lewinger, y algunos otros provenientes del socialismo y del trotzkismo.[30]

La rama latinoamericana de la OSPAÁAL —es decir la OLAS— creó el Ejército de Liberación Nacional (ELN), dividido por Sectores (urbanos y rurales). A la Argentina le asignaron los Sectores 1, 2 y 8. El Sector 1 (con el PRT, primero trotzkista, luego castroguevarista con el PRT-ERP). El Sector 2 (en esa época maoísta, luego divididos en marxistas abiertos como las FAL o "entristas" en el peronismo como las FAR y el Partido Comunista Revolucionario). Y el Sector 8 (castristas "entristas" —FAP, Descamisados, Peronismo Revolucionario, cristianos revolucionarios—, la mayoría termina en Montoneros).

Las FAR fueron adiestradas en Cuba en 1967 y su jefe era el paraguayo "José" Carlos Eduardo Enrique Olmedo. Como subjefe aparecía Lucio Marcos Osatinsky Schlossberg, sucedido al caer en el Combate de Ferreira por el "Negro" Quieto. Otros miembros instruidos en Cuba fueron: "Kika", "Jenny" o "Marie" Sara Solarz de Osatinsky, "Chacho", "Gaucho"o "Chachovsky" Arturo Lewinger Weinreb y su hermano Jorge Omar "Francés", "Mayor Josecito" (en homenaje a Olmedo) y los psiquiatras Antonio Caparrós (español) y Marta Rosenberg.

Olmedo fue el que desarrolló la estrategia entrista: la identidad política del proceso revolucionario requería en la Argentina una formación social de naturaleza nacionalista-popular-revolucionaria. Y el movimiento político y social que lo expresaba era el peronismo. Así se explica, sucintamente, la fusión de Montoneros con las FAR, el 12 de octubre de 1973.

Las FAR comenzaron a hacer experiencias armadas a partir de la visita de Nelson Rockefeller a Buenos Aires (26 de junio de 1969), haciendo explotar bombas incendiarias en diecisiete supermercados Minimax, hechos en los que tomó parte Emilio Jáuregui López (sobrino nieto del dirigente conservador Federico Pinedo. Fue abatido por la policía en la zona de Once en 1970).[31] Dos meses después planifican y ejecutan el asalto del Banco de Quilmes. Posteriormente fracasan al intentar volar el Destacamento Policial General Güemes. Estas experiencias ponen de manifiesto las "condiciones operativas" de Roberto Quieto.

Al morir el boliviano "Inti" Peredo (9 de septiembre de 1969), desde Cuba se ordenó que los tres sectores que componían el ELN debían concurrir a Bolivia, para continuar el mantenimiento del "foco". Los tres sectores discuten esa orden y sostienen que la estrategia "foquista", para la toma del poder en la Argentina, se debe desarrollar en el ámbito urbano. En consecuencia se desvinculan del ELN y, en el caso del Sector 2, deciden fundar las Fuerzas Armadas Revolucionarias (FAR).

El 30 de julio de 1970, el nombre de las FAR adquiere estado público, con la toma de la localidad de Garín. Más de cuarenta terroristas ocupan durante cuarenticinco minutos esta localidad. Entre ellos se encontraba "Paco", "Jordán" u "Ortiz" Francisco Reinaldo Urondo. En la acción asesinaron a un policía (Néstor Sulling) y a una mujer. Cuando pasa a ser conocido, Quieto comienza a manifestar su faceta donjuanesca. El "Negro" Quieto estaba casado y resolvió "separarse" de su mujer como una medida de seguridad. Ella vivía con sus hijos como separada, pero la relación se mantenía. Por lo tanto, periódicamente concurría a pernoctar a su casa. Pese a esto, no le guardaba "ausencia". Hasta ahí esto podría ser una característica banal que no hace al drama terrorista. Pero las infidelidades de Quieto se volcarían dentro del grupo, sin tener en cuenta si la elegida era o no compañera de otro miembro de la "orga". Una de sus conquistas se hizo más estable, a costa del terrorista que era el esposo, sin que nadie de las FAR conociera esa situación. El hábito de pernoctar con su esposa "separada" hizo que a mediados de 1971 elementos de Inteligencia Militar que contaban con un infiltrado coordinaran con la policía esperarlo en la Plaza de Urquiza, frente a la casa de la esposa. Se sabía que esa noche iría. Se lo esperó para detenerlo en el momento que saliera de la finca. Ese día, Quieto permaneció hasta más de las 10 de la mañana y cuando salió fue detenido. Siguiendo su hábito —que repetiría en las otras dos detenciones que sufrió— comenzó a gritar su nombre y que lo detenían. Fue juzgado, condenado y remitido a la U6 (Rawson).

En el juicio revolucionario que le hace Montoneros (1977) cuando lo procesa por "delación", se afirma que a mediados de 1971 violó normas de las FAR al mantener relaciones con una compañera (Carasso de Kurlat), ocultándolo a los integrantes de la organización (entre los cuales estaba Marcelo Daniel Kurlat, alias "Monra", el esposo de ella). Pero al ser detenido, se conoce esta situación, y la "compañera" es "despromovida" en varios niveles. El causante sólo fue criticado. Como no fue sancionado, aún detenido, mantuvo el nivel de líder en las FAR y en la fuga de Rawson (1972); es elegido entre los seis cabecillas de los grupos intervinientes, junto con Marcos Osatinsky. Luego de la fuga se exilió en Cuba, y posteriormente retornó al país, como N° 1 de las FAR. El 12 de octubre de 1973, en Córdoba, las FAR se fusionaron con Montoneros y se las arreglaron para adquirir presencia pública al figurar como integrando una pareja política con "Pepe" Mario Firmenich. La relación con su esposa no se estabiliza. Reaparecen situaciones conflictivas en 1973, hasta que decide la separación definitiva, hecho que es avalado por la organización por suponerlo cierto. Pero en la investigación que sucede a su caída se pone en evidencia que aún se mantenía.

Cuenta Firmenich: "Se dio un proceso de fusión en la medida que se manifestaba mayor afinidad política. El máximo referente de las FAR era Roberto Quieto. Por ser el número uno de las FAR aparecíamos bastante en público juntos porque hubo un proceso de integración política antes de la fusión en donde al no haber una organización unificada, la representación pública se hacía bicéfala, por decirlo así: cada uno representaba su propia posición. Pero Roberto Quieto tuvo una significación política importante en los años 73 y 74." En enero de 1975, Roberto Quieto —número dos de Montoneros, detrás de Firmenich y delante de Perdía— comenzó a planificar con el "Pingulis" Hobert, quien después se desvinculó de la operación, el secuestro de los hermanos Jorge y Juan Born, herederos de una parte sustancial de las acciones del holding Bunge y Born, el grupo económico internacional más grande del hemisferio sur. Se la denominó "Operación Mellizas". El Negro Quieto quedó al mando de la operación y eligió como segundo a "Quique" Miranda, secretario militar de la Columna Norte, quien se encargó de la construcción de una "cárcel del pueblo", de dos subsuelos, bajo una pinturería en Martínez, Buenos Aires. Entre agosto de 1974 y mayo de 1975, Roberto Quieto tomó a su cargo la vinculación con David Graiver. Se reunió varias veces con el banquero en una quinta de San Isidro. En uno de esos encuentros, el jefe montonero ofreció a Graiver entregarle como inversión 14 millones de dólares del total obtenido de Bunge y Born. El empresario aceptó de inmediato, ofertando una tasa del 9,5% anual de interés. Desde mediados de agosto de 1975, Quieto y Firmenich van manifestando diferencias. Firmenich comienza a limitarlo. Es así como a fines de septiembre Quieto no es asignado para la planificación del ataque al Regimiento 29 de Formosa.

El sábado 4 de octubre de 1975, durante una reunión de la conducción nacional de Montoneros, Roberto Quieto solicitó alejarse de la organización por problemas políticos y personales. Se le negó la autorización y fue bajado del nivel 2 al 3. Como una premonición, en esta reunión se aprueba el "Código de Justicia Revolucionaria". El 5 de octubre se realizó el ataque al

Regimiento de Formosa. En diciembre, a despecho de estar iniciando una nueva relación de pareja dentro de la organización, Quieto estaba reconsiderando la posibilidad de volver a unirse con su esposa. Ponía a los hijos como pretexto o justificación de su conducta. El domingo 28 de diciembre de 1975, Roberto Quieto concurre a la playa La Grande en Martínez, Buenos Aires, con trece miembros de su familia: la madre, los hermanos, la esposa y los hijos. "Alguien" lo reconoció y fue detenido en la playa. Al verse rodeado y apuntado por armas, Roberto Quieto exige delante de sus familiares la identificación de los policías y ofrece identificarse él mismo (con sus documentos falsos). El diálogo se prolongó por varios minutos, durante los cuales Quieto no realiza ningún intento de resistencia, se mantiene calmo y tranquiliza a su esposa que intenta aprovechar la presencia de bastante público. Finalmente uno de los miembros del grupo se acredita como oficial de la Policía Federal, acercan un vehículo e introducen a Quieto en el mismo. Éste sólo ofrece una resistencia pasiva aferrándose a un árbol. Eran las 19.30.

• "Sixto"

"Sixto" era en 1975 un cabo de la Policía Federal que había trabajado en el ex DIPA (Departamento de Investigaciones Policiales Antidemocráticas), luego Departamento de Sumarios (1973) y más tarde Protección del Orden Constitucional (POC). Había conocido a Roberto Quieto en 1971 cuando le tocó hacer guardia en el "tubo" en el que se hallaba preso en Moreno 1417. En esos días habían querido que descifrara una lista de seudónimos con los destinos de unas armas pero no pudieron. Recordaba en ese tiempo que el "Negro" había querido atraerlo durante los cortos diálogos que mantenían: "Nosotros somos nacionalistas, igual que vos", le decía Quieto. Después el jefe guerrillero fue juzgado por "el camarón" y terminó en el Penal de Rawson de donde escapó a Chile en agosto de 1972. Luego vino el 25 de mayo de 1973 y meses más tarde su inclusión en la conducción de Montoneros. Quieto era una figura pública cuando en septiembre de 1974 la organización se sumerge en la clandestinidad para luchar contra el gobierno constitucional de Isabel Perón.

"Sixto" estaba en la vereda de enfrente. No olvidaba su cara, su obsesión era detenerlo. Sabía que a Quieto le gustaba ir a la playa La Grande en Martínez y "Sixto" fue a buscarlo varias veces.

El 28 de diciembre lo vio e inmediatamente llamó a la guardia del Departamento de la calle Moreno (Asuntos Gremiales, 6° piso). En el primer aviso no le creyeron. Insistió con una segunda comunicación y amenazó: "Si no vienen lo mato aquí mismo". Al poco rato llegó un móvil con un chofer, un subinspector y un agente ametralladorista, entre los cuatro lo detienen y lo llevan a Moreno 1457.

El jefe del operativo, previendo que al poco rato iban a hacerse presentes un funcionario de la Justicia y los abogados de la "coordinadora" para presentar un hábeas corpus, lo mete en una furgoneta Citroën que estacionan en la calle San José entre Moreno y Alsina, al cuidado de un "imaginaria" vestido de civil hasta que llegara una delegación del Ejército. Al poco rato Roberto Quieto fue entregado al Ejército. Fue la última vez que "Sixto" vio al "Negro" Quieto.

Fuentes que solicitaron no ser identificadas expresaron que Roberto Quieto acordó negociar información a cambio de la seguridad de su familia. "Al caer preso, lo primero que se le pidió fue una prueba de la sinceridad de su compromiso. Él era consciente de la situación en la que estaba. Así fue que cayó un importante arsenal de la organización en Villa Marteli. Su tarea posterior fue fundamental para 'decodificar' los movimientos de la organización." De todas maneras, su esposa Alicia Beatriz Testai y la conducción de Montoneros lanzan una campaña nacional e internacional especial de denuncia, declaraciones, pintadas y actos relámpago. A la campaña adhieren Alain Touraine, Paco Ibáñez, François Mitterrand y Jean-Paul Sartre, entre otros.

No pasan 24 horas cuando todos tienen la certeza de que el "Negro" Quieto había claudicado. Montoneros concluye que lo hizo bajo tortura. Sin embargo, en ese corto tiempo, posiblemente es el primer terrorista del cual se conozca su disposición para entregar información en menos de un día. Esto hace que la conducción ordene detener la campaña de reivindicación y la transforme en denuncia contra la "represión". Al otro día son allanados dos locales de Montoneros, un local de funcionamiento de la conducción nacional y un depósito de gran capacidad previsto también como cárcel del pueblo, en el Gran Buenos Aires, que no contenía ningún prisionero, pero sí una importante cantidad de material logístico (armas, explosivos, municiones). Ambos locales eran conocidos por Quieto y estaban en uso, siendo de vital importancia para la "orga". Entre los últimos días de diciembre y los primeros de enero son allanados en Córdoba los siguientes lugares:

- Una ex casa de Roberto Quieto, ya desocupada, pero que trajo como consecuencia la identificación de un montonero que fue detenido días después. Simultáneamente, una casa con local de la Conducción Nacional, momentáneamente deshabitada, con un depósito secreto que fue abierto, encontraron diecinueve pistolas, diez granadas y dos escopetas. Esta caída determinó la clandestinidad de varios terroristas.
- Otro local de funcionamiento de la Conducción Nacional. Según la organización esto originó la desaparición de un montonero aspirante que viajó el 29 de diciembre a ese local, y luego no se supo más de él.
- Un negocio de funcionamiento de la conducción nacional. Este lugar sólo era conocido por los miembros más conspicuos de la conducción, uno de los cuales era Quieto, y como fue ocupado en los primeros días del mes de enero de 1976, tuvo como consecuencia el secuestro de un colaborador que no cumplió con la orden de abandonarlo. También la casa de familia de un colaborador de Montoneros, lo que tuvo como consecuencia la detención de éste y de su esposa.

Frente a los hechos, dijo Firmenich: "Tuvimos evidencia de delaciones de él durante la tortura. Cayeron cosas conocidas por él. Y éste fue un impacto político y emocional muy fuerte para nuestra fuerza. [...] Nuestra ideología tenía como un elemento significativo, importante, el tema del 'hombre nuevo'. No era sólo una sociedad nueva, un cambio de estructura, un cambio de marco jurídico o un mero cambio de propiedad de los medios de producción. Una sociedad nueva también culturalmente, espiritualmente... de modo que la evidencia de un quiebre en la tortura de un cuadro de la jerarquía de Quieto ponía en crisis estos conceptos. Cómo era posible que aquel que tenía que ser el hombre nuevo pudiera cantar en la apertura. Éste fue el problema. Nosotros establecimos a partir de ahí dos cosas: un juicio que, en ausencia de Quieto, tenía un valor realmente simbólico. Era un juicio que implicaba establecer jurisprudencia para la conducta ante la represión que se avecinaba. [...] Quieto fue condenado por delación. Esto tenía el efecto de decir no admitimos la delación, no nos parece razonable que alguien delate, aunque las torturas puedan ser muy tremendas. Porque la delación es el verdadero óxido que destruye una organización clandestina. Si no existiera la posibilidad de la delación, no sería posible destruir una organización clandestina. Entonces a raíz de ese proceso decidimos establecer que los medios de conducción no tenían que ofrecer el margen de la delación en la tortura, porque por más que todos aspirábamos a ser 'hombres nuevos' ¿quién podía decir que no iba a ser Pedro para negar tres veces? Y allí fue cuando se estableció para los miembros de la conducción la obligatoriedad de la pastilla de cianuro, para no entregarse vivo. ¿Para qué la pastilla de cianuro? Porque uno podía estar armado y combatir, pero eso no garantiza que no caigas vivo. Todos tenemos un ejemplo muy claro: el Che Guevara fue capturado vivo, y si el "Che" Guevara fue capturado vivo, ¿quién podía garantizar que no? De modo que establecimos la pastilla de cianuro.Y esto fue un gran debate dentro de la organización. La conducción recibió una crítica de la organización, dado que establecía un privilegio para los miembros de la conducción. Éstos teniendo pastillas de cianuro tenían el privilegio de no ir a la tortura y el resto de los militantes no tenían esos privilegios. Y allí fue entonces que se decidió generalizar la pastilla de cianuro para evitar la delación en la tortura."

En febrero de 1976, en juicio revolucionario, Montoneros sancionó al "Negro" Roberto Quieto con degradación y muerte por su conducta liberal e individualista, deserción y delación. Hay infidencias y versiones sobre la conducta de Quieto en manos de sus enemigos. Sea cual fuere, y conociendo su peculiar personalidad, es seguro que negoció su vida a cambio de sus compañeros montoneros. Según un telegrama de la embajada de los EE.UU., Quieto estaba vivo un mes después (26 de enero de 1976), y estaba siendo interrogado mientras las autoridades militares decidían qué hacer con él. Se cree que el Ejército lo mantuvo con vida en Campo de Mayo hasta 1977-1978.[32] Es notable que la embajada de los EE.UU. tuviera noticias de su existencia un mes después. Y hay que percibir que la suposición de que vivía dos años después, según su hermano, abre grandes interrogantes sobre su destino. Entre sus antecedentes poco recordados está su paso por el Estudio Mor Roig (Arturo Mor Roig fue asesinado por Montoneros en 1974, sólo por haber sido ministro del Interior de Alejandro Lanusse); su participación en el acto de homenaje a los "Héroes de Trelew" en las escalinatas del Congreso Nacional junto a la cúpula del PRT-ERP y algunos legisladores de la Unión Cívica Radical (Montoneros los recordó en un acto en la cancha de Atlanta). El peronismo nunca olvidó su participación en el asesinato de José Ignacio Rucci (1973).

Fin de año a toda orquesta. Al borde del colapso económico. Las peripecias de una familia argentina: los Pimentel.
Tiburón, la novela más leída

Fue un final de año a toda orquesta. Las noticias desbordaban las tapas de los diarios. En sólo treinta días habían ocurrido hechos gravísimos: un general retirado y su esposa fueron asesinados por Montoneros; un sector de la Fuerza Aérea se sublevó y su comandante general tuvo que pasar a retiro; combatientes del ERP habían atacado un depósito de arsenales del Ejército a pocos kilómetros del centro de Buenos Aires; la crisis interna dentro del justicialismo no daba abasto y la economía había detonado. La inflación devoraba todo en su alocada carrera. El sábado 27, en horas de la madrugada, la casa del líder de la oposición —Ricardo Balbín— sufrió un atentado, del que salió ileso. Pero faltaba algo más: en la última semana el periodista del diario *Crónica* de Río Gallegos, Tabaré Fernando Areas, le hizo un reportaje al general (RE) Ernesto Fatigatti, vicepresidente de la Cruzada de Solidaridad. Desde varios meses antes, la organización que intentó reemplazar a la Fundación Eva Perón estaba bajo la lupa, acusada de irregularidades. La Presidente de la fundación era al mismo tiempo la Presidente de la Nación que había librado un cheque para pagar gastos privados. Las declaraciones de Fatigatti dieron vuelta por todos los medios argentinos. Aunque quisiera desmentirlas (cosa que intentó), era imposible porque habían sido grabadas. Entre otras cosas el viejo general (leal al ex presidente Juan Perón durante la revolución de septiembre de 1955) dijo: "El asunto de la firma del cheque fue más o menos así: antes de que Perón muriera, le pidió a su mujer que asegurase un buen pasar, por una cuestión de afecto, a las hermanas de Eva Perón. Ella quiso cumplir con ese deseo y no recuerdo bien si fue anticipándose al dictamen del juez, para que les entregara el dinero que les correspondía. Como en ese momento la Presidente no tenía dinero, le planteó el caso al ministro Benítez[33] y él le dijo que podía disponer del dinero de la Cruzada, que luego sería repuesto. Con ese asesoramiento la señora firmó. Cuando Julio González y otros allegados le hicieron ver el error, tuvo una crisis nerviosa y hasta lloró por eso, que no estaba bien". El remate de la frase fue lo mejor: "En todas partes hay gente que para entrar en una venta toca a fulano o a mengano y le da una comisión. Es cuestión de ir ajustando para que esto no suceda. De modo que no es nada difícil que haya habido cosas incorrectas". La causa del manejo de fondos en el Ministerio de Bienestar Social hizo que José López Rega fuera declarado prófugo de la Justicia argentina. La causa por el manejo de fondos en la Cruzada de Solidaridad[34] originó el pedido de juicio político a la presidente María Estela Martínez de Perón. Ante la repercusión del reportaje a Fatigatti, el gobierno respondió que los medios practicaban el "terrorismo periodístico". En aquellos días, la diputada María Cristina Guzmán dijo sin perder la calma: "¿Qué terrorismo puede existir en contar —nada más que contar sin pasión— que el señor López Rega —buscado por la Interpol— salió del país con el avión presidencial, llevaba un nombramiento como embajador extraordinario y se aloja en la Quinta 17 de Octubre? Domicilio que, como todo el mundo sabe, pertenece a la señora María Estela Martínez de Perón, Presidente de la Nación. Si decir esto es hacer terrorismo, no sé de qué manera podría escribirse".

Desde Caracas, Venezuela, el ex ministro del Interior y en ese momento embajador argentino Vicente Damasco le envió al canciller Manuel Aráuz Castex el Memorándum N° 535 "Reservado" en el que informó los gestos de "solidaridad y afecto" hacia la Argentina del presidente Carlos Andrés Pérez. En cuanto a la repercusión en los medios venezolanos, respecto de los últimos acontecimientos, Damasco evaluó que "tuvieron repercusión sí en los distintos medios, pero no en mayor grado que en ocasiones anteriores (julio pasado, por ejemplo)".

"Al paso que van las cosas anticipamos a nuestros lectores que la inflación para 1976 no estará por debajo del 500 por ciento anual, signo que representará un valor para el peso actual, a fines de este año, no mayor de un 20 por ciento de su poder adquisitivo al 1° de enero pasado [...] Mientras esto continúa su marcha inexorable hacia el desastre, al Tony (Cafiero) lo esperan grandes y graves problemas por cuestiones salariales, sobre las que nadie en los ministerios de Economía o de Trabajo sabe cómo va a terminar ni de dónde saldrán los dineros para satisfacerlos, en particular los correspondientes a los 1.660.000 agentes del Estado."[35]

"El país marcha a la deriva... En el curso de 1975 hubo 4 ministros del Interior, 4 ministros de Economía, 5 ministros de Bienestar Social, 3 ministros de Trabajo, 3 ministros de Relaciones Exteriores, 3 ministros de Defensa, 3 comandantes generales del Ejército, 3 interventores en Mendoza, 4 'hombres de confianza' de la Presidente y 5 secretarios de Prensa y Difusión.

"¿Quién quiere el golpe en la Argentina? Porque se puede querer el golpe sin ser golpista, y en esa situación se encuentra la guerrilla. Pero lo que parecería cada vez más evidente, a juzgar por las conductas públicas y privadas, es que hay muchos altos dirigentes gubernamentales que recibirían con alivio un golpe que los descargara del manejo de una situación imposible y los transformara de nuevo en víctimas inocentes. Hay demasiados dirigentes irresponsables que están jugando a quedar bien colocados 'para la próxima', y que habiendo procedido como el administrador infiel del Evangelio, han previsto un cómodo retiro a la vida privada."[36]

El 31 de diciembre, reporteado por la agencia Saporiti, Ricardo Balbín hizo pública una sugerencia al hablar de la presidenta Perón: "Que descanse; que deje a otro para que alivie los primeros meses del 76". Le estaba aconsejando otra licencia.

1975, un año imborrable. Salvo excepciones, al que la mayoría de los argentinos prefiere descartar. Hace treintidós años la familia de Juan José Pimentel[37] pasó por todas las peripecias propias de la época. Difícil de imaginar en la modernidad del siglo XXI. Juan José estaba casado con Stella Nogues y tenían seis hijos, entre los 19 y 9 años. Él ganaba algo más de dos millones de pesos viejos como médico del Hospital Ferroviario y de la Clínica del Sur en La Matanza. Stella percibía 650.000 como empleada administrativa en el Consejo Nacional de Educación. Ese fin de año debía hacer grandes colas para conseguir nafta. Se le triplicaron las cuentas de gas y luz. Debían comer carne cada día y medio: adiós al churrasco para cada uno. Todos leyeron *Tiburón*, el libro del año.

El domingo 28, River le ganó a Rosario Central con un gol de Rinaldi y salió campeón, rompiendo un maleficio que duró dieciocho años. Guillermo Vilas por segunda vez ganó el Olimpia de Oro. Los de plata se los llevaron, entre otros, Néstor Scotta (fútbol), Carlos Monzón (boxeo), Martín Sansot (rugby) y Miguel Ángel Guerra (automovilismo). La crítica consideró a Bernardo Neustadt "el periodista más importante del 75" y a Juan Alberto Badía "el locutor del año". La noticia triste del espectáculo fue la muerte de Pepe Biondi. La clásica tapa de *Gente* con los personajes del año mostraba entre otros a Norberto Alonso, Graciela Alfano, Carlos Monzón, Ángel Federico Robledo, Juan Carlos Calabró, Bernardo Neustadt, Cristina Seoane, Soledad Silveyra, Astor Piazzolla, Héctor Larrea, Juan José Camero, Antonio Gasalla y Nicolino Locche. Sin adivinarlo, también entró en la tapa la Pantera Rosa. Noventa días más tarde, el teniente general Jorge Rafael Videla —quien recibió el mote de "la Pantera Rosa"— sería Presidente de la nación.

NOTAS

[1] Carta de Radomiro Tomić al general Carlos Prats, publicada en *El día que murió Allende*, Ignacio González Camus, pág. 59.

[2] Relato y detalles en *Rebeldes y ejecutores*, Daniel Enz, capítulo I.

[3] En el caso de Valenzuela, cayó preso el 2 de enero de 1978 con su mujer y su hijo en la tienda Los Gallegos de Mar del Plata. Es conducido al Cuerpo II. Allí negocia la vida de su familia a cambio de ir a México con un grupo militar y ayudar a asesinar a la conducción de Montoneros. Cuando llegó se dio vuelta y todo terminó en un escándalo diplomático. De todas maneras, Firmenich degradó a Valenzuela y lo envió a la Argentina en la "contraofensiva" de 1979. Murió "empastillado" en el aeropuerto de Posadas, Misiones.

[4] Condujo el "pelotón logístico".

[5] Muerto en Córdoba el 22 de septiembre de 1976 y su esposa cayó herida. *La Nación*, 8 de octubre de 1976.

[6] Muerto en Paraná el 24 de septiembre de 1976. *La Nación*, 8 de octubre de 1976.

[7] El 7 de octubre de 1976, el comando del Cuerpo II ofreció una conferencia de prensa en la que detalló todos los pormenores del atentado y los nombres de los integrantes del "grupo de combate" que ejecutó al matrimonio Cáceres y el "grupo logístico" que brindó apoyo. También se ofreció el organigrama de la organización en la provincia a cargo de Claudio Marcelo Fink (a) Francis.

⁸ Ya nos referimos a "Paco". Era un oficial de la inteligencia militar.

⁹ Con la participación del soldado Félix Roque Giménez, que traiciona la unidad.

¹⁰ En ese momento a órdenes del comandante del ERP "Carlos" (Mario Roberto Santucho), funcionaba el EMC, compuesto por el jefe de operaciones, "capitán Juan" (José Manuel Carrizo), de inteligencia "capitán Pepe" (Juan Mangini) y de logística, "capitán Pedro" (Juan Eliseo Ledesma).

¹¹ Estrella roja, 13 enero de 1975.

¹² En esta reunión participó Edgardo Enríquez, dirigente del MIR chileno y miembro destacado de la JCR.

¹³ Palabra de Enrique Gorriarán Merlo, en su libro *Memorias de Enrique*, pág. 269.

¹⁴ Mario Roberto Santucho "Carlos"; Juan Eliseo Ledesma "Pedro"; Enrique Haroldo Gorriarán Merlo "Ricardo"; Alberto Vega, Daniel Martín, Tte. Víctor González "Martín".

¹⁵ Muerto en Tucumán el 8 de octubre de 1975.

¹⁶ "Teniente Martín", Elías Abdón. Cayó en las mismas horas que "Pedro" Ledesma. Era el responsable de la logística del Estado Mayor del ERP para el ataque en Monte Chingolo. Junto con él fueron detenidos otros integrantes del comando (en total diecinueve).

¹⁷ Las hijas de Santucho ya habían estado viviendo en Cuba con anterioridad. A partir del 75 fueron cuidadas en Cuba por Ricardo Silva y Josefa Demarchi, rosarinos que habían perdido dos hijos militantes del PRT-ERP. El matrimonio era conocido en el mundo de la organización como "Los Totos".

¹⁸ Hija de Carlos Iber Santucho y Helvecia Castelli. Tenía 26 años cuando fue detenida; pertenecía al aparato militar de la organización; había estado en pareja con Oscar Mathews, detenido en 1973 por participar en el asalto al Comando de Sanidad.

¹⁹ El autor asistió a ese acto: entre otros dirigentes estuvo Hidalgo Solá, luego embajador del gobierno militar. Inexplicablemente secuestrado y desaparecido durante el propio gobierno militar.

²⁰ Textos de los panfletos. Copias en el archivo del autor.

²¹ Vol. III, N° 33.

²² *Última Clave*, 13 de enero de 1976, Año VIII, N° 266.

²³ Ver *Monte Chingolo*, de Gustavo Plis Sterenberg, Editorial Planeta. Fue combatiente del ERP. Refugiado en la antigua Unión Soviética, hoy es un reconocido director de orquestas sinfónicas.

²⁴ *Historia argentina*, José María Rosa, tomo III, pág. 45.

²⁵ Uno de ellos fue el teniente José Luis Spinassi (a) "El Mono", en una operación de "cerrojo", cortando vías de escape de los atacantes. Spinassi pertenecía al Regimiento 3 de Infantería de la Tablada.

²⁶ Relato que hizo en mi presencia Jorge Masetti, ex miembro del ERP. Otras fuentes confirman la información.

²⁷ Más citas en *Responsabilidad compartida*, Diego García Montaño, Ediciones del Copista, pág. 102.

²⁸ También colaboraron "El Santo" y un ex miembro de la organización terrorista.

²⁹ En esos días, Guevara ya estaba en Bolivia, donde murió fusilado el 9 de octubre de 1967.

[30] Más detalles en *Por amor al odio*, Carlos Manuel Acuña, tomo I, pág. 108.

[31] Acompañando a mi madre, íntima amiga de sus padres, fui a su velorio que se realizó en la Federación Gráfica Bonaerense (sede de la CGT-A, en Paseo Colón).

[32] Dichos del hermano de Roberto, Carlos Quieto, en internet.

[33] En ese momento ministro de Justicia.

[34] Fue motivo de mucha atención, entre otros motivos porque mientras se desarrollaba la investigación desaparecieron archivos y, finalmente, "por un accidente" se incendió el local de la Cruzada.

[35] *Última Clave*, 13 de enero de 1976, Año VIII, N° 266.

[36] De la editorial de la revista católica *Criterio*.

[37] Nota de Renée Sallas sobre las peripecias de una familia argentina durante 1975. *Gente*, N° 542, del 11 de diciembre de 1975.

9. LA GUERRILLA SE TOMA LICENCIA. EL EJÉRCITO SIGUE TRABAJANDO, AHORA EN SU SEGURIDAD INTERNA. LA ECONOMÍA FAMILIAR A LA DERIVA, YA NO HAY PRECIOS. EL "ENTORNO" PRESIDENCIAL

◆

La guerrilla, si bien tenía lazos de dependencia con el exterior, especialmente con Cuba y la Unión Soviética, era argentina. Sólo así se entiende que, en enero, la organización Montoneros dispusiera que sus miembros se tomaran quince días de vacaciones en previsión de los tiempos duros que se avecinaban.[1] Una "truchada", como hubiera observado "Minguito", el inolvidable personaje de *Polémica en el bar*. No fueron los únicos: en Tucumán, el ERP también licenciaba a su tropa los fines de semana. Cambió su rutina cuando se dio cuenta de que el Ejército los esperaba en las rastrilladas los lunes.

¿Alguien se imagina a Fidel Castro Ruz licenciando a su tropa en Sierra Maestra, antes de entrar en La Habana en 1959? ¿O al nicaragüense comandante Daniel Ortega paseando por la playa con sus muchachos, antes de entrar al búnker de Anastasio "Tachito" Somoza en julio de 1979?

Mientras la organización Montoneros se encontraba de vacaciones (varios de sus miembros más destacados se solazaron en la costa atlántica), el 13 de enero, a las 18 horas, el teniente general Jorge Rafael Videla emitió la "directiva N° 40/75 (tratamiento de personal de soldados y ciudadanos con organizaciones subversivas)". El documento "secreto" de doce carillas recogía las experiencias de casi un lustro de enfrentamientos con el terrorismo. Y tenía por destino "anular el peligro latente que significa para elementos de la fuerza tener personal incorporado con vinculaciones directas o indirectas, confirmadas o sospechosas, con las organizaciones subversivas". Está claro que, entre otras cuestiones, el Ejército tuvo "soldados entregadores"[2] que facilitaron los ataques a las unidades: Batallón de Comunicaciones 141 (1973), Comando de Sanidad (1973), Fábrica Militar de Pólvora y Explosivos (Villa María, Córdoba, 1974), Batallón de Depósito Arsenales 121 (Santa Fe, 1975) y Regimiento de Infantería de Monte 29 (Formosa, 1975). El otro objetivo de las directivas era "desalentar a los posibles infiltrados en la fuerza de realizar actividades que, en cualquier medida, tiendan a apoyar a la subversión". Las medidas de prevención tenían en cuenta "la vigencia actual del estado de sitio en el país". También señalaba que había que tener en cuenta que "la modificación de la edad para cumplir con el servicio militar obligatorio que comenzará a regir en el año 1977 ha motivado que las organizaciones paramilitares subversivas (de acuerdo a la información disponible) hayan incrementado la acción con vistas a la captación del estudiantado secundario a través de la Juventud Guevarista (ERP) y la UES (Montoneros) para no perder la disposición de personal infiltrado en los elementos militares". Los procedimientos a seguir estaban tipificados según estuvieran dentro o fuera de la jurisdicción militar. En el primer caso "se podrá aplicar el Código de Justicia Militar [...] teniendo en cuenta la peligrosidad potencial que representa el causante, se requerirá a la U7 de Resistencia (Chaco) que lo aloje al mismo durante su detención y/o prisión preventiva". Si el caso caía fuera de la jurisdicción militar se lo "colocará por aplicación del estado de sitio a disposición del Poder Ejecutivo Nacional...".

"El documento recoge las experiencias que el Ejército había acumulado en su guerra contra la subversión. Pero además surge de las informaciones que había detectado el aparato de inteligencia de la fuerza. Hacia fines de 1975, principios de 1976, nos enteramos de que la conducción de Montoneros había creado una estructura denominada 'soldados'. Esa rama dependía de la Inteligencia de la organización. Muchos de los que la integraron venían del departamento de prensa y propaganda de Montoneros. El fin fue detectar a los que iban a entrar al servicio militar obligatorio o 'captar' a los que ya estaban cumpliéndolo para que les proporcionaran información sobre futuros 'blancos' (oficiales y suboficiales) y conocer el movimiento interno de las unidades."[3]

Había en el Ejército de esos días todo tipo de soldados. Los que defeccionaban y los que sin proponérselo pasaban a ser héroes. "El Santo" sólo pide resaltar el heroísmo de los soldados rasos, que en aquel entonces eran conscriptos cumpliendo con una obligación legal. De los "cuadros" no quiere hacer más mención. Finalmente los "cuadros" por vocación eligieron su camino; los "colimbas" no.

Un aparente caso antitético a estos soldados modélicos sería el de los desertores reincidentes. En el Ejército no sólo se consideraba desertor al recluta sorteado que nunca se presentaba a incorporarse o al que fugaba para no volver, sino también al que volvía tarde después de un franco. Ése era el caso del salteño Freddy Ordóñez, "farrista" si los había, junto a otros como él, quienes seguían la fiesta hasta el lunes y la terminaban en el calabozo. No eran renuentes a "ejecutar movimientos vivos" ni a las practicas de tiro; sí a la disciplina y a la puntualidad. En aquel tiempo no eran adolescentes de 18 años sino hombres de 20, con todas sus buenas o malas costumbres más arraigadas. Cuando llegó la noticia de que su unidad —el Regimiento de Infantería 28 de Monte— iría a combatir al monte tucumano, los presos habituales consideraron deshonroso quedarse en su cuartel en Tartagal, mientras los demás se jugaban el pellejo. Tanto fue el clamor prometiendo "portarse bien" que el jefe decidió formar con ellos una Sección "Desertores" y ponerlos a prueba. La noche del 8 de octubre de 1975 se localizó "la Comandancia" del ERP, se la cercó y se entabló el combate nocturno de "La Casita", sin que el jefe de la Compañía de Monte del PRT-ERP pudiera huir porque se lo impidió, a costa de su vida, el "desertor" Freddy Ordóñez, condecorado *post mortem* "Al Heroico Valor en Combate".

Esa máxima condecoración militar se les otorgó también a algunos defensores del Batallón Depósito de Arsenales 601 atacado en Monte Chingolo, la víspera de Nochebuena de 1975. Uno fue el aplastado por un camión que volteó el portón de entrada y que, pese a estar desangrándose, con fuego en ráfaga impidió que derribaran la antena de radio e incomunicaran el cuartel.

Un simple dato revela el clima de inestabilidad que vivía la Argentina: desde el 1° de julio de 1974, día en que asumió Isabel Perón, hasta el 24 de marzo de 1976, los gabinetes se sucedieron uno tras otro. "Un ministro cada 25 días" informó la editorial Atlántida. Hasta el 24 de marzo de 1976 pasaron por el Ministerio de Economía José Ber Gelbard, Alfredo Gómez Morales, Celestino Rodrigo, Pedro Bonani, Antonio Cafiero y, por último, Emilio Mondelli. Tiempos sin costumbres, tiempos sin ley. Todo cambiaba diariamente, vertiginosamente: un litro de leche en enero de 1975 costaba 415 pesos y en enero de 1976, 1.125 pesos; tomates (en lata) 590 pesos y 2.900 pesos; azúcar (kilo) 1.150 pesos y 3.200 pesos; helados (kilo) 6.500 pesos y 20.000 pesos; pan francés (kilo) 560 pesos y 2.500 pesos; café (kilo) 7.000 pesos y 30.000 pesos; papel higiénico (rollo) 290 pesos y 1.400 pesos; bife ancho (kilo) 2.000 pesos y 6.000 pesos y un neumático que en enero del 75 valía 70.000 pesos un año más tarde se encontraba en 230.000 pesos. La emisión monetaria (impresión de billetes), desde mayo de 1973 a marzo de 1976, aumentó catorce veces, según las estadísticas oficiales.[4] La situación interna era un "caldo de cultivo para el salvajismo", dijo el domingo 11 de enero *The Buenos Aires Herald*.

El sábado 17 de enero, la Secretaría de Comercio Exterior de los Estados Unidos de Norteamérica advirtió a los exportadores que no debían anticipar una "rápida o fácil" solución de los problemas económicos argentinos, pues el futuro de la Argentina aparecía signado por la inestabilidad, la falta de cohesión política y la reacción gubernamental sobre bases *ad hoc*, desprovista de un plan económico global para superar la crisis.[5] El ciudadano común compraba dólares apenas cobraba su sueldo y los cambiaba de a poco para llegar a fin de mes: "Llegaban al dólar para cuidarse de la inflación y, además, acariciaban en esos papeles verdes el sueño de algún posible viaje futuro. La tenencia de la divisa extranjera les daba seguridad", observó Julio A. Ramos en *La Opinión*.[6] El desabastecimiento de los productos básicos y las largas colas para llegar a ellos formaban parte del paisaje cotidiano. Una pesadilla. En esa época, el salario real estaba una cuarta parte más abajo del nivel en que lo había dejado Alejandro Agustín Lanusse, en mayo de 1973. "El área cultivada con maíz, durante la campaña 1975-76, alcanza a 3.705.000 hectáreas, cifra que señala una disminución del 4% respecto del ciclo precedente, y del 15 % con relación a los promedios del quinquenio y decenios últimos."[7] La asfixia de los productores ganaderos no reconoce límites. Los precios de la exportación no cubrían ni los gastos de producción: un par de zapatos costaba lo mismo que dos vacas.

La gestión del embajador Guillermo de la Plaza.
Un país surrealista, tal como debe haber observado el embajador Raúl Quijano a poco de llegar de Nueva York

En enero de 1976, Raúl Quijano,[8] uno de los diplomáticos argentinos más respetados, presidía la Comisión de Administración de las Naciones Unidas. Había decidido tomarse un período sabático del Palacio San Martín, cansado del maltrato y la improvisación del canciller Juan Alberto Vignes.

Una noche lo desvela un llamado telefónico desde Buenos Aires. Era de su colega "el Negro" Guillermo de la Plaza que le dijo "te van a llamar para que vengas a Buenos Aires y te van a ofrecer ser canciller... vas a tener que aceptar". En esos días, entre el 5 y el 7 de enero, De la Plaza había intensificado una mediación entre la presidente y los comandantes de las FF.AA. para evitar lo inevitable, el derrocamiento de la presidenta.[9] La tarea fue bautizada "Todos por la Patria".[10] De las gestiones surgió un documento de las Fuerzas Armadas sobre el estado del país, que fue entregado por el coronel Miguel Mallea Gil al embajador De la Plaza, quien a su vez se lo entregó a la presidente el 8 de enero a la noche.[11] En el mismo se aconsejaban "modificaciones profundas, inmediatas y enérgicas que garantizaran una corrección urgente de los hechos que vivía el país, a los efectos de afianzar el orden, frenar la anarquía y asegurar el funcionamiento de las instituciones".[12] Entre las medidas estaba un cambio de personas en el gabinete presidencial.

Como le adelantó De la Plaza, al poco rato lo llamó el secretario técnico Julio González. La conversación no duró más que unos minutos: "Le pido en nombre de la presidente que viaje a Buenos Aires cuanto antes". Al día siguiente, le dice a su esposa, Mercedes, mientras hacía su valija, que viajaba por pocos días a la Argentina. Al poner el smoking, Mercedes observó: "¿Cómo, te vas a quedar muchos días?" Al llegar a Ezeiza, lo esperaba Julio González. Quijano sólo pide pasar por la casa de su madre, en Rodríguez Peña y avenida Quintana, para mudarse la ropa antes de ir a la Casa Rosada. El viernes 16 de enero de 1976, cuando llegó a la Casa de Gobierno, lo recibió en su despacho oficial. Fue una conversación surrealista. Ella le habló de sus viajes por Europa con Juan Perón... los museos, las tiendas... de bueyes perdidos. Como a los quince minutos, entró el edecán naval y le dijo: "Señora, está todo listo para la ceremonia". Raúl Quijano ingresó al Salón Blanco detrás de Isabel Perón. Subió a la tarima donde la Presidente le tomó juramento como ministro de Relaciones Exteriores. En su conversación privada, de minutos antes, la presidente nunca le preguntó si aceptaba ser ministro, ni mucho menos cuál era su pensamiento sobre el contexto exterior de la Argentina. Quijano nombró vicecanciller al embajador Juan Carlos Beltramino y su jefe de gabinete de asesores fue el ministro de primera Enrique Juan Ros.[13]

Encuentros de monseñor Pío Laghi con la presidenta
y Casildo Herreras. "Este Pío sí que es despierto",
comentó el secretario general de la CGT. El sindicalismo
se siente desplazado y denuncia al "entorno" de la Presidente

El jueves 8 de enero, Isabel Perón visitó sorpresivamente al nuncio apostólico en su residencia de la avenida Alvear 1605. En un primer momento se habló de una visita de "cortesía". Luego se vinculó el encuentro con un mensaje que la Presidente quería hacer llegar al papa Paulo VI, pero nada se explicó al respecto. Cuarenta y ocho horas más tarde se supo que Pío Laghi no había estado solo en la reunión. Estuvo acompañado por monseñor Humberto Mozzoni, un alto jerarca del Vaticano que había sido nuncio en Buenos Aires. Las especulaciones políticas alrededor de lo conversado en la Nunciatura crecieron cuando trascendieron otros encuentros del prelado con políticos, militares y empresarios. Una semana más tarde, el jueves 15 a las 10 y 48 horas, Casildo Herreras hacía antesala en la Nunciatura para entrevistar a Pío Laghi cuando un mensajero le entregó un papel donde se le informaba que la Presidente había pedido la renuncia a su gabinete, con los nombres de los ministros confirmados y los nuevos ministros. En la conversación, el representante de Su Santidad le hizo referencia a un "entorno" que rodeaba a Isabel Perón y su preocupación por el deterioro de la situación general del país. El diálogo se cortó cuando un colaborador del nuncio entró para informarle que se lo había invitado a la Casa de Gobierno para asistir a la jura del nuevo gabinete.

El viernes 16 de enero, los principales jefes sindicales se reúnen en Mar del Plata para considerar la situación general y la pérdida de poder en que habían quedado con los últimos cambios de gabinete. En la ocasión, el secretario de la CGT, Casildo Herreras, relató su entrevista del día anterior con el nuncio apostólico, monseñor Pío Laghi. Al respecto dijo: "Este Pío sí que es despierto. Me dijo que allí mismo donde estaba sentado yo, había estado la señora (Isabel Perón). Para él, ella tiene mucho de positivo; es una mística, convencida de su papel. Pero se quejó del entorno que ella tiene... Esto del entorno me lo repitió... muy diplomático, claro... Mirá vos, ¡entorno!". Desde ese día se habló del entorno. Ricardo Balbín, con la sutileza que lo caracterizaba, desde 1974 hablaba del "microclima" que rodeaba a la Presidente.

Mientras Lorenzo Miguel tomaba un sorbo de su acostumbrado "champán" "Crillón" escuchó de Casildo Herreras un concepto que superaba todas sus preocupaciones: "Si nos quedamos como espectadores y dejamos el centro del ring, lo va a ocupar cualquiera". En esas horas, se sostenía, la alianza conformada por Julio González y Raúl Lastiri jugaba toda su influencia: Robledo era reemplazado por Roberto Ares, Ricardo Guardo iba a Defensa, Alberto Deheza a Justicia y Quijano a la Cancillería. Continuaban Pedro Arrighi en Educación, Antonio Cafiero en Economía y Carlos Federico Ruckauf en Trabajo.

Lorenzo Miguel habría pretendido otro tipo de gabinete.[14] Imaginaba a Miguel Unamuno en Interior, Juan José Taccone en Bienestar Social, Roberto García en Trabajo, Cafiero para Relaciones Exteriores y Guido Di Tella en Economía. A esta altura costaba recordar la integración de los gabinetes presidenciales.

Las corbatas de Raúl Lastiri. Una nota emblemática

El miércoles 21, Herreras se entrevistó con Isabel Perón. A la salida expresó a los periodistas del programa político radial más escuchado de esos días, *De cara al país* (radio Rivadavia): "...la inquietud del movimiento obrero ante el entorno que pretende alejarnos del contacto directo que veníamos manteniendo con la Presidente."

Precisamente, hablando del entorno, el 29 de enero de 1976, el semanario *Gente* publicó un extenso reportaje en su casa de la Avenida del Libertador a Raúl Lastiri. La nota —sin imaginar las imprudencias de Lastiri— la gestionó el diputado nacional salteño Julio Mera Figueroa, a pedido de una "pasante" recién llegada al medio. Tirado sobre su cama matrimonial, con respaldo de raso dorado capitoné, de un particular mal gusto, diseñado por José María Lala, y mesas de luz de estilo barroco, Lastiri dijo entre otras cosas que "alguien dice por ahí que soy un cadáver político (días antes lo había afirmado Carlos Menem). Otros dicen lo contrario. Realmente mi vida es muy modesta en el orden político". Mientras hablaba a grabador prendido para Alfredo Serra, el fotógrafo fue tomando distintas instantáneas. Una fue el sello de la época: Lastiri parado junto a su placard mostraba sus trescientas corbatas, mientras comentó "tengo como trescientas corbatas, me gustan mucho". Horas más tarde, *La Opinión*, bajo el título "Argentina potencia", dijo que las "300 corbatas francesas e italianas (no menos de 30 dólares cada una, que suponen tener colgando del corbatero alrededor de 160 millones de pesos viejos), sus trajes (un costo estimado de 150 millones) y sus varios encendedores (un Dupont, por ejemplo, cuesta 3 millones de pesos)".

La nota finalizó así: "La imagen de este servidor público, que define su vida como 'muy modesta', prefigura la existencia de otra Argentina, próspera y feliz, que sólo se ofrece a unos pocos iniciados... Con una dieta mensual de 7.350.000 pesos, el señor Lastiri parece haber hallado la Argentina potencia que cada día se distancia más del resto del país". El matutino bahiense *La Nueva Provincia* tituló, con excelente prosa, un editorial al respecto: "¡Dios, qué buen vasallo, si tuviese buen señor!".

"Todos hablan." Todos hablan del golpe militar que se avecina. La interna militar, apunten sobre Roberto Eduardo Viola. Mario Roberto Santucho predice "la guerra civil abierta"

Para la generación que en ese 1976 tenía entre 25 y 30 años, había una película difícil de olvidar: *Midnight cowboy* (1969) con

29 de enero de 1976. El semanario Gente *publicó un extenso reportaje al diputado nacional Raúl Lastiri. Una de las fotos de la nota sería emblemática: Raúl Lastiri muestra sus trescientas corbatas. Lo acompaña su esposa Norma López Rega.*

las actuaciones de Dustin Hoffman y Jon Voigt, y dirigida por John Schlessinger. Era la historia de un muchacho que del Bajo Texas parte a conquistar Nueva York y a instancias de "Rico" (Hoffman) termina envuelto en los peores menesteres. Vestido de cowboy, con su pesada valija de piel de vaca, intenta apoderarse de Manhattan y queda sumergido en los bajos fondos de la ciudad. Además de la trama en sí misma, la película tiene como tema principal una canción titulada "Everybody's talking" (Todos hablan) cantada por Harry Edgard Nelson III, más conocido como Harry Nilsson, que tuvo la particularidad de que no fue admitida en los charts de música country. ¡Cómo iba a estar rankeada si dejaba a los cowboys como idiotas! No era necesario. Y más en esa época en donde descollaba Merle Haggard.

El título de la canción guarda relación con la Argentina de enero del 76, porque todos hablaban de lo mismo —la caída de la Presidente— y algunos se atrevían a contarlo por escrito. Así, el semanario de circulación restringida *Última Clave*[15] en su entrega del 29 de enero de 1976, dijo: —"Pocas veces como en la actualidad la historia política argentina ha mostrado una más generalizada convicción, que envuelve a casi toda la opinión pública, sin distingo de colores políticos: este gobierno no podrá concluir su mandato. Inclusive hay fuentes responsables que aventuran que la extinción del azote oficialista tiene que ocurrir antes de la finalización del verano, o quizás, para ser más precisos, antes de que comiencen las próximas discusiones salariales. Pero a la vez puede decirse que la opinión general se debate entre grandes ansiedades, porque todavía no se puede perfilar con cierta seguridad la etapa por venir. Los esfuerzos de divulgación de los planes a aplicarse inmediatamente han sido pobres, o no se han podido lanzar todavía a la empresa de levantar el espíritu ciudadano, bastante alicaído debido a la sucesión de desastres provocados por la administración de Isabel Perón".

Si bien es cierto que algunos se atrevieron a predecir la etapa que se avecinaba, otros, a través de "memorandos confidenciales", manifestaron en voz baja —muy baja— o de manera anónima las rencillas internas de las propias Fuerzas Armadas. Las que deberían sufrirse una vez que comenzó el gobierno del Proceso militar.

En febrero de 1976, un "memorando confidencial" circuló en el Ejército convirtiendo al jefe del Estado Mayor del Ejército, Roberto Eduardo Viola, en blanco de todas sus diatribas "cuyo objetivo es alcanzar el gobierno nacional mediante la implementación de una serie de acuerdos o alianzas con los sectores civiles". Si bien no definía con claridad los objetivos, intentaba desmerecer a Viola a través de los nombres de sus aliados: entre las figuras del peronismo "histórico" o "político" señalaba a Alberto Iturbe, Enrique Osella Muñoz, Ítalo Luder, Humberto Romero, Deolindo Bittel, Eloy Camus y los hermanos Sapag. Dentro de la UCR ubicaba a César García Puente, Raúl Alfonsín, Antonio Tróccoli y Fernando de la Rúa. Por el MID figuraban Arturo Frondizi, Gerardo Schamis y Rogelio Frigerio. Dentro del plan del jefe del EMGE, los sindicalistas son los más numerosos: Raúl Rachini, Luis Rubeo, Otto Calace y otros miembros del denominado 'grupo de los ocho', son los más activos participantes. Para irritar a otras tendencias de las Fuerzas Armadas se sostenía que "siguiendo los ejemplos de los generales Justo y Perón, Viola ha trazado un esquema que ya se ha implementado en la Fuerza en su primera etapa".

El "Memorandum Confidencial N° 2" que se repartía entre la dirigencia política la última semana de febrero de 1976 intentaba dejar pegado a Viola con otros nombres irritantes en ese momento de pasiones desenvueltas: "Los señores Mario Brodersohn, Marcelo Diamand, José María Dagnino Pastore, mayor Alberto Schilling y Gerardo Schamis, que constituyen el comando del grupo de asesores económicos del general Viola, responden a la inspiración ideológica de Arturo Frondizi y José Ber Gelbard o Julio Broner. Al grupo de Brodersohn pertenecen también el doctor Raúl Peyceré (marxista), Alietto, Guadagni (sic), etc. Todo el grupo mantiene desde hace años estrechos vínculos con el doctor Aldo Ferrer (marxista)..."[16] Después de enumerarlos volcaba sus curriculums con grandes inexactitudes. Entre tantas cosas calificaba como "marxista" a Carlos Floria, supuesto "asesor en materia de Educación". Las conclusiones permitían vislumbrar las plumas de sus autores: "El caos y la miseria argentinos son el fruto de treinta años de socialismo y dirigismo constantemente crecientes [...] En consecuencia, es inconcebible y causa estupor que el general Viola y su directo colaborador el general (Carlos) Dalla Tea hayan llegado a esta selección de hombres de visible línea soviética... la elección de los mencionados señores permite sostener que el plan del general Viola puede constituir la base de la vía argentina hacia el comunismo".

"Para la contingencia de una operación política de las FF.AA. sobre el área de gobierno militar, se ha estudiado el curso de acción aplicable en el caso de que Isabel. Las variantes presentadas han sido tres: 1) Embarque en avión con destino a Madrid, para que se reúna en Puerta de Hierro con (José) López Rega; 2) Alojamiento temporario en Gaspar Campos bajo custodia, y 3) Sometimiento a juicio por la justicia ordinaria."[17]

Desde su clandestinidad, el jefe del PRT-ERP, Mario Roberto Santucho, escribió el folleto "Frente a la aventura golpista"[18] en donde sostenía que "alentado por los sectores reaccionarios del imperialismo yanqui, los altos mandos de las Fuerzas Armadas Contrarrevolucionarias han adoptado la decisión de instrumentar a corto plazo un nuevo golpe de Estado represivo [...] Si finalmente ponen en ejecución sus planes será el comienzo de la guerra civil abierta y los generales facciosos encontrarán a su frente a la resistencia vigorosa y victoriosa de un pueblo dispuesto a entregar todo de sí por la independencia y liberación".

Un ministro de Economía "en el aire". Continúan los aumentos de precios y el desabastecimiento. El sindicalista José Rodríguez denuncia que los precios "han tomado un cohete a Venus". El PRT-ERP convoca a paralizar el país

El costo de la vida aumentó en enero 14% y en febrero tocó el 20%. El aumento salarial (del 18%, con un mínimo de 150.000 pesos) que otorgó el ministro Cafiero el 22 de enero fue absorbido por la inflación a los pocos días. El dólar subió, entre enero y los primeros diez días de febrero, de 12.500 a 32.000 pesos. Y pronto llegaría a 38.000 en el mercado paralelo. Para peor, desde el Parlamento no se trataban las leyes que él impulsaba y sobre su figura se lanzaban todo tipo de improperios desde el propio peronismo; hasta de ser un maniquí de su segundo, Guido Di Tella. "Esta situación ha llegado al límite de lo tolerable", afirmó uno de sus colaboradores más próximos.[19]

El miércoles 4 de febrero asume como ministro de Economía Emilio Mondelli. También jura Miguel Unamuno en lugar de Carlos Ruckauf en Trabajo. Como un emblema de los días

346

*Enero de 1976. Antonio Cafiero y Carlos Federico Ruckauf
se ríen en el Salón Blanco de la Casa Rosada, antes de comenzar
la ceremonia de asunción de sus reemplazantes.*

que corren, en la ceremonia Ruckauf aparece riéndose mientras el país se deslizaba hacia el abismo. En poco más de un año y medio, Isabel Perón tuvo seis ministros del Interior, cuatro de Relaciones Exteriores, cinco de Defensa, seis de Economía, tres de Educación y Cultura, tres de Justicia, cuatro de Trabajo y cinco de Bienestar Social.

El viernes 5 de febrero, el ministro de Economía se dirigió a la población. Puso negro sobre blanco. Apeló a una frase del apóstol San Juan: "Conoceréis la verdad y la verdad os hará libres" y pasó a informar: el producto bruto interno había caído 2,6% en 1975; la demanda global había crecido 3% y la inversión había caído 16% (la inversión en obras públicas cayó 24%). El déficit del balance de pagos ascendió a 1.095 millones de dólares.[20] El ministro admitió: "Estoy en el aire", fue la frase del día. "El aumento de precios es exagerado, se le está tomando el pelo a la gente. El plan económico, a mi juicio, no es serio. Los precios ya no suben en ascensor: han tomado un cohete a Venus", fue el juicio de José Rodríguez, titular de SMATA.

La crisis sindical que generó el encuentro de Isabel Perón con Victorio Calabró. El descalabro sigue su marcha

El viernes 7 de febrero de 1976, el Rambler negro que trasladaba al gobernador de la provincia de Buenos Aires, Victorio Calabró, y dos funcionarios, ingresó a la residencia presidencial de Olivos un minuto antes de las 19 horas. Iba a entrevistarse con la Presidente Perón, luego de mucho tiempo de desencuentros. Era famosa su frase, que había pronunciado hacia fines de 1975: "Así no llegamos" (a las próximas elecciones presidenciales). Era un duro crítico del gobierno a pesar de pertenecer al mismo partido. Calabró asumió la primera magistratura del Estado bonaerense en enero de 1974, cuando Perón hizo echar a Oscar Bidegain, tras el ataque del PRT-ERP al regimiento de Azul. En ese momento se sostenía que Bidegain era "laxo" con las organizaciones guerrilleras, especialmente con Montoneros (tiempo después integró la conducción del Partido Auténtico, brazo político de la organización político-militar y el Consejo Superior del Movimiento Peronista Montonero). Su gran adversario era Lorenzo Miguel y, cuando estuvieron a punto de destronarlo de La Plata, lo salvó Jorge Rafael Videla con un telegrama de agradecimiento por su colaboración cuando el ataque del PRT-ERP en Monte Chingolo.

La asistencia de Calabró representaba una victoria política del ministro Roberto Ares. Luego de una reunión previa, en el Sindicato del Papel, el ministro del Interior lo invitó a conversar con la señora de Perón. Calabró no tuvo el sí fácil; creía que el final de Isabel era irreversible y que todavía quedaba un resto de tiempo para "sacarla". Ares, por su parte, pensaba que bien asesorada la señora era todavía rescatable. Que se podía llegar a las elecciones presidenciales.

La reunión duró más de una hora en la que prácticamente habló el gobernador de Buenos Aires. Un monólogo, sólo interrumpido un "claro", un "sí" o un "tome nota Ares" de parte de Isabel Perón. Calabró sobrevoló el panorama nacional de esos días. Habló de lo mal que iba la economía y la falta de coherencia; invitó a la viuda de Perón a salir a recorrer el país, terminar con su encierro y retomar el diálogo con todos los sectores y partidos políticos. La reunión terminó cerca de las 21; luego Calabró con sus acompañantes se retiraron a comer un asado en las cercanías. Mientras cortaba una tira de asado les comentó: "Bueno, no podrán quejarse, les di el gusto. Pero no sirve. Es como hablarle a una pared, no entiende nada".

El martes siguiente —10 de febrero— Isabel intentó calmar a las fieras, también en Olivos. A Lorenzo Miguel y los "verticalistas", acompañados por el ministro de Trabajo, enojados por su entrevista con Calabró. El titular de la UOM pidió una explicación: ¿Cómo Ares había hablado con el gobernador de Buenos Aires en un sindicato "que no es peronista"? La respuesta, larga, fue muy simple: ella era la titular del gobierno, y volvió a reiterar que ella era Perón y que sin ella nada era posible. En la misma reunión, el secretario de la CGT, Casildo Herreras, evitó entrar en cuestiones políticas y fue a lo práctico. Dijo que el último aumento salarial ya había sido consumido por el alza del costo de vida del mes de enero. Ella habló de la responsabilidad de la dirigencia sindical y anunció la formación de una comisión en Economía para estudiar la situación económica y social.

La molestia sindical amenazó con una crisis en el Poder Legislativo. El "grupo de trabajo" amenazó con disparar el proyecto de formar una Asamblea Legislativa para destituir a Isabel Perón, mientras el diputado José Carmelo Amerise hacía todo tipo de gestiones para evitar la renuncia de medio centenar de diputados gremialistas y verticalistas como consecuencia de la reunión de la Presidente con Calabró. En pocas palabras, el Congreso seguía empantanado mientras la crisis seguía carcomiendo todo el andamiaje constitucional.

El martes 10 de febrero el ministro Emilio Mondelli concurrió a un almuerzo organizado por la Comisión de Presupuesto y Hacienda de la Cámara de Diputados y blanqueó la situación que se vivía. Dijo públicamente: "Estoy tremendamente preocupado por el destino de la República... Ustedes saben positivamente que nosotros tenemos una ley de inversiones extranjeras que nos ha resguardado sin lugar a dudas de todo imperialismo y de toda invasión extraña... ahora sí, inversión no hay ninguna. Ténganle un poco de fe a este hombre sencillo, que dice las cosas como son porque las ha estado viviendo hasta ayer y las tiene que vivir más dramáticamente desde hoy. No nos creen más". A continuación, instó a los legisladores a aprobar las leyes impositivas y el presupuesto.

Al día siguiente los jefes sindicales fueron a entrevistar a Mondelli y lo bombardearon con preguntas. Al finalizar, Adalberto Wimer declaró que "la CGT no se opone a las negociaciones con el FMI, a menos que lesionen la dignidad nacional".

El 18 de febrero, el N° 204 de *El Combatiente*, órgano oficial del PRT, en un editorial escrito por Benito José Urteaga, alias "Mariano", destacó la inminencia de un golpe de Estado para derrocar al gobierno constitucional. Fijó como objetivo la paralización del país para evitar el golpe. Al mismo tiempo formuló el "programa democrático del PRT". Entre otras medidas, un salario mínimo básico de 2.000.000 de pesos, congelamiento de precios, liberación de todos los presos políticos, derogación de la legislación represiva y elecciones a gobernantes y a constituyentes, libres de toda proscripción y limpias. Era tirar nafta para apagar el incendio.

*Febrero de 1976. Encuentro en Washington. El canciller Raúl Quijano
almuerza con el secretario de Estado, Henry Kissinger,
en la residencia del embajador Rafael Vázquez.*

• Raúl Quijano con Henry Kissinger.
La mirada del Departamento de Estado

El 11 de febrero, el canciller Raúl Quijano se reunió con Henry Kissinger, secretario de Estado de los EE.UU.[21] La reunión fue en la residencia del embajador argentino, Rafael "Chocho" Vázquez, sita en el 1815 de la calle Q, a pasos de Dupont Circle. El encuentro fue franco y a agenda abierta y el menú desprovisto de todo ceremonial: melón con jamón y bife con papas fritas y huevos *sunny side up* (fritos). De postre, queso fresco con dulce de membrillo. En un momento de la conversación, Quijano invitó a Kissinger a visitar la Argentina. Sin perder la cordialidad, respondió negativamente: "Necesitaría cuatro divisiones para custodiarme".

Para el encuentro con Quijano, el Departamento de Estado le preparó al secretario de Estado una minuta de siete páginas ("Briefing Memorandum", 10 FEB 1976), donde se detallaba la situación argentina. Llevaba la firma de Harol H. Saunders. Lo sustancial fue que "hay un sentimiento generalizado de la gran mayoría de los argentinos por el cambio de la Presidente... en los meses que quedan, antes de las elecciones de este año (1976) dos cosas quedan claras: Perón no piensa renunciar y hasta va a tratar de hacer campaña para ganar su reelección".

En otro párrafo se le informaba a Kissinger que "la situación económica y la imagen externa no van a mejorar por la simple razón de que la Presidente es incapaz de cambiar. Con estas perspectivas, los militares probablemente depongan a Isabel Perón antes de las elecciones. Evidencias recientes indican que la oficialidad está presionando a sus superiores para que den un golpe. Pero la fecha precisa (del golpe) es imposible de prever. Pero la insatisfacción militar es tan profunda e intensa que podría ocurrir en cualquier momento".

Bajo el subtítulo "Gobierno post golpe" se expresó: "En el caso de un golpe, el resultado podría ser: 1) Sucesión (de Isabel Perón) por un civil, probablemente el presidente del Senado, Ítalo Lúder o un peronista moderado; 2) Un régimen militar (interino) que reglamente la convocatoria electoral.

"Si las Fuerzas Armadas asumieran el control del poder por un período largo, los argentinos se verían sujetos a reglas de severidad sin precedentes. Los líderes militares probablemente optarían por un programa económico muy rígido y austero que requeriría (una) considerable represión para ser implementado.

"Los intereses inmediatos de los Estados Unidos en la Argentina consisten en asegurar el tratamiento de los 1.200 millones de inversiones directas. Sobre todo en el área industrial, incluyendo las compañías General Motors, Ford y Exxon." El canciller Quijano no tenía margen de maniobra. Pedaleaba en el vacío.

El viernes 13 de febrero, el Poder Ejecutivo da a conocer el decreto 620/76, en que se declaraba programáticamente prioritario el llamado a elecciones de autoridades nacionales, provinciales y municipales, y la reunión de una Convención Nacional para decidir sobre la Constitución Nacional. Con la medida se intentaba estirar la agonía del gobierno de Isabel Perón hasta 1977. La Convención Nacional no se reuniría nunca y, días más tarde, como resultado de las presiones de todo orden, el mismo gobierno anuló el decreto anterior y anunció elecciones generales para el 12 de octubre de 1976, aunque su entorno especulaba que ella podía ser candidata (en un momento, una fuente dijo que la fórmula presidencial iba a ser "cacofónica": "P y P". Cuando el oficial naval preguntó a quién correspondía la otra P, señaló al contralmirante Peyronel, el jefe de la SIDE. Enterado Massera, inmediatamente lo hizo nombrar embajador en Grecia).[22] También el gobierno anunció que iba a convocar al Parlamento a sesiones extraordinarias (que tampoco se concretaron). El mismo día, el gobierno nacional clausuró por diez días el matutino *La Opinión* acusándolo de "instigar la quiebra del orden constitucional."

El lunes 16 de febrero de 1976, la APEGE, que ya contaba con la adhesión mayoritaria de las entidades empresariales, realizó un lock-out que concitó el 90 a 95% de respaldo. El centro de Buenos Aires y los de las ciudades del interior mostraron la sensación de un día feriado. Bancos, negocios, restaurantes y cines cerrados. En una declaración trató "la gravísima situación económica, política, social y moral que vive la república (en donde) los trabajadores en particular son víctimas directas... (a través) ...de la permanente reducción del poder adquisitivo de sus salarios; se ven amenazados por la desocupación y padecen como todos la falta de orden y seguridad".

En un encuentro reservado que podemos ubicar en febrero de 1976 (cuarenticinco días antes del golpe), el titular de la Unión Cívica Radical pidió conversar con el general Jorge Rafael Videla, comandante general del Ejército. Un amigo común ofreció su casa, un lugar neutral. Luego de las presentaciones de rigor, el dueño de casa amagó retirarse. "De ninguna manera", dijeron casi al unísono los dos. Pasados los años, el dueño de casa se atrevió a recordar el encuentro. Palabras más, palabras menos:

Balbín: General, yo estoy más allá del bien y del mal. Me siento muy mal, estoy afligido. Esta situación no da más. ¿Van a hacer el golpe? ¿Sí o no? ¿Cuándo?

Videla: Doctor, si usted quiere que le dé una fecha, un plan de gobierno, siento decepcionarlo porque no sé. No está definido. Ahora, si esto se derrumba pondremos la mano para que la pera no se estrelle contra el piso.

Balbín: Si van a hacer lo que pienso que van a hacer, háganlo cuanto antes. Terminen con esta agonía. Ahora, general, no espere que salga a aplaudirlos. Por mi educación, mií militancia, no puedo aceptar un golpe de Estado.[23]

Desde principios de 1975, Montoneros había enviado observadores al frente rural del ERP en Tucumán. Luego fundó la Unidad Básica de Combate Logística (UBCL), con la que apoyó a la Compañía de Monte Ramón Rosa Jiménez.[24] A comienzos de 1976 ya operaba con cerca de treinta combatientes (de su "Patrulla de Monte"), alrededor de doscientos militantes y mayor número de simpatizantes.

Entre el 19 de febrero y el 12 de marzo de 1976, una patrulla de monte montonera, de la UBCL, se movía por la zona de Burruyacu, próxima a la ruta 9, cuando chocó con una columna del Ejército. El 23 de febrero, como resultado del combate, murió, cerca de La Cruz, "en su ley, uniformado y armado",[25] el jefe de la columna "Hippie" Juan Carlos Alsogaray.[26] Como un signo trágico de la época, es de recordar que los dos hijos habrían participado en el intento de secuestro de su padre, el teniente general Julio Alsogaray, el mismo que fue, junto con su esposa Zulema Legorburo, a reconocer el cadáver del hijo. Cuando llegaron a Tucumán, fueron recibidos por el general Antonio Domingo Bussi (comandante de la Brigada de Infantería V), dos altos oficiales de su Estado Mayor y el teniente coronel Ernesto Alais (jefe del Regimiento de Infantería 19). Les muestran un álbum de fotos. El padre no reconoce a su hijo. Zulema, la madre, sí lo identifica. Y saca de su cartera una pistola pequeña y exaltada dice: "Lo quería matar yo, por lo que le hizo a su padre".[27] Juan Carlos también comandó el atentado al avión Hércules cuando decolaba de Tucumán con efectivos de Gendarmería (28 de agosto de 1975). Los informes militares lo señalan como el que detonó la bomba.

• Derechos Humanos

El 16 de febrero de 1976, el embajador Robert Hill almorzó con Diego Felipe Medús, el director del Departamento América del Norte de la Cancillería. Medús fue hijo de un diputado conservador de la década del 30. Alto, flaco, ojos claros y pelo enrulado, con su "pucho" encendido entre los labios. Diego por "facha" era seductor, tozudo y leal como buen "vasco". Había estado destinado en la embajada en Washington durante la gestión de Carlos Manuel Muñiz (1971-1973). También acompañó las gestiones del embajador Felipe Ricardo Yofre en Asunción y Lima (1956-1960).

Luego del encuentro, Hill redactó un cable secreto a Washington, en el que informó, entre otros detalles: "Me confió hoy, en un almuerzo, que el grupo de planeamiento militar le había pedido un estudio y recomendaciones de cómo el futuro gobierno militar podría evitar o minimizar los problemas generados por el tema de los derechos humanos, tal como estaban teniendo los gobiernos de Chile y Uruguay con los Estados Unidos.

"Medús me dijo que van a tener problemas si van a comenzar a ejecutar personas (*executing people*).[28] Los delegados militares respondieron que su intención era comenzar una guerra contra el terrorismo y algunas personas probablemente serían ejecutadas. Ellos necesitan minimizar cualquier problema con los Estados Unidos."

El martes 24 de febrero, Mondelli envió al Congreso[29] un nuevo proyecto de presupuesto general, en el que se preveía un déficit fiscal de 33 mil billones de pesos moneda nacional, contra los 18 mil billones de pesos que había estimado su antecesor (Cafiero) en diciembre. Como un dato de la inflación que carcomía todo, se recuerda que el presupuesto que mandó Alfredo Gómez Morales, en 1975, estimó un déficit de 1,8 billones pero en diciembre de ese año fue de 14 billones. En esas horas, el MID (que se había retirado del Frejuli) declaró que "el país se encuentra virtualmente al borde de la destrucción del sistema monetario". En esos días, Mondelli se sintió fortalecido por el apoyo público que le dio Lorenzo Miguel en su disputa contra los antiverticalistas acaudillados por Genaro Báez. Le confesó: "Gordo, quedate mosca que yo te banco".[30]

Pandemónium

La reunión de "el bloque de diputados radicales comenzó a las 16 horas del martes 24, con la presencia de Ricardo Balbín y otros directivos del Comité Nacional y dirigentes como Raúl Alfonsín para considerar la actualidad política. En primer término habló el diputado (Antonio) Tróccoli sobre todo el proceso y las posibilidades de resolver la crisis planteada entre el Poder Ejecutivo y el Legislativo. A continuación se escuchó al senador (Carlos) Perette que explicó la posición de sus colegas de la Alta Cámara. Por su parte, Balbín, como tercer orador, habría dicho en síntesis que ha hecho toda clase de gestiones para evitar una crisis que parece irreversible pero que no ha encontrado eco favorable. Después se escuchó al ex presidente Arturo Illia quien habría sugerido la conveniencia de definir la situación. El diputado (Rubén) Rabanal fue otro de los oradores pero su discurso fue interrumpido por un alarmante aviso. Éste se refirió por teléfono en forma anónima, señalando que había dos explosivos a punto de estallar en la sala del bloque radical del Senado donde se realizaba la reunión. Se suspendió la conferencia y se llamó a los bomberos. Éstos hicieron una revisión muy prolija y no hallaron ninguna bomba. Se labró un acta y continuó la reunión pero a las 17.30 se pasó a un cuarto intermedio hasta las 22.30 porque el doctor Tróccoli debía concurrir a la reunión de la Comisión de Labor Parlamentaria. De esa reunión participan también representantes del Grupo de Trabajo que en una secreta deliberación resolvieron reunir voluntades para ver si tiene eco favorable una proposición recibida de sectores sindicales peronistas en el sentido de invitar al Senado a una asamblea para tratar la emergencia nacional. Di-

El putsch de la Aeronáutica

Vol. III / N° 33 / 50 Pesos

CUESTIONARIO

El país en guerra

Tapa de la revista Cuestionario *del mes de enero de 1976.*

jeron los diputados antiverticalistas que junto con esta proposición que debe ser concretada en las próximas horas recibieron la noticia de que existiría por parte de dirigentes verticalistas peronistas el propósito de pedir al Poder Ejecutivo que disuelva el Parlamento; que destituya a los jefes militares y que intervenga las provincias de Buenos Aires y Santa Fe. Cuando estaba a punto de comenzar esta reunión, llegaba al palacio legislativo el ministro del Interior, Roberto Ares, con la convocatoria a sesiones del período extraordinario, que incluye un temario de treinticinco puntos".[31]

"Cuando lo escuché a Balbín decir aquello de que 'hace a mi lealtad comunicarles que la decisión militar ya está tomada y es irreversible', lo primero que atiné a pensar fue ¡trágame tierra! Don Ricardo cometía un doble error político: por un lado, la indiscreción, y por el otro, se daba por vencido sin esperar el final de la pelea", relató un legislador radical bonaerense a *Última Clave*.[32]

El 28 de febrero es asesinado en Córdoba, por el PRT-ERP, Héctor Minetti, uno de los empresarios ligados a la construcción más importantes del país.

A la clausura de *La Opinión*, el 29 de febrero, siguió la decisión de la Secretaría de Prensa de la Nación de terminar con el programa *Tiempo Nuevo* que dirigía Bernardo Neustadt, con la colaboración de Mariano Grondona. La reacción del mundo político fue mayúscula. Entre tantas declaraciones, la diputada justicialista (antiverticalista) Nilda Garré dijo: "Nada se le puede reprochar a Neustadt por abrir los cauces de la libre expresión. Todo lo reprochable son las actitudes del Poder Ejecutivo, que en ciertos aspectos están rebasando los límites tolerables". Desde el mundo de la cultura, el periodista recibió el siguiente telegrama: "Bernardo Neustadt: Nuestra total adhesión. Matilde y Ernesto Sabato". Unos días más tarde, el entonces jefe de la Policía Federal, Albano Harguindeguy, ante el pedido de consejo sobre qué hacer, le dijo a Neustadt "tómese el raje". El consejo fue seguido al pie de la letra: se fue a vivir unos meses a Europa y no retornó hasta después del 24 de marzo.[33]

• Otto Paladino[34]

En la mañana del viernes 27 de febrero de 1976, el jefe de la SIDE pidió hablar con la Presidente Perón, pero ésta se negó a recibirlo. Entonces se entrevistó con Julio González, secretario general de la Presidencia de la Nación, a quien le relató que por "imperativo de su conciencia" se veía en la obligación de informarle que consideraba que el golpe militar era "inminente e inevitable". Como resultado de esta conversación pide una entrevista con Jorge Rafael Videla y durante el encuentro le dice que "un subordinado" suyo le ha dicho que el golpe era imparable.

Videla responde que Paladino no es un subordinado suyo sino de la Presidente, dada la función que desempeña, y que por otro lado si Paladino consideraba que era un imperativo de su conciencia corría la información por cuenta y cargo del que la transmitía. González insistió en que Videla le asegurara si es cierto que "habrá o no golpe". El comandante general del Ejército respondió que por el cariz que tomaba la conversación se veía obligado a citar a los otros dos comandantes generales (Massera y Agosti), para dar una impresión de la situación general. González, visto la situación que se estaba creando, desiste y regresa a la Casa Rosada, donde cita a (Roberto) Ares, (Alberto) Deheza e (Ítalo Argentino) Luder para comunicarles las conversaciones mantenidas.

Según la fuente se creaban dos escenarios: Videla buscaba forzar el relevo de los comandantes como detonante para el golpe militar y por eso usó a Paladino. La otra mirada: Videla buscaba que el gobierno se enterase y así endurecer el sector "verticalista" del peronismo, como sucedió con dos hechos. Uno, rechazó la convocatoria a una Asamblea General del Poder Legislativo; y dos, como se observó con el triunfo del "verticalismo" en el congreso del justicialismo.

Alrededor de esta versión —o información— dos fuentes tuvieron dos observaciones. Una dijo que Paladino "se jugó solo porque es peronista, tanto es así que le nombraron como subjefe a un coronel para que su jefe no juegue a dos puntas". Paladino pidió licencia. La otra fuente observó que Paladino tuvo una entrevista con la Presidente y le dijo que "la única manera de salvar al proceso democrático era a través de su renuncia". Isabel Perón se enojó "y a través del ministro Deheza le pide a Videla el relevo de Paladino".

Si hubo un medio de circulación reservada que se leía con avidez en esos días, ese medio era el semanario *Última Clave*.[35] El 8 de marzo de 1976 estaba en su IX año de circulación y figuraba Juan Martín Torres como director. Detrás de Torres se movían varios periodistas —como Roberto Rosiglione, Rodolfo Fernández Pondal y Rubén Aramburu— con aceitados contactos en los comandos militares y excelente información sindical. Editorialmente, se puede afirmar que estaba cerca de la Unión Cívica Radical y, también, que era severamente crítico del gobierno de Isabel Perón. En su edición del 8 de marzo, un general en *off the record* traza un cuadro de situación del Ejército en ese momento de acuerdo a la última reunión de mandos del jueves 4 y cuenta los lineamientos generales del golpe hasta ese momento:

UC: Está bastante divulgada la idea de que la intervención militar estará revestida de una relativa "blandura". ¿Nos puede explicar si esto será así, y por qué?

GENERAL: No está dentro del espíritu del Ejército Argentino hacer un "pinochetazo". No hay que abrir abismos, sino consolidar las adhesiones al movimiento militar.

Pero además podría decirles que la necesidad de ganar imagen en el exterior del país está condicionando la situación interna y, por ende, la dureza en el empleo de la acción militar. Imagínense: si hiciéramos un pinochetazo por derecha, es previsible que tuviéramos que enfrentar inconvenientes en las tramitaciones financieras, condenas en el tribunal de los derechos humanos de la ONU, tropiezos en las exportaciones, molestias con los gobiernos de América Latina... Pero hay oficiales, tengo que reconocerles, que no entienden este planteo. De allí la necesidad de profundizar la teoría del equilibrio entre el frente interno militar y la apertura política, como citábamos antes, que en este caso se puede llamar la dureza en el empleo de la fuerza. Claro, son pocos. Podría citarle nada más que a Díaz Bessone, Santiago y Buasso. Ellos no le atribuyen importancia a la opinión pública mundial. Quiero además advertirle lo siguiente: mi respuesta no sería completa si a la idea de eso que le llaman "blandura" no le agregara la idea de la justicia. El gobierno militar será implacable en la aplicación de la justicia, en todos los casos que corresponda. No habrá excepciones, y habrá inclusive un gran celo en lo relativo a cuidar la imagen de las Fuerzas Armadas. No habrá contemplaciones con los oficiales que estuvieron comprometidos con el gobierno peronista, si hubieran cometido algún hecho delictivo. La justicia será una y para todos.

UC: ¿Estarán aseguradas las garantías fundamentales?

GENERAL: ¡Se notará nítidamente la diferencia! El país, sus habitantes, deberán recuperar en el menor tiempo posible todas las garantías constitucionales perdidas. La Argentina debe tratar de dar la imagen de que es un país civilizado y no en estado de guerra. Si queremos lograr inversiones externas, se tendrá que alcanzar la completa pacificación del país, que guarda relación con las seguridades individuales. Desde luego que esta aspiración no es voluntarista, y que se tiene que terminar con todos los secuestros y asesinatos.

UC: ¿Es correcto que la determinación de la fecha del desencadenamiento militar guarda relación con los sucesos económicos?

GENERAL: Algo de eso hay. Las Fuerzas Armadas aprecian que ya están agotados definitivamente los tiempos políticos y que resta, en el breve plazo, que este desgobierno pague el precio político de la puesta en marcha del plan Mondelli. Pero en última instancia, la fecha, o sea la proximidad del día D y la hora H, se infiere de lo detallado en la apreciación militar del 4 de marzo.

UC: ¿Qué duración tendría la intervención militar?

GENERAL: Hay diferentes apreciaciones sobre la duración del tiempo militar. Para conjugarlas, se podría decir que será el desarrollo del proceso el que determinará la extensión. El país debe ser consciente de que con esta intervención militar empeña una de sus últimas reservas, y de que esta intervención debe irremediablemente crear una nueva reserva. Puede ser un partido político que sea apoyatura del proceso militar y a su vez posible salida.

UC: ¿Cuál será la traducción gubernativa en cada una de las dos etapas del proceso militar?

GENERAL. En la primera etapa, estrictamente militar, los ministerios, gobernaciones y todos los resortes del poder administrativo serán ocupados por oficiales en actividad, en carácter de destinos militares. Lo probable es que haya cuatro ministerios para el Ejército, dos para la Armada y dos para la Fuerza Aérea. Al Ejército le corresponderían, en tal caso, Interior, Economía, Trabajo y Bienestar Social. A la Armada, Relaciones Exteriores y Educación. Y a la Fuerza Aérea, Justicia y Defensa. Todo este proceso tendrá una duración elástica en cada área que iría de los cinco a los cuarenta días, para ir avanzando paulatinamente hacia la participación civil en esos puestos y hasta el mayor grado en que sea posible.

En otro capítulo del informe de ocho páginas, *Última Clave* opinó sobre el momento político, tras el discurso de la presidenta Perón en el Teatro Cervantes: "Los últimos intentos para producir la 'salvación institucional' por medio del Poder Legislativo fueron inútiles. A todos cuantos creyeron en esa posibilidad se les cayó la venda de los ojos. No habrá ni asamblea, ni juicio político, ni pedido de renuncia, ni siquiera insistencia para que se cambie un solo funcionario vertical... Ítalo Lúder tenía que decidir sobre los pedidos de asamblea legislativa y en él prevaleció —con absoluta lógica— el peronista sobre el hombre de leyes, el sectarismo por encima de la búsqueda de las soluciones generales y generosas".

El sábado 6 de marzo, mientras los porteños observaban cómo los extranjeros vaciaban los escaparates de las tiendas (con las ventajas del dólar paralelo), en el Teatro Cervantes de la avenida Córdoba se reunió el Congreso Nacional del Partido Justicialista. Nunca se supo si en realidad hubo quórum, pero lo cierto es que decapitaron a Ángel Robledo y a Genaro Báez. Como vicepresidente primero asumió el gobernador del Chaco, Deolindo Felipe Bittel. En la calle grupos de personas armadas y "pesadas" sindicales hostigaban a los adversarios de la Presidente. Isabel Perón fue elegida Presidente del partido por aclamación y pronunció dos discursos. Uno, leído, con tono mesurado. El otro improvisado que se convirtió, casi, en una incitación a la violencia. Fue el último discurso de la Presidente ante el partido: "Sé que algunos creen que no aprendí nada. Pero se equivocan. Los veinte años que estuve en Europa junto al conductor no los pasé mirando desfiles de moda... Yo no mando a nadie a la horca... se ahorcan solos. Si creen que no sé nada de lo que pasa en la calle y de los pillos que existen... Pero a ellos también les vamos a dar con el hacha. Si es necesario, me tendré que convertir en la mujer del látigo para defender los intereses de la patria... Yo seré la primera a la que le cortarán la cabeza. Pero después le cortarán la cabeza a los otros. Así que aquí nos tenemos que jugar todos. Si tuviera que destapar ollas no se podría andar por las calles... si no estuvieran aquí las cámaras de televisión podría seguir hablando de este tema. Estamos viviendo un tiempo de tempestuosas expectativas".

El miércoles 10 de marzo, a las 18.30, frente a las cámaras de televisión, con la asistencia de la Presidente, el ministro Emilio Mondelli, Casildo Herreras, Lorenzo Miguel y los secretarios generales de los gremios, Isabel Perón pronunció un discurso histórico en el Salón Felipe Vallese de la CGT: "Conviene que los argentinos sepamos que esto es definitorio; aquí no se juega el peronismo ni el antiperonismo. Lo que se debate es una Argentina moderna, productora, industrializada, con capacidad de trabajo y bienestar para 50 millones de habitantes; o bien la clásica Argentina postergada". Cuando terminó la frase, observó que no había transmitido el optimismo ni el respaldo que necesitaba. Rápida de reflejos, intentó contagiar confianza. Pero fue peor: "Veo demasiadas caras tristes. Yo sé que cuando hay que ajustarse el cinturón las caras se ponen tristes. Pero también les digo que no hay que perder el optimismo, porque si no estuviera segura de que vamos a salir adelante no estaría sentada aquí delante de ustedes. Muchachos, no me lo silben mucho al pobre Mondelli". En ese preciso momento, la cámara fotográfica registró para la historia a Isabel Perón, haciendo un ademán hacia el ministro (que cerró los ojos ruborizado) y Herreras que lo mira taimadamente. Lorenzo Miguel esboza una inusual sonrisa.

Ese mismo miércoles por la mañana dirigentes de la Unión Cívica Radical proceden a retirar, en reserva, fondos partidarios de los bancos, así como también sacan de las oficinas del Comité Nacional documentos privados.[36]

El jueves 11 de marzo, Bittel se reunió con Ricardo Balbín. El dirigente radical se comprometió a realizar una asamblea multipartidaria, siempre y cuando el llamado a elecciones nacionales del 12 de octubre se realizara con las mismas normas legales de 1973 (impuestas por el presidente Alejandro Lanusse), incluido el *ballottage*,[37] con un severo control de gastos de campaña. Además, solicitó la cadena de radio y televisión para dirigir un discurso, lo mismo para otros líderes opositores: si la señora de Perón la había utilizado en

10 de marzo de 1976. "Muchachos, no me lo silben al pobre Mondelli",
pidió la Presidente a los sindicalistas durante un acto de la CGT.
Isabel Perón flanqueada por Lorenzo Miguel y Casildo Herreras.
Otra foto emblemática de la época.

su carácter de titular del Partido Justicialista, Balbín pidió el mismo trato.

Al día siguiente, viernes 12, se produjeron nuevos cambios en el gabinete ministerial: el ministro Ricardo Guardo, de Defensa, en los cincuentiséis días que estuvo en la cartera, se dio cuenta de que coincidía más con los militares que con la presidente, por lo tanto renunció. Fue reemplazado por Alberto Deheza. En Justicia fue designado el doctor Pedro Saffores.

El lunes 15 de marzo, una "bomba vietnamita" (control remoto) explotó dentro de un Citroën en la playa de estacionamiento del Edificio Libertador. El objetivo principal fue matar al teniente general Videla. Murió el chofer de un camión (Blas García) y veintiséis personas resultaron heridas (entre ellos un coronel). Miembros de la organización Montoneros[38] se adjudicaron el atentado y la inteligencia militar señaló como jefe del pelotón al periodista "Salazar", "Alberto" o "Perro", nombres de guerra con los que era conocido Horacio Verbitsky. El martes 16, el gobernador Victorio Calabró dijo que resistiría una intervención del Poder Ejecutivo Nacional a la provincia de Buenos Aires. Sólo se la entregaría a las Fuerzas Armadas.

En este clima, el martes 16 Ricardo Balbín enfrentó las cámaras de televisión: "[...] desde aquí invoco al conjunto nacional, para que en horas nomás exhibamos a la república un programa, una decisión, para que se deponga la soberbia cuando se trata de estas cosas. Lo digo desde arriba para abajo. No hay que andar con látigos, hay que andar con sentidos morales de la vida [...] Algunos suponen que vengo a dar soluciones. No las tengo, pero las hay. [...] Señoras y señores: pido disculpas, vienen de lo hondo de mi pensamiento estas palabras que pueden no tener sentido, pero tienen profundidad y sinceridad. No soy muy amante de los poetas, pero he seguido a un poeta de mi tierra: 'Todos los incurables tienen cura, cinco minutos antes de la muerte... desearía que los argentinos no empezáramos a contar ahora los últimos cinco minutos."

El viejo jefe radical pidió "las soluciones magistrales". Al día siguiente dijo *La Opinión* en su contratapa: [...] "el jefe de la UCR olvidó consignar que el logro de aquellas metas depende de la identificación, con nombre y apellido, de quienes prefieren como la Presidente María Estela Martínez de Perón, invocar el látigo y el hacha... Los argentinos hubieran agradecido

A instancias del ministro del Interior, Roberto Ares, el gobernador
de Buenos Aires, Victorio Calabró, se entrevistó con la Presidente
en la residencia de Olivos generando una crisis con un sector del sindicalismo.

también al doctor Balbín ese señalamiento preciso, íntimamente ligado a sus propuestas. Porque los argentinos no temen al látigo ni al hacha".

En esas mismas horas del martes 16 de marzo de 1976, tres policías resultaron muertos por grupos extremistas que atacaron los domicilios del diputado Jesús Porto y de la titular de la Cámara Baja de Buenos Aires, Blanca Rodríguez. En Mar del Plata, una bomba estalló frente a la Facultad de Ingeniería matando a un policía e hiriendo a dos. En Córdoba explotaron tres bombas y fue secuestrado Alfredo Barbano, dirigente de la UCR, empleado de la sucursal del Banco de la Nación.[39] Y el Ministerio de Economía dispuso un aumento del 40% al transporte automotor y de la tarifa del subte. "Hermético silencio en las Fuerzas Fuerzas Armadas", fue el título del vespertino *La Razón*. Mientras trascendían estas medidas, *Clarín* tituló "El verdadero plan económico se conocerá en 30 días" (un anunció del ministro del Interior, Roberto Ares).

• Las confidencias del almirante Emilio Eduardo Massera

El mismo 16, en otro lugar de Buenos Aires, a las 21.05, Robert Hill, embajador de los Estados Unidos, envió el cable secreto N° 1751, para conocimiento del subsecretario de Asuntos Latinoamericanos, William Rogers. Sus conceptos principales fueron: "Hoy tomé un café acompañado por (el banquero) Alejandro Shaw y el almirante (Emilio Eduardo) Massera. (El almirante) aprovechó la ocasión para hablar en privado conmigo, y me dijo que no era secreto que los militares tendrían que entrar en la arena política muy pronto. Ellos no quieren hacerlo pero a este punto las opciones parecen ser o la intervención militar o el caos total, llevando a la destrucción total del Estado argentino. Massera me dijo que no quería discutir la intervención (militar) conmigo ya que estaba seguro de que lo tomaría como diplomáticamente incorrecto.

"De todas maneras, me dijo que quería acercarse a mí como un amigo y decirme que los militares estaban terriblemente preocupados por las relaciones públicas en los EE.UU., si tuvieran que intervenir, admitiendo que los militares eran inexpertos sobre las relaciones públicas en la Argentina y mucho más en los EE.UU. Me pidió si le pudiera aconsejar una o dos compañías de relaciones públicas con buena reputación que puedan manejar el problema para un futuro gobierno militar. Le enfaticé que EE.UU. no se involucraría de ninguna manera en los asuntos internos de la Argentina. Y que no podría darle ningún tipo de consejo, pero si darle la lista de las firmas de RR.PP., lo cual aceptó.

"Massera me dijo que estaban muy al tanto de la necesidad de evitar problemas con los DD.HH. También me afirmo que en caso de intervención no seguirían las líneas (políticas) de Pinochet, sino que tratarían de proceder dentro de la ley con un completo respeto por los DD.HH. Me dijo que no tenían intención de ejercer actividades de control de los ciudadanos, ilegales, o acciones contra civiles que no estuviesen involucrados (en la subversión).

"Su intención es hacer todo dentro de una manera democrática y moderada. También me comentó que están teniendo algunas dificultades en contener a los "termocéfalos" (*hot heads*), pero me expresó su tranquilidad de que podrían hacerlo.

"Más adelante aseguró que ellos no lastimarían a la señora de Perón. Algunos querían sancionarla, otros mandarla fuera del país. Otra posible solución sería detenerla en la Argentina, en la isla Martín García o en área militar como Ascochinga". Al final del mensaje, Hill aclaró a Rogers que tenía reservado un vuelo a Miami para el día siguiente. Y que decidió confirmarlo para no comprometer a los EE.UU. Si se quedaba daría la sensación de que él estaba al tanto de los planes.

NOTAS

[1] *La Voluntad*, tomo II, pág. 653.
[2] Ellos fueron Jiménez, Invernizzi, Pettigiani, Stanley y Mayol.
[3] Testimonio al autor de un cuadro de la inteligencia militar.
[4] *Entorno y caída*, pág. 164.
[5] *La Nación*, 18 de enero: "La situación del país analizan los EE.UU."
[6] *La Opinión*: suplemento "150 días después", del 24 de agosto de 1976.
[7] Boletín semanal del Ministerio de Economía Nº 119, del 13 de febrero de 1976.
[8] Testimonio del embajador Raúl Quijano al autor, 24 de febrero de 2006.
[9] El embajador De la Plaza estaba de misión en Montevideo y fue convocado por Isabel Perón, mediante un cable, a retornar a Buenos Aires.
[10] *La Patria fue mi causa*, Guillermo de la Plaza, Editorial Soberanía, pág. 414.

[11] Documento que fue analizado nuevamente por el ministro de Defensa y los comandantes generales a las 11 del 23 de marzo de 1976. *Marzo 23, Hora 24*, José Alberto Deheza, 1977, págs. 42 a 46.

[12] *La Patria fue mi causa*, pág. 414.

[13] Meses más tarde, Ros fue designado "asesor" de política exterior del presidente Jorge Rafael Videla, tarea que cumplió tan sólo unos meses porque el canciller César Guzzetti lo bloqueó.

[14] *Entorno y caída*, Pablo Kandel y Mario Monteverde, pág. 155.

[15] Uno de sus periodistas más destacados, Fernández Pondal, desaparecería durante el gobierno de Jorge Rafael Videla devorado por las internas militares. Colección del semanario en el archivo del autor.

Al respecto, esas internas forman parte de *Fuimos Todos*, del autor, Editorial Sudamericana, Buenos Aires, 2007.

[16] Copias de los anónimos en el archivo del autor.

[17] *Última Clave*, 12 de febrero de 1976, pág. 8.

[18] Archivo del autor, 8 de marzo de 1976.

[19] Cafiero deja el Ministerio de Economía y es designado embajador ante la Santa Sede.

[20] *Clarín*, sábado 6 de agosto de 1976, pág. 8.

[21] La prensa argentina cubrió ampliamente el encuentro. *La Nación*, 11 y 12 de febrero de 1976. Enrique Alonso, en *La Opinión* del 10 de febrero de 1976. Además conversé con el ex canciller Raúl Quijano.

[22] Lo reemplazó el general Otto Paladino.

[23] Confidencia de un viejo dirigente que solicitó no ser identificado. Algo similar contaba el general Ibérico Saint Jean de una conversación mantenida con Raúl Alfonsín, en Chascomús, después de un homenaje que se le brindó semanas antes del 24 de marzo de 1976.

[24] Montoneros también apoyó económicamente al PRT-ERP "en dos oportunidades... la ayuda de Montoneros fue la tabla de salvación", dice Luis Mattini en su libro sobre el PRT-ERP, pág. 445.

[25] El entrecomillado pertenece a Julio Alsogaray (h.), su hermano. Juan Carlos "Lalo" estaba casado con Cecilia Taiana. Su desplazamiento a Tucumán fue el punto final de su matrimonio. Ella se fue a Londres, y luego a Canadá.

[26] *Nunca más* lo da como secuestrado el 23 de febrero de 1976.

[27] Relato de un testigo que pidió anonimato.

[28] Hay que recordar que el ministro de Defensa Vottero habló de "llevar al exterminio a la subversión" en su discurso de fin de año (1975) en la Escuela de Defensa.

[29] El Congreso no se reunía desde diciembre de 1975.

[30] Intimidad relatada al autor por un veterano jefe sindical.

[31] Original de una nota escrita que leyó un periodista parlamentario para un medio radial. Archivo del autor, con fecha 24 de febrero de 1976.

[32] *Última Clave*, 8 de marzo de 1976, Año IX, N° 272.

[33] Testimonio al autor de Bernardo Neustadt.

[34] Apuntes del autor del 8 de marzo de 1976, según lo informado por una fuente cercana a la Fuerza Aérea y dos fuentes civiles. El ex secretario privado de Isabel Perón, Julio González, ubica este hecho recién sobre los días previos al 24 de marzo de 1976: *Isabel Perón, intimidades de un gobierno*, Julio González,

Editorial El Ateneo, Buenos Aires, 2007, pág. 401. Otto Paladino fue el sucesor del vicealmirante Aldo Peyronel.

[35] Hubo otros medios de circulación limitada. *Prensa Argentina*, por ejemplo, bajo la dirección de Carlos Manuel Acuña y Enrique Nores, con las plumas de Roberto Aizcorbe y Víctor Luis Funes. También el veterano periodista de *Clarín* Julio García Córdova escribía uno, más casero, de escasa distribuición

[36] Apuntes del autor de fecha 10 de marzo de 1976.

[37] Estas condiciones fueron mantenidas por Balbín hasta último momento.

[38] Juan Daniel Sverko, custodio de la conducción nacional. Ver *Ámbito Financiero* del 7 y 8 de septiembre de 2002. Verbitsky niega su participación en el hecho.

[39] *Clarín*, 17 de marzo de 1976, pág. 12.

10. Las últimas semanas de Isabel Perón
en el poder. El ministro de Economía
del gobierno militar. La diferencia entre el
golpe militar chileno y el argentino. El apuro,
la improvisación. Las usinas informativas

◆

Mientras la crisis se profundizaba día a día, los equipos castrenses preparaban las carpetas del futuro gobierno. Por el Ejército conversaban Carlos Dalla Tea, Llamil Reston y Miguel Mallea Gil. Una suerte de gabinete en las sombras. Cada área una carpeta. Más tarde descubrirían que la crisis era mucho más honda de lo que sugerían las carpetas, por lo tanto no les servían.[1] También discutían el futuro esquema de poder: la Junta Militar por sobre el Presidente, sus poderes y limitaciones. En un país en llamas, pasaron horas interminables para discernir el ceremonial y el protocolo: si la Junta debía estar adelante o en la misma fila del Presidente en los futuros Tedéum o actos protocolares, la formación de la CAL (Comisión de Asesoramiento Legislativo, que se constituyó en el edificio del Congreso de la Nación).

Equipos de Compatibilización Interfuerzas (ECI)

En el Ejército el equipo trabajó bajo la conducción del coronel Miguel Mallea Gil, quien a su vez informaba al secretario general de la fuerza, general Osvaldo Azpitarte. A comienzos de 1976, como consecuencia del fallecimiento del comandante del Cuerpo I, general de división Rodolfo Cánepa, Carlos Suárez Mason pasó al Cuerpo I[2] y Azpitarte lo reemplazó en el comando de Bahía Blanca; por esa razón el general Carlos Dalla Tea asumió como secretario general del Comando General del Ejército. Dalla Tea era un viejo conocido para el peronismo desde los tiempos en que fue Agregado Militar en Madrid cuando Perón vivía en Puerta de Hierro.

Junto con Mallea Gil trabajaron seis o siete altos oficiales, entre otros los coroneles Carlos Cerdá, Bernardo Menéndez y Aguado Benítez. Eran ellos los encargados de llevar el día a día de la carta de situación, consultar las opiniones de la dirigencia política, sindical y empresarial y analizar las distintas variantes que se presentaban a la crisis de esos días. Trabajaron sobre cinco variantes, de menor a mayor. La Variante V (en clave "VV") era la más extrema porque contemplaba la toma del poder. Cuando se agotaron los plazos, de este grupo salió la redacción de la proclama del golpe.[3]

Sin embargo, la carpeta más importante no estaba redactada. ¿Qué hacer con la economía? ¿Y el plan? Ésa es la diferencia más importante entre el proceso militar chileno y el argentino, al margen de las distintas características personales (importantes por cierto) entre los generales Augusto Pinochet Ugarte y Jorge Rafael Videla.

Los marinos chilenos comenzaron a elaborar un plan económico —con la ayuda de economistas y empresarios— en agosto de 1972. Se fijaron un plazo de noventa días, pero recién lograron "El Ladrillo"[4] (el diseño del plan económico) seis meses antes del golpe del martes 11 de septiembre de 1973. Gran parte de la planificación descansó sobre las espaldas del almirante José Toribio Merino, jefe de la base naval Valparaíso, la más importante de Chile, y todos coinciden en señalar que el general Augusto Pinochet Ugarte se impuso de la situación en la tarde del domingo 9 de septiembre de 1973.[5] Apenas dos días antes del golpe.

En la Argentina no fue así. Los jefes militares eran prisioneros de la misma desorientación que el resto de la dirigencia. ¿Por qué no habrían de serlo? Si al final, eran argentinos y dirigentes. ¿O vamos a pensar que nacieron en Finlandia o en Canadá? Los equipos militares tomaron "examen" a varios economistas. Bernardo Grinspun, el respetado Félix de Elizalde,[6] Álvaro Alsogaray, Horacio García Belsunce, Rogelio Frigerio, Lorenzo Sigaut y José Alfredo Martínez de Hoz, entre varios. Una sola limitación se les puso a los expositores: las respuestas tenían que ser "pragmáticas, gradualistas".[7] El Ejército no tenía espacio para la ortodoxia, frente a la guerra que libraba contra el terrorismo. ¿Los candidatos formaban parte de la conspiración? Puede afirmarse que no. ¿Por qué? Muy simple: eran consultas, lo que no quería decir que participaran en conjura alguna. En Chile, por el contrario, sí.[8] Y, además, muchos de los consultados ocuparían cargos en el Estado.[9] Cuando el equipo que habría de diseñar el plan económico se fue conformando, se estableció una consigna: "Botar a Allende no cuesta nada. Lo importante es qué hacer con el gobierno; cómo solucionar los problemas económicos".

Cuando Martínez de Hoz fue llamado a exponer su visión de la situación fue a escasas semanas del 24 de marzo de 1976. Hasta ese entonces no tenía ni idea de lo que sucedía, detalladamente, en la Argentina: estaba en un safari de cuarenta días en Kenya, África, invitado con muchos meses de antelación por Arturo Acevedo, accionista mayor de Acindar. Los militares se ocuparon de buscarlo y encontrarlo. Una noche, a través de un "contacto" en Nairobi, le hicieron llegar un mensajero: "Vuelva urgente a Buenos Aires. La urgencia no guarda relación con la salud de su padre".[10] El "contacto", en pocas horas, informó a sus superiores el día y la hora de su llegada a Ezeiza. Al día siguiente fue invitado a la residencia del comandante general de la Armada, en Avenida del Libertador y Ocampo, donde los esperaban los comandantes generales. Como los jefes militares no tenían formación económica preguntaron poco. En cada reunión, un oficial de menor jerarquía tomó "apuntes" a la ligera.[11]

Las notas, además, revelan el estado de confusión que reinaba en las propias mentes de los comandantes: "Le pedimos disculpas por el llamado tan urgente. Usted es el último de una larga lista de entrevistados. Necesitamos conocer su opinión sobre la situación económica para ofrecer un asesoramiento al Poder Ejecutivo. Díganos cuál sería el plan económico que las Fuerzas Armadas pueden ofrecer a la Presidente.[12]

José Alfredo "Joe" Martínez de Hoz expuso su pensamiento cerca de tres horas (en las "notas" no se observan preguntas). El "apuntador calificado" garabateó conceptos: inflación, su crecimiento es geométrico, "llegará a niveles nunca conocidos en la Argentina". Hay una cesación de pagos no declarada. Existen reservas de libre disponibilidad para pagar un día de importaciones. Por el tenor de la exposición, el estado de la economía argentina era explosivo. Algo que se sentía y sabía con la simple lectura de los diarios. Vencido el tiempo, Videla solicitó que su exposición la entregara cuanto antes por escrito. En persona o a través de un amigo (el general Miatello).

De todas maneras, la información no sería completa si no se dijera que las Fuerzas Armadas (especialmente la Armada y el Ejército) tenían en su poder trabajos sectoriales, "monografías", solicitados a especialistas en diferentes materias. Sin constituir una usina del golpe, bien puede agregarse que los miembros del denominado "Grupo Perriaux"[13] elevaron lo que se les solicitó de manera radial. Es decir, algunos no estaban enterados de lo que hacían los otros. Después de múltiples consultas, dos fueron los señalados para mantener encuentros personalísimos. Uno fue Martínez de Hoz. El otro, más tarde, fue descartado por la Armada por presentar una irregularidad familiar. Lo que, tristemente, se conocería como S.I.F. (situación irregular familiar). Era divorciado. Quien lo objetó era el menos indicado para hacerlo.

De todas maneras, la sensación que existe, después de varias consultas, es que Martínez de Hoz no supo hasta escasos días antes del 24 de marzo que iba a ser el ministro de Economía. Ni siquiera tuvo tiempo de pensar quiénes iban a conformar su equipo de colaboradores. Un ejemplo importante: la designación del presidente del Banco Central —una pieza clave para el diseño de un plan económico y financiero— se conoció varios días después del golpe. El banquero Luis "Pibe" Otero Monsegur no quiso aceptar. Ya había trabajado en el Estado en la gestión del ex presidente José María Guido y no quiso dejar la presidencia de su banco.

"¿Por qué no lo llamás a Adolfo Diz?", aconsejó Juan Alemann.

"Llamalo", fue la respuesta de Martínez de Hoz.

Adolfo Diz estaba trabajando en el Centro de Estudios Monetarios de América latina (CEMLA), en México. "¿Usted cree que Diz sabía algo? ¿Que conocía a los jefes militares? Lo llamaron, aceptó y vino al país", fue la respuesta de un ex colaborador de Martínez de Hoz.[14] Otro dato: "Ricardo Arriazu, que esperaba desempeñarse como secretario de Coordinación Económica del ministro Emilio Mondelli, apareció con Martínez de Hoz".

¿Y las carpetas?

"No había carpetas".

- **Almuerzo en la calle Parera. Las usinas informativas. Facciones en pugna. Candidatos ministeriales**

Era dueño de todo el edificio de departamentos de la cortada Parera casi esquina Quintana, pero Carlos Manuel Muñiz se reservó para sí el último dúplex. En la primera planta el hall de entrada, con un pequeño salón a la izquierda donde colgaba un Picasso y una mesa donde se destacaban fotos con marcos de plata que se cambiaban de acuerdo a su humor y a las visitas que recibiera. Luego el living con las paredes tapizadas con seda bordó, cargadas de cuadros "horribles", según su gran adversario el ex canciller brasileño Antonio Azeredo Da Silveira,[15] firmados por prestigiosos pintores argentinos (donde se destacaba un enorme Presas). El paisaje se completaba con pesados cortinados y alfombras persas. Luego el comedor donde resaltaba un altar de plata del Alto Perú, recuerdo de su paso por la embajada en Bolivia (1956-1959). Una escalera conducía a su escritorio privado, su gran habitación y los aposentos de sus hermanas "Kika" y "Beba".

Carlos recibía mucho y bien con la inestimable atención de Jorge, que hacía de mucamo y conductor de su viejo automóvil. No improvisaba, y manejaba como pocos el ceremonial aprendido en más de dos décadas de diplomacia.[16] Era amigo de sus amigos y a quienes no lo eran los trataba con indiferencia. Se caracterizaba por no hablar mal de nadie, una virtud poco común en el Río de la Plata.

El lunes 15 de marzo tuvo un almuerzo singular, con importantes invitados. Robert Hill, José Alfredo Martínez de Hoz, Oscar Camilión y los generales retirados Alcides "El Pibe" López Aufranc ("El Zorro de Magdalena") y Mariano Jaime de Nevares. Como establecía su orden de prioridades, en ese almuerzo se sirvió *vol au vent*.

Para ser sincero con el lector, debo aclarar que todos los presentes poseían un alto nivel de información. A través de sus contactos y amistades sabían de lo que se hablaba en los altos niveles de las Fuerzas Armadas, pero la verdad es que incidían muy poco (salvo Martínez de Hoz en sus temas técnicos). Como decía Muñiz en esos días "hay que escuchar y no hablar". En el caso de Muñiz, como la gran mayoría, entendía que el gobierno de Isabel Perón conducía a la catástrofe, pero no esperaba demasiado del gobierno militar que se avecinaba. Conocía de lo que se trataba. "Estos muchachos, no sé qué van a hacer, Juan Bautista", decía a manera de confidencia. Por lo pronto, tenía un serio rechazo por el almirante Massera.

Los comentarios eran un fiel reflejo de lo que se hablaba en esos días en Buenos Aires. Se trató del "golpe inminente" y las distintas posiciones dentro de las Fuerzas Armadas. Ése era el tema: la falta de "coherencia (cohesión) interna" que se observó en la última reunión de altos mandos del Ejército en Campo de Mayo (los "duros" luego se retiraron para seguir deliberando en un departamento en Capital Federal). Uno de los presentes habló de los ataques al general Roberto Eduardo Viola de parte de algunos generales.

Mientras Hill escuchaba, sin opinar, otro de los presentes relató lo que había oído de boca de un almirante respecto de la última reunión del almirantazgo de la semana anterior: en esa época el almirante Emilio Eduardo Massera era considerado un "duro" —o la jugaba de "duro"— y en esa cumbre de almirantes se había hablado de "instaurar el paredón" y fusilar a Héctor J. Cámpora y al teniente general (R) Alejandro Agustín Lanusse.[17]

Muñiz se quedó espantado con la información. No era hombre de recetas contundentes y, además, tenía un sano y reiterado respeto por Lanusse.

Otro consideró oportuno comentar que los ministros Mondelli y Ares se habían entrevistado con el ex presidente Arturo Frondizi y "le ofrecen la conducción económica". En esa reunión Mondelli comentó que "no hay golpe por la falta de coherencia militar". Se tiraron dos nombres para el futuro gabinete: Martínez de Hoz para Economía y Carlos Floria en Educación (no fue nombrado y los anónimos militares que se repartían en los cuarteles lo catalogaban de "marxista"). Hill dijo que "no existen problemas con los Estados Unidos" (se entendió, frente a lo que se venía), aunque sus cables al Departamento de Estado sostenían otra cosa.

• Consejos que llegan de Chile

A la reunión de mandos de Campo de Mayo[18] asistieron por la mañana la mayoría de los generales. Se escucharon distintas exposiciones en las que hablaron, inclusive, algunos tenientes coroneles y coroneles sobre las distintas "operaciones" del "Día D". Luego por la tarde se reunieron algunos generales para continuar evaluando las operaciones y la situación existente. Los trascendidos hablaban de una dura lucha entre facciones y que los "duros" (Menéndez y Díaz Bessone) se habían impuesto sobre Viola (y que Jorge Rafael Videla no había estado presente). Se analizaba el retiro de Viola y de Carlos Dalla Tea (otros sostenían lo contrario).

Ya para ese día se sabía que la Armada ocuparía la cartera de Bienestar Social y que el general (R) Ibérico Saint Jean sería interventor de la provincia de Buenos Aires. Se hablaba de ofrecimientos a integrar la próxima Corte Suprema de Justicia de la Nación a los doctores Videla Escalada, Morillo, Cichero y Bidart Campos. Se decía que Isabel Perón se iría al exterior y que se cerrarían las fronteras para que no se escapen algunos funcionarios de su gobierno.

Uno de los temas que se analizaron en esos días fue un consejo que llegó de los altos mandos chilenos al general Cesario Cardozo (ex Agregado Militar en Santiago de Chile), en ese momento director de la Escuela Superior de Guerra: nada de castigos públicos, la comunidad internacional no aguantaría y serían criticados por el Vaticano. No se soportarían escenas similares al Estado Nacional de Santiago de Chile en septiembre de 1973.

"Boquilla" hablaba siempre con tono de confidencia, apenas se lo escuchaba. "Boquilla" era su pseudónimo cuando hablaba por teléfono. Estaba muy cerca de la Fuerza Aérea. El miércoles 17 de marzo dejaba trascender que el golpe "ha sufrido una postergación como resultado de ciertas objeciones realizadas en la reunión de mandos" del Ejército. Aunque el día anterior se "hicieron prácticas de operaciones en bases aeronáuticas". Para "Boquilla", Martínez de Hoz había aceptado el Ministerio de Economía (el día anterior una fuente castrense dijo que se ocuparía de "renegociar la deuda externa" pero no aseguró que sería ministro). La Fuerza Aérea tenía dos candidatos para Educación: Dardo Pérez Guilou y Basilio Serrano.

Según el informante (Deolindo Felipe) Bittel le dijo al "Chino" Balbín que "esto está acabado" (se refería al gobierno de Isabel Perón). Y que existían dudas sobre qué hacer con la Presidente. O la enviaban al exterior o la detenían y procesaban.

Edición del 17 de marzo de 1976. Tapa del diario La Tarde, vespertino lanzado por Jacobo Timerman una semana antes del golpe del 24 de marzo de 1976.

Un récord que duele: cada 5 horas asesinan a un argentino

TERRORISMO: SIGUE LA ESCALADA DE CRIMENES

La Tarde
5ª EDICION
DE BUENOS AIRES

Lunes 22 de marzo de 1976 ● $ 30
Director: Héctor Timerman — Año I Nº 6

Con los 7 cadáveres hallados en distintos puntos de la provincia de Buenos Aires (ver información en páginas 4, 5 y 12), se eleva a 44 el número de ciudadanos sacrificados en ocho días a la violencia irracional. La estadística del terror supera así la cifra semanal de 36 asesinados, que se registró entre el 1º y el 7 de diciembre de 1975. Las muertes suman ya 53 en este mes de marzo, y 149 desde que comenzó el año 1976.
Cada 5 horas alguien muere así en la Argentina. Sólo llevar la cuenta, estremece.

Fuerzas Armadas: analizan el desenlace de la crisis

MATAN A SANTILLAN

Un comando extremista asesinó este mediodía en pleno centro de esta capital al sindicalista Atilio Rosario Santillán, secretario general de la Federación de Obreros de Trabajadores de la Industria Azucarera (FOTIA). Perpetraron el atentado tres hombres y una mujer cuando Santillán abandonaba el local de su gremio, en la calle Rivadavia al 1100, según la versión de testigos presenciales.
La Policía Federal desplegó a partir de las 13.30 un espectacular operativo de seguridad, con el

propósito de evitar la huída de los asesinos.
Santillán, un gremialista de los azucareros de Tucumán de dilatada trayectoria, se encontraba en Buenos Aires realizando gestiones sindicales. Con motivo de la intervención militar contra la subversión en su provincia, el secretario general de FOTIA se pronunció en apoyo del Ejército y colaboró con la acción cívica desarrollada por las autoridades castrenses en la zona de operaciones antiguerrilleras.

El Comandante en Jefe del Ejército, general Jorge Videla, mantiene permanentes contactos con sus pares de la Armada y de la Fuerza Aérea, analizando el desenlace de la crisis político-institucional que afecta a la República. Se esperan inminentes decisiones. (Ver página 2 y 12)

Guerra en el Líbano

Un símbolo del partido. Quilmes avasallante; River, caído. Como aquí, Ponce y Héctor López. Increíble euforia vive Quilmes.

Comandos musulmanes izquierdistas celebran la toma del hotel "Holiday Inn" en Beirut. Los sangrientos combates continuaban esta mañana en toda la capital. (Información página 8).

EN ESTA EDICION Suplemento DEPORTIVO

CONSERVAS DE PESCADO **YBARRA** (Y)
"EN LA COCINA AYUDAN A MAMA"

CAZUELA DE MARISCOS ● TUCO DE MEJILLONES ● TUCO DE MARISCOS ● FABADA ASTURIANA
DISTRIBUIDORES EXCLUSIVOS
HIJOS DE YBARRA ARGENTINA S.A.C.I.
LAPRIDA 3175, FLORIDA - PCIA. BS. AS.

Tapa de La Tarde *del 22 de marzo de 1976.*

381

El miércoles 17 de marzo, Lorenzo Miguel organizó un asado en Rutasol (campo de esparcimiento de la UOM), para homenajear a Isabel Perón y las nuevas autoridades del justicialismo, elegidas en el Teatro Cervantes. Isabel no asistió y concurrió poca gente. En otro lugar, el mismo día, el diputado peronista Luis Sobrino Aranda renunció a su banca y dijo: "El proceso político argentino está agotado". Otros dirigentes no pensaban lo mismo. Esa mañana del miércoles, Balbín se entrevistó con Lorenzo Miguel para estudiar un eventual acuerdo político. Y en su casa de Flores, el ministro Miguel Unamuno recibió a los radicales Antonio Tróccoli (jefe del bloque de diputados), Juan Carlos Pugliese y Rubén Rabanal. Los peronistas insistieron con la intervención a la provincia de Buenos Aires porque culpaban a Calabró de alentar los cotidianos paros laborales. Los radicales volvieron a rechazarla. "El programa común, el cronograma electoral, la convocatoria a una asamblea multisectorial y otros elementos... se fueron dilucidando a lo largo de la misma reunión."[19] Después de dos encuentros entre Balbín y Bittel (entre el jueves 18 y el viernes 19 de marzo) se concretó una reunión multipartidaria. Además del justicialismo y el radicalismo, asistieron los partidos Comunista, Intransigente, Revolucionario Cristiano y los socialistas populares. En la ocasión, se convino la convocatoria a una asamblea multipartidaria para que elaborara un plan económico y social, a través de una comisión legislativa. ¿Cómo podían ponerse de acuerdo pensamientos tan encontrados? Días más tarde, (el 22) los economistas radicales más relevantes rechazaron prestarse a colaborar. Entre otros, Alfredo Concepción, Félix Elizalde y Enrique García Vázquez. Carlos Perette se limitó a recordar que "el radicalismo es y será una fuerza opositora" y que "no existen pactos, acuerdos palaciegos o cogobiernos con el oficialismo".

"El reloj de las Fuerzas Armadas se encuentra detenido en una cuenta regresiva hacia la adopción de una medida extrema", afirmó el ministro de Defensa, Alberto Deheza, en una reunión con diputados de la Comisión de Labor Parlamentaria. También reveló que en una reciente reunión, el general Videla le confirmó que "las Fuerzas Armadas no tienen vocación de poder, pero se encuentran preparadas siempre para actuar ante una situación de caos generalizado o de vacío de poder". Luego, Deheza reveló que Videla le mostró su reloj y le dijo: "Está parado", como dando a entender que no había ninguna cuenta regresiva. Antonio Tróccoli, jefe de la bancada radical, completó la opinión del titular de Defensa: "Si el gobierno no se rectifica pronto, el reloj del comandante comenzará a funcionar". El dólar paralelo cotizó el 17 a la tarde en la banda de m$n 27.700 a m$n 28.200.

La Tarde: el vespertino de la usina de la conspiración, dirigido por Héctor Timerman.[20] Nació una semana antes del golpe y terminó cuando falleció David Graiver, cinco meses después

El socio de Jacobo Timerman en el matutino *La Opinión*, Abrasha Rotenberg, relató en su libro *Historia confidencial* que el vespertino *La Tarde* fue inspirado a principios de 1975 por un equipo que integraba junto a Jacobo Timerman, Luis Clur y Oscar Ruiz. Y de cerca lo observaba otro socio de Timerman, el financista David "Dudy" Graiver. El modelo fue el alemán *Bild Zeitung*. Rotenberg relató que él pretendió dirigir el vespertino, pero que Timerman se negó. En su lugar fue nombrado Héctor Timerman tan sólo por llevar el apellido de su progenitor. Disconforme con esa decisión, Rotenberg se alejó del proyecto: "Para mí *La Tarde* ya no existe", le dijo de manera terminante a su socio. Tiempo más tarde, frente al desorden que reinaba en la redacción y el desconcierto de sus contenidos, Rotenberg fue llamado y prestó su auxilio.

Entre varias críticas que le hizo al vespertino en ciernes, dijo que *La Tarde* "pecaba de un notorio divorcio entre las premisas teóricas que conformaban su filosofía y la manera de aplicarlas: era una suma de excelentes materiales en busca de un objetivo desconocido." Ése fue el punto central, lo "desconocido", porque Jacobo Timerman no se lo contó. Oficiales navales que rodeaban al almirante Emilio Eduardo Massera relataron que *La Tarde* nació el 16 de marzo de 1976 para crear el clima de lo que sobrevendría una semana más tarde, el golpe militar. "Lo apantalló", fue la respuesta más directa.

Si se observan algunos de sus ejemplares —no resultó fácil encontrarlos, porque fue un fracaso y duró solamente cinco meses— se verá que se convirtió en una obscena usina del apoyo que Jacobo y su hijo Héctor Timerman brindaron al "acontecimiento" castrense.

Así, el miércoles 17 de marzo, en su segundo número, todos los títulos de la tapa atizaron el clima caótico. Resaltaron el clima de la crisis. La palabra "golpe" está en un recuadro de la tapa en el que se relata una anécdota del ministro de Defensa. El título, a toda página: "Transportes: alza y repudio popular". Otro: "Se acentúa la falta de alimentos".

"Argentina hoy: bombas, secuestros y carestía", una radiografía perfecta de la realidad que años más tarde no es reconocida. También en la tapa figura un dibujo en el que se ve a cuatro individuos secuestrando a una persona, con el siguiente comentario: "Al principio, impresionaban. Luego, se sucedieron en tal escala que dejaron de ser novedad. Todos los días algún secuestro, sobrecogiendo el ánimo argentino".

Junto a una foto en la que se ve a varias mujeres se lee: "Ola de atentados: anoche fueron 6 atentados en Barrio Norte. Antes, una salvaje demostración que mató y mutiló a militares y civiles. Las bombas son plato diario del quehacer nacional". Otra foto, a dos columnas, retrata a una señora, acompañada de otras mujeres, bajo el titulo: "El país que dijo adiós al bife. La madre intenta explicar a sus hijos: no hay carne". La central fue patética: como era el primer día de clase, mostró una serie de fotos de edificios escolares desvencijados, derruidos, por la falta de manutención estatal.

El ejemplar N° 6 del lunes 22 de marzo de 1976 llevó en la tapa una volanta y un título catástrofe: "Un récord que duele: cada 5 horas asesinan a un argentino" y a renglón seguido "Terrorismo: sigue la escalada de crímenes". Una gran foto del teniente general Jorge Rafael Videla, rascándose la punta de su bigote, ilustra el comentario que informa que junto a sus pares, el jefe del Ejército continúa "analizando el desenlace de la crisis político-institucional que afecta a la república". Al lado de esa foto otro título: "Matan a Santillán."

En la página 2, la habitual columna de Horacio de Dios tuvo un final angustiante. Luego de referirse a que "no sólo de elecciones vive la democracia" y a "la sangre que sigue corriendo a raudales" en el país, continúa: "La hiperinflación ha llegado a la violencia. Los récords de asesinatos y bombas sólo pueden compararse a los alcanzados por los precios. Dos formas del terror que pueden convertir al cuarto oscuro en un espejismo de cartón pintado...". "Terrorismo: se acentuó la escala asesina. Acuartelamiento de la policía bonaerense", fue otro de los títulos de tapa en los días previos al miércoles 24. El día del golpe, el vespertino tituló: "Prestó juramento la Junta Militar, para reorganizar a la Nación". Otro: "Videla denunció una campaña de difamación". Y con letras mayores informaba sobre la "Vigencia de Derechos Humanos".

Luego del golpe, en su ejemplar N° 10, con fecha 26 de marzo de 1976, a toda página anunció: "Videla es Presidente". Una foto muestra a Jorge Rafael Videla con uniforme de verano haciendo el saludo militar con los ojos entreabiertos. No se sabe si la foto poco propicia era una crítica a lo que se vivía, o que ya había comenzado la tarea de desgaste a Videla por parte del almirante Emilio Eduardo Massera. A una columna y con el título "Numerosos detenidos", se publica el listado de los dirigentes justicialistas detenidos, llevados a los buques *Bahía Aguirre* y *Ciudad de Buenos Aires*. Para dar un poco de optimismo a los lectores se informa que existe "normal abastecimiento" en el país. Adentro, en la página 4, se acentúa el optimismo: "Sorpresa, hay alimentos y a menor precio". La contratapa no tiene parangón. Tituló a cuatro columnas que "EE.UU. reconoció a la Junta y llega crédito del FMI". Y el artículo siguiente, con foto, informó: "Phillipeaux detenido cuando fugaba". Trata sobre el teniente coronel (R) Adolfo Phillipeaux, ex secretario de Deportes, detenido cuando intentaba fugarse a Chile portando armas de guerra y 100 millones de pesos (el dólar paralelo se cotizaba a razón de 35.000 pesos por dólar). Muchos comunicados encontraban lugar en el vespertino. También otros que informaban sobre "Ex diputados detenidos. Abal Medina dirige célula extremista". Lo que a todas luces era una gigantesca mentira. A principios de agosto, *La Tarde* seleccionó a cuatro ciudadanos "notables" para los argentinos: el general Antonio Domingo Bussi; monseñor Vicente Zazpe; el cardiólogo René Favaloro y el ministro de Educación, Ricardo Bruera, simplemente por enaltecer los "objetivos y sentimientos comunes a todos los habitantes del país".

El 7 de agosto de 1976, en un accidente de avión, murió "Dudy" Graiver, el socio capitalista de Jacobo Timerman. A los pocos meses dejó de salir *La Tarde*. Y en abril de 1977 se destapó la conexión financiera entre la organización Montoneros con Graiver, en la que éste aparecía administrando fondos logrados a través de secuestros, robos y crímenes. Lo que dio en llamarse "el caso Graiver".

El jueves 18 de marzo, el embajador Guillermo de la Plaza envió desde Uruguay el cable N° 217 "secreto" informando al canciller Raúl Quijano que en ocasión de la celebración del aniversario de la Fuerza Aérea uruguaya, el ministro del Interior, general Linares Brum, le dijo en un aparte, confidencialmente, que su área recomendó a los medios locales "no difundir noticias e informaciones de la Argentina que carezcan (de la) necesaria prescindencia y mesura informativa. Me dijo (que el) proceso (de) nuestro país y sus características corresponden exclusivamente a (la) voluntad de los argentinos. Expresó además que el gobierno oriental no desea (que los) medios informativos locales se conviertan en factor de perturbación dentro (de las) actuales dificultades (de) nuestro país, entendiendo cumplir así su deber respecto (a) dos naciones fraternalmente vinculadas".

El viernes 19 de marzo, Carlos Perette cumplió su rutina de las últimas semanas. El jefe del bloque de senadores radicales tenía una gran relación con los representantes de las Fuerzas Armadas en el Parlamento. Con uno de ellos llegó a un acuerdo: "Mirá —le dijo— vos sabés que todos los viernes viajo a Entre Ríos a ver a mi madre y vuelvo los martes a la mañana. Te pido que si va a ocurrir algo el fin de semana me lo digas, así me quedo". Y a continuación le hizo una pregunta que reiteraba desde algunas semanas antes: "¿Puedo viajar?"

El oficial le preguntó: "¿Cuándo volvés?". "El martes a la mañana", respondió Perette. "Si volvés el martes a la mañana, andá nomás".[21]

Una carrera contra reloj. Casildo Herreras huyó.
Testimonio de María Cristina Guzmán:[22] conversación
con el diputado Nicasio Sánchez Toranzo.
La última oportunidad

El sábado 20 de marzo murieron asesinadas dieciséis personas en distintos lugares de las provincias de Buenos Aires, Mendoza y Santa Fe.[23] *Clarín* del domingo 21 informó que "la intensidad de la crisis originó una febril carrera contra el reloj".

El lunes 22 de marzo, después de más de dieciocho años de exilio, el empresario Jorge Antonio volvió al país.[24] Horas más tarde, dio una conferencia de prensa en un hotel céntrico de Buenos Aires. El viejo amigo de Juan Domingo Perón dijo: "Si las Fuerzas Armadas vienen a poner orden, respeto y estabilidad, bienvenidas sean". Señaló, entre los aplausos de los asistentes, que venía a sumarse al "movimiento nacional que necesita el país" y aseguró que "cuando se restablezca el orden habrá trabajo para todos". Explicó que su amigo Juan Domingo Perón había retornado en 1973 "...pero era un hombre mayor y enfermo y fue rodeado por una verdadera banda de delincuentes que se ocupó de intereses personales y de grupo". Como era su costumbre, insistió en "la oferta de capitales árabes". Finalizó diciendo que volvió cuando muchos "desean irse... cuando otros escapan". Precisamente, la tapa de *La Nación* del martes 23 de marzo de 1976 informó que el dirigente Casildo Herreras, secretario general de la CGT, había viajado al Uruguay. Cuando el periodismo lo encontró, sólo comentó "no sé nada, me borré".[25]

El 21 de marzo cayó domingo. El principal título de la tapa de *La Nación* fue: "Aniversario de Granaderos. Con una ceremonia se celebraron los 164 años de la unidad. Ante las autoridades civiles, diplomáticas y militares, el coronel Rodolfo Wehner despidió a los conscriptos de la clase 1954, dijo: "En pocos días más regresarán a la vida civil. Algunos de vosotros habéis tenido vuestro bautismo de fuego, con vuestros jefes, oficiales y suboficiales a la cabeza. Lamentablemente, vuestra lucha ha sido contra delincuentes que asesinan a mansalva e indiscriminadamente, pretendiendo que ésta sea una guerra en su acepción más pura, utilizando los procedimientos más viles".

María Cristina Guzmán comenta: "Desde el bloque de los partidos provinciales, planteamos el juicio político a Isabel Perón, en la convicción que era la única herramienta válida para poner en marcha los mecanismos institucionales y parar el golpe militar. La personificación del disloque político, económico y social que vivíamos, era la entonces presidenta. Su remoción y la asunción de Ítalo Luder era el camino que surgía de la propia Constitución Nacional.

"Mantuvimos arduas conversaciones con todos los bloques. El radicalismo finalmente decidió acompañarnos. En el peronismo el grupo denominado 'Mesa de Trabajo', que era 'semidisidente', del oficialismo, a través del diputado por Santa Fe, Luis Sobrino Aranda, me aseguró hasta el momento de sentarse en su banca que apoyarían pero cuando debió fijar posición en el recinto, se expresó por la negativa. ¿Qué pasó en ese corto lapso? Nunca lo supimos, en la impunidad de la charla de café se dicen y comprometen posiciones que luego no se sostienen por conveniencia o por temor. Cuánto nos hubiéramos ahorrado...

"La otra salida era la renuncia de la Presidente. Los días previos al golpe, en el día de Granaderos, al acto oficial concurrimos los miembros de la Comisión de Defensa y las autoridades de ambas cámaras. El diputado por Salta, Nicasio Sánchez Toranzo, presidía la Cámara de Diputados. Nos teníamos confianza y respeto. En un momento nos apartamos a conversar y me pregunto si creía que había una forma de parar el golpe, y le dije 'Vea Don Nicasio, ya fracasó el juicio político, sólo queda la renuncia de la señora y que Luder asuma. Los militares no harán nada si damos una solución institucional. Sin Isabel'. Don Nicasio, con su voz pausada, provinciana, firme, me expresó: 'Yo hablé con la señora pero no renunciará. Ella no advierte la seriedad de la situación. Por otra parte, Luder no quiere asumir, dice que no quiere que lo consideren un traidor al peronismo. Me temo que estamos perdidos'.

"En el mismo momento en otra rueda de la misma reunión, el Coronel Whener, jefe de Granaderos, decía que si ocurría algo cuando él tuviera a su cargo la custodia presidencial, asumiría su deber y defendería a la Presidente. Sin duda, la firmeza de este militar hizo que el día del golpe forzaran 'elegantemente' a Isabel Perón para que saliera hacia Olivos en helicóptero. Ésta fue la última reunión oficial antes del golpe."

Otro título de La Nación del 21 de marzo informó: "Doce personas asesinadas en el interior". Luego, con foto y a tres columnas, se regocijaba con la "victoria de la Argentina ante la Unión Soviética". En esa época, La Nación todavía no tenía un suplemento deportivo, por lo tanto se remite a la página 16 del cuerpo principal, agregando que Mario Kempes había sido el autor del gol de la victoria. El equipo argentino conducido por César Luis Menotti se preparaba para el Mundial de 1978. Para Clarín el título a toda página de ese domingo fue: "Se esperan definiciones a la crisis" y un copete que decía: "El deterioro económico-social y la nueva y luctuosa escalada de violencia llevaron a la situación política a un punto límite". En otro título, también a toda página, informó: "Asesinan a 16 personas". En la página 6 de la edición dominical apareció Álvaro Alsogaray cuestionando la posibilidad de un golpe militar: "Nada sería más contrario a los intereses del país que precipitar en estos momentos un golpe. ¿Por qué habría un golpe de Estado de liberar a los dirigentes políticos de su culpabilidad? ¿Por qué transformarlos en mártires incomprendidos de la democracia, precisamente en el momento en que se verán obligados a declarar su gran fracaso?

La sección espectáculos informaba sobre el sepelio del director de cine Luchino Visconti , en Italia. *Los verdes están en el campo*, la obra que ofrecía Gerardo Sofovich en el Maipo, contaba con la participación de Norma y "Mimí" Pons, Javier Portales, Tristán y Mario Sánchez.

Para *La Opinión* el título principal fue: "(Carlos) Perette responsabilizó de la crisis al gobierno". En un recuadro titulado "Balance", el matutino de Jacobo Timerman informó que "en esta tercera semana de marzo, cada cinco horas un hombre era ultimado en algún lugar del país". "Reflexión" fue el título de otro recuadro, en el que se habló de la vida del Libertador José de San Martín y su lucha por la Independencia, que dice en uno de sus párrafos: "Sólo ganando esa guerra se aseguraba a los argentinos lo que la política no había podido ni estaba en condiciones de darles: libertad y seguridad... llegó al país para la guerra, y se lanzó a la guerra sin prejuicios y timideces". Está claro que miraba a José de San Martín pero hablaba del presente que se vivía, setentidós horas antes del golpe militar.

El 22 de marzo de 1976 cayó día lunes. Desde Córdoba, Francisco "Paco" Manrique pronosticó: "Aquí han quedado sólo dos alternativas. El triunfo de la guerrilla con un gobierno que prácticamente se está dando la mano con ella aunque parezcan enemigos, o lo que yo llamo la solución heroica, que es el pronunciamiento militar".[26] Un día insólito y violento: Néstor del Río, dirigente de la Asociación de Trabajadores No Docentes de la Universidad Nacional del Sur estuvo a punto de ser secuestrado en plena calle de Bahía Blanca. Lo salvó un grupo de vecinos de barrio Comahue, pero sin embargo tuvo que ser hospitalizado por las serias heridas que recibió. El 21, un grupo de encapuchados entró al hospital, exigió a las enfermeras que le indicaran la habitación de Del Río y lo liquidaron de seis balazos con calibre 45, ante el pánico general. Mientras tanto se especuló en los medios que el Senado debía definir en el curso de la semana un proyecto de ley de Defensa Nacional que incluyera la pena de muerte, remitido por el Poder Ejecutivo.

Se hablaba de la dimisión de Isabel Martínez de Perón y, simultáneamente, de todo su gabinete. Otra versión sostenía que renunciarían los comandantes generales de las Fuerzas Armadas. Más voces sostenían que era inminente un pronunciamiento militar, e "informantes oficiosos" dejaban trascender que el Regimiento 6 de Infantería, de Mercedes, BA, había dejado el cuartel "con rumbo desconocido". El general (R) José Embrioni, intendente de Buenos Aires, presentó su renuncia a la Presidente "para facilitar las decisiones que estime conveniente tomar". Nadie se la había solicitado, aunque después se supo que se debió a las fisuras creadas por los problemas de desabastecimiento y control de precios, aunque trascendió que sería designado embajador en España. Las casas de cambio no daban para sustos, se hablaba a voz en cuello de cesación de pagos y no entraban dólares por el mal desenvolvimiento del sector externo. El dólar llegó a m$n 29.000.

La revista brasileña *Veja* informó sobre un reciente acuerdo de consultas entre Brasil y los Estados Unidos. En el mismo artículo reveló pensamientos del Secretario de Estado, Henry Kissinger: si los Estados Unidos fomentasen una América Latina fuerte y unida estaría cometiendo "suicidio" o una forma de "masoquismo".

La Opinión del 23 de marzo tituló "Mañana se cumplen 90 días de la apelación de Videla" (en Tucumán). "Es inminente el final. Todo esta dicho", tituló la quinta edición de *La Razón*. "Todo está dicho pero el país sigue… nada se termina ni nada empieza, es una marcha",[27] respondió Balbín esa tarde cuando salió de la reunión multipartidaria.

"Desconcierto". "Incertidumbre". Son palabras que están en casi todos los diarios del 23 de marzo. Se hablaba de formar una comisión bicameral para conciliar un programa económico y social y el Congreso estaba casi deshabitado. "No quedan ni los pungas" en la zona del Congreso, informó un matutino. La gran mayoría de los legisladores vaciaron sus escritorios, sus carpetas y retiraron sus heladeras portátiles.

"—¿Su impresión sobre la actualidad nacional, ministro Mondelli?

—¿De qué?

—De lo que se dice, de lo que está pasando, ministro.

—Y yo qué sé. Yo no soy militar. Yo he sido civil toda mi vida. Qué sé yo."[28]

A esa altura del día, ya había desplazamientos de tropas por los alrededores de Buenos Aires. Todas las miradas confluían hacia las Fuerzas Armadas.

El final: los encuentros con los comandantes generales. Las últimas horas de Isabel Perón en la Casa Rosada

"La crisis alentaba el golpe militar, que a su vez ahondaba la crisis en una clara relación acumulativa. No es que la amenaza de golpe provocó la crisis sino que los últimos vestigios de autoridad se diluían ante el anunciado golpe", meditó José Alberto Deheza, ministro de Defensa, la tarde del lunes 22 de marzo de 1976.[29] Por lo tanto, al día siguiente les iba a pedir una clara definición a los comandantes generales.

A las 11 de la mañana del martes 23 se reunió con los jefes militares y les dijo: "Todos los diarios de la mañana coinciden en señalar que hoy es el día de las grandes decisiones, así también lo entiende el gobierno en cuyo nombre les pido una definición sobre la inminencia del golpe militar". Luego pasó a leerles un documento con sugerencias de las Fuerzas Armadas que el gobierno había recibido el 5 de enero pasado.[30] Los tres comandantes respondieron que el documento contenía sugerencias y no una exigencia de las FF.AA.

Una "minuta" contiene, además de las palabras del ministro, otras revelaciones. La respuesta que formuló, en nombre de los tres, el almirante Emilio Eduardo Massera: "Señor ministro. Si usted nos dice que la señora Presidente está afligida y acorralada por el gremialismo; si, además, nos sondea para ver cómo podemos ayudarla, nuestra respuesta es clara: el poder lo tienen ustedes. Si lo tienen úsenlo, si no que la señora Presidente renuncie".[31] La reunión se levantó y los comandantes se reunieron para deliberar en sus propios comandos.

El 23 de marzo de 1976 cayó un martes. Fue caluroso: la temperatura máxima marcó 29°. La palabra "golpe" era algo habitual, común, todo el mundo lo hablaba. Por ejemplo, en esas horas, el embajador de carrera Hugo Juan Gobbi[32] fue al bar La Biela para conversar con su amigo Rafael Andrés Perrotta, director de *El Cronista Comercial*. Antes de que llegara su amigo, se encontró inesperadamente con Jacobo Timerman, de *La Opinión*, acompañado por su mujer y uno de sus hijos. En el corto diálogo, el director del matutino le anticipó: "Este golpe va a ser muy serio porque está muy influido por la Marina". Gobbi, astuto, sólo le respondió: "Cuidado, la burguesía alemana también quería orden en 1933".

Los títulos de las tapas de los matutinos informaban:

• *La Nación*: "Aguárdanse decisiones en un clima de tensión". En un recuadro se trataba el "éxodo sindical ante hechos imprevisibles". "FF.AA.: Jornada de expectativa". Bajo el título "Fue asesinado el secretario de la FOTIA" se informó del asesinato del dirigente tucumano Atilio R. Santillán. Tenía 41 años. Muchos años más tarde se conoció que el asesino fue el terrorista del PRT-ERP "Ricardo", "Pelado", Enrique Haroldo Gorriarán Merlo. El escopetazo fatal fue disparado dentro de la boca. "Un paro de trenes por 48 horas" y "Grave y confuso tiroteo hubo en La Plata", completaban la entrega.

• *La Opinión* no le iba a la zaga. Con dramatismo tituló: "Una Argentina inerme ante la matanza": "Desde el comienzo de marzo hasta ayer, las bandas extremistas asesinaron a 56 personas; desde el 1° de enero, a 152.

• *La Prensa*, citando estadísticas provenientes de las fuerzas de seguridad, señaló en la víspera que "el terrorismo ha causado 1.350 muertes desde el 25 de mayo de 1973". En un recuadro a dos columnas informó: "Mañana se cumplen 90 días de la apelación de Videla". A tres columnas dijo: "La Presidente reunió al gabinete en su despacho". También, a tres columnas, informó que había movimientos de tropas del Regimiento 7 de Infantería (La Plata) y de la Infantería de Marina. En la sección Economía, el diario pronosticó un récord mundial para la Argentina, en base a los resultados de estadísticas oficiales: 1.100% de inflación para el año 1976.

• "Inminencia de cambios en el país" tituló *Clarín*. "En La Plata, son rechazados varios ataques de extremistas". Dos fotos de tapa dominaban la edición N° 10.794: la de la esposa de Atilio Santillán, en estado de crisis, ante la noticia del asesinato de su marido, y otra que muestra al director técnico de la selección argentina,César Luis Menotti, disputando una pelota con Trobbiani y Carrascosa en un entrenamiento antes del partido con Polonia.

• El título del vespertino *La Razón* será el más recordado por los argentinos de esos días: "Es inminente el final. Todo está dicho". Y lo seguía, "A última hora se acentuaba la impresión del desenlace". A cuatro columnas: "'Me borré', dijo Casildo Herreras en Montevideo, donde se halla en compañía de otros dirigentes". Al pie de página relató: "10 extremistas muertos en La Plata". En un clima de acentuado surrealismo, informó a cuatro columnas: "Una madrugada para recordar. La Asamblea Multisectorial, muerta antes de nacer".

En la contratapa, bajo el subtítulo "Oído al pasar", *La Razón* recordó que "lo malo, cuando a uno le confían un secreto, es que uno no sabe qué hacer con él. Por eso la mayoría se lo saca de encima enseguida." El golpe de Estado en marcha no era un secreto.

El martes 23 de marzo de 1976, al mediodía, como todos los días, Radio Rivadavia emitió *De cara al país*, con los periodistas Mario Monteverde y José Gómez Fuentes. El invitado fue Francisco "Paco" Manrique. Cuando Monteverde le preguntó cómo veía al país, Manrique respondió: "Estamos asistiendo a las horas en que están echando a la pandilla".

Ese mismo martes, "cerca de las 18 horas —contó Ricardo Fabris, en ese momento director de Prensa de la Secretaría de Prensa y Difusión— me llamaron desde México. Era del diario *Excelsior* para contarme que el título de tapa del día siguiente informaría sobre el golpe militar en la Argentina. Les dije que no sabía nada, es más, usted está hablando con un funcionario del gobierno de la Señora de Perón".[33]

Cerca de las 19, Videla, Massera y Agosti se presentaron nuevamente en el despacho del titular de Defensa. Según Deheza, Videla dijo:[34] "Doctor, el país se encuentra en una grave crisis que lo tiene paralizado, como usted lo ha reconocido, y nos pide que las Fuerzas Armadas disipen toda posibilidad de golpe para que se encuentre una salida que el país exige con urgencia, pero debemos admitir, para llegar a una solución, que la crisis es el resultado de un proceso en el que juegan múltiples factores que afectan a todas las instituciones".

Volvieron a debatir en los mismos términos con que lo habían hecho a la mañana. Deheza recordó en sus memorias: "Fue entonces cuando los señores comandantes expresaron que en julio del año pasado se le había ofrecido a la señora Presidente, por intermedio de Aníbal Demarco, a la sazón Presidente de Lotería y Casinos y luego ministro de Bienestar Social, el apoyo de las tres Fuerzas Armadas para que el gobierno pudiera sortear la crisis que ya apuntaba con los acontecimientos que provocaron la caída de López Rega, y que esa respuesta nunca fue contestada; por el contrario, el gobierno siguió sumando desconciertos hasta llegar a las circunstancias actuales. Los señores comandantes me darían la respuesta al día siguiente". Deheza pensó que al día siguiente seguirían discutiendo. No se dio cuenta de que los términos de la conversación marcaban el punto final. De haber sido un funcionario en serio, de un gobierno serio, la única respuesta que cabía era "los únicos que no pueden renunciar son los presidentes".[35]

La "minuta" revela, en un momento, el pensamiento de los comandantes luego de la cita con Deheza. "Cuando salimos, nos cruzamos al Edificio Libertador. Nos preguntamos ¿qué hacemos, mañana va a pasar lo mismo? De esta gente ya no se puede esperar nada. Los planes de la 'Operación Aries' estaban terminados, lo mismo que las directivas 'Bolsa' y 'Perdiz'. Cuando llegamos al despacho de Videla nos comunicamos con el 'Colorado' Fernández y le preguntamos ¿cómo está todo por allí? 'Bien', fue la respuesta del jefe de la Casa Militar de la Presidencia. Muy bien, dígale a la señora Presidente que por razones de seguridad viaje a Olivos en helicóptero." Era el mensaje que Fernández debía recibir para comenzar la operación de detención de Isabel Perón.

• Delirio

Mientras se sucedían los últimos momentos de Isabel Perón en la Presidencia de la Nación, a pocas cuadras de la Casa de Gobierno, más precisamente en el restaurante Pipo de Montevideo casi avenida Corrientes, un joven militante del Partido Intransigente muy próximo a Oscar Alende concurría a una "cita telefónica" acordada con un alto jefe montonero. Se sentaron en una mesa del fondo, el terrorista fue al grano: "Tenemos las armas, tenemos la guita, tenemos la gente. Les vamos a ganar (a las Fuerzas Armadas), venite con nosotros". El joven que escuchó estas palabras no aceptó el convite. Hoy es un reconocido encuestador y consultor de empresas.[36]

Las horas y los minutos finales de Isabel Perón en el poder. La "Operación Bolsa". "La perdiz cayó en el lazo"

En tanto, dentro de la Casa Rosada se mantenían múltiples reuniones. Como si transcurriera una película del alemán Bruno Ganz, mientras las tropas ya habían iniciado operaciones de despliegue cerca y dentro ("en algunos balcones", según Ricardo Fabris) de la Casa Rosada, Isabel asistió a un ágape para festejar el cumpleaños de una secretaria. Con la asistencia celebró en forma ruidosa, se brindó, y se cantó el "feliz cumpleaños". Luego la Presidente fue al comedor de la Casa de Gobierno, al que parsimoniosamente fueron acercándose Lorenzo Miguel, Osvaldo Papaleo, Miguel Unamuno, Néstor Carrasco y Amadeo Nolasco Genta.

A continuación se llevó a cabo la reunión más importante. Fue sin testigos entre la Presidente y José Alberto Deheza, en la que el ministro le relató la conversación que terminaba de mantener con los comandantes generales. Deheza le hizo especial referencia a lo que había dicho Videla, en cuanto a la propuesta elevada a través de Aníbal Demarco. Isabel "no pudo contener su indignación", no la conocía. Entonces le pidió que informara a los ministros, secretarios, políticos y sindicalistas que esperaban noticias. Lo primero que hizo al comenzar la reunión fue "preguntar al ministro Aníbal Demarco acerca de la veracidad de lo afirmado por los comandantes en cuanto al apoyo ofrecido al gobierno en el mes de julio del año anterior. Me contestó que así había sido y, sin darle tiempo para pensar, le inquirí la razón por la cual no comunicó a la señora Presidente ese hecho de tanta significación político-institucional. El ministro Demarco encogió los hombros y sólo atinó a decir que la solución propuesta no le pareció atendible. Recordé en ese instante cuántas veces se torció el rumbo de la historia, de todo un pueblo o de un solo hombre, por un mensaje que llegó a tiempo o porque se perdió en el camino."

El helicóptero tardó en llegar desde Olivos. Cuando lo hizo, Isabel Perón se dispuso a viajar. La despidieron en la azotea de la Casa de Gobierno algunos miembros de su custodia y dos o tres oficiales de Granaderos. El capitán Jorge Tereso estaba entre ellos.

El helicóptero decoló a la 0.50 del 24 de marzo de 1976, con la presidente; Julio González, su secretario privado; Rafael Luissi, jefe de la custodia personal; un joven oficial del Regimiento de Infantería I Patricios, el edecán de turno (teniente de fragata Antonio Diamante) y dos pilotos de la Fuerza Aérea. En pleno vuelo, el piloto más antiguo le dice a la Presidente que la máquina tenía un desperfecto y que necesitaba bajar en Aeroparque. Cuando bajan, Luissi observa un sospechoso movimiento de hombres e intenta manotear su pistola. "Quédese tranquilo", le dijo la señora de Perón. Pese a las sospechas de Luissi, ella bajó y se encaminó hacia el interior de las oficinas del jefe de la base. Cuando entró, las puertas se cerraron para los otros miembros de la delegación. A la 1, aproximadamente, entraron al salón principal del edificio el general José Rogelio Villarreal, el almirante Pedro Santamaría y el brigadier Basilio Lami Dozo.

Villarreal: Señora, las Fuerzas Armadas se han hecho cargo del poder político y usted ha sido destituida.[37]

Señora de Perón: ¿Me fusilarán?

Villarreal: No. Su integridad física está garantizada por las Fuerzas Armadas.

Luego, ella se extendió en un largo parlamento. "Debe haber un error. Se llegó a un acuerdo con los tres comandantes. Podemos cerrar el Congreso. La CGT y las 62 me responden totalmente. El peronismo es mío. La oposición me apoya. Les doy a ustedes cuatro ministerios y los tres comandantes podrán acompañarme en la dura tarea de gobernar."[38]

En un momento de la conversación, amenazó con que iban a "correr ríos de sangre" por el país a partir de su destitución, de la movilización de los sindicatos y de las manifestaciones populares. Dijo que las Fuerzas Armadas no iban a poder contener la protesta popular por su caída. Como toda respuesta, se le dijo: "Señora, a usted le han dibujado un país ideal, un país que no existe".[39]

En esos minutos, otro alto oficial se comunicó con los comandantes generales. Les pasó la contraseña: "La perdiz cayó en el lazo." Isabel Martínez de Perón había sido detenida.

Mientras Isabel hablaba con los tres delegados militares, se mandó a buscar a "Rosarito" (la empleada que la acompañaba desde España) a Olivos. Previamente se le había ordenado que hiciera dos valijas con ropa para la señora. A la 1.50 un avión de la Fuerza Aérea partió con la ex Presidente, en calidad de detenida, a Neuquén.

> ### • Las peripecias de un joven diplomático
>
> En marzo de 1976, José María Castellanos era un joven diplomático destinado en la embajada argentina en Montevideo, Uruguay, con el rango de secretario de tercera. Aproximadamente quince días antes del golpe, fue llamado telefónicamente de urgencia desde la Casa de Gobierno, por Julio González, el secretario general de la Presidencia de Isabel Martínez de Perón, a quien no conocía. A las pocas horas se presentó ante González, quien le ordenó juntar cuanto antes todos los antecedentes posibles sobre la "bordaberrización" en Uruguay. Es decir, cómo un presidente constitucional como Juan María Bordaberry (1973-1976) cogobernaba con las Fuerzas Armadas.
>
> En horas, con el conocimiento del ministro de Defensa, José Alberto Deheza, y de su embajador en Montevideo, Castellanos cumplió la orden que se le dio. Sus horas en la Casa Rosada lo convirtieron en mudo testigo de los últimos momentos de Isabel Perón como Presidente de la Nación.
>
> Cuando en la madrugada del 24 de marzo de 1976 Isabel partió en helicóptero de la Casa Rosada supuestamente a Olivos, para ser detenida en Aeroparque por una delegación militar, llevaba entre sus pertenencias su cartera y una carpeta con un trabajo sobre la "bordaberrización" uruguaya, que pensaba ofrecer como última instancia a los comandantes generales de las Fuerzas Armadas, Jorge Rafael Videla, Emilio Eduardo Massera y Orlando Ramón Agosti. La carpeta cayó en manos castrenses y al abrirse, en la primera página, se leía que en caso de mayores precisiones se llamara al secretario José María Castellanos a un número telefóni-

Cuando Isabel Perón se fue de la Rosada, comenzaron a
salir todos los que momentos antes habían asistido a las reuniones con la Presidente y el ministro de Defensa. Se produjeron escenas delirantes frente a los periodistas y algunos militantes que voceaban el nombre de Isabel. Quien más habló
fue Lorenzo Miguel: "Mañana volveremos a encontrarnos con
la Presidente y el gabinete. Para mí todo está normal. El gobierno no negocia... juéguense por nosotros; pagamos 2,10.
No hay golpe".

El gobernador del Chaco y vicepresidente 1° del
justicialismo, Felipe Bittel, le gritó a Osvaldo Papaleo (secretario de Prensa de la Presidencia): "¡Chau papá, hasta mañana!...
Esto hay que festejarlo con champaña. Todo se ha disipado".[41]

Mientras se desarrollaban estos sucesos, en la Casa Rosada se cortaban las comunicaciones y fue ocupada por tropas
militares. Juan Rey Romo (que tenía 76 años), "Romito" para
los amigos, el que nunca abandonaba su charuto, alcanzó a
comunicarse con *El Cronista Comercial*. Gritó: "Escuche, óiga-
me bien jefe, ¡empezó el golpe!" Alfredo Bufano, de *La Prensa*,
más vivo, pasó la información a Noticias Argentinas por wal-
kie-talkie. Cerca de la una de la madrugada, Rodolfo Baltiérrez,
ex embajador y periodista de *La Nación* lo llamó al canciller Raúl
Quijano. "Escuche la radio, van a pasar comunicados militares",[42] le advirtió.

"Fui uno de los últimos en irme de la Casa Rosada porque
me llamó Osvaldo Papaleo (secretario de Prensa y Difusión)
para ir al Ministerio de Trabajo donde se realizaría una reunión." Los sindicalistas, en su gran mayoría, se fueron al edificio del Ministerio de Trabajo para reunirse con Miguel
Unamuno. Pensaban hacer un plenario de las 62 Organizaciones. Concurrieron cuarenta de los moventiséis secretarios generales. Durante la reunión Lorenzo Miguel y Unamuno explicaron que se había acordado "una tregua de 24 horas" para
resolver el problema institucional. "Lo que tenemos que hacer
es sacarlo a Julio... ese González ¿Me explico... no? Vos,

/

Embajada
de la
República Argentina

Santiago, Nº *196.-*

SECRETO

Santiago, 2 de abril de 1976.-

Objeto: Repercusión local situación
política argentina.-

A.S.E. el Señor Ministro de Relaciones Exteriores y Culto,
Contralmirante Dn. CESAR AUGUSTO GUZZETTI
Buenos Aires

Señor Ministro:

Tengo el honor de dirigirme a Vuestra Excelencia, con el
objeto de elevar una evaluación de la repercusión en este país de la asunción del mando en la República Argentina por parte de las Fuerzas Armadas.

A nueve días de dicha acción se aprecia en círculos políticos y de decisión locales que:

a) CIRCULOS POLITICOS (NO PARTIDARIOS), OFICIALES Y DE PRENSA INFORMATIVA
O ANALITICA (SEMANARIOS ETC.): Total unanimidad en destacar imperiosa ne-
cesidad que las Fuerzas Armadas procedieran ocupar evidente vacío de poder.
Gran confianza recuperación moral y material de la República Argentina.

Son unánimes en destacar absoluta calma política y muy apreciable consenso nacional en apoyo a las nuevas autoridades.

b) EJERCITO, MANDOS SUPERIORES: Total identificación y actitud de solidaridad. Existe admiración por mesura con que se actuó, entendiéndola como
dirigida evitar los graves problemas internacionales que padece Chile.
Mandos medios si bien expresan asentimiento y solidaridad se manifiestan
un poco desencantados con el criterio sustentado en materia de relaciones
internacionales, y con respecto al partido comunista local esperaban una
línea más coincidente con la del Gobierno Chileno, lo que además les ali-
viaria del actual rol de únicos objetivos de ataque del comunismo internacional.

c) ARMADA: Se reproduce un poco el cuadro expuesto, aunque es mayor la
curva de reticencia. Se opina que puede estar incidiendo la apreciación
negativa para la posición de Chile de la visita de la Corte Arbitral a
la zona del Canal de Beagle.

///

*Nota "secreta" del 2 de abril de 1976 de la embajada argentina en Chile,
en la que se informa de la repercusión en la dirigencia chilena del golpe militar
del 24 de marzo de 1976.*

'Miguelito' (Unamuno), tenés que hablarle mañana temprano", opinó el titular de la UOM. Mientras conversaban, hubo un llamado del segundo de Papaleo, Ricardo Montero, que tomó Fabris: "Aquí están cerrando las puertas los soldados... me parece que se acabó todo". Después, entró Papaleo a la reunión, visiblemente nervioso, relatando que "algo pasa, la señora de Perón no llegó a Olivos". Inmediatamente, cuando confirmaron la noticia de su detención, abandonaron desordenadamente el edificio. Lorenzo Miguel llegó a gritar: "Yo me voy. Declaren la huelga general".[43]

En esos minutos comenzaba a desarrollarse la "Operación Bolsa": la detención de varios dirigentes políticos y sindicales del peronismo, en Buenos Aires y el Interior (entre otros, Carlos Menem, Diego Ibáñez, Jorge Triacca, Antonio Cafiero, Norma López Rega, Raúl Lastiri, Rafael Cichello, Juan Labaké, José Alberto Deheza, Rogelio Papagno, Pedro D'Attoli, Lesio Romero, Miguel Unamuno, Pedro Arrighi, Guido Di Tella y otros funcionarios y dirigentes peronistas).

Si había uno que estaba en todas las listas, para ser detenido, ése era Rodolfo Juvencio Arce, el diputado bonaerense "ultraverticalista". En los primeros momentos del golpe, un oficial se le acercó y le preguntó: "¿Usted es Arce?"

"No, soy el veterinario", respondió. Y logró sortear la situación.

Lorenzo Miguel tardó una semana en caer preso.[44] Raúl Lastiri y Norma López Rega abandonaron el departamento de la avenida Libertador 3450 a las 21.05. A las 03.15 de la madrugada del 24 de marzo de 1976 los fueron a buscar. El portero, Mario, no tenía las llaves del departamento. Entonces las forzaron. Finalmente, unas horas más tarde fueron detenidos en la casa del peluquero Miguel Romano, el mejor amigo de la pareja. Fue conducido, como muchos, al buque "33 Orientales" que estaba en el Apostadero Naval del puerto de Buenos Aires.[45]

La tapa de *La Nación* del 24 de marzo de 1976 muestra el desconcierto del momento. El título fue "Las Fuerzas Armadas asumen el poder: detúvose a la Presidente". Pero en la misma tapa se informaba: "Acordaron los partidos constituir la bicameral" (era para tratar un plan económico-social).

"El tan publicitado y esperado golpe militar tuvo lugar en la Argentina temprano esta mañana", informó el subsecretario de Asuntos Latinoamericanos a Henry Kissinger. También relató que la Junta Militar envió una carta a los Estados Unidos pidiendo el reconocimiento del nuevo gobierno. "Los ciudadanos e intereses norteamericanos no parecen estar en peligro". El embajador norteamericano, Robert Hill, expresó en un cable que "éste debe ser el golpe mejor planeado y más civilizado de la historia argentina". El embajador de la Unión Soviética se mostró preocupado en esas horas. El alcalde de Moscú y miembro del Politburó estaba de visita en Buenos Aires y no podía viajar a su ciudad a participar en una reunión importante.

Recuerdos de la madrugada del 24 de marzo de 1976 en Córdoba

Córdoba "la rebelde", como la llamaron los antiperonistas en 1955, o "la arrepentida" como la denominaron los peronistas años más tarde, fue uno de los centros de ebullición del terrorismo, en todos sus formatos. Desde Montoneros, pasando por las FAR y el Ejército Revolucionario del Pueblo. Para la mayoría de los cordobeses, el 24 de marzo fue recibido con alivio y esperanza.

María del Carmen "Chichina" Ferreyra de Sánchez Bretón, con su testimonio que recrea el clima de la época, refleja estas sensaciones. "La Chichina", como se la conoce mundialmente, tiene grandes cualidades. Gran esposa, mejor madre, inquieta historiadora,[46] pero es por sobre todas las cosas una gran amiga. Lo puedo afirmar con entera convicción. Está citada en innumerables libros por el simple hecho de haber sido en su juventud la novia de Ernesto Guevara de la Serna, situación que ella finalizó a comienzos de 1953, según relató Jorge G. Castañeda en su biografía sobre el Che, *La vida en rojo*. Por prudencia y respeto a José y a la misma "Chichina", nunca hablamos de eso. Para qué si ella trasciende esa historia. Sin embargo, no puedo dejar de observar la ironía del destino de dos vidas que se separaron hace décadas, cuando todavía no estaban formadas. El 24 de marzo de 1976 mientras María del Carmen Ferreyra de Sánchez Bretón se alegraba por la llegada de las Fuerzas Armadas al poder, en la calle, en las sombras, los herederos del Che se preparaban para enfrentarlas.[47]

Tapas de Clarín *en los días posteriores al 24 de marzo de 1976.*

*El presidente Jorge Rafael Videla practicando con una pelota,
en un momento de su visita de Estado a Japón.
(Foto sacada por el consejero Bernardo García Jiménez)*

"Estábamos en Malagueño cuando el día anterior vino mi primo Jaime Roca con la noticia de que nos fuéramos a la casa de la ciudad porque se venía la noche de San Bartolomé. Estába toda la familia amenazada por la derecha que nos llamaba los 'sapos' y por alguna organización guerrillera, ya no sé cuál de éllas. El mes anterior la guerrilla había matado al presidente de la fábrica de los Minetti,[48] vecina de la nuestra. La fábrica nuestra había conseguido permiso del RENAR para tener itakas pero sólo para los directores. José tenía armas y las ponía siempre al lado de la cama. En la ciudad sería menos peligroso por estar la casa nuestra frente a la Casa de Gobierno. El golpe se esperaba de un momento a otro. Unos días antes, al ir al velorio del "Negro" Sánchez Cires en Villa Allende, el espectáculo era dantesco con varias hogueras que se veían a la distancia, entre ellas la de la confitería Staeckel, donde murió el mozo Pedro que conocíamos muy bien. Obra de la 'juventud maravillosa'.

"Esa noche, no recuerdo bien la hora, nos despertamos al oír unos golpes fuertísimos en la puerta. José bajó y subió luego al cuarto con dos hombres armados vestidos de verde. Yo no me animaba a preguntar si el golpe ya se había producido y le pregunté al mayor de ellos '¿Ustedes quiénes son?'. La pregunta era porque en esos días no se sabía mucho quién era quién. El mayor me dijo 'Ejército Argentino'. Le pregunte '¿Ya sucedió?' Él dijo 'Sí'. Me tapé la cara y casi llorando alcancé a decir '¡Gracias a Dios!'. Él me contestó: 'Ojalá que todos los argentinos piensen como usted'. A continuación nos informó que ya habían tomado la Casa de Gobierno (en el más completo silencio) y que dejaba un conscripto armado en el balcón; no le podía dar nada de comer ni de beber y no podía hablar tampoco con él (cosa que por supuesto no cumplí). Me dijo al despedirse 'Oiga la radio'. Y así fue como oí el comunicado N° 1. Nunca tuve una sensación de alivio más grande."

Repercusiones. Opiniones

El 24 de marzo de 1976, a las 6.20 de la mañana, el radical José Miguel Zamanillo, uno de los pocos legisladores que se encontraban en el Congreso, recibió a los representantes de las Fuerzas Armadas, capitán de navío Carlos Bonino, coronel José

María Tisis Baña y comodoro Francisco Arnaud. "Tenía preparado un largo discurso de reproche pero no voy a decirlo, ustedes no se lo merecen", dijo el depuesto legislador. A las 10.40 de la mañana, la Junta Militar asumió el poder, en medio de una gran tranquilidad pública.

Esa misma tranquilidad que unos meses más tarde retrató tan bien el periodista Mario Diament: "[...] sentimos el 24 de marzo de 1976 que habíamos salvado la vida. Fue una sensación reconfortante, un respiro de alivio, como si al cabo de una larga noche tenebrosa intuyéramos finalmente la madrugada".[49]

"La inmensa mayoría de los argentinos rogaba por favor que las Fuerzas Armadas tomaran el poder. Todos nosotros deseábamos que se terminara ese vergonzoso gobierno de mafiosos", opinó el escritor Ernesto Sabato.

"El 24 de marzo de 1976 cayó un gobierno votado por siete millones de argentinos. La ineptitud presidencial y la falta de respuestas estabilizadoras y legítimas por parte del entorno en medio de una realidad económica de improvisación inocultable y de una indisciplina social anarquizante, más la presencia de organizaciones para la subversión y la violencia que angustiaron al pueblo, abrieron el camino para que las Fuerzas Armadas ocuparan el poder... Como saldo quedó el pueblo solidarizado en sus bases y las Fuerzas Armadas con la suma de responsabilidades..." Firmaron esta declaración, entre otros, Ricardo Balbín, Raúl Ricardo Alfonsín, Arturo H. Illia, Carlos Perette, Juan Carlos Pugliese, Antonio Tróccoli, Juan Trilla, Luis León, Facundo Suárez, Eduardo Angeloz, Fernando de la Rúa y César García Puente.

Los militares argentinos "merecen respeto por su patriotismo, al tratar de salvar un barco que se hunde. El fin del gobierno civil, normalmente un hecho lamentable, era en este caso una bendición". (*The New York Times*).

Le Monde también escribió sobre el golpe militar: "[...] rara vez un golpe de Estado ha sorprendido tan poco... la intervención militar era deseada por grandes sectores de la opinión".

Con la ocupación de la Casa Rosada, simultáneamente fueron tomados los edificios gubernamentales en las provincias. Por ejemplo, el gobernador de la provincia de Buenos Aires, Victorio Calabró, desde una semana antes mantuvo reuniones con oficiales, para convenir cómo y por dónde iban a entrar las tropas a la Casa de Gobierno el día del golpe. "Es más, hasta entregó los planos del edificio para que las tropas del Regimiento de Infantería 7 no se cruzaran con la policía",[50] relató uno de los oficiales de la intimidad del coronel Roque Presti (jefe de la guarnición) que participó en el operativo.

La bendición del exterior. Cables secretos que llegan al Palacio San Martín

El 25 de marzo de 1976, mientras los acontecimientos se sucedían en la Argentina (cinco organizaciones de izquierda fueron dejadas al margen de la ley), el embajador argentino en Uruguay, Guillermo de la Plaza, envió al Palacio San Martín el cable N° 232, "secreto", informando que el día anterior había tomado contacto con el presidente paraguayo Alfredo Stroessner ("quien se encuentra visitando Montevideo") y su canciller Alberto Nogués. Expresó De la Plaza que le dijo al mandatario paraguayo que horas antes Uruguay había entregado la nota de reconocimiento al nuevo gobierno argentino (en ese instante la Junta Militar, ya que Videla recién asumió el lunes 29): "Efectuados sondeos por mi parte sobre oportunidad Paraguay también reconocería nuevas autoridades Argentina, canciller guaraní llevóme nuevamente ante presidente Stroessner con quien replanteamos el caso en términos altamente cordiales y amistosos. Como consecuencia esa conversación doctor Nogués prometióme resolverían su actitud en las próximas horas y me lo comunicaría a la sede de la embajada". La llamada del canciller Nogués llegó a las 0.30 del 25 de marzo. El Paraguay reconoció al gobierno de la Junta Militar.

El 26 de marzo, Guillermo de la Plaza envió un resumen de los títulos de los diarios uruguayos, relacionados con los acontecimientos en la Argentina:[51] Destacó que "la prensa argentina dio un unánime respaldo a la Junta Militar". "Los diarios argentinos coinciden en destacar el final inevitable del régimen peronista y confían en una superación de la crisis" (Matutino *El País*).

El viernes 26 de marzo de 1976, bajo la presidencia del secretario de Estado, Henry Kissinger, se reunió el Consejo Nacional de Seguridad de los Estados Unidos para analizar distintas cuestiones internacionales. Además de Kissinger asistieron veinte altos funcionarios de la administración de Gerald Ford. Las conversaciones, de tono informal, fueron guardadas bajo un documento "secreto" durante años. Primero se trataron los asuntos en Medio Oriente, en Asia y particularmente en Angola, África. Cuando le llegó el turno a América Latina, William "Bill" Rogers, subsecretario de Asuntos Latinoamericanos, comenzó a exponer sobre la situación interna en Panamá y la renuncia del negociador panameño en los asuntos del canal de Panamá, un tema vital para los americanos.

Luego habló sobre la situación argentina. Dijo que "esta Junta está probando que la Argentina no es gobernable, entonces van a tener éxito donde todo el mundo ha fracasado. Pienso que van a intentar involucrar a los Estados Unidos particularmente en el área económica. Pienso que vamos a tener éxito."

Kissinger: Sí, eso está dentro de nuestros intereses.

Rogers: Si (*if*) es que hay una oportunidad de éxito y (*if*) no piden que nosotros pongamos mucho sobre la mesa. Lo que vamos a tratar de hacer, si es que vienen con un plan, es lo que estábamos preparados para hacer seis meses atrás.[52] Hemos trabajado, como intermediarios, en un sensible programa para asistencia internacional, usando bancos privados e instituciones monetarias. Si es que podemos sacar eso de nuevo, no lo sé. Pero no creo que es lo primero que vamos a escuchar de ellos inmediatamente en términos de programas financieros. También creo que tenemos que esperar que haya bastante represión, una gran cantidad de sangre, antes de lo pensado. Pienso que no solamente van a tener que ser muy duros con los terroristas, sino también con los disidentes, los sindicatos y sus partidos.

Kissinger: Pero...

Rogers: El punto es que a pesar de que hoy tienen una buena prensa, la línea básica de toda la interferencia fue que tuvieron que hacerlo porque ella (Isabel Perón) no podía gobernar el país. Así que pienso que el punto es... no deberíamos en este momento apurarnos a proteger este nuevo régimen, porque de tres a seis meses va a ser considerablemente menos popular con la prensa.

Kissinger: Pero tampoco podemos hacer lo opuesto.

Rogers: No, obviamente, no.

McClosky: ¿Qué decimos sobre el reconocimiento?

Rogers: Bueno, vamos a presentar un reconocimiento formal a la mañana, en una nota, respondiendo al requerimiento para el reconocimiento... pero Hill va a cerrar el pico.

Kissinger: Sí ¿pero qué significa eso concretamente? Cualquier posibilidad que tengan, necesitan un poco de apoyo de nosotros. ¿Qué les está diciendo (Hill) a ellos?

Rogers: ¿Qué? Ah, nada. Hill no ha hablado con ellos por el momento. No ha sido invitado a conversar, aunque está listo si lo llaman para una reunión. Los generales están ocupando temporalmente los ministerios. Probablemente por una semana hasta que tomen la decisión final de a quiénes van a designar. Esta semana van a decidir. Pensamos que sabemos quién va a ser el canciller.

Kissinger: ¿Quién?

Rogers: Probablemente un tipo llamado (almirante) Vañek,[53] con quien hemos trabajado en el pasado. Si él es designado, creo que estamos en condiciones de trabajar con él.

Kissinger: Puedo ver algunas instrucciones de lo que va a decir Hill si alguien lo llamara.

Rogers: Sí.

Kissinger: Porque quiero infundirles optimismo. No quiero dar la sensación de que están perseguidos por los Estados Unidos.

Con la concurrencia de varios ex legisladores que procedían a retirar los pocos elementos que habían dejado, reintegrar credenciales y, en ciertos casos, devolver las armas para su defensa personal con las que habían sido provistos, culminó la etapa de clausura del Parlamento. Varios, antes de retirarse pasaron por la sala de prensa para despedirse de los "acreditados". En aquellos días el edificio anexo de la avenida Rivadavia no estaba terminado, apenas se encontraba en etapa de cavado y armado de los cimientos. Como las napas estaban muy altas, el pozo se inundó perjudicando a los vecinos. El constructor se negaba a bombear porque no estaba aprobado el presupuesto. Fue llamado y conminado por las autoridades castrenses a resolver el problema, "luego veremos lo del presupuesto". El problema se solucionó inmediatamente.

El 27 de marzo, según los cables que llegaban al Palacio San Martín, el diario La Mañana de Montevideo tituló: "Argentina orden y trabajo en clima de distensión"; "Los argentinos descubren la tranquilidad". "Emprenden severa depuración y hay cerca de 3.500 detenidos".[54] El 27 de marzo se anunció que el Fondo Monetario Internacional aprobó un crédito de 127 millones de dólares. El lunes 29 asumió como Presidente de la Nación el teniente general Jorge Rafael Videla.

"El gobierno militar no tiene posibilidades de infligir una profunda derrota al movimiento de masas, ni de tomar la iniciativa estratégica", dijo Roberto Mario Santucho en la reunión del Comité Central del 28 de marzo de 1976 en una quinta de la localidad de Moreno. En total se reunieron cuarentinueve personas de las cuales veintiocho eran miembros del Comité Central. Los restantes eran miembros de la Junta Coordinadora Revolucionaria (JCR), personal de logística y seguridad. En cuanto a las posibilidades ofensivas del PRT-ERP, uno de sus jefes más destacados, "Luis Mattini" (Arnol Kremer) dice en sus memorias que "el PRT no estaba destruido ni mucho menos (en marzo de 1976), poseía grandes reservas". Al atardecer apareció una comisión policial y la reunión terminó abruptamente. Pudieron escapar, primero, los miembros del Buró Político (Santucho, Urteaga, Menna, Castello, Kremer, Carrizo y Merbilhaá). Luego, los invitados extranjeros de la JCR, entre otros Edgardo Enríquez (MIR, chileno). Después los integrantes del Comité Ejecutivo y a continuación los restantes combatientes. De los cuarentinueve, eludieron como pudieron el cerco treintisiete. Los diarios informaron sobre doce abatidos (Gustavo Plis-Steremberg, en su libro *Monte Chingolo*, dice que ocho cayeron presos). Entre los muertos fueron reconocidos Susana Gaggero de Pujals (suplente en el Comité Central), "Pepe" Juan Mangini (jefe de Inteligencia) y su esposa Leonor Herrera, el "teniente Néstor" Pedro Nicolás Maidana y el "Elefante" Elena. En el lugar fueron confiscados numerosos documentos, obligando al PRT-ERP a reorganizarse. En *El Combatiente* del mes de abril, Santucho lanzó la consigna "Argentinos a las armas", mientras en Córdoba se aniquilaba a la regional, cayendo muerto su jefe Eduardo Castello y desbaratadas cien células compuestas por trescientos combatientes.

Montoneros al momento del golpe era mucho más fuerte que el PRT-ERP, en cantidad de combatientes (se hablaba de seis mil), milicianos y adherentes. En esa época no lo especificaban por "razones de seguridad".[55]

Para *O Globo* "no hubo destrucción del poder porque no había poder, ni usurpación de un mandato porque la Presidente ya no mandaba".

"En 1976, la separación entre la clase media y los demás sectores populares fue nítida. La compacta mayoría de los *middle class* apoyó la dictadura terrorista unificada. Los partidos políticos, los diarios, los representantes de la cultura oficial (Borges, Sabato, la SADE) y las capas medias respaldan la política militar", analizó el sociólogo Alejandro Horowicz.

Heriberto Kahn, en *La Opinión* del 27 de marzo de 1976, escribió: "No es un secreto para nadie que las Fuerzas Armadas contribuyeron casi ilimitadamente a evitar el colapso de las instituciones, pero sus esfuerzos, como los de la oposición, fracasaron porque las instituciones no se ayudaron a sí mismas, hasta el punto de abandonar a un total y absoluto vacío de poder a un país desquiciado, dominado por la corrupción y azotado por una violencia que sumergió en la inseguridad a todos los argentinos".

A los nueve días del golpe, el 2 de abril de 1976, la embajada argentina en Chile envió al Palacio San Martín la nota "secreta" N° 196 firmada por el ministro Pedro Mirande, encargado de Negocios en Chile. La misma, redactada sin ninguna clase de elegancia, y en código morse, poco usual para esos niveles, revela las repercusiones en Chile sobre la caída del gobierno de la señora de Perón:

"a) Círculos políticos (no partidarios), oficiales y de prensa informativa o analítica: Total unanimidad en destacar (la) imperiosa necesidad que las Fuerzas Armadas procedieran a ocupar (el) evidente vacío del poder... son unánimes en destacar (la) absoluta calma política y muy apreciable consenso nacional en apoyo a las nuevas autoridades.

"b) Ejército, Mandos Superiores. Total identificación y actitud de solidaridad. Existe admiración por (la) mesura con que se actuó, entendiéndola como dirigida (a) evitar los graves problemas internacionales que padece Chile. (Los) Mandos medios si bien expresan asentimiento y solidaridad se manifiestan un poco desencantados con el criterio sustentado en materia de relaciones internacionales, y con respecto al partido comunista local esperaban una línea más coincidente con el gobierno chileno, lo que más les aliviaría del actual rol de únicos objetivos de ataque del comunismo internacional.

"c)Armada: Se reproduce un poco el cuadro expuesto, aunque es mayor la curva de reticencia. Se opina que puede estar incidiendo la apreciación negativa para la posición de Chile de la visita de la Corte Arbitral a la zona del Canal de Beagle."

El 24 de marzo de 1976, la mayoría de los argentinos sintieron el final de la "agonía", como le dijo reservadamente Ricardo Balbín a Jorge Rafael Videla. No sabían qué iba a pasar al día siguiente, pero tuvieron, por un instante, la sensación del "fin de fiesta". Al mejor estilo wagneriano desfilaron frente a sus ojos los tiempos de Héctor Cámpora, Raúl Lastiri y José López Rega, los enfrentamientos en Ezeiza, las universidades destrozadas, la maratón de los precios, la carrera por el dólar, los salarios devorados por la inflación, el desabastecimiento y las colas, la violencia diaria de todos los extremos, con su demostración obscena de armas y muertos, el paro de las empresas fabriles, el *lockout* patronal, el paro del campo, las Tres A, el Altar de la Patria, la guerra en Tucumán, los asaltos a los cuarteles y las oficinas del Estado, el vacío de poder y la carencia de propuestas de toda la clase dirigente para salir del maremagno.

Es cierto, no hubo mucha gente en la Plaza de Mayo para vivar el régimen militar que nacía, aunque existió un respaldo silencioso y mayoritario. Tampoco fue mucha gente el día anterior para defender la democracia que, supuestamente, encarnó María Estela Martínez de Perón.

Clarín, al año de producido el acontecimiento militar, escribió: "La naturaleza de los resultados que se persiguen impone un progresivo grado de participación ciudadana, ya que si la obra no es compartida, el sistema institucional que se funde, que tendrá a la civilidad como protagonista, tiene escasas perspectivas de perdurar. Ello no implica, desde luego, abrir las puertas para que ingrese la vieja política".[56] ¿La vieja política? ¿La que había fracasado?

Por ese tiempo, mientras se escribían esas líneas en el diario de la calle Tacuarí, el sindicalista plástico, Jorge Triacca, preso en el barco anclado en el Apostadero Naval, le comentó al oficial naval que lo entrevistaba: "Si con el macho (Perón) vivo tardamos 18 años en volver, con el macho muerto no volvemos más". Jorge Triacca, siete años más tarde, era el secretario general del gremio de los plásticos y diputado nacional por la provincia de Buenos Aires. Y trece años más tarde (1989), Ministro de Trabajo del presidente Carlos Saúl Menem.

NOTAS

[1] Por ejemplo, en Economía, no se tenía certeza de la información fiscal, cambiaria y monetaria.

[2] Albano Harguindeguy, segundo comandante del Cuerpo I, pasó a ser jefe de la Policía Federal Argentina.

[3] Coroneles Menéndez y Fichera.

[4] "El Ladrillo" nombre con el que fue conocido el plan económico del golpe: *Misión Argentina en Chile*, Juan Bautista Yofre, Editorial Sudamericana, Santiago de Chile, pág. 304.

[5] Lo fueron a ver a su casa en momentos que celebraba el cumpleaños de su hija menor. Pinochet había asumido la comandancia del Ejército una semanas antes, tras la renuncia del general Carlos Prats González.

[6] Alto funcionario de la gestión del ex presidente Illia.

[7] Con el tiempo, Álvaro Alsogaray criticó duramente el "gradualismo". Él era de la teoría de "tocar fondo" o del "fruto maduro": sólo intervenir tras la descomposición absoluta.

[8] *Los economistas y el presidente Pinochet*, Arturo Fontaine Aldunate, Editorial Zig-Zag, Santiago de Chile, 1988.

[9] Basta recordar que algunos de los hacedores de "El Ladrillo" fueron: Roberto Kelly, Sergio de Castro, Hernán Cubillos Salato, Álvaro Bardón, Sergio de la Cuadra, Pedro Arraigada, Ernesto Fontaine y Joaquín Lavín.

[10] Mis apuntes de la época señalan que fue el viernes 12 de marzo de 1976.

[11] El autor agradece a la familia del *take note* el acceso al material.

[12] ¿Se pensaba todavía en una "bordaberrización"?

[13] Jacques Perriaux era considerado un filósofo, no un economista.

[14] La pregunta fue formulada por el autor.

[15] Azeredo da Silveira se caracterizaba por sus cáusticos y mordaces comentarios. Dicho comentario se lo hizo al autor y a otras personas durante una comida en una residencia de la calle California, en Washington DC, en 1981. Fonéticamente dijo "hogibles"; no pronunciaba la "rr".

[16] Fue embajador en Bolivia (Aramburu), Brasil (Frondizi), canciller de José María Guido, Estados Unidos de Norteamérica (Lanusse), Naciones Uni-

das (Bignone y Alfonsín). Pero pasó a la historia grande por ser el inspirador y fundador del CARI (Consejo Argentino de Relaciones Internacionales) en 1978. Su muerte en 2007 motivó infinidad de avisos fúnebres.

[17] Todo lo informado en ese almuerzo fue tema de conversación entre un angustiado Muñiz y el autor, en la tarde del 15 de marzo de 1976. Apuntes del autor.

[18] Esa reunión está situada en mis apuntes como realizada el jueves 11 de marzo. Apuntes del 12 y 16 de marzo de 1976. Conversación con F.M. y J.Z.

[19] *La Opinión*, 18 de marzo de 1976, Roberto García.

[20] Después del "Caso Graiver" vivió en los EEUU y se naturalizó estadounidense, convertido en un acérrimo defensor de los Derechos Humanos. Después de 1983, dirigió otros medios periodísticos. Luego de fracasar como candidato a diputado nacional por el ARI, aceptó integrarse a las filas del "kirchnerismo" y fue nombrado cónsul general en Nueva York. Tras el acceso a la presidencia, Cristina Fernández de Kirchner lo nombró embajador en los Estados Unidos de América.

[21] El oficial sabía que el golpe era el miércoles 24 a la madrugada.

[22] Ex diputada nacional. Integró el bloque de diputados que accedieron a la Cámara Baja en 1973 tras la candidatura presidencial de Francisco Manrique. Testimonio al autor.

[23] *Clarín*, 21 de marzo de 1976, pág. 10.

[24] Con el paso del tiempo, pudo saberse que retornó protegido por el Ejército. Su gran amigo, en ese tiempo, era el secretario general del Ejército, general Carlos Dalla Tea, ex agregado militar en Madrid.

[25] No contó que el almirante Massera les dijo a él y a Lorenzo Miguel que se fueran. Testimonio al autor del oficial naval que pasó el mensaje

[26] *La Voz del Interior*, 22 de marzo de 1976.

[27] *La Nación*, miércoles 24 de marzo de 1976, pág. 9.

[28] *La Nación*, 24 de marzo de 1976, pág. 1.

[29] *Marzo 23, Hora 24*, Alberto Deheza, edición del autor, 1976.

[30] Como resultado de la gestión del embajador argentino en Uruguay, Guillermo de la Plaza. De la Plaza tenía una muy buena relación con los militares argentinos de la época, nacida en los días del exilio en Montevideo durante los años del segundo mandato presidencial de Perón (1952-1955).

[31] Revelaciones de Massera en un libro que tenía casi finalizado.

[32] Testimonio al autor. Las tres personas de la anécdota serían perjudicadas por el golpe militar. Hugo Gobbi, expulsado de la Cancillería, llegaría años más tarde a ser vicecanciller y embajador en España con Alfonsín.

Jacobo Timerman preso, expulsado del país y su diario confiscado por la "causa Graiver". Rafael Perrotta desapareció, acusado de ser "agente" del PRT-ERP.

[33] Testimonio de Ricardo Fabris al autor. Diciembre de 2007.

[34] Deheza, pág. 49.

[35] Atribuida a Marcelo T. de Alvear.

[36] La fuente me pidió el anonimato, lo mismo que de su amigo montonero que murió en un enfrentamiento en la calle Corro 105, en septiembre de 1976.

[37] La detención de Isabel Perón se hizo en Aeroparque porque el Regi-

miento de Granaderos se negó a que se la hiciera en la Casa Rosada. No querían repetir la experiencia de Alejandro Lanusse con el ex presidente Eduardo Alberto Lonardi.

[38] Versión del acontecimiento relatado por *Gente*. Otras fuentes indican que quien habló en nombre de las FF.AA. fue Basilio Lami Dozo.

[39] Diálogo reproducido en *Clarín*, 24 de marzo de 1977, pág. 9.

[40] Castellanos, años más tarde fue reincorporado. Actualmente es embajador.

[41] El ex diputado Adrián Pedrini reconoció que quien pronunció esa frase fue él, no el gobernador Bittel.

[42] Testimonio de Raúl Quijano al autor.

[43] Frase de Lorenzo Miguel, publicada en el informe reservado *Última Clave* del 29 de marzo de 1976.

[44] Lorenzo Miguel y Casildo Herreras fueron advertidos por el almirante Massera. Miguel se quedó. Herreras se exilió. Testimonio al autor de un alto oficial de la Armada.

[45] Irónicamente al Apostadero se lo denominaría "Apestadero". Lugar al que poco tiempo después irían a comer asados connotados periodistas una vez a la semana. Claro, ya se olvidaron.

[46] Su biblioteca de Malagueño es motivo de admiración.

[47] "A las armas" fue el editorial que publicó el órgano del ERP en abril de 1976.

[48] El 28 de febrero de 1976 fue asesinado por el PRT-ERP Héctor Minetti, uno de los empresarios más importantes del país.

[49] *La Opinión*, 24 de agosto de 1976.

[50] Testimonio de uno de los oficiales que ocupó la gobernación.

[51] Cable Nº 237, del 26 de marzo de 1976.

[52] Las gestiones de octubre de 1975 del ministro Antonio Cafiero.

[53] El almirante Vañek fue el delegado de la Junta Militar hasta que asumió Videla. El almirante César Guzetti fue designado canciller. Una paradoja: tenía que analizar cuestiones universales a pesar de que pasó gran parte de su existencia debajo del agua observando al mundo a través de un periscopio. Era un oficial submarinista. Su gestión fue más que modesta. Tuvo que dejar el cargo como consecuencia de un atentado de Montoneros que lo hirió en el cerebro y finalmente le costó la vida.

[54] Cable Nº 250 del 27 de marzo de 1976.

[55] "Por razones de seguridad no le puedo decir cuántos somos. Es gente que tiene práctica política y ha seguido cursos militares [...] hemos estado con 'Al Fatah', además de las 'ligas' que tenemos con Arafat." (Rodolfo Puiggrós en *Revista de Revista*, México 1977.

[56] *Clarín*, 24 de marzo de 1977, pág. 11.

11. El derrumbe económico. La herencia

La caída de María Estela Martínez de Perón no se debió a una sola razón. Fue el resultado de una sumatoria de causas. El crecimiento de la subversión y el clima de violencia generalizado. La sensación creciente —real y declamada— de ausencia de autoridad presidencial, el "vacío de poder". La crisis de autoridad dentro del partido de gobierno reflejada en todos los estratos del gobierno nacional y las provincias. La desobediencia social generalizada. Y, sobrevolando, envolviéndolo todo, el desborde de todas las variables de la economía. Ya en la Memoria del Banco Central de 1975 se pueden observar los síntomas de la inocultable descomposición argentina. Son las mismas autoridades justicialistas las que los describieron. Y, con mayor dramatismo, los expusieron los funcionarios del Banco Central de 1976, una vez acaecido el golpe militar del 24 de marzo.

En la Memoria de 1975 se destacan los principales problemas de la época:

"El año 1975 se caracterizó por severas dificultades en el sector externo, la aceleración del proceso inflacionario y una disminución en el nivel de actividad económica. Mientras las primeras se manifestaron durante todo el año, la inflación se hizo más aguda a partir de junio y las tendencias recesivas se evidenciaron desde el tercer trimestre.

"El producto bruto interno resultó 2% inferior al del año anterior, con bajas en la mayoría de los sectores. Las más pronunciadas fueron las registradas en la industria de la construcción (-9,5%), la industria manufacturera (-3,2%) y las actividades agropecuarias (-2,5%). Los servicios tuvieron un comportamiento globalmente similar al del año 1974, destacándose el crecimiento del sector electricidad, gas y agua (6,2%).

"Entre los componentes de la demanda global, el consumo desempeñó un papel expansivo, con un crecimiento de 2,8%. Durante el año, el comportamiento de esta variable tuvo dos períodos diferenciados: en el primer semestre mostró tasas de crecimiento elevadas, similares a las registradas en las postrimerías de 1974, en tanto que en el segundo disminuyó, fundamentalmente en bienes durables.

"La inversión bruta interna fue 14,2% menor que la del año anterior. La inversión en construcciones declinó 7,7%; dentro de ésta, la correspondiente al sector privado tuvo un comportamiento positivo (5%), principalmente por la edificación comprendida en los planes oficiales a cargo de la Secretaría de Vivienda y Urbanismo, el Banco Hipotecario Nacional y el Banco de la Provincia de Buenos Aires, pues la construcción de vivienda financiada con recursos privados y las obras industriales y comerciales se contrajeron. La inversión real en construcciones públicas fue menor que la de 1974 (-24%); esto se observó tanto en la administración central como en los trabajos encarados por las empresas estatales.

"La inversión en maquinaria y equipos también declinó (-13,5%). La disminución afectó la demanda de bienes nacionales y en mayor medida a los importados. La reducción de las compras por parte del sector público resultó más acentuada que la que experimentaron las realizadas por los productores privados.

"El proceso inflacionario se manifestó con una intensidad no observada anteriormente en el país; entre diciembre de 1974 y diciembre de 1975 los índices de precios minoristas crecieron 335%, los mayoristas 348,7% y el costo de la construcción 376,3%. A lo largo del año se pueden diferenciar claramente tres períodos; hasta mayo, las tasas de inflación resultaron, en promedio, cercanas a 6% mensual; en los dos meses siguientes subieron abruptamente (60% la del costo de la construcción, 38% la de los precios mayoristas y 28% la del costo de vida), para descender en los últimos meses a valores medios de 11% mensual.

"El comportamiento de los índices de precios mayoristas reflejó cambios importantes en los precios relativos de las mercancías. En la relación entre los precios agropecuarios y los de la producción manufacturera se observó un cambio en favor de estos últimos. Dentro del sector agropecuario, los precios relativos pecuarios retrocedieron más que los agrícolas.

"Durante el ejercicio, la política de precios registró modificaciones que posibilitaron el reajuste de algunos de ellos mientras que otros se adecuaron mediante la concertación de nuevos acuerdos.

"La política salarial se tradujo en varios ajustes a lo largo del año, como resultado de los cuales, entre diciembre de 1974 y diciembre de 1975, los salarios nominales promedio aumentaron en 282,8%.

"Como resultado de los bruscos movimientos de precios y salarios nominales, el salario real presentó fluctuaciones pronunciadas a lo largo del año. Durante el primer trimestre experimentó una leve declinación; luego aumentó ligeramente en los trimestres segundo y tercero, para volver a caer en el cuarto. Comparando promedios anuales, hubo una caída de 2,7% con respecto a 1974.

"Las cuentas del gobierno nacional concluyeron el año con un fuerte déficit, dado que las erogaciones ascendieron a $ 213.737 millones, mientras que los recursos sólo alcanzaron a $ 57.087 millones. El desequilibrio emergente, $ 156.650 millones, superó en 417,2% al del año anterior.

"Esta situación se agudizó a partir de junio, por el considerable crecimiento del gasto motivado por los ajustes salariales, por la aceleración del proceso inflacionario y por la inflexibilidad de los ingresos públicos.

"Las exportaciones, que totalizaron u$s 3.000 millones, mostraron un significativo deterioro respecto del año precedente, cuyo nivel había sido de u$s 3.931 millones. Se revirtió así la firme tendencia al crecimiento de los últimos años. La declinación obedece a la reducción del volumen físico de los embarques y, en menor medida, a la baja de los precios de exportación.

"En el orden interno se destacó la limitación de los saldos exportables de cereales y aceites comestibles, a raíz de las menores cosechas de la campaña 1974-75. Asimismo, los ajustes en los tipos de cambio, que en numerosos casos resultaron inferiores al aumento de los costos internos, habrían contribuido a la importante caída en las ventas de productos manufacturados.

"En síntesis, el comportamiento de las variables macroeconómicas permite caracterizar a 1975 como un año de grandes dificultades económicas, que se hicieron sentir con mayor intensidad en el segundo semestre.

"Los problemas del sector externo y la alta tasa de inflación limitaron la capacidad de expansión de los sectores público y privado, y generaron una caída del producto y de la inversión."

1976. El estallido económico

Tras el golpe del 24 de marzo de 1976, las nuevas autoridades del Banco Central de la República Argentina realizaron una vivisección del estado de la economía que heredaron las Fuerzas Armadas. A la vez, constituye un análisis del país en el que vivían los argentinos. La carencia de respuestas gubernamentales para detener la caída al abismo sigue constituyendo uno de los principales argumentos para justificar la interrupción del mandato presidencial que se inició el 12 de octubre de 1974. Entre los puntos más importantes se destacan:

"En marzo de 1976, la economía argentina estaba al borde de la hiperinflación. La hiperinflación no significa solamente tasas de inflación muy alta; es un proceso económico en el que las propias expectativas inflacionarias se retroalimentan, dándole carácter explosivo, y donde la acelerada pérdida de confianza en el dinero conduce finalmente al caos económico y a la desintegración del sistema monetario y financiero.

"Efectivamente, entre marzo de 1975 y marzo de 1976 los precios mayoristas tuvieron un incremento de 738%, lo que indicaba que el proceso inflacionario argentino había adquirido una intensidad sin precedentes en el país. En marzo, el incremento registró un valor récord de 54% mensual que significó un fuerte aumento en la tasa de inflación, ya que en enero y febrero ese mismo indicador había registrado alzas de 19% y 28% respectivamente. La tendencia de la tasa de inflación era francamente creciente y amenazaba conducir a una situación hiperinflacionaria. Los aumentos de precios del primer trimestre implicaban una inflación anual del orden de 3.000%; la tasa de inflación de marzo extrapolada al año, resultaba superior a 17.000%.

"Por reflejo de la inflación reprimida durante el segundo semestre de 1973 y de los aumentos en los precios internacionales, el proceso inflacionario argentino adquirió intensidad creciente desde comienzos de 1974. Posteriormente, a medida que se aceleró el comportamiento de los precios, la importancia de estos factores quedó disminuida frente al abultado y creciente déficit fiscal. Desde el punto de vista distributivo, la inflación constituyó entonces un impuesto oculto de carácter regresivo: al no financiarse con impuestos genuinos la carga del déficit, ésta fue transferida a toda la población, y afectó en mayor medida a los sectores de bajos ingresos, los menos capacitados e informados para defenderse de la inflación.

"Al impacto inflacionario de la exagerada financiación del gasto público con emisión monetaria se agregó el efecto autoacelerante que los retardos en la recaudación impositiva tienen en una situación crecientemente inflacionaria, al disminuir el valor real o poder adquisitivo de dicha recaudación. Este efecto adquirió importancia a raíz de las medidas tomadas a partir de junio de 1975, que se tradujeron en un aumento de la tasa de inflación; éste, a su vez, hizo disminuir aún más el valor real de los ingresos de la Tesorería, debido a la mayor incidencia de los retardos en la recaudación impositiva. Mientras tanto, los egresos aumentaron en mayor proporción que los precios, es decir, acrecentaron su valor en términos reales. La combinación de ambos efectos produjo un aumento del déficit fiscal en términos reales y, consecuentemente, de su financiamiento monetario.

"Al mismo tiempo que ello ocurría en el sector oficial, la existencia de expectativas inflacionarias permanentemente en alza y su ulterior confirmación generaron, en el sector privado, un proceso de huida del dinero —o disminución de las tendencias de activos monetarios remunerados a tasa de interés real negativa— en el que los individuos y las empresas, ante la perspectiva de la continua y comprobada depreciación de los citados activos, se desprenden de ellos lo más rápidamente posible, adquiriendo en cambio otros activos (financieros o reales, nacionales o extranjeros) no sujetos a esa misma depreciación. El proceso de huida del dinero generalmente tiende a confirmar las expectativas que lo pusieron en marcha, pues al estimular la demanda de bienes contribuye a alimentar la propia inflación; en marzo de 1976, al igual que en los meses precedentes, las adquisiciones se centraban en propiedades, bienes de consumo durables y no perecederos, inventarios de materias primas, moneda extranjera y Valores Nacionales Ajustables.

"La causa inmediata del agudo proceso inflacionario que experimentaba la economía argentina fue el fuerte desequilibrio en el mercado monetario, cuya evolución durante el primer trimestre de 1976 agudizó, a su vez, el profundo y creciente desajuste entre la oferta y la demanda de activos monetarios.

"En el primer trimestre de 1976 el balance de pagos arrojó un déficit de Dls. 78 millones; de esta manera continuó la situación deficitaria observada en 1975, cuando, a pesar de una marcada reducción en su magnitud a lo largo del año, el déficit fue de u$s 1.095 millones. Consecuentemente se produjo una reducción en las reservas internacionales del Banco Central; éstas, que en junio de 1974 habían alcanzado un máximo absoluto de u$s 1.960 millones, declinaron desde entonces a u$s 1.341 millones a fin de ese año, a u$s 618 millones a fin de 1975 y a u$s 582 millones el 24 de marzo de 1976, para aumentar ligeramente hacia fin de este mes, cuando totalizaban Dls. 711 millones. Este incremento respondió, principalmente, al ingreso de un préstamo del Fondo Monetario Internacional por fluctuación de exportaciones por Dls. 126 millones.

"La declinación de las reservas internacionales se produjo a pesar de variados intentos por contrarrestarlas: se había devaluado el peso frecuentemente, introduciendo restricciones cada vez más severas a las operaciones con el exterior y fomentando el endeudamiento externo del sector privado, que obtuvo préstamos que ingresaron al país mediante operaciones de pase; de estas operaciones, las que tenían cobertura del Banco Central registraron un incremento neto de Dls. 640 millones en 1975 y Dls. 42 millones en el primer trimestre de 1976.

"La situación al finalizar el primer trimestre era crítica. De los Dls. 582 millones que la estadística registraba como reservas internacionales al 23 de marzo, sólo Dls. 23 millones podían ser considerados divisas disponibles para satisfacer necesidades inmediatas. A esta exigua posición de caja correspondía una deuda externa en concepto de capital (u$s. 8.948 millones) que, si bien no era elevada (aproximadamente dos años de exportaciones), presentaba una difícil estructura de vencimiento a través del tiempo (41% de esa deuda, es decir

Dls. 3.708 millones, tenía vencimiento en los doce meses siguientes).

"Completando este panorama, las previsiones sobre la probable evolución del balance de pagos en 1976, que el Banco Central había realizado a comienzos del año, daban como resultado una fuerte caída de las reservas internacionales. Esta era de magnitud tal que —tomando en cuenta que virtualmente se habían agotado las posibilidades de acceso al crédito internacional— implicaba el incumplimiento de nuestras obligaciones con el Exterior.

"La cesación de pagos, en caso de concretarse, habría significado que nuestro país sólo hubiese podido efectuar las importaciones necesarias para mantener la industria en marcha contra el pago al contado de las mercaderías; esto hubiese implicado una fuerte reducción en las importaciones de materias primas y bienes intermedios y, como éstas representan alrededor de 75% de las compras del país, ello hubiera ahondado la recesión, agravado el desempleo y contribuido a la destrucción del aparato económico, con el siguiente caos social."

ANEXO

Las dudas sobre la autoría de "Gaby" Arrostito

El trabajo sobre los orígenes y la formación de la organización político-militar Montoneros llegó a mis manos luego del lanzamiento de *Nadie fue*, el 3 de octubre de 2006. La persona que me lo dio —y que me autorizó a publicarlo— me dijo que este documento fue sacado de la Escuela de Mecánica de la Armada (ESMA) en forma clandestina. Debo entender por uno de los presos que allí se alojaron.

Seguidamente, se me dijo que el documento no tenía firma pero sí una fecha que era sumamente sugestiva al finalizar la primera parte del mismo. Al ver la fecha (21 de diciembre de 1976) se me observó que para esa fecha Esther Norma Arrostito[1] ya se encontraba detenida en el centro de detención de la Armada Argentina. Por lo tanto, dentro de los que allí estaban alojados, sólo ella conocía algunos, o varios, de los detalles que se traslucen en el trabajo. Nombres, reuniones y momentos clave de la etapa inicial de Montoneros.

Como corresponde, di a conocer el trabajo a tres o cuatro personas que figuran en el mismo, peronistas ortodoxos o ex miembros de la organización político-militar, buscando una confirmación a la sospecha, pero ninguno aseguró la pluma de "Gaby" Arrostito, aunque sí aceptaron que el relato se acerca a la realidad y que, además, muy pocas personas estaban al tanto de algunas informaciones. Es más, salvo Arrostito, nadie dentro de los presos de la ESMA, en ese diciembre de 1976, podía redactar este detallado informe.

De todas maneras, para ser sincero, varias dudas me asaltaron al analizar el trabajo. Quizás las más importantes fueron dos: para los que la conocieron bien, Arrostito no era considerada una intelectual. Era, más bien, una mujer de acción, de allí entonces que este trabajo debía haber sido realizado por otra persona o, por lo menos, con la ayuda de otra persona; el otro interrogante se planteó por la atención que se le presta a la organización Descamisados. Precisamente, ella no provenía de ese grupo de origen socialcristiano que luego se fusionará con Montoneros en agosto de 1972.[2]

Aclaradas estas cuestiones no estoy en condiciones de asegurar que el trabajo del presente anexo fue redactado por una de las integrantes fundacionales de Montoneros, que tuvo una activa participación en el asesinato de Pedro Eugenio Aramburu. De todas maneras no deja de ser importante para el estudio de la época. Haya sido o no elaborado por la ex Oficial Primero de Montoneros *Gaby* o *Irma* Arrostito.

NOTAS

[1] Esther Norma Arrostito fue "abatida" por un comando de la ESMA el jueves 2 de diciembre de 1976, alrededor de las 22 horas, en Larrea 470, Lomas de Zamora, según los diarios de la época. De acuerdo con la periodista Gabriela Saidon (*La montonera*, Editorial Sudamericana, Buenos Aires, 2005), "Gaby" fue detenida ese día en otra parte y a otra hora. Tras su caída permaneció cuatrocientos diez días detenida en la ESMA.

[2] Arrostito provenía —como su ex marido Bernardo Roitvan (a quien abandonó por Fernando Luis Abal Medina, diez años menor que ella, cuando estaban todos recibiendo instrucción en Cuba)— de la Federación Juvenil Comunista de La Plata, ingresando a los "camilos" ("Comando Camilo Torres") de Cristianismo y Revolución, luego Montoneros. A continuación del relato sobre la formación de Montoneros, el trabajo sigue con una historia de Descamisados de veinticuatro páginas. Esta parte no se incluye en el Anexo.

ORGANIZACIÓN POLÍTICO-MILITAR MONTONEROS:
SU FORMACIÓN

HISTORIA DE LA ORGANIZACIÓN POLÍTICO-MILITAR "MONTONEROS":
SU FORMACIÓN

1. Objetivos del trabajo

1.1. Profundizar acerca del conocimiento de la OPM Montoneros por medio del relato histórico.

1.2. Describir la procedencia, trayectoria y antecedentes de algunos de sus integrantes.

1.3. Servir de ayuda memoria, de motor polémico para futuros aportes que se quieran realizar con el mismo sentido, indispensables para elaborar un estudio histórico consistente.

2. Límites

2.1. La multiplicidad de factores concurrentes. Montoneros es un fenómeno, de índole político-social, determinado y generado por factores de las más diversas características: internacionales, nacionales, económicas, políticas, sociales, culturales, psicológicas, etc. La incidencia de cada una de ellas, en Montoneros, debe ser motivo de trabajos específicos. En caso de ser necesario, se tratarán, sintéticamente, los factores más importantes y su influencia.

2.2. La estructura clandestina y compartimentada de la OPM Montoneros; obliga a la parcialización del trabajo y a tener sólo panoramas sectoriales de la misma.

2.3. La inestabilidad de la OPM, las reestructuraciones, los traslados y la represión fueron elementos constantes, que hoy dificultan un análisis totalizador y permanente.

2.4. La falta de síntesis entre la teoría y la práctica provoca, en lo interno, una falta de coherencia organizativa, política, ideológica, militar, etc. Una cosa es lo que se plantea y otra lo que se hace.

En lo externo es causa de los frecuentes virajes políticos, además que genera el mantenimiento de un espectro de políticas coetáneas, probablemente antagónicas entre sí, que obligan a un pragmatismo extremo.

2.5. La falta de perspectiva histórica. El análisis de un período contemporáneo y de escasa magnitud es ineluctablemente subjetivo.

Los límites señalados en los ítems 2.2 al 2.4 imposibilitan un análisis serio sin el aporte de varios integrantes de la OPM que hayan alcanzado cierto nivel o antigüedad en la misma.

3. Introducción

La historia, considerada como una ciencia en sí; es la fuente primera del conocimiento de cualquier fenómeno, en especial los políticos y sociales; siendo ésta la base de las ciencias que los estudian. En este trabajo, la rigurosidad científica del relato histórico no es un objetivo en sí mismo, sino que éste es el medio por el cual se pretende detectar tendencias políticas e ideológicas, errores, aciertos, participación de otros sectores, concepciones, etc. en la OPM Montoneros y desde ahí poder predeterminar el futuro de su desarrollo político-militar, su táctica y su estrategia.

Lo complejo del intento impone desglosar de un todo temas parciales que a su vez constituyan una unidad en sí para su mejor estudio y análisis. Por lo tanto el tema "Montoneros: su formación", está concebido dentro de un conjunto que es "Montoneros: su formación, desarrollo, apogeo, estancamiento y decadencia". Estas etapas o temas están profundamente imbricados entre sí, máxime dado el carácter dinámico e inestable que ha tenido la OPM Montoneros desde su gestación hasta la fecha. Por lo tanto no debemos considerar estos temas como etapas históricas con una estricta correlación en el tiempo pues, por ejemplo, el primer tema está presente en casi todos los demás.

Como señalo en 2.1, Montoneros es un fenómeno político-social. Pretender encararlo de forma esquemática puede conducir a errores que incidirán en las futuras conclusiones.

Se dice que el terreno en disputa en una guerra revolucionaria no es un territorio sino el nivel de adhesión de las mayorías populares hacia uno u otro de los campos en pugna. Nada es más importante ni más difícil de medir, palpar, estudiar y por ende captar y manejar que esa adhesión. Cuando ésta pasa a ser consciente se convierte en fuerza política y según su desarrollo es lo que se denomina nivel de conciencia de las masas. Es en definitiva el estadío alcanzado por la mayoría de un grupo social, étnico, nacional, etc. en su adhesión a una causa superior común y su organización en defensa de los intereses de esa causa, ya sean económicos, raciales, políticos, etc. Es la cantidad que, organizada, se convierte en fuerza motora de un salto cualitativo que puede transformar determinada situación.

El grado de desarrollo alcanzado por el nivel de conciencia de las mayorías de determinado grupo, sector, o clase es el pilar fundamental de las condiciones subjetivas necesarias para la subversión de las condiciones objetivas de opresión a la que es sometido ese determinado grupo, sector o clase.

[...] el desarrollo de un alto nivel de conciencia de una mayoría, una vez institucionalizados dentro del conjunto que la contiene, se convierte en la doctrina de ese conjunto.

En la Argentina de los años 69-70 y posteriores se dan las condiciones objetivas para que el peronismo en principio y el conjunto del pueblo después reaccionen frente a una situación económica y social deplorable, frente a una parálisis política impuesta por las FF.AA., frente a la represión, etc.

Ahora bien, esto no constituye una novedad, puesto que esta situación objetiva, con distintos matices, ha sido casi una constante en la historia del pueblo argentino. Lo que sí surge como novedad es esa reacción o tomas de conciencia de las masas peronistas de que esa situación objetiva puede ser revertida. Esta toma de conciencia se manifiesta en la adhesión creciente hacia dos polos de atracción intangibles y lejanos: Perón por un lado y la guerrilla peronista por el otro.

La juventud peronista canaliza esa adhesión y la va convirtiendo en un fenómeno masivo tras una causa y su política.

La guerrilla peronista invocando a Perón, a través de la propaganda armada, surge como expectativa para las masas peronistas, frente a un movimiento aletargado, desahuciado por la actitud timorata y conservadora de sus dirigentes, sus inexistentes estructuras, el acomodamiento de los sindicalistas tras el gobierno de turno, la derrota del "sindicalismo de liberación" de la CGT-A,[1] etc.

Por el otro lado Perón ve la posibilidad de resurgir su alicaído liderazgo que, tras su "desensillar hasta que aclare" de principios del 67 y su desconocimiento de la realidad nacional, se mantiene "más por los errores de los otros, que por los aciertos propios".

La Juventud Peronista aparece como síntesis entre Perón y la guerrilla peronista; y utilizando, primero los resquicios que los medios de difusión de masas le brindaban y luego desde la propia conducción del movimiento, convoca al conjunto del peronismo con el "Perón presidente" y el apoyo a la guerrilla. Esta convocatoria se hace con una política similar a la de Montoneros y en contraposición a las FAP, FAR, Descamisados y decenas de grupos no armados que actuaban en el movimiento.

La política de JP tiene eco masivo fundamentalmente en los sectores juveniles de la clase media, la clase media baja, y los más marginados, además de una adhesión pasiva de las mayorías del movimiento que observan el "calla y otorga" de Perón, en una primera etapa, y el apoyo decidido en una segunda cuando ya las vacas estaban gordas. (Reactualización doctrinaria, "Si yo fuera joven..."etc.).

Es así como, sintéticamente, se gesta el fenómeno montonero o "globo montonero" como se dio en llamar. Este proceso no tuvo una jefatura unívoca, sino que de hecho aceptaba míticamente la conducción ecuménica de Perón, e indirectamente, por su aval, la de los que "con su sangre regaban el camino de la liberación". La juventud peronista dio nombre propio a estos últimos, actuando de esa manera en detrimento de otros grupos.

En síntesis, vemos que la OPM Montoneros es sólo una parte del fenómeno de masas, que hubiera podido acceder al gobierno de la Nación debido a la magnitud alcanzada por el mismo.

Un estudio más completo del fenómeno montonero implicaría un análisis del peronismo resistente desde el 55 al 72 (Resistencia, MRP, 62 de Pie, La Falda, Huerta Grande, CGT-A, FAP, FAR, Descamisados, Organizaciones Armadas Peronistas), del accionar de JP desde el 68 hasta su absorción por Montoneros, de los demás sectores políticos que se sumaron al peronismo en la etapa del 70 al 73 y de la OPM Montoneros.

4. Primeros pasos

Varios son los hechos que se conjugan para que, a fines del año 1969 y durante todo el 70, la mayoría de los grupos políticos revolucionarios se plantearan, como vía para la toma de poder, el método de la lucha armada. Las proscripciones electorales, el fracaso de la CGT-A, la falta de continuidad y organicidad del Cordobazo y las posteriores revueltas que se suceden en algunos puntos del país, dan pie para justificar ese planteo.

Para esa época, la polémica acerca de si la lucha armada debía ser iniciada mediante un foco rural o urbano alcanzó ribetes inimaginables, que la convirtieron en estéril y paralizante.

La ineficacia y las derrotas sufridas por la guerrilla rural en el país y en Sudamérica toda obligan al replanteo y amilanan los intentos más serios de establecer focos rurales. Todos los intentos rurales, hasta ese momento, conducían a un solo camino: el fracaso. Los Uturuncos en 1959, EGP (Ejército Guerrillero de los Pobres), (Ricardo Jorge) Masetti, Méndez y Juve en 1963 y Taco Ralo en 1967; Camilo Torres en Colombia y el Che Guevara en Bolivia durante 1967, son el ejemplo claro de lo inconducente del método, hasta la fecha.

El accionar de Tupamaros en Uruguay y su concepción pragmática acerca del uso de la violencia en las ciudades dan una punta de resolución a la disyuntiva guerrilla rural o guerrilla urbana, si bien el rotundo fracaso del primer intento de lucha urbana en el país, MNRT (Movimiento Nacionalista Revolucionario Tacuara, con Caffatti, Nell, Baxter y Rivarić[2] a la cabeza), dejaba planteados muchos interrogantes.

El hecho de que el fenómeno de masas peronista se hubiera desarrollado, fundamentalmente, en los grandes centros industriales (exceptuando Córdoba, industrializada artificialmente a posteriori de la etapa peronista) sumado a que la concentración de población rural es despreciable frente a la concentración urbana, fueron elementos de peso que concurrían a una sola respuesta, la lucha armada se debía llevar adelante en las ciudades.

Varias agrupaciones, nucleadas en distintas partes del país, que se consideraban peronistas o peronizadas, nacionalistas y católicas, asumen el hecho de que la única manera de resolver las cuestiones teóricas es realizando una práctica consecuente con sus planteos. Es así que se deciden a llevar adelante la lucha armada, en principio en las ciudades, actuando federalizadas bajo un mismo nombre: Montoneros.

La conexión de estos grupos se da, al parecer, en principio, por medio de la línea de distribución de la revista *Cristianismo y Revolución*,[3] la CGT-A y la distribución de su diario, además de los contactos personales.

5. Proto-Montoneros

Podemos diferenciar cuatro grupos iniciales que luego se nuclean bajo el nombre común de "Montoneros".

5.1. Grupo Santafesino

Los integrantes de este grupo provienen fundamentalmente de núcleos de la Acción Católica y del Ateneo universitario.[4]

El nacimiento de este sector de la organización Montoneros es el producto lógico derivado de la radicalización y proletarización de los jóvenes nucleados en la Acción Católica que tenían al Concilio Vaticano II y la Conferencia de Medellín[5] como guía y al accionar del cura Camilo Torres[6] como ejemplo. El Ateneo universitario, formado por elementos, en su mayoría de extracción católica acompaña este proceso post-conciliar con una creciente peronización, en principio de sus cuadros y luego asumiéndose ya como agrupación peronista.

Esta posición del Ateneo se complementa, además, con un fuerte nacionalismo que tiene sus antecedentes en 1958-1959, cuando la agrupación se convierte en el bastión de la Iglesia, en las luchas "laica y libre", frente a toda la izquierda y el reformismo. En esa época el Ateneo nutre sus filas con elementos provenientes de Tacuara.

Con posterioridad, el Ateneo universitario constituye una conducción clandestina que luego sería el germen del grupo que se plantea la asunción de la lucha armada. Tienen bastante influencia sobre este núcleo dos curas progresistas, en la Capital el padre Catena y en el norte en Fortín Olmos un cura italiano, el marxista Paoli.[7]

433

Una de las primeras operaciones de este grupo es el asalto al Hospital Italiano, en la ciudad de Santa Fe.

Al parecer, el "Pelado Carlos"[8] y el "Gringo Mario"[9] (ambos de la actual CN), son miembros fundadores de este núcleo. Son también hombres de la primera hora, Pochetino (luego diputado provincial y disidente), el Valdo (luego secretario académico de la Facultad de Ingeniería Química y disidente), el Toto o Lito (diseñador y ejecutor de las voladuras de la comisaría 10ª y del Jockey Club, luego muerto en Tucumán), el Alemán Hertz[10], el "Turco" Obeid[11] (conducción de JP y luego disidente).

En principio el grupo basaba su desarrollo en el frente estudiantil, fundamentalmente, en la Facultad de Ingeniería Química. En el frente barrial tenía inserción en dos barrios marginados: el Triángulo y el Pozo. En el frente sindical participan de la anémica CGT-A local, a través de su contacto con Russo (secretario general del sindicato de la madera, luego muerto por la organización). En el norte santafesino tenían contactos con algunos miembros de los que llevaban adelante la experiencia cooperativista de "Fortín Olmos".

En Reconquista, con el Moncho a la cabeza, se lleva adelante el proyecto con cierto tinte ruralista. En su mayoría los elementos norteños eran cuadros provenientes de la JOC (Juventud Obrera Católica), que se desarrollaron con la CGT-A y que serían la base de las futuras ligas agrarias.

Como detalle anecdótico, la gente de Reconquista se atribuye el hecho de haber elegido el nombre de la organización y habérselo comentado a (Fernando) Abal Medina y (Carlos Gustavo) Ramus en un viaje que éstos realizaran por todo el norte como vendedores de ganado. Cito la anécdota, puesto que la elección del nombre MONTONEROS no es un hecho baladí, sino que su profundo contenido histórico y emocional tiene mucho que ver con el posterior arraigo popular que adquiriría la organización.

El grupo, si bien tiene un relevante desarrollo en los sectores más marginados, como lo demuestra al encabezar las marchas de los emigrados del norte en 1968, los actos agitativos como el del 17 de octubre de 1968, etc. rompiendo el letargo político santafesino, nutre sus filas de cuadros medios en la clase "alta" santafesina. Estos últimos surgen, principalmente, del colegio de la Inmaculada Concepción (jesuita) donde desde el 67 con el cura Dahbar, la dirección del colegio toma un camino "progresista". Ejemplos claros de este fenómeno son Nora Spagni y Mabel Busaniche (actualmente presas) provenientes del colegio "Nuestra Señora del Calvario" cuya dirección está en manos de monjas francesas siendo confesor del colegio el cura Osvaldo Catena; Abel Argento Argüelles[12] y "Nariz" (ambos en Rosario) provenientes del colegio Inmaculada y de familias tradicionales.

5.2. Grupo Cordobés
Después de la embriaguez del Cordobazo y habiendo participado en la CGT-A, varios son los grupos, en general "independientes", que adhieren a la lucha armada y al peronismo. La mayoría de estos grupos provienen de la Universidad y surgen del proceso de resquebrajamiento del integralismo y del FEN. Proceso éste que se genera fundamentalmente en las críticas a la actitud de la conducción estudiantil: Roberto Grabois[13] y Rodolfo Vittar.[14]

Algunos de estos grupos lograron alguna inserción barrial y fabril. La agrupación de la cual proviene el gordo Antonio, gallego Willie o José y Soledad es una de las pocas de esas características.

La columna vertebral del grupo cordobés la constituyó un núcleo de ex liceístas,[15] encabezado por Ignacio Vélez, Emilio Maza y (Alejandro) Yofre. Formaba parte también de este núcleo Héctor Araujo (a) Ciro (preso en Córdoba).

Otros componentes del germen montonero cordobés fueron (Alberto) Soratti Martínez, Fernando Vaca Narvaja,[16] (Carlos) Capuano Martínez, Susana y Adriana Lesgart.

El desarrollo e inserción del grupo no alcanza magnitud en ningún frente y con posterioridad nuclean a algunos ex seminaristas como Roberto Vidaña (luego diputado nacional). Contribuye a esta falta de contacto con las masas la represión a la que es sometido luego de la toma de La Calera.

Apagados los ecos del Cordobazo, la política que ejerce Montoneros (más allá de una línea operacional correcta) es de un peronismo vergonzante. Y es así porque al asumirse "como brazo armado del movimiento peronista", significa poco y nada para la moderna clase obrera cordobesa, constituida en sus sectores más dinámicos por trabajadores especializados con mayor receptividad hacia la prédica de la izquierda insurreccionalista.

Es la falta de un peronismo consciente de sus errores, sin complejos frente a la izquierda, la que luego posibilitaría la aparición de los SITRAC-SITRAM, que nuevamente ponen a Córdoba al margen del movimiento.

Es así, a grandes rasgos, como la realidad de masas cordobesas superó, en esa primera etapa, a las propuestas montoneras, atadas éstas al centralismo impuesto por Buenos Aires.

5.3. Grupo Buenos Aires

Algunos cuadros del peronismo que tenían inserción sindical no participan en la CGT-A por críticas al espontaneísmo e insurreccionalismo. Ahora bien, usaban las reuniones en Paseo Colón como medio para vincularse a los elementos más radicalizados y plantear la lucha armada. Es así como se conectan con algunos cuadros de la JOC (Juventud Obrera Católica). El grupo controla algunos sindicatos en zona oeste del Gran Buenos Aires, y por extensión logran inserción barrial. En la Facultad de Filosofía y Letras tienen algunos contactos.

Son fundadores del grupo: (José Sabino) Navarro,[17] Delpech (a) Chicho, Leandro, Diego y Pinguli.[18] Son integrantes del mismo, como base, Quito Maratea, la Petiza (luego disidente) y la negra Laura.[19] Es el grupo más "peronista" de los cuatro y son los que insisten en el planteo de "brazo armado", por lo menos en la primera etapa.

5.4. Grupo Capital

Varios elementos surgidos de la Acción Católica, nucleados en el Colegio Nacional Buenos Aires, dan luz a este grupo. A través de la JOC logran contactarse con algunos núcleos del Interior. La mayoría de los integrantes del grupo había tenido una militancia "nacionalista" en Tacuara o similares.

Forman el núcleo inicial Fernando Abal Medina, Gustavo Ramus, Mario Firmenich y Norma Esther Arrostito con algunos periféricos como Carlos Maguid, la Petiza y el Petizo.[20]

435

La inserción política del grupo era escasa y en general en las villas, donde realizaban una práctica de beneficencia (en Retiro). La actividad operacional de los cuatro grupos fue escasa y la situación logística de la federación montonera, previa a la captura de (Pedro Eugenio) Aramburu, dejaba mucho que desear.

6. Aparece la OPM Montoneros

El 29 de mayo de 1970 con la captura y posterior ejecución de Aramburu (el 1° de junio del mismo año), surge a la luz pública la OPM Montoneros. Por varios motivos, esta operación se convierte en una obra maestra de propaganda armada. Ninguna de las organizaciones armadas surgidas hasta el momento había llegado tan hondo en la sensibilidad popular.

La difusión alcanzada por el asalto al Banco de Don Torcuato en abril de 1970 (operación realizada por las Proto-FAR), crea expectativas en la opinión pública, que queda esperando el nacimiento de los "Tupamaros" argentinos. Es así que la raigambre histórica del nombre "MONTONEROS" obliga al paralelo con la organización armada del vecino país. Esta comparación permite a MONTONEROS usufructuar, en el mejor sentido de la palabra, de la fama mundial obtenida por los uruguayos.

Las declaraciones y el blanco elegido sindican a MONTONEROS como una organización peronista que cumple con ese objetivo un anhelo de justicia del conjunto del peronismo. El eco y el rédito obtenido por dicha operación seguirán vigentes hasta fines del año 1975. La actitud del gobierno sumó elementos a la sospecha de que existía alguna relación entre el Ministerio del Interior y los ejecutores de la operación.

La mala política represiva de la época abre a MONTONEROS el camino hacia una difusión y publicidad masivas imposibles de lograr sin el aparato estatal. Algunos de sus integrantes pasan a ser, de un día para el otro, los enemigos públicos número uno de un régimen repudiado por las más amplias mayorías populares, gracias a la propaganda de ese mismo régimen.

En los círculos del momento, muy pocos alcanzaron a visualizar el hecho de que, más allá de la existencia o no del vínculo con el régimen, el eco de masas favorable que tuvo el "caso Aramburu", preanunciaba el inicio de una nueva etapa en el enfrentamiento Peronismo vs. Gobierno. Además permitía vislumbrar en MONTONEROS, de continuar con esa línea operacional, el sujeto de una adhesión popular no obtenida hasta ese momento por ningún grupo político armado o no.

7. La Calera (1º de julio de 1970)

Uno de los mayores problemas que habían tenido los grupos armados hasta ese momento era la falta de continuidad operativa. El otro problema con que se enfrentaban todos los grupos políticos era la falta de difusión, no de los hechos producidos sino de la línea política que se pretendía enmarcara esos hechos.

MONTONEROS, con el secuestro y posterior ejecución de Aramburu, supera en parte el problema de su identidad política, que se deduce directamente del carácter de la operación.

Con la toma de La Calera se pretende lograr una continuidad táctica operativa, que estratégicamente no se estaba en condiciones de mantener. La falta de experiencia, de infraestructura logística, de inserción política son los elementos que, sumados, conducen a la derrota.

La represión que acarrea esta operación deja a la organización casi desmantelada. Los cordobeses y los porteños juntos no suman una quincena, que se guarece en Capital Federal.[21] En Córdoba los periféricos de la Organización quedan desconectados, el contacto con Santa Fe está roto o era muy débil en esa época y Buenos Aires no tiene mucho que aportar, logísticamente hablando.

8. Primera resistencia estratégica

La muerte de Fernando Abal Medina y de Gustavo Ramus (ocurrida el 7 de septiembre de 1970), estrecha aún más el cerco sobre la organización que pierde, de esta manera, su cabeza política y jefe natural. En esa situación, la organización lucha por la supervivencia en forma desesperada; casi todos sus integrantes son clandestinos; los trece que componían en ese momento la Organización viven en una sola casa, los fierros son escasos y el aislamiento entre los grupos es total.

En esta situación la única alternativa que le queda a la Organización es buscar apoyo en otros grupos o perecer. A esta tarea se da "Pinguli" (Hobert), uno de los pocos legales que tenía en ese momento el grupo. Éste se conecta con algunos grupos políticos no armados de superficie. Los medios usados son en general los más insólitos y se realizan aprovechando fundamentalmente los contactos establecidos a nivel personal en la CGT-A.

JAEN (Juventudes Argentinas para la Emancipación Nacional) es una de las primeras agrupaciones políticas que se conectan con la Organización y le da crédito político, pese a que la acusación de connivencia con el gobierno era, en esos momentos, de mucho peso. Este contacto se realiza a fines del año 1970, principios del 71. En ese momento JAEN era un núcleo político de bastante resonancia, formado por unos 30 hombres, con una conducción colegiada constituida por Rodolfo Galimberti, Ernesto Jauretche, Marta ("La Negra") Roldán, (Carlos) "Chacho" Alvarez y Norberto "Beto" Ahumada.[22]

Las operaciones en esta etapa son escasas y de poca envergadura, fundamentalmente de pertrechamiento.

9. Se inicia una política de masas

Después de intensas discusiones, JAEN comienza a levantar, fundamentalmente a nivel superestructural, una política similar a la de MONTONEROS, aunque un poco más insurreccionalista. Mientras en esa etapa la organización va haciendo contactos individuales y con grupos de base en todo el país, que son en general cuantitativamente despreciables, los demás grupos políticos reconocidos dentro del Movimiento Peronista adherían en general a la tesis de que los Montoneros no existían, que eran una maniobra del gobierno.

Durante 1971 comienza a funcionar la efímera tripartita-cuatripartita, que constituye el primer intento de unión de las OAP (Organizaciones Armadas Peronistas). La polémica interna de FAP (Fuerzas Armadas Peronistas), el izquierdismo de FAR (Fuerzas Armadas Revolucionarias) y la incoherencia de Descamisados conduce a la desaparición del intento de conformar la OAP.

JAEN, por otro lado, recorre todo el país tratando de construir un aparato de conducción del peronismo en la resistencia, para luego ofrecérselo a Perón (recordar el coqueteo oficialista de [Jorge] Daniel Paladino). Este trabajo tiene su respaldo de masas en el acto realizado a mediados de 1971, en Santa Rosa de Calamuchita, donde por primera vez se escucha, a través de una cinta magnetofónica, la palabra oficial de Montoneros.[23] El acto tuvo la repercusión nacional necesaria y suficiente y se realizó en un pueblo del interior de Córdoba por varias razones, primero que en ninguna ciudad grande era posible juntar esa cantidad de gente (alrededor de 3.000 personas) porque nadie la tenía ni la podía convocar, y segundo porque no hubiera sido permitido por el gobierno la realización de un mitin de esas características.

Para ver el grado de desconexión, de compartimentación, de "bolichismo" y de debilidad de la organización en ese momento, basta citar que la cinta es traída desde Bs. As. vía JAEN, y en Córdoba, pese a que con anterioridad Galimberti y Ahumada habían charlado con casi todos los grupos existentes del peronismo (MRP-Fausto Rodríguez, "Gordo" Saucedo, "Negro" Azócar, Blas García, "Rody" Vittar, "Teodorito" Funes,[24] etc.) la organización no aparecía.

Todo este trabajo de gestación de una superestructura del Movimiento Peronista que levantara como banderas la oposición al gobierno, el retorno de Perón y la adhesión a la lucha armada tiene su culminación en el Congreso de Longchamps.

La Organización participa en el Congreso a través de un mensaje que se le hace leer a Miguel Gazzera (ex secretario general del Sindicato de Fideeros, que ese mismo día estaba citado por el Ministerio del Interior por declaraciones hechas con anterioridad). Participan del Congreso, entre otros, Andrés Framini (de Bs. As.), Julio Antún[25] (de Córdoba), Rossato (de Capital Federal), Venturino (de Entre Ríos), Razzeti (de Rosario), Roselló (de Mendoza), Zoilo González (del gremio de la carne de Santa Elena, Entre Ríos), Brachi (de Lincoln, Pcia. de Bs. As.), Americi (de La Plata), Diego Muniz Barreto (de Capital Federal), etc.

Para esa misma fecha (julio-agosto de 1971) muere en Córdoba "el Negro" (José) Sabino Navarro, pese a los esfuerzos realizados para sacarlo con vida del cerco que le habían tendido las fuerzas conjuntas. Miembros de JAEN de Santa Rosa de Calamuchita buscan infructuosamente en las sierras al jefe montonero que intentaba reconstruir al grupo cordobés.

En ese ínterin se dan las charlas de JAEN con el Comando de Organización (Alberto Brito Lima y Norma Kennedy). La Organización (Montoneros) se opone al contacto pero cito el hecho puesto que, si bien Perón aseveraba que Brito Lima era un hombre de los servicios, es su participación en este proceso lo que amplía el espectro político del proyecto. Quizás Brito Lima haya sido, inconscientemente, el vehículo o la mano derecha que junto con (Julio) Antún necesitaba esta política para que se abrieran los portones de la Quinta 17 de Octubre en Puerta de Hierro.

Galimberti viaja a Madrid junto al abogado Mario Hernández en agosto-septiembre de 1971, llevando el primer mensaje de los Montoneros que le llega a Perón; a su regreso trae la respuesta del Líder.[26]

Si bien la política de la Organización, expresada indirectamente a través de Galimberti, le ofrecía a Perón un espectro que cubría las tres ramas del Movimiento (en cuanto a lo superestructural), el General limitó esa política al ámbito juvenil; un mes después lo manda a llamar y lo nombra delegado juvenil en el Consejo Superior del Movimiento junto con (Julián) Licastro.

10. El fenómeno montonero y la participación de la OPM

Desde la conducción del Movimiento y una vez defenestrado Paladino, se lleva adelante la política de la organización con algunos matices de diferencia, fundamentalmente en la implementación práctica de llevar adelante esa política. De todas maneras la injerencia de la conducción de la Organización era mínima; es más, no arriesgó en ningún momento a decir esta boca es mía en los innumerables conflictos que se iban generando sobre la marcha.

El Consejo Provisorio de la Juventud Peronista se va organizando en todo el país, teniendo como base a JAEN, al MRP (Movimiento Revolucionario Peronista), al CdeO (Comando de Organización), a CR (Comandos Revolucionarios) y a las Juventudes Peronistas de La Plata, Berisso y Ensenada.

La Organización va cosechando en este proceso, cuadros entre los centenares de grupos que se nuclean en todo el país. Este reclutamiento se va haciendo en forma individual, con gran cuidado y sectarismo entre los grupos que componían la organización. Las prevenciones acerca de JP y el Consejo Provisorio que tenía la Organización eran motivadas por problemas de poder y no de índole política o ideológica. Prueba de ello es la animadversión que siente el Ateneo Universitario de Santa Fe hacia las propuestas de JAEN en los pasos previos a toda esta política; esa animadversión nacía de las prevenciones que le hacía el grupo porteño al santafesino.

En este punto es importante aclarar la metodología de trabajo que implementó la Organización para controlar tras bambalinas el proceso al cual entraba por la puerta chica, y así conservar "la pureza" de sus estructuras.

La tarea, si bien ardua, no era difícil. Las formas de práctica política que eran factibles durante (Juan Carlos) Onganía y (Roberto Marcelo) Levingston y la posterior vertebración de los grupos, por parte de JP, posibilitaron la maniobra.

Las agrupaciones constituían núcleos aislados, compartimentados, sin contacto entre sí y con profundas desconfianzas de unos hacia los otros. El vínculo que los une se establece por medio del Consejo Provisorio de la JP. La Organización desde que se inicia el proceso de masas, hasta mediados del 73, que es cuando ya pasa a tener el control orgánico absoluto de la JP, se fue conectando con casi todos los grupos que formaban parte de la misma y los fue enhebrando sin integrarlos a su estructura, sino que a lo sumo, como ya dije antes, reclutando algunos individuos de cada grupo.

El método era el siguiente, venía el montonero, charlaba dos o tres cosas y establecía reuniones mensuales o bimensuales. En general, a la agrupación se le exigía seguir participando orgánicamente de JP, pero se le prevenía de la existencia en JP de algunos grupos insurreccionalistas, oportunistas, reformistas, guerrilleristas de palabra, etc. Por supuesto la conducción de JP era el principal blanco de esas diatribas, aunque a su vez también entraba en la engañifa que le preparaba la Organización. Es así como cada grupo de JP se sentía más montonero que los demás, aceptaba la conducción de la organización como "estratégica" y la de JP como pantalla.

De esta manera, la Organización "controlaba" todo lo que no podía conducir. Uno de los artífices de esta política fue "Pinguli".

Está de más decir que cada "contacto" debía por "seguridad" ser mantenido personalmente por el mismo individuo que lo había realizado y lo usaba como propio o no, de acuerdo a su conveniencia dentro de la lucha interna.

Esta teoría recién la verifican las distintas agrupaciones una vez ya disueltas e integradas totalmente a la mecánica masificadora de la Organización, o sea mucho tiempo después de que pudieran reaccionar contra esa política burocrática.

Es así como se integran a la Organización: el MRP (Miguel Garaycochea, Sergio Puiggrós); CENAP (Corriente de Estudiantes Nacionales Peronistas); FANDEP; FORPE (Fuerza de Orientación Peronista); OP17-CEP (Organización Peronista 17 de Octubre-Corriente de Estudiantes Peronistas) a la cual pertenecían Leonardo Bettanín, Horacio Pietragaglia, Ernesto Villanueva y el "Gordo Rodolfo". (Estos dos últimos provenientes de la FAP "oscura"); las Cátedras Nacionales de Filosofía y Letras (Alcira Argumedo, Roberto Carri, Pablo Franco); CARTA ABIERTA (Juan Carlos Dante Gullo); ARP (Acción Revolucionaria Peronista); sectores del interior como Juampa (de Corrientes); Equipos Políticos Técnicos de la JP (Rolando García) y cientos de pequeños grupos del interior y de Capital como FRP (Frente Revolucionario Peronista); CPL (Comando Peronista de Liberación); etc.

Una de las últimas agrupaciones que se integra (abril del 73) es JAEN. Varios son los factores que se conjugan para que la conducción de la OPM frenara su ingreso. En un principio "Pinguli" la había jugado, dentro de la estructura, como fuerza propia; esta agrupación, al entrar en contacto con otros sectores de la OPM percibe la maniobra por lo que se intenta destruirla políticamente. Otro factor de peso lo constituía el hecho de que sus hombres eran la conducción nominal de JP (Rodolfo Galimberti, Roberto Ahumada, Mario Herrera, Daniel Goldberg). Por lo tanto podían pasar a disputar una cuota de poder interno más o menos considerable, fundamentalmente por el reconocimiento político a nivel nacional que tenían sus cuadros. Sólo se le permitió el ingreso a la OPM cuando había garantía de su total neutralización o sea, cuando se habían conformado estructuras de conducción inamovibles (después de la absorción de Descamisados).

De más está decir que en este proceso de masas las otras organizaciones armadas peronistas (FAR y Descamisados) cosecharon también los frutos que les brindó el fenómeno montonero.

Un hecho de suma importancia para la formación y posterior actuación de la organización es el primer contacto con Perón en Madrid. Las demás reuniones serían ya públicas, en la Argentina, y tendrían un tinte más político. Por un lapso de mes y medio (junio-julio de 1972), "Pinguli" y (Alberto) Molina, llevados de la mano de JP, charlan casi diariamente con el General. En estas charlas la Organización asume la importancia no sólo del "Perón vuelve" (comunicado de La Calera) sino lo indispensable de la cumplimentación de la consigna de JP "Perón Presidente"; por su parte Perón ve la magnitud que estaba alcanzando el proceso de masas en la Argentina, quién era su conducción "táctica" y por lo tanto con qué herramientas tenía que manipular para garantizar su retorno. Es aquí cuando nace la "actualización doctrinaria" o cuando el General decide sacarla a la luz pública.

Si bien ya se señaló, quiero recalcar el peso que tuvo el accionar del gobierno en el crecimiento de la política de JP y por ende de la OPM en esta etapa. Toda su concepción represiva y su implementación fueron aprovechadas positivamente por el peronismo (cláusula del 25 de agosto, Trelew, etc.).

El nombramiento de Juan Manuel Abal Medina como secretario general del Movimiento Peronista, en octubre de 1972, es un hecho de amplia repercusión en el crecimiento de la OPM principalmente en el seno del nacionalismo. Si bien la OPM queda totalmente al margen de este nombramiento (J.M. Abal Medina viaja a Madrid llevado por Galimberti y Ahumada), es la que mayor rédito político saca. Los sectores del peronismo aún indecisos respecto del apoyo de Perón a Montoneros ven en el nombramiento del hermano de Fernando Abal Medina (muerto dos años atrás) el decidido aval del General a la guerrilla. Esta ventaja política para la OPM no es visualizada por su conducción, tal es así que no aporta económicamente para el viaje, *se mantiene prescindente y más bien reticente, fundamentalmente por las prevenciones que hace la ex cuñada de J.M. Abal Medina, (Esther) Norma Arrostito.* En este ejemplo podemos ver claramente las diferencias de criterios que siempre aparecen cuando se debe producir un hecho político organizativo y la forma de encararlo. Por un lado, la flexibilidad y conducción del hecho y por otro la rigidez y el intento de control absoluto del mismo.

La JP se plantea llevárselo a Perón para así obtener un cargo más dentro de la superestructura del movimiento. La concepción que guiaba este planteo era de que, más allá de las características personales del individuo, estaba el hecho objetivo de que su apellido significaba lucha armada montonera para el conjunto del pueblo, todo lo que pudiera hacer el mismo quedaba restringido por esa situación objetiva. El apoyo de Perón al efectuar el nombramiento de J.M. Abal Medina más allá de la propia persona, llegaba por carácter transitivo a la OPM Montoneros.

La Organización, por otro lado, planteaba que J.M. Abal Medina no era un hombre propio, y por lo tanto incontrolable. Esta rigidez de criterio es la que primó permanentemente en la concepción político-organizativa de la conducción de la OPM Montoneros; y hoy vemos que está basada en la férrea voluntad de concretar el poder de decisión en unos pocos.

Para esa etapa el principal accionar de la OPM estaba en tratar de engancharse y "controlar" todas las movilizaciones masivas que hacía la J.P.; la línea operacional había decaído grandemente y se reducía a algunas operaciones de recuperación. Sobre este punto es necesario aclarar que toda la actividad guerrillera que había en el país (que era de bastante magnitud) era aprovechada políticamente, en última instancia por el fenómeno montonero, firmara la organización que firmara la operación; para el conjunto del pueblo peronista, ya todos los guerrilleros eran montoneros.

11. El regreso (17-11-73)

Es el hecho más importante en toda la política de masas que se venía implementando. Su preparación es uno de los últimos acontecimientos que se

441

producen a nivel de movilizaciones masivas, sin la conducción orgánica de Montoneros.

Se había constituido una "comisión" de retorno formada por Montoneros (Pinguli), Descamisados (Mendizábal[27] y el "Sordo" Sergio), FAR (Arturo Lewinger[28] y la Gorda Amalia[29]) y JP (Galimberti y Ahumada).

En esta comisión todos tenían cartas tapadas. Montoneros "controlaba" a Descamisados y a JP, Descamisados corría casi por la libre con sus contactos en la Armada y con la posibilidad de un levantamiento militar. FAR se subía a un tren que de entrada había perdido (recordar la carta de Quieto desde el penal de Rawson, donde pontifica que Perón no va a regresar y que en el país no va a haber elecciones).

JP, por su parte, tratará de fortalecerse aprovechando su fluido contacto con Perón y sus relaciones con Abal Medina que ya se empezaba a cortar por la propia. Esta situación se pone de manifiesto en la conformación de la delegación "montonera" que viajó en el charter del regreso: "Chacho" Pietragaglia[30] iba por Montoneros, Rody Vittar por las FAR, Roberto Bustos[31] y Bocha Waissman por JP, entre otros. La nota cómica la dio uno que en Roma se dedicó a comprarse de todo, fundamentalmente material pornográfico, los montos murmuraban "¡estos liberales de la R!, las FAR "¡estos de la M reclutan cualquier cosa!; en definitiva al susodicho personaje no lo conocía nadie, cosa que saltó días después.

Varios son los hechos que se conjugan para que se hicieran ciertas las aliviadas palabras que pronunciara Lanusse el 18 a la madrugada: "Aquí no ha pasado nada".

El escaso tiempo de la confirmación de la fecha del regreso (la trae Ahumada 15 días antes desde Madrid), la descoordinación de esfuerzos (Licastro ofrece "encargarse" de las comunicaciones, lo que es rechazado), las informaciones erróneas o falsas sobre la situación de las FFAA (brindadas por Rodolfo Urtubey hombre de (J.M.) Abal Medina y delegado militar del Movimiento Peronista), la lluvia, etc., conducen al fracaso la intentona de producir un hecho insurreccional, acompañado de un levantamiento militar que hiciera retroceder a Lanusse y lo destituyera del gobierno. Todos los cuadros de las organizaciones armadas permanecieron concentrados en casas operativas, con el argumento de salir a defender a Perón si era necesario.

Este gran bluff que todos ayudaron a gestar, su derrumbe, y la renuncia de Perón a convocar movilizaciones masivas, después del 17, coloca a Montoneros como única fuerza capaz de nuclear a todas las demás. La gran cantidad de personas movilizadas enfrentando a la dictadura, y lo señalado en el párrafo anterior, constituyen un hecho de gran relevancia que repercutirá profundamente en el proceso de formación de la OPM.

12. Descamisados

La política de incorporación masiva del fenómeno montonero a la OPM Montoneros (proceso de "extensión de la guerra") tiene su primer objetivo en la incorporación de Descamisados. Ésta era una agrupación a la cual se le reconocía el carácter de organización armada.

Su mayor desarrollo lo logra en algunos barrios marginales de Capital Federal (Villa Dorrego), donde realizaban una práctica rayana con la beneficencia,[32] y en el desarrollo de la JP de Moreno y alrededores.

Es importante señalar la política desarrollada por Descamisados, puesto que su ingreso influyó mucho en el accionar posterior de la OPM. Sus cuadros medios tenían una práctica política de base y en general estaban insertos en el sector que trabajaban.

La doctrina que los guiaba era de un socialcristianismo peronizado y su accionar de un peronismo populista, oportunista y seguidista, que hay que tener en cuenta puesto que es el germen de una desviación que más tarde provoca la disidencia, el movimientismo.

Las discusiones de la integración fueron fundamentalmente acerca del nivel que iban a tener los cuadros descamisados dentro de la estructura de conducción de Montoneros, más que por posiciones políticas, organizativas o ideológicas.

La actitud política de Descamisados, ya señalada anteriormente, fue una constante en sus cuadros hasta la actualidad, de ahí la importancia del señalamiento. No está de más recordar la posición que asumieron al apoyar a la Mesa del Trasvasamiento (Alejandro "Gallego" Álvarez de Guardia de Hierro, Roberto Grabois del FEN y Dardo Cabo), enfrentándose de esa manera al Consejo Provisorio de la JP.

Descamisados nutrió sus filas de la clase media alta y de la oligarquía, surgidos de algunos círculos de la Acción Católica como Saavedra Lamas (a) gordo Damián o Pepo (muerto en Tucumán), Figueroa Alcorta (a) Mateo (actual Secretario Militar de la Columna Capital).[33]

Algunos miembros surgen de la FAP "oscura" como el "Sordo" Sergio o Alberto (ex miembro de la redacción de *Cristianismo y Revolución* y actual Secretario de Organización de Montoneros). Otros de la vieja JP y de sectores del nacionalismo no peronista como Dardo Cabo del MNA (Movimiento Nueva Argentina).

Otros componentes de los Descamisados son: Mendizábal (a) Hernán, Vasco o Mendicrim (ex secretario general de la Juventud Demócrata Cristiana y actual Secretario Militar de Montoneros), el negro Joaquín o Rolo, Lugo (ex Decano de la Facultad de Ciencias Exactas).

13. La campaña electoral

La campaña electoral sumó dos factores de particular importancia para la OPM. El primero es que le permitió contactar casi en el último rincón del país cuadros para su política, o sea que llegó donde hasta ese momento no había llegado. El segundo elemento fue que tras su política (la campaña de Cámpora había sido diseñada por la Organización y el programa del FREJULI había sido elaborado casi en su totalidad, también por la misma) se pudieron realizar actos masivos similares a los que hacían en la metrópolis, en lugares donde, de otra manera, hubiera sido imposible llevarlos a cabo. La prensa se encargaba de darle una difusión nacional. Los "aliados" del FREJULI se sumaron, de esta manera, al fenómeno montonero. La visita de la comitiva electoral dejaba tras de sí un exiguo número de candidatos a cargos electorales pertenecientes a la OPM.

Para esa época, viajan Firmenich y Quieto a verlo a Perón a Madrid. Todas las prevenciones hechas por los cuadros que conocían mucho más las diferencias y recelos que tenía el líder con la OPM fueron desechadas. Los dirigentes guerrilleros le llevan un cartapacio de todo lo hecho en la Argentina (movilizaciones, operaciones, etc.); además de un programa que abarcaba todas las áreas de gobierno y los equipos humanos que lo llevarían adelante. Perón plantea su acuerdo, la necesidad urgente de plantear las milicias y como voto de confianza la OPM sería la encargada de resucitar y manejar la Fundación Eva Perón. Acuerdo que por supuesto no pensaba cumplir. Desde ese momento inicia la maniobra de intento de destrucción de su competidor más serio del corazón de la masa peronista: Montoneros.

14. Asunción de Cámpora (25-5-73)

La amnistía lograda, al asumir Cámpora la Presidencia de la Nación, es un hecho de vital importancia para la conducción de la OPM Montoneros y su futuro asentamiento como tal. Esta medida del gobierno, además de todas las implicancias que tiene, se convirtió en uno de los hitos más relevantes en cuanto a la formación de Montoneros desde su gestación.

Se obliga a Cámpora a adoptar una medida que, en el tiempo, hubiera sido viable sin problemas, pero tomada como lo fue, resultó irritante, fundamentalmente para las FF.AA. a las cuales todavía no se les había nombrado comandante en jefe.

La mayoría de los presos, después de un corto período de adaptación, pasan a "conducir" realidades políticas que en general los superaban ampliamente. El haber sido "preso de la dictadura" se convirtió en su máxima virtud, es de esta manera como se invierten los valores en la OPM; un error se consideró un acierto, más allá del valor innegable de la mayoría de los presos. Mucho tuvo que ver con esta situación la amistad que ligaba a los mismos con la conducción.

Las características políticas particulares que se desarrollaron en los presos en aquella época, teoricista, aislada de la experiencia de masas, sumada a la circunstancia antes descripta, que podemos sintetizar como una imposición artificial de conducciones intermedias, trajo aparejadas desviaciones de todo tipo que a la larga traerían su cola.

15. Columna (José) Sabino Navarro

Algunos de los liberados, que habían elaborado un documento de 40 hojas en la cárcel, no aceptaron la ubicación que les dio la conducción dentro de la OPM.

El eco que produce esta actitud crítica, y la forma de su tratamiento, permite verificar la existencia de una élite que, encaramada en la conducción, busca apoyarse en conducciones intermedias adictas, además de preocuparse, en los hechos, más por cuidar las migajas que se habían obtenido del gobierno y su "evaluación" dentro de la estructura, que por llevar adelante la política de la OPM.

Estos disidentes se contactaron con otros sectores críticos, dentro de la OPM, pero no acumulan fuerza como para llevar adelante una lucha por el poder interno y magnifican algunas diferencias ya surgidas en el documento ya nombrado.

Los "sabinos" plantean, en definitiva, desacuerdos ideológicos, políticos y organizativos acerca del Movimiento, el Partido y el Frente, adoptando una posición marxista dogmática que deriva en posturas clasistas, basistas y alternativistas. Este planteo no es más que una pantalla para resolver una escisión que se presenta, fundamentalmente, por una cuestión de poder interno.

La cabeza de los "sabinos" está constituida por Ignacio Vélez,[34] Soratti Martínez[35] y la Petiza. En Córdoba y Rosario es donde alcanzan su mayor desarrollo. En Buenos Aires, hacen pie en las bases de JAEN que, más que por diferencias políticas, se van por no entender la agresión a la que fueron sometidos dentro de la OPM.

La escisión de la Columna Sabino Navarro se produce en los meses de junio-julio del 73 y su magnitud fue mínima, como era de esperar.

16. Disidencia: Grupo Lealtad

A medida que avanzaba el deterioro del gobierno peronista y las negociaciones con las FAR, se profundizaba también la grieta existente entre Perón y la OPM. Las diferencias entre el proyecto de Perón y el proyecto de la OPM se habían verificado en las charlas que tuvieron en Madrid "Pinguli" (Hobert) y Molinas y luego Galimberti y Ahumada.

La actitud dual de Perón, y su esperar que la balanza del Movimiento se inclinara hacia uno u otro lado para tomar resoluciones, tuvo su imagen especular en la posición asumida por la conducción de la OPM. Esta posición impidió al fenómeno montonero inclinar la balanza a su favor, no comprendió la conducción de Montoneros que en el movimiento el único que centreaba era Perón, rengo para el lado que más apretaba.

Si bien la primera expresión pública que tiene el enfrentamiento de Perón con la OPM es la destitución de Galimberti el 29 de abril de 1973,[36] la postura de la cabeza de Montoneros permitió que las diferencias con Perón, ya conocidas claramente desde noviembre del 72, recién se empezaran a vislumbrar en el documento N° 2 de Montoneros (mayo-junio del 73) y se hicieran ya totalmente públicas con la renuncia de los diputados de JP, obligada por Perón.[37] Además permitió que sectores movimientistas y burocráticos de las conducciones intermedias silenciaran esta situación frente al conjunto de la OPM y de las agrupaciones.

Este problema de confusión de la línea política de la OPM hizo base en la regional Buenos Aires (80% de la OPM) donde su conducción boicoteó todos los intentos de aclaración política.

La gota que rebasó el vaso fue el documento N° 2, que en la Regional I no se bajó para la discusión. La discusión de este documento fue la herramienta con que la conducción empujó a la "disidencia". En ella quedaron enganchadas casi todas las bases de Descamisados, la mayoría de la JUP, todas las bases del "perejilismo" (corriente interna proveniente de la universidad, avalada por "Pinguli"), ex integrantes de la "P" oscura, sectores territoriales de zona oeste del Gran Buenos Aires, oportunistas que ocupaban cargos en el gobierno, etc.

La "disidencia" asumió como nombre y bandera "Lealtad", pero su coherencia orgánica fue casi nula, lo mismo que su actividad política. Su magnitud cuantitativa, en cuanto a movilización de bases, fue nula, como quedó demostrado en el acto del 11 de marzo de 1974 en la cancha de Atlanta, donde por primera vez expone frente a las masas Firmenich junto a los "grandes nombres" de la OPM.

Más que una escisión orgánica, la disidencia de los movimientistas fue un proceso que recién culmina el 31-1-74 cuando la organización se niega a concurrir a los "jueves con Perón".

Los cuadros más visibles que se van con la disidencia son: el Negro Daniel (del oeste), José Luis Nell (del sur, ya semiparalítico), el "Negro" Vidal de MVP (Movimiento Villero Peronista), la "Rusa" de la rama femenina, Goñi (y curas del Tercer Mundo), Cristina Maratea, "el Gordo" Rodolfo (ex secretario del gobierno de Bidegain), Lugo, "el Turco" Obeid (de la JP), Pochetino (exdiputado provincial de Santa Fe), Mario Marzoca de la JTP (Juventud Trabajadora Peronista).

Esa corriente "peronista mogólica" como se dio en llamar, por su actitud seguidista, oportunista, entrista, ambiciosa del poder por el poder mismo, tuvo sus gestores ideológicos, que a la hora de la verdad se dieron vuelta como un panqueque, apañados por su amanuense, "Pinguli".

Como ejemplo de éstos pueden señalarse a Mendizábal, "el Sordo" Sergio, a Joaquín, a Dardo Cabo, a Bettanin,[38] a Ernesto Villanueva, a Juan Carlos Dante Gullo. El único de ese sector que fue sancionado fue Saavedra Lamas[39] ("Gordo Damián") al que se lo despromovió dos grados por "intento de acumulación de poder y ocultación de la línea de la CN".

Este proceso fue coincidente con el de fusión con las FAR y en él se fue también gente que estaba en desacuerdo con la unión de las dos organizaciones y con las formas como se estaba llevando la misma.

17. Fusión con FAR

La fusión con FAR se da dentro de una situación de suma complejidad política e ideológica.

Por un lado se estaba terminando de procesar una disidencia, que exigía explicar a las bases las diferencias de Perón con la Organización, pero sin dejar de aceptar su liderazgo.

Por el otro lado las FAR recién empezaban a aceptar el liderazgo de Perón y, queriendo lavar su origen no peronista, se convirtieron en los "defensores" de Perón, en una posición poco crítica. A su vez esta "nueva" posición aparecía como contradictoria a las bases montoneras, que estaban prevenidas del marxismo de FAR, del lucha-armadismo, del ideologismo con que se acercan al peronismo y sobre todo de su firma conjunta con el ERP.

Las FAR eran una organización de izquierda que asume el peronismo desde un análisis marxista sui géneris, que tiene mucho de ideologista y cuyo dogma está centrado en el reportaje a las FAR (abril del 71). Esta posición que asimila la ecuación: Argentina-capitalismo dependiente-sector social más dinámico-clase obrera-MLN-peronismo-Perón termina siendo de hecho una posición entrista. Cuando se dan las condiciones para un avance de masas este análisis sirve, ahora bien, cuando hay un retroceso de las masas, la ecuación ideologista retrocede, también, hasta volver a sus orígenes. Y desde ese punto hay un solo paso para asumir, en los hechos, el marxismo como identidad política (Partido Revolucionario Marxista-Leninista) que impide ver con claridad la realidad. El abismo que hay entre las condiciones objetivas y las condiciones subjetivas para el salto revolucionario es el mismo que hay entre el planteo teórico y la realidad política.

La política como la guerra son ciencia y arte: como ciencia tiene sus leyes, que pueden ser conocidas teóricamente por todos, como arte necesitan del genio que las convierta en realidad universal.

Lo antes expuesto no sólo es difícil de comprender sino mucho más difícil llevarlo a la práctica. Los cuadros provenientes de las FAR tenían una formación teórica superior al conjunto de los Montoneros, ahora bien, su formación política era casi nula. La supuesta formación militar de sus cuadros intermedios y de base resultó un chasco. En cuanto a su política de masas, al llegar tarde al proceso masivo, "articulaban", según su terminología, a lo que dejaba de lado Montoneros, con una actitud política contradictoria; hacían guerrillerismo por un lado y peronismo "tachín-tachín" por el otro, su "acercamiento" a las masas lo justificaba todo. Su máxima virtud la constituyen las operaciones de Garín[40] y Trelew.[41] Los cuadros de FAR eran provenientes fundamentalmente de la clase media intelectual, de ahí la gran cantidad de judíos que integraban sus filas.

El proceso de fusión es llevado adelante por las conducciones de ambas organizaciones, sin ninguna participación del conjunto. La discusión de los grados, responsabilidades, etc., o sea, la lucha por el poder interno, fue lo que más tiempo llevó. En los niveles intermedios esto generó una competitividad que llevó todo el año 74 para superarla. En la conducción este problema no se superó hasta por lo menos fines del año 75 (autocrítica sobre la caída del "Negro" Quieto[42]). Muchos de los cuadros medios de las FAR a los cuales se les habían asignado responsabilidades no acordes con su capacidad se van de la OPM durante el proceso de enfrentamiento con Perón. Otros se quedan y la resultante es que llevan adelante una política burocrática, verticalista, que será nefasta en el futuro.

Los cuadros superiores de las FAR llevan adelante una lucha teórica-ideológica interna, siempre sin arriesgar el nivel, para imponer el método de análisis marxista. Esta batalla se da en el marco de una conducción ignorante (recordar los cursos de formación con los "gramscianos" de Filosofía y Letras) que observa y fluctúa un tanto a ciegas. Esta polémica teórica al darse en los niveles que no tienen contacto con la base, se va alejando de la realidad política que había gestado el fenómeno montonero. Es así que la Organización va adoptando medidas y posturas en abierta contradicción con la mayoría, que no tiene posibilidad de expresarse.

En definitiva la fusión con las FAR sumó, en lo cuantitativo, cuadros de conducción sin base de sustentación y en lo cualitativo su confusión ideológica a la ya existente en Montoneros. (Quieto, Osastinsky, Lewinger, fueron los cuadros más visibles.)

18. Integración de otros sectores

Otros sectores del peronismo de izquierda que hasta el momento no habían comprendido el proceso se van sumando a FAR y Montoneros y luego a la organización ya fusionada. Podemos citar a FAP 17 (Fuerzas Armadas Peronistas 17 de Octubre), CPL (Comandos Peronistas de Liberación), Grupos de ARP (Acción Revolucionaria Peronista), FAL 22 (Fuerzas Armadas de Liberación 22 de Agosto) y ERP 22 de Agosto (Ejército Revolucionario del Pueblo 22 de Agosto). Es importante señalar el ingreso de estos sectores puesto que su análisis marxista esquemático no sólo los había alejado del peronismo sino que los puso en la vereda de enfrente. Su entrada en Montoneros se debe a que la realidad de masas los golpeó tanto que no tuvieron otro remedio.

Ahora bien, cuando la realidad política no fue tan clara, no dudaron un instante en volver a abrevar en su fuente originaria. El aporte cuantitativo y cualitativo del ingreso de estos sectores fue despreciable.

19. Disidencias y fusiones

Vistas panorámicamente ambas fusiones, FAR por izquierda y Descamisados por derecha, tanto como las dos disidencias, "Leales" por derecha y "Sabinos" por izquierda, dan como resultado un equilibrio político-ideológico innegable. Cuantitativamente (es el factor más importante cuando se desarrolla una política de masas), las disidencias fueron despreciables frente a las fusiones. En cuanto a lo cualitativo, cada uno de los procesos parecía determinar un estadio superior en lo que se refiere a los aspectos organizativos, ideológicos y políticos. En definitiva en cada uno de ellos se sumaba madurez y experiencia.

Estos elementos, que constituían el lado positivo de los procesos analizados, posibilitaron que la OPM condujera el fenómeno montonero cuando el conjunto del pueblo estaba en una etapa de avance con Perón.

Los elementos negativos de esta maniobra, sobre los cuales ya me he extendido, aparecerían luego a lo largo de la retirada, que podemos decir se inicia el 1° de mayo de 1974.

La actitud contradictoria de la conducción le impidió hacer pesar los elementos positivos por sobre los negativos. Su postura pendular se constituyó en una forma de conducción inhábil, en tanto y en cuanto el centro del péndulo no era fijo, sino que fluctuaba de izquierda a derecha según prevaleciera tal o cual corriente interna, o según lo que determinara la situación política externa.

Es de esta manera que se va creando una estructura tambaleante y sin cimiento sólido, se gesta doctrina sobre aspectos secundarios y no sobre los principales.

20. Tesis del congreso

Se elaboran en una etapa donde la corriente crítica del peronismo estaba en avance (no se había sentado todavía el proceso de disidencia y fusión con las FAR). Los trabajos eran lo suficiente amplios como para boyar en el conjunto. Si bien no constituyen hito en la formación de la OPM, se precisan algunos aspectos en dichos trabajos que permiten ya vislumbrar elementos ideológicos teóricos que preanuncian un desfasaje hacia un marxismo dogmático y esquemático.

La no realización del congreso después de haberse planteado con bastante anticipación es un hecho harto elocuente de la posición centralista de la conducción.

21. Ruptura con Perón

Dentro de la misma etapa (corriente interna crítica frente a Perón) se da el 1º de mayo del 74. En este hecho se visualiza claramente el mal procesamiento de la disidencia y la falta de claridad política de la conducción. Ésta no supo diferenciar lo que era un enfrentamiento ideológico de un enfrentamiento político con Perón. El enfrentamiento ideológico debía darse y profundizarse en el seno de la OPM (cosa que debería haberse hecho desde octubre del 72). El enfrentamiento político debía darse clandestinamente para presionar a Perón (Rucci estaba en esa línea).

Es así como se da, el 1º de mayo de 1974, una batalla con Perón donde todos salimos perdiendo. Este enfrentamiento, con estas características evidencia, una vez más, la ignorancia por parte de la conducción de cómo se había gestado el fenómeno montonero. En los hechos, no nos vamos nosotros de la plaza, sino que Perón nos echa; ello se puede verificar cuando el 12 de junio Perón dice su último discurso en Plaza de Mayo. En esa oportunidad la OPM duda sobre la actitud a seguir y cuando toma la decisión, el acto en Plaza de Mayo había finalizado. Empieza la agonía del fenómeno Montonero y se inicia la etapa de pérdida de la iniciativa por parte de la OPM.

La muerte de Perón va a dar el golpe definitivo al fenómeno Montonero y por ende a la etapa de avance de las masas; este hecho no fue nunca tenido en cuenta, en su exacta dimensión, por la OPM al elaborar posteriormente su política.

Luego siguieron algunos hechos que no alcanzaron mayor relevancia en la formación de la OPM (pasaje a la resistencia,[43] etc.), pero que continuaron incrementando un proceso de desgaste en el cual, cuadros a nivel personal van abandonando la OPM; no por tomar formas individuales deja de ser este proceso de importancia.

De esta manera, la OPM se sube a un tobogán que la aleja cada vez más de las masas y la obliga a una práctica internista y teórica. Esto, al no verificarse la relación práctica-teoría-práctica, conduce al ideologismo, a la adopción del materialismo histórico y dialéctico como identidad política y a la ignorancia de las leyes que impone la formación socioeconómica llamada Argentina.

22. Síntesis

La OPM Montoneros forma parte de un fenómeno de masas determinado y condicionado por la situación objetiva en la que se encontraba la sociedad argentina, por lo tanto depende del mismo a la vez que lo condiciona. Al formar parte de un todo, que no conduce en su totalidad, sufre las fluctuaciones que le impone ese conjunto.

La OPM se conforma con elementos surgidos de los más diversos sectores políticos: nacionalistas, peronistas, católicos, socialistas, demócratas cristianos y marxistas de todo tipo; siendo entre éstos, la clase media, la mayoritaria por muy amplio margen.

Esta heterogeneidad política de sus componentes y la falta de síntesis, por parte de la conducción, obligan a dar respuestas parciales a cada una de las fluctuaciones anteriormente citadas. Por supuesto, estas respuestas no son todas conducentes al mismo objetivo.

Al esfumarse el fenómeno sociopolítico de masas que la contenía, la OPM, al no tener la fuerza suficiente para impedirlo, también va, paulatinamente, desapareciendo del contexto político nacional. Las respuestas político-organizativas y militares erróneas apuran esa desaparición.

La falta de una política externa correcta obliga a una práctica interna permanente, que la aísla de la realidad nacional e impide su incidencia en la misma. Este aislamiento se traduce en planteos cada vez más teoricistas, con absoluta incidencia del pensamiento marxista dogmático, que alejan a la OPM de sus orígenes políticos.

En esta situación, los cuadros intermedios y de base siguen formando parte de la OPM, más como una afirmación de conciencia individual que como una posición política que tiene como objetivo el logro de la felicidad del conjunto del Pueblo Argentino.

21/12/76

NOTAS

[1] CGT-A, CGT de los Argentinos, dirigida por Raimundo Ongaro.

[2] "Joe" Baxter, José Luis Nell Tacci (a) "Pepelu", Tomislav "Tommy" Rivarić y Jorge Caffatti intervienen en el primer acto subversivo relevante, al asaltar el Policlínico Bancario para hacerse de recursos económicos el 29 de agosto de 1963. Nell fue gravemente herido años más tarde en los enfrentamientos de Ezeiza, el 20 de junio de 1973, y posteriormente se suicidó ayudado por su compañera Lucía Cullen.

[3] Dirigida por Juan García Elorrio. La revista fue vehículo de propaganda del Movimiento de Sacerdotes del Tercer Mundo y de las organizaciones armadas. García Elorrio murió en un accidente el 27 de febrero de 1970. Fue sucedido en la dirección del medio por su viuda Casiana Ahumada.

[4] El Ateneo de Santa Fe, un "colegio mayor" de enseñanza católica para alojar a estudiantes universitarios.

[5] El 26 de agosto de 1968 tiene lugar en Medellín (Colombia) la Segunda Conferencia General del Episcopado Latino-Americano, CELAM, en la que cumple un papel primordial el obispo de Mar del Plata, monseñor Eduardo Pironio. En esa reunión varios centenares de curas dan a conocer un documento crítico sobre la realidad política y económico-social de América Latina.

⁶ Camilo Torres Restrepo, ex cura colombiano, mentor del "tercer-mundismo", reivindicado por García Elorrio y las Fuerzas Armadas Peronistas.

⁷ Osvaldo Catena fue el último secretario del Movimiento de Curas para el Tercer Mundo; actuó en Villa del Parque y murió en 1986. Arturo Paoli, cura italiano, doctor en Filosofía. Integró el Frente de Liberación Nacional de Argel e ingresó a la Argentina en 1960 para fundar la "Ayuda Fraternal Fortín Olmos" que operaba en los quebrachales del monte santafesino.

⁸ Se refiere a Roberto Cirilo Perdía. En realidad a Perdía no se lo señala como fundador del Grupo Santa Fe.

⁹ Al aclararse que los dos pertenecían a la Conducción Nacional (1976), se refiere a Raúl Clemente Yager (a) Roque, ingeniero, abatido en 1983.

¹⁰ Error en el documento. Está claro que se refiere al "Alemán" Fred Mario Ernst. La "sección de combate" que atacó el Regimiento de Infantería de Monte 29, de Formosa, en octubre de 1975, llevaba su nombre.

¹¹ Jorge Alberto Obeid (a) "Cebollita", ex jefe de la Regional II de la JP y gobernador de Santa Fe 2003-2007.

¹² Abel Eduardo Argento Argüelles está desaparecido.

¹³ Roberto "Pajarito" Grabois previo a su entrada al peronismo transita por el Partido Comunista del cual sale con el "entrismo" de "los Demetrios". Es la cabeza visible del Frente Estudiantil Nacional (FEN) en la mitad de los 60 y luego es cofundador de la "Guardia de Hierro". En los 90 ocupó varios cargos en el gobierno de Carlos Menem como su ex pareja desde el PCA Matilde Svatetz de Menéndez y otros "guardianes".

¹⁴ Fue electo en 1973 diputado nacional por Córdoba. Junto con Vidaña y otros renunció a la banca en enero de 1974, después de un reto público de Perón.

¹⁵ En la formación de los jóvenes jugó un rol importante el presbítero Alberto Rojas (a) "Pocho", capellán del Liceo Militar General Paz.

¹⁶ En realidad Fernando "Vasco" Vaca Narvaja Yofre, de familia cordobesa, es señalado como fundador del Grupo Santa Fe. Fue miembro de la conducción nacional.

¹⁷ "El Negro" o "Luis" José Sabino Navarro tenía origen obrero metal-mecánico. Fue fundador de la incipiente organización Montoneros. Fue segundo de Abal Medina; tras la caída de éste fue su conductor. Cayó abatido en Córdoba en agosto de 1971.

¹⁸ Carlos "Pinguli" Hobert fue miembro de la conducción de Montoneros. Cayó abatido en diciembre de 1976. La más alta condecoración que otorgaba la organización llevaba su nombre.

¹⁹ También conocida como Julia, abandonó Montoneros en 1971. También integró el grupo Gustavo "Tato" Lafleur, sindicado como uno de los miembros de la organización que participó en el asesinato del dirigente sindical José Ignacio Rucci, el 25 de septiembre de 1973.

²⁰ Para ser exactos "el Petizo" José "Pepe" Amorín fue uno de los fundadores del grupo Buenos Aires o "Columna José Sabino Navarro".

²¹ Según José Amorín (*Montoneros: la buena historia*) se utilizó un monoambiente ubicado en Billinghurst y Las Heras.

²² Sindicado como uno de los que intervinieron en el asesinato del comisario Alberto Villar el 1° de noviembre de 1974.

²³ El acto se realizó en abril de 1971. Para ese entonces Rodolfo

Galimberti ya se había entrevistado con Perón en Madrid; había llevado una carta de Montoneros al ex Presidente y había retornado con la respuesta.

[24] Fausto Rodríguez no entró en Montoneros, tampoco el riocuartense Azócar. Blas García fue diputado provincial, vinculado al ex gobernador Ricardo Obregón Cano. Teodoro "Teodorito" Funes es un dirigente del peronismo ortodoxo. Fue diputado provincial y nacional; amigo del dirigente Atilio Lépez y abogado de UTA; ex funcionario en el Ministerio del Interior (gestión de Julio Mera Figueroa y Carlos Corach) y director del ORSNA

[25] Julio Antún llegó a Longchamps en un automóvil —que casi se accidenta seriamente— que manejaba Teodoro Funes. Al observar muchas de las caras de los presentes le dijo a Funes: "Che, Teodoro, este Galimberti le quiere robar los huevos al águila". Antún consideraba que le querían robar sus militantes. En el acto hablaron: Jauretche por JAEN; Funes, Juan Laprovitta (Formosa), Gauna y cerró Antún. Funes relató que Galimberti no habló. En ese momento le dijo "no sé hablar". El lugar del congreso era una casa con un amplio parque y un asador. Se analizó el retorno de Perón, la reorganización del PJ y el enfrentamiento con los "tibios". (Testimonio de Funes al autor).

[26] Marcelo Larraquy en *Galimberti* ubica este encuentro unos meses antes y detalla que Hernández (abogado trotzkista "entrista") llevó a Perón la grabación del supuesto juicio que los Montoneros le realizaron a Aramburu. El encuentro es previo a la reunión de Santa Rosa de Calamuchita, Córdoba.

[27] Horacio Mendizábal (a) "Hernán", llega a Montoneros desde Descamisados; perteneció a la conducción nacional y fue jefe del Estado Mayor. Murió en un enfrentamiento en septiembre de 1979.

[28] Arturo Marcos Lewinger (a) "Chacho", "Colorado", recibió instrucción militar en Cuba; perteneció a las FAR. Murió en 1975 durante un copamiento a una comisaría en Mar del Plata.

[29] Élida Aída D'Ippolito era conocida como la "Gorda Amalia". Se entrenó en Cuba y llega a la organización desde las FAR (Fuerzas Armadas Revolucionarias). Perteneció a la conducción de Montoneros y murió en combate en La Plata en noviembre de 1976.

[30] Llegó a ser diputado nacional lo mismo que el santafesino Vittar que lo fue por Córdoba.

[31] Roberto "El Negro" Bustos perteneció a la Juventud Sindical del peronismo ortodoxo.

[32] Con esta calificación minimiza el carácter combativo de Descamisados. Contrariamente, varios de sus miembros participaron en asesinatos que conmocionaron a la Argentina, como en el de Augusto Timoteo Vandor (junio de 1969). Varios formaron la base de la Columna Norte de Montoneros y se titulaban "MMM" o "Triple M" ("Montoneros Muy Malos").

[33] En realidad se trata de Emilio Alberto Girondo Alcorta (a) "Mateo", asesino de policías y de Mor Roig. Estuvo preso en la ESMA y colaboró "marcando" compañeros, por lo cual ganó su salida del país. Las fuentes lo señalan viviendo en París, no vino a Buenos Aires para declarar en el juicio a los integrantes de las juntas (1985) sino que lo hizo por exhorto (carta rogatoria). Sí vino en 2007 para un homenaje a su abuelo, el poeta Oliverio Girondo, y está

casado con la argentina Odile Begue Barón Supervielle, ex mujer del pintor, también argentino, Leopoldo Torres Agüero.

[34] Ignacio "Nacho" Vélez perteneció al grupo fundador de Montoneros. Integraba la célula cordobesa. Intervino en la toma de La Calera (1° de julio de 1970) donde fue herido y apresado. Tras el 25 de mayo de 1973 es amnistiado y luego termina refugiándose en México. Con el retorno de la democracia, Vélez vuelve a la Argentina y ocupa cargos administrativos provinciales y nacionales.

[35] Carlos Alberto Soratti Martínez integró en Córdoba la Agrupación de Estudios Sociales (AES), cuna de tendencias insurreccionales con fuerte influencia de la Iglesia tercermundista que confluyeron en Montoneros. Soratti Martínez participó en la toma de La Calera y fue detenido.

[36] El 18 de abril de 1973, durante un acto de la Unión de Estudiantes Secundarios (UES), Galimberti como secretario de la juventud del Movimiento proclamó la formación de "milicias populares". El anuncio generó un serio disgusto en Perón, los sectores ortodoxos y las FF.AA. Galimberti fue destituido de su cargo durante un cónclave que se realizó en Puerta de Hierro el 28 de abril de 1973. No el 29 como sostiene el documento.

[37] El 22 de enero de 1974, Perón recibió en Olivos a los diputados de la Tendencia y los amonestó frente a las cámaras de la televisión. Horas más tarde los diputados renunciaron a sus bancas. Los asistentes fueron: Croatto, Díaz Ortiz, Giménez, Glellel, Iturrieta, Kunkel, Ramírez, Romero, Svesk, Vidaña y Vittar.

[38] Guillermo Bettanin, ex diputado nacional por la Tendencia. Muere el 6 de mayo de 1976.

[39] Fernando Saavedra Lamas fue uno de los fundadores de Descamisados. Participó en la planificación del asesinato del sindicalista José Ignacio Rucci.

[40] El 30 de julio de 1970 hacen su aparición las Fuerzas Armadas Revolucionarias (FAR) con la ocupación de la localidad bonaerense de Garín; asaltan un banco, la comisaría y asesinan a un policía. Los jefes de la nueva agrupación fueron, entre otros, Carlos Olmedo, Roberto Quieto y Marcos Osatinsky. Sus cuadros más importantes recibieron instrucción militar en Cuba. El 12 de octubre de 1973 se fusionaron con Montoneros.

[41] Intento de rescate de los presos alojados en el Penal de Rawson el 15 de agosto de 1972.

[42] Roberto Quieto cae preso en diciembre de 1975. Permaneció un largo tiempo detenido en Campo de Mayo.

[43] Alude al 6 de septiembre de 1974, día en que Montoneros pasa a la clandestinidad.

ÍNDICE

◆